RICHARD DAVID PRECHT

Liebe

Buch

Unzählige Ratgeber sind über die Liebe geschrieben worden, in allen Facetten wurde das unordentliche Gefühl, das wir Liebe nennen, beleuchtet. Wir haben erfahren, wie wir unsere Liebe jung halten, wie wir feurige Liebhaber werden und warum Männer nicht zuhören können. Hat es uns weitergeholfen? Nicht wirklich, denn in der Tat ist es nicht damit getan, das richtige Buch zu lesen, und alles wird gut. Warum dies so ist, erklärt Richard David Precht in seinem neuen Buch auf ebenso fundierte wie anschauliche Weise: Wie bereits in »Wer bin ich« unternimmt er eine abenteuerliche Reise in die unterschiedlichsten Disziplinen der Wissenschaft und lotst den Leser dabei heiter und augenzwinkernd durch den Parcours der Liebe – an deren Unordentlichkeit wir uns am Ende wohl gewöhnen müssen.

Autor

Richard David Precht, Philosoph, Publizist und Autor, wurde 1964 in Solingen geboren. Er promovierte 1994 an der Universität Köln und arbeitet seitdem für nahezu alle großen deutschen Zeitungen und Sendeanstalten. Precht war Fellow bei der »Chicago Tribune«. Im Jahr 2000 wurde er mit dem Publizistikpreis für Biomedizin ausgezeichnet. Er schrieb Romane und Sachbücher. Mit seinem Philosophiebuch »Wer bin ich – und wenn ja, wie viele?«, das monatelang an der Spitze der Bestsellerliste stand, begeisterte er Leser wie Kritiker. Richard David Precht lebt in Köln und Luxembourg.

Von Richard David Precht ist im Goldmann Verlag außerdem erschienen:

Wer bin ich – und wenn ja, wie viele? (31143)
Die Kosmonauten (47221)
Die Instrumente des Herrn Jørgensen (mit Georg Jonathan Precht, 47115)

Richard David
Precht

LIEBE

Ein unordentliches Gefühl

GOLDMANN

FSC
Mix
Produktgruppe aus vorbildlich
bewirtschafteten Wäldern und
anderen kontrollierten Herkünften

Zert.-Nr. SGS-COC-001940
www.fsc.org
© 1996 Forest Stewardship Council

Verlagsgruppe Random House FSC-DEU-0100
Das FSC-zertifizierte Papier *München Super* für dieses Buch
liefert Arctic Paper Mochenwangen GmbH.

2. Auflage
Taschenbuchausgabe Juli 2010
Wilhelm Goldmann Verlag, München,
in der Verlagsgruppe Random House GmbH

Umschlaggestaltung: Oliver Weiss & UNO Werbeagentur, München
Umschlagmotiv: Oliver Weiss
KF · Herstellung: Str.
Druck und Bindung: GGP Media GmbH, Pößneck
Printed in Germany
ISBN: 978-3-442-15554-5

www.goldmann-verlag.de

Für Caroline

Erklär mir, Liebe!

Ingeborg Bachmann

Inhaltsverzeichnis

EINLEITUNG

Männer wollen auf die Venus und Frauen ein Mars
Warum es mit Büchern über die Liebe so schwierig ist

Dies ist ein Buch über Frauen und Männer. Und über etwas sehr schönes Seltsames, das zwischen ihnen passieren kann – die Liebe. Die Liebe ist das beliebteste Thema des Menschen. Romane ohne Liebe sind selten, Filme ohne Liebe noch seltener. Auch wenn wir nicht immer über die Liebe reden, so ist sie uns gleichwohl immer wichtig. Möglicherweise war das nicht immer so in der Geschichte der Menschheit. Aber heute, so scheint es, ist dies der Stand der Dinge. Kein Deo wandert ohne Liebesversprechen über den Ladentisch, und keinem Popsong fällt noch ein anderes wichtiges Thema ein.

Das Thema Liebe ist gewaltig. Es umfasst nahezu alles. Von »Warum gibt es überhaupt Mann und Frau?« bis »Was muss ich tun, um meine Ehe zu retten?«. Und es ist uferlos. Man kann Frauen mit schiefergrauen Augen lieben und Vollmondnächte in der Taiga. Man kann seine Gewohnheiten lieben und Männer, die Zahnpastatuben ordentlich ausdrücken. Man kann Siamkatzen lieben und blutige Steaks, den Kölner Karneval und buddhistische Klosterstille, Bescheidenheit, einen Sportwagen und seinen Herrgott. Man kann all dies getrennt lieben. Man kann es parallel lieben. Und manches sogar gleichzeitig.

Von all diesem vielen Lieben und Liebenswerten geht es in diesem Buch nur um das eine: um die geschlechtliche Liebe zu einem Liebespartner. Ein Buch über *die* Liebe kann man nicht schreiben, und dies ist kein Buch über alles. Das Thema Frau und

Mann (auch Frau und Frau und Mann und Mann) ist schwierig genug. Denn die geschlechtliche Liebe ist hoch verdächtig; als ein Sujet nämlich, an dem sich zwar die besten Dichter, aber nur selten die klügsten Philosophen versucht haben.

So wichtig sie uns ist, in der abendländischen Philosophie gilt die geschlechtliche Liebe seit Platon als U-Musik. Solange Philosophen den Menschen über seine Vernunft definierten, war die Liebe kaum mehr als ein Unfall, eine Verwirrung der Gefühle mit bedauerlichen Folgen für den umnebelten Verstand. Gefühle als Herren oder Herrinnen unserer Seele waren lange disqualifiziert. Denn was man nicht als vernünftig ausweisen konnte, darüber wollte man lieber schweigen. Die bekannten Ausnahmen in der Geschichte der Philosophie bestätigen diese Regel. Friedrich Schlegel, Arthur Schopenhauer, Søren Kierkegaard, Friedrich Nietzsche, Jean-Paul Sartre, Roland Barthes, Michel Foucault oder Niklas Luhmann mögen noch so viel Bedenkenswertes über die Liebe gesagt haben – mit einer Vorlesungsreihe über die Liebe macht sich ein Philosoph in der akademischen Welt bis heute verdächtig, und der Spott seiner Kollegen ist ihm sicher. Die Philosophie ist ein sehr konservatives Fach, und die Vorbehalte sitzen tief. Wahrscheinlich gibt es bis heute weit mehr intelligente philosophische Bücher über formale Logik oder über das Kategorienproblem bei Kant als über die Liebe.

Im Gegenzug allerdings wird niemand allen Ernstes auf die Idee kommen wollen, die Probleme der formalen Logik wichtiger für das Menschsein zu finden als die Liebe. Doch mit den Skalpellen der Philosophie, so scheint es, lässt sie sich schwer sezieren. »Die Liebe ist die unbegreiflichste, weil grundloseste, selbstverständlichste Wirklichkeit des absoluten Bewusstseins«, meinte Karl Jaspers. Sie ist schlüpfrig und schwer zu fassen. Aber haben es die Psychologen leichter? Oder gar, wie es neuerdings scheinen will, die Chemiker und Biologen? Wissen sie, wo sie herkommt, die Liebe, und warum sie so oft dahingeht? Und was macht sie mit uns in der Zwischenzeit?

Die Liebe ist das vielleicht wichtigste Thema an der Schnittstelle von Natur- und Geisteswissenschaft. Sie erschließt sich weder durch Logik noch durch eine philosophische »Letztbegründung«. Aber sollte man deshalb den Statistikern das Feld überlassen, den Meinungsumfragen, den Psycho-Experimenten, den Blutanalysen und Hormontests?

Vielleicht ist die Liebe auch dafür zu kostbar. Zu wichtig und kompliziert auch für die schlauen Ratgeber zum Liebes- und Beziehungsmanagement. Ihre Zahl ist nahezu unbegrenzt, ihr Einfluss schwer abzuschätzen, aber sicher zu fürchten. All die klugen Tipps, die verraten, mit welchem Geheimplan man den richtigen Partner oder die richtige Partnerin findet, wie man seine Liebe jung hält, wie man ein feuriger Liebhaber oder eine feurige Liebhaberin wird und bleibt. All die Techniken über und unter der Bettdecke, das Handwerk und die »Kunst des Liebens« wurden handlich beschrieben. Und die verballhornte Hirnforschung verrät uns in hundert Titeln, warum Frauen mit der rechten Gehirnhälfte denken und Männer mit der linken und weshalb Männer eben nichts im Kühlschrank finden und Frauen nicht einparken können. Männer werden durch Sex glücklich und wollen immer auf die Venus. Frauen dagegen suchen die Liebe oder zumindest ein Mars, denn auch Schokolade macht Frauen glücklich. Man muss also nur das richtige Buch lesen, und man lernt sich und den anderen endlich kennen. Alles wird gut. Und wenn schon nicht im wirklichen Leben, so immerhin auf den Buchseiten.

Tatsächlich wissen wir nicht sehr viel. Und die Frage nach Mann und Frau und ihrer wechselseitigen Anziehung und Zuneigung ist ideologisch verhärteter als jede Politik. So wichtig sie uns ist – gerade bei der Liebe begnügen wir uns gerne mit Halbwissen und Halbwahrheiten. Angesichts der Bedeutung und der Brisanz des Themas ein erstaunlicher Befund. Wir sind froh für jede einfache Erklärung, lassen uns sagen, wie *die* Männer und *die* Frauen sind, obwohl wir in unserem täglichen Leben nur

Charakteren begegnen und keinen Geschlechtern. Trotzdem sind wir bei den Antworten zumeist weniger wählerisch als beim Klingelton unseres Handys, den wir so lange aussuchen, bis wir meinen, dass er tatsächlich zu uns passt.

Gegen all dies ist es an der Zeit, die Frage nach Mann und Frau und nach der Liebe aus den alten und neuen Würgegriffen und Weltbildern zu befreien. Die Messlatte liegt hoch: »Was Prügel sind, das weiß man schon; was aber Liebe ist, das hat noch keiner herausgebracht«, vermutete bereits Heinrich Heine. Vielleicht muss man es auch nicht selbst herausbringen wollen. Etwa, weil es *die* Liebe gar nicht gibt. Und vielleicht reicht es schon, den »Wahnsinn der Götter« des Philosophen Platon und das »Gespenst« des Moralisten La Rochefoucauld mit Worten gut zu umzingeln, auf dass sie sich genauer zu erkennen geben.

Die Liebe ist eine Welt, in der starke Emotionen bunte Vorstellungen auslösen. Das teilt sie mit der Kunst und mit der Religion. Auch hier haben wir es mit Vorstellungswelten zu tun, die ihren Wert in der unmittelbaren sinnlichen Erfahrung haben und nicht in Vernunft und Wissen. Man mag also meinen, dass diese gleitende Logik der Liebe ihren eigentlichen Platz nur in der Literatur haben kann, die sie, nach Ansicht mancher Philosophen und Soziologen, sogar erfunden haben soll. Aber sind wir mit den Dichtern wirklich schon am Ende?

In einem Kapitel meines Buches *Wer bin ich?* hatte ich in einem kleinen Kapitel über die Liebe nur mit der Taschenlampe in den Nachthimmel geleuchtet. Es machte mich selbst neugierig, eine Galaxie zu erkunden und ein Universum zu vermessen, das uns so vertraut ist und so fremd zugleich. Denn erstens hat die Liebe vor allem mit uns selbst zu tun, jedenfalls immer mehr als mit irgendjemandem anderen. Und zum zweiten scheint es zur Liebe dazuzugehören, dass sie sich dem Liebenden selbst in gewisser Weise verbirgt. Die Liebe spielt nicht mit ganz offenen Karten – und das ist natürlich gut so. Unsere Begeisterung und Besessenheit, unsere Leidenschaft und unsere kompromisslose

Kompromissbereitschaft gedeihen nicht bei tagheller Beleuchtung. Sie brauchen auch immer das Dunkel, das die Liebe umgibt.

Wie schreibt man darüber ein Buch? Über etwas so Privates, Unenthülltes, wundervoll Illusionäres wie die Liebe? Nun, aus diesem Buch werden Sie nichts lernen, das Ihre Fähigkeiten im Schlafzimmer verbessert. Es hilft Ihnen auch nicht weiter bei Orgasmus-Schwierigkeiten und Eifersuchts-Attacken, Liebeskummer und Vertrauensschwund in den Partner. Es erhöht nicht Ihre Attraktivität. Und es enthält keine Tipps und kaum kluge Ratschläge für den Alltag zu zweit. Vielleicht aber kann es dazu beitragen, dass Sie sich über ein paar Dinge bewusster werden, die Ihnen vorher unklar waren; dass sie Lust haben, dieses so verrückte Reich genauer zu vermessen, in dem wir (fast) alle leben möchten. Und möglicherweise denken Sie gemeinsam mit mir ein wenig über Ihr geschlechtliches und soziales Rollenverhalten nach und über Ihre als selbstverständlich und normal eingeschliffenen Reaktionen. Vielleicht haben Sie Lust, in Zukunft manchmal ein wenig intelligenter mit sich selbst umzugehen – aber natürlich nur, wenn und wann Sie möchten.

Genau darin, so denke ich, liegt heute der Sinn von Philosophie. Sie fördert keine großen Wahrheiten mehr zu Tage, sondern sie macht, bestenfalls, neue Zusammenhänge plausibel. Das ist nicht wenig. Als Sachwalter der Liebe allerdings haben die Philosophen heute starke Konkurrenz. Bücher zum Thema werden von Psychologen geschrieben, von Anthropologen und Ethnologen, von Kulturhistorikern und Soziologen und in letzter Zeit vermehrt von Chemikern, Genetikern, Evolutionsbiologen, Hirnforschern und Wissenschaftsjournalisten.

Aus alledem erwachsen viele interessante Einsichten. Normalerweise allerdings leben sie alle brav nebeneinander wie verschiedene Tierarten in einem Biotop, die sich nur selten einmal direkt begegnen. »Der Mensch ist ein Tier«, »Der Mensch ist Chemie«, »Der Mensch ist ein kulturelles Wesen« – in jedem

Fall fällt die Antwort darauf, was Liebe ist, ganz anders aus. Und die Frage nach der Treue, nach Bindungen, nach Gefühlsschwankungen, nach der Faszination der Geschlechter füreinander werden jedes Mal völlig anders erklärt.

Das ist umso erstaunlicher, als niemand bestreiten wird, dass sie im wahren Leben doch irgendwie alle ineinanderspielen. Verrät nicht die Tatsache, dass jeder von »Liebe« redet, dass es um das Gleiche gehen soll? Doch wie schlägt man da die Brücke zwischen dem Spanisch der Soziologen und dem Chinesisch der Genetiker? Wo liegt zwischen Testosteron und Phenylethylamin, Selbstbespiegelung und Fortpflanzungsdrang, Gesamtfitness und Erwartungserwartungen das Gemeinsame? Wie hängt das eine mit dem anderen zusammen? Gibt es eine Hierarchie? Sind es parallele Welten? Oder ist alles auf etwas anderes rückführbar?

Der Blick in die Fachliteratur offenbart ein Nebeneinander von Definitionen und Hoheitsrechten. Soziologen lassen die Chemie der Liebe achtlos beiseite, Liebes-Chemiker dagegen die Soziologie. Vielleicht gibt es gerade noch ein elementares Verständnis der Naturwissenschaftler untereinander und im Club der Geisteswissenschaftler. Dazwischen liegt eine schier unüberbrückbare Kluft.

Diese Kluft ist es, die mich interessiert, weil es sie meines Erachtens nämlich nicht geben müsste. Seit Kindertagen bewegt mich eine nicht nachlassende Faszination für die Zoologie. Stärker als jede andere Wissenschaft schlägt sie für mich den mystischen Funken aus unserem Dasein. Und ein großer Teil meiner quasi-religiösen Erlebnisse ist zoologischer Natur. Gleichwohl lese ich biologische Erklärungen heute oft kritisch. Die meisten ihrer Voraussetzungen sind ungeklärt, ihre Axiome ohne festen Halt. Gerade die Nähe zum Fach erzeugt in mir großen Verdruss, wenn Biologen seltsame Dinge behaupten. Und über kein Thema haben Biologen so viel Seltsames geschrieben wie über Mann und Frau. Viele Aussagen über die Biologie unseres Begehrens gehören ohne Zweifel zu den Tiefpunkten der Zunft, unterstützt und popularisiert von Psychologen, die im Namen der Biologie zu sprechen glauben.

Bei der Kritik daran hilft die philosophische Schulung. Man kann sagen: Ich interessiere mich für den Geist aus naturwissenschaftlicher Perspektive und aus geisteswissenschaftlicher Perspektive für die Natur. Ich mag den schnörkellosen Drang nach Klarheit in den Naturwissenschaften *und* das intelligente »Gleichwohl ...« der Geisteswissenschaften gleichermaßen. Ich gehöre keiner Fraktion an und muss niemanden verteidigen. Ich glaube nicht, dass es nur *einen* privilegierten Zugang zur Wahrheit gibt. Ich bin kein Naturalist, der den Menschen naturwissenschaftlich für erklärbar hält, und kein Idealist, der meint, dass man auf das Wissen der Naturwissenschaften verzichten kann. Ich glaube, dass es beides braucht: Philosophie ohne Naturwissenschaft ist leer. Naturwissenschaft ohne Philosophie ist blind.

Es gibt keine zuverlässige Wissenschaft von der Liebe. Allen Versprechen zum Trotz. Auch die neuerdings so häufig angeführte Hirnforschung ist es nicht. Denn natürlich denken Frauen nicht mit anderen Hirnregionen als Männer, sondern mit den gleichen. Selbst Schimpansen denken mit den gleichen Hirnregionen. Die Gehirne von Frauen und Männern sind anatomisch nahezu ununterscheidbar und physiologisch sehr ähnlich. Ansonsten wären Frauen mit typisch »männlichen« Eigenschaften, die hervorragend einparken können, gestört. Und Männer, die gut zuhören können, wären krank.

Auf der Suche nach einer Antwort auf die Frage nach der Liebe werde ich versuchen, Disziplinen ganz verschiedener Couleur fruchtbar zu machen und sie aufeinander beziehen. Die Leser von *Wer bin ich?* werden dabei einigen Philosophen wiederbegegnen wie vertrauten Gesichtern. Aber sie lernen auch neue kennen, wie Judith Butler, Gilbert Ryle, William James oder Michel Foucault. Ausführlicher noch fällt der Blick auf Biologen wie William Hamilton, Desmond Morris, Robert Trivers und Richard Dawkins. Und auch einzelne Soziologen geraten ins Visier, etwa Erich Fromm und Ulrich Beck. Wieder einmal geht es dabei nicht um eine Auswahl der »wichtigsten« Denker und Denkerinnen der Liebe. Die genannten Personen, so bedeutend sie sind, sind nicht repräsentativ, sondern treten auf und ab im Dienst unseres Themas.

Um die Biologie der Liebe zu verstehen, muss man eine Vorstellung davon haben, was die Evolution ist und wie sie sich vollzogen haben könnte. Es bedeutet, die Fundamente zu untersuchen, auf denen die heute so populären Theorien von den verschiedenen biologischen Interessen und Ausrichtungen von Mann und Frau stehen. Die Kapitel 1 bis 5 fragen nach den biologischen und kulturellen Grundlagen unserer Geschlechterrollen. Wo kommen diese Merkmale und Eigenschaften her? Aus unserem tierischen Erbe, aus der Steinzeit oder aus der Gegenwart? (1. Kapitel) Welches Programm verfolgen unsere Gene, und wie wirkt sich das auf uns aus? (2. Kapitel) Was ist typisch weibliches Sexualverhalten, und was ist typisch männlich? Und was weiß man wirklich darüber? (3. Kapitel) Funktionieren weibliche Gehirne anders als männliche? (4. Kapitel) Und wie groß ist der Anteil der Kultur an unserem Selbst- und Weltverständnis als Frau oder Mann? (5. Kapitel)

Der zweite Teil mit den Kapiteln 6 bis 10 handelt dann tatsächlich von der Liebe selbst. Zunächst geht es dabei um die Liebe im biologischen Sinn. Warum gibt es sie überhaupt? Könnte es vielleicht sein, dass die Liebe ursprünglich gar nicht für das Verhältnis von Frau und Mann »gedacht« war? (6. Kapitel) Wir versuchen zu fassen, was dieses unordentliche Gefühl eigentlich ist. In jedem Fall ist die Liebe nicht einfach eine Emotion. Aber was ist sie dann? Was passiert eigentlich in unseren Gehirnen, wenn wir lieben? Und was stellt sich um, wenn aus Verliebtheit Liebe wird? Wir erfahren, warum Präriewühlmäuse treu sind im Gegensatz zu ihren rattenscharfen Verwandten aus den Bergen und was das bei Wühlmäusen wie bei Menschen mit Chemie zu tun hat. Zugleich allerdings wird deutlich, dass die wichtigsten Unterschiede zwischen Männern und Frauen insgesamt weniger mit Chemie zu tun haben als mit Selbstkonzepten (7. Kapitel) und frühen Prägungen in der Kindheit (8. Kapitel). Wir lernen dabei, dass der Liebeswunsch nicht nur Nähe und Bindung bekundet, sondern auch Aufregung und sogar zeitweilige Distanz. Dass Liebe also nicht völlig selbstlos ist und auch etwas ganz anderes als nur Partnerschaft. (9. Kapitel) Die Liebe bündelt sehr verschiedene Sehnsüchte und Vorstellungen. Im alltäglichen Umgang miteinander gewinnen sie das Format eines ziemlich festen »Codes«. Liebe ist ein Spiel mit Erwartungen oder genauer mit erwartbaren und deshalb auch erwarteten Erwartungen. (10. Kapitel) Im dritten Teil des Buches geht es dann um die persönlichen wie um die gesellschaftlichen Möglichkeiten und Probleme mit der Liebe heute. Warum ist uns die romantische Liebe so wichtig geworden? (11. Kapitel) Und gibt es eigentlich überhaupt noch »echte« Liebe, wo nahezu alle Romantik längst zur Konsumware verkommen ist? (12. Kapitel) Ein Blick auf die heutigen Schwierigkeiten im Familienleben zeigt, wie schwer es ist, Realität und Ideal miteinander zu verbinden (13. Kapitel). Und am Ende folgt eine kleine Bilanz über den Ursprung und die Schwierigkeiten im Umgang mit diesem unordentlichsten aller Gefühle (14. Kapitel).

Ville de Luxembourg
Richard David Precht im Dezember 2008

Frau und Mann

1. KAPITEL

Ein dunkles Vermächtnis
Was Liebe mit Biologie zu tun hat

Eine fast gute Idee

Die Biologen kennen sich aus: Frauen lieben vermögende, gesunde, große, symmetrisch gebaute Männer mit breiten Schultern und dichten Brauen; Männer lieben junge, schlanke Frauen mit großen Brüsten, gebärfreudigen Becken und zarter Haut. Ganz Gallien also ist besetzt mit Ausnahme eines kleinen tapferen Dorfes, das dem Eindringling bis heute Widerstand leistet.

Wenn alles so einfach ist mit unserem sexuellen Geschmack, warum ist die Wirklichkeit dann so kompliziert? Warum suchen sich Männer wie Frauen Partner, die diesen Traumkriterien nicht entsprechen? Warum verlieben sich erwachsene Menschen nicht immer nur in die Schönste und den Schönsten, vom Heiraten ganz zu schweigen? Warum gibt es Männer, die korpulente Damen lieben, und Frauen mit einem Hang zu filigranen, feinnervigen Männern? Warum gibt es eigentlich nicht nur noch schöne Menschen, wenn diese Eigenschaft so beliebt ist, dass sie uns einen großen evolutionären Vorteil verschafft? Und warum, zu guter Letzt, kriegen die Schönen und Reichen nicht die meisten Kinder?

Seit vielen Jahren schon erklären uns die Biologen unseren sexuellen Geschmack und seine weitreichenden Folgen. Und sie kennen seine evolutionsbiologische Funktion. Wen wir schön finden, wen wir begehren, mit wem wir uns paaren und an wen wir uns binden ist eine Sache eindeutiger Naturgesetze, erklärbar durch drei ineinandergreifende Disziplinen der Biologie: die Biochemie, die Genetik und die Evolutionsbiologie.

Die Verführungskraft dieser biologischen Erklärungen ist immens. Die seelenlosen Kräfte der Evolution treiben uns an. Endlich räumen wir das Chaos der Liebe auf, finden die versteckte Logik im ewig Irrationalen und entdecken objektive Gründe für unser seltsames Verhalten. Nicht nur die Forscher geraten ins Schwärmen. Eine ganze Armada von Wissenschaftsjournalisten wirft ihre gut verkäuflichen Bücher auf den Markt. Titelgeschichten für seriöse Magazine verraten den »Liebes-Code« oder die »Liebesformel«. »Gefesselt an sein evolutionäres Erbe, gesteuert vom Diktat der Gene und Hormone, irrt der Mensch in seinem Triebleben umher«, bilanziert der SPIEGEL 2005 in seiner Titelgeschichte vom »liebenden Affen«.[1] Längst ist das Thema »Liebe« keine blumige Angelegenheit des Feuilletons mehr, sondern knallharter Stoff für die Wissenschafts-Ressorts der Tages- und Wochenzeitungen. Sie übernehmen heute die Deutungshoheit auf naturwissenschaftlich früher eher abwegigem Gebiet. Als Grundlage täglich neuer Meldungen dienen ihnen die Evolutionsbiologie, die Hirn- und die Hormonforschung. Und mit allen drei Disziplinen Tausende naturwissenschaftlicher Studien. Ist der Code der Liebe damit geknackt?

Die Wissenschaft, die all dies zusammendenkt, nennt sich »evolutionäre Psychologie«. Sie möchte uns erklären, wie sich die vielen Facetten der menschlichen Natur und Kultur aus den Erfordernissen unserer evolutionären Geschichte entwickelt haben. Wenn Bestseller uns erzählen, warum Männer nicht zuhören können und Frauen nicht einparken, dann lesen wir darin die lustige Aufbereitung von Erkenntnissen der evolutionären Psychologie. Eine Stufe ernsthafter erzählen uns US-amerikanische, aber inzwischen auch deutsche Wissenschaftsjournalisten, warum wir Mammutjäger in der Metro sind und unter unserem Anzug ein Rentierfell steckt. Lust und Liebe, so die Idee, sind funktionale Chemie im Dienste der menschlichen Fortpflanzung. Und hinter allem verbirgt sich die dunkle Seite unserer Ohnmacht – das geheime Wirken der Gene.

Die Ankündigung ist faszinierend. Ist es nicht zu schön, für alles menschliche Verhalten eine plausible Erklärung oder doch zumindest einen passenden Rahmen zu finden? Vielleicht ja, vielleicht aber auch nicht. Die einen wünschen sich einen Blick in die Rezeptur unserer Seele, für die anderen hingegen ist dies ein Gräuel! Denn wenn alles naturwissenschaftlich passend gemacht werden kann, wo bleiben da die Geistes- und Kulturwissenschaften? Dürfen wir die Philosophie, die Psychologie und die Soziologie der Liebe mit vier minus in die Ferien verabschieden, oder dürfen wir ihren Formenschatz doch zumindest einschmelzen zum neuen Gold der evolutionären Psychologie?

Geht es nach dem US-amerikanischen Liebes- und Paarforscher David Buss, dann ist die evolutionäre Psychologie die »Vollendung der wissenschaftlichen Revolution« und bildet »die Grundlage für die Psychologie des neuen Jahrtausends.«[2] Was immer wir als Fragen der menschlichen Kultur verstanden haben, Attraktion, Eifersucht, Sexualität, Leidenschaft, Bindung und so weiter, wäre nichts anderes als ein spezieller Fall unter vielen speziellen Fällen im Tierreich. Ob es um das Paarungsspiel von Elefantenrüsselfischen im Niger geht oder um die Brautwerbung in deutschen Großstädten – das Beschreibungs-Vokabular und die Erklärungsinstanzen wären die gleichen. Und wo Anthropologen überall ethnische Besonderheiten von Völkern und Kulturen sehen, entzaubert die evolutionäre Psychologie mit David Buss den »Mythos unendlicher kultureller Vielfalt« zugunsten einer globalen »Gleichheit von Sex und Liebesverhalten«.[3]

Der Mann, der das Wort »evolutionäre Psychologie« erfand, ist heute ein vergleichsweise wenig bekannter Forscher an der California Academy of Sciences. Im Jahr 1973, als Michael T. Ghiselin den Begriff das erste Mal in einem Fachaufsatz für das Wissenschaftsmagazin *Science* verwendete, war er Professor an der University of California in Berkeley. Ghiselin war der festen Meinung, dass die Idee, die gesamte menschliche Psychologie mit den Mitteln und Methoden der Evolutionsbiologie zu durchleuchten, eine Idee Darwins war.

In seinem zweiten Hauptwerk *Die Abstammung des Menschen* (1871) hatte der Vater der modernen Evolutionstheorie nicht nur die Entstehung des Menschen, sondern auch die Ursprünge seiner Kultur biologisch erklärt. Moral, Ästhetik, Religion und Liebe hatten demnach einen natürlichen Ursprung und einen klaren Sinn. Darwins Zeitgenossen und Nachfolger griffen den Ball begierig auf und übertrugen die Begriffe der neuen Evolutionstheorie vom Überleben der Fittesten im Kampf mit der Umwelt auf die Gesellschaft und die Politik. Der »Sozialdarwinismus« trat seinen Siegeszug an, vor allem in England und in Deutschland. Vom »Überleben der Fittesten« bis zum »Recht des Stärkeren« war es nur ein kleiner Schritt. Sein Werdegang ist bekannt. Die Ideologie überschlug sich im angeblichen »Naturrecht der Völker« im Ersten Weltkrieg und, als wäre dies noch nicht genug gewesen, in der Rassentheorie, dem Holocaust und in den Eugenik-Programmen der Nazis zur Tötung sogenannten »lebensunwerten Lebens«.

Die Katastrophe hatte Folgen. Mehr als zwanzig Jahre lang herrschte Ruhe an der Front. Die biologische Erklärung der menschlichen Kultur versank in den Dornröschenschlaf. Doch in der Mitte der 1960er Jahre rüttelte der Evolutionsbiologe Julian Huxley die Massen in England wach. Und in Deutschland und Österreich meldete sich der frühere Rassentheoretiker und Nationalsozialist Konrad Lorenz unerschrocken wieder zu Wort. Ende der 1960er Jahre war die Zeit reif für einen Neuanfang. Überall fanden sich mit einem Mal Biologen, die die alte Biologie des Sozialen für eine fast gute Idee hielten. Man befreite die verdächtige Forschung von aller Rassentheorie. Und auch über Politik wollte man sich nach dem Sündenfall fortan nur noch bescheiden äußern. Ghiselin prägte das Wort »evolutionäre

Psychologie« und der Evolutionsbiologe Edward O. Wilson die »Soziobiologie«. In den 1970er und 1980er Jahren setzte sich Wilsons Begriff durch, seit den 1990er Jahren aber das unverdächtigere und modernere Wort von Ghiselin.

Der Gedankengang der Soziobiologen und evolutionären Psychologen ist in etwa wie folgt: Wenn man verstehen will, wie sich der Konkurrenzkampf aller Lebewesen in der Evolution zugetragen hat, dann ist die Maxime vom »Überleben der Fittesten« die bis heute beste Erklärung. Fit sind vor allem jene Lebewesen, die sich besonders gut an veränderte Umweltbedingungen anpassen konnten und können. Die am besten angepassten Arten gaben ihr wertvolles Erbgut weiter und setzten sich gegenüber vielen anderen, weniger fitten Arten durch.

Diese Ansicht wird heute in ihren wesentlichen Grundzügen kaum bestritten. Sie ist die vorherrschende Erklärung der Evolution. Evolutionäre Psychologen folgern daraus, dass die wichtigsten Merkmale des menschlichen Körpers einen Vorteil in der Evolution gebracht haben müssen. Aber bezeichnenderweise nicht nur die Merkmale des Körpers. Auch unsere Psyche soll so sein, wie sie ist, weil sie uns Vorteile verschaffte. Unsere Wahrnehmung, unser Gedächtnis, unsere Problemlösungsstrategien und unser Lernverhalten müssen sich positiv ausgewirkt haben auf unsere Überlebenschancen. Wäre das nicht der Fall, wären sie wahrscheinlich ganz anders beschaffen oder der Mensch wäre ausgestorben. Da dies aber nicht zutrifft, könne man getrost davon ausgehen, dass sich die besten unserer geistigen Eigenschaften durchgesetzt haben. Unsere Psyche sei sehr fein auf die Umwelt abgestimmt. Diese Umwelt aber – und dies ist der springende Punkt – ist nicht unsere heutige Zeit, sondern jene Epoche, in der der moderne Mensch biologisch entstand: die Steinzeit!

Unsere heutige Zeit mit ihrer modernen Umwelt dagegen besteht erst so kurz, dass sie in der biologischen Entwicklung unserer Psyche keine Rolle gespielt haben kann. Die »Module« im

Gehirn, die unser Verhalten steuern, sind demnach ziemlich alt. Aber sie bestimmen uns gleichwohl. Wenn Männer und Frauen sich in bestimmten Situationen mehrheitlich stark unterscheiden, halten Soziologen und Psychologen dies gemeinhin für Lernprozesse, kulturelle Prägung und Sozialisierung. Nach Ansicht von evolutionären Psychologen aber stammen solche unterschiedlichen Denkweisen bei den Geschlechtern aus nichts anderem als dem entwicklungsgeschichtlichen Vermächtnis unserer frühmenschlichen Vorfahren. Grundsätzliche Unterschiede, etwa in der Einstellung zur Sexualität, ließen sich demnach nur begreifen, wenn man sich mit den in der Evolution entstandenen »Denkmechanismen« auseinandersetzt. Mit den Geschlechtern, meint William Allman, ist es deshalb in etwa wie mit Fahrzeugen. Denn »den Unterschied zwischen einem Taxi und einem Rennauto« kann man »nur dann begreifen, wenn man zuvor die Grundelemente beider Wagentypen kennt, wie etwa Motor und Federung«.[4]

Dass wir die Wagentypen heute kennen, all die modernen Frauen und Männer in unserer Umwelt, ist klar. Aber wie gut kennen wir eigentlich unseren steinzeitlichen Motor und die Federung?

Menschliche Zoologie

Malta ist eine schöne, etwas karge Insel im Mittelmeer. Wer dort an der malerischen Steilküste der Dingli Cliffs wandert, dem kann es passieren, dass er in den Hügeln einen 80-jährigen Herrn trifft mit einem braunen Hut auf der Stirnglatze. Es könnte der Mensch sein, der wie kein zweiter im 20. Jahrhundert die Idee verbreitete, alles menschliche Verhalten sei nichts als Biologie.

Desmond John Morris wurde 1928 in England geboren. Er studierte Zoologie in Birmingham und in Oxford, aber lange blieb ihm unklar, was er eigentlich werden wollte: Zoologe oder Künstler. In gewisser Weise sollte er beides werden oder genauer: beides ein bisschen. Seine Doktorarbeit schrieb er über die Fortpflanzungsrituale von Stichlingen, einem heimischen Süßwasserfisch. Als 30-jähriger ließ er Schimpansen Leinwände bemalen und stellte sie im Londoner Institut für zeitgenössische Kunst aus. Für das Fernsehen entwickelte er fortan Sendungen über das Verhalten der Tiere. 1959 wurde Morris Kurator für Säugetiere am Londoner Zoo. Hier schrieb er an seinem Buch, das ihn zu einem Star seiner Zunft machen sollte.

Der nackte Affe erschien genau zur richtigen Zeit. Das Umschlagbild der englischen Originalausgabe nahm bereits das berühmte Foto aus der Berliner Kommune 2 vorweg: drei nackte Menschen von hinten fotografiert, ein Mann, eine Frau und ein Kind. Auf dem deutschen Umschlag kommt noch ein Menschenaffe hinzu. Abbildungen dieser Art standen 1967 noch unter dem Verdacht der Pornografie. Kein Wunder, dass *Der nackte Affe* zu einem Kultbuch wurde, vor allem in der jüngeren Generation. Bereits der Klappentext verrät, warum: »Dieses wahrhaft revolutionäre Buch verwandelt unser Denken von Grund auf. Wer es gelesen hat, wird alles rundum mit neuen Augen sehen: Nachbarn und Freunde, Frau und Kinder und sich selbst. Und er wird vieles Alltägliche ebenso wie vieles bisher Unbegreifliche nun mit jener lächelnden Nachsicht verstehen, die ihn dieses Buch lehrt.«

Fast über Nacht wurden Morris und seine flotte Frau Ramona zu Popstars der Rock'n'Roll-Kultur. Der durch die Zoologie flanierende Künstler oder künstlerisch ambitionierte Zoologe verkaufte sein Buch über 10 Millionen Mal – einer der größten Weltbestseller aller Zeiten. Und der nüchtern provozierende Hohepriester der sexuellen Revolution legte gleich noch einmal nach. 1969 folgte *Der Menschen-Zoo*. Der Mensch, so Morris, habe sich durch seine Kultur heute selbst eingesperrt, er sei degeneriert zu einem verhaltensgestörten Zootier. Und nur ein rebellierendes kreatives Zurück zu seiner Biologie verhindere den totalen Kollaps unserer Zivilisation.

Auf den ersten Blick betrachtet erschien Morris als ein Revolutionär. Mit *Der nackte Affe* entzauberte er die konservative Sexualmoral der 1960er Jahre. Und mit *Der Menschen-Zoo* nahm er lange zuvor die Bewegung der Grünen vorweg. Doch auf den zweiten Blick steckt hinter der großen Freizügigkeit und dem Lob der Kreativität eine uralte Ideologie: die Vorstellung von der biologischen Vorherbestimmtheit des Menschen. Man konnte Morris' Bücher mit feuriger Lust den kirchlichen Sittenwächtern und bürgerlichen Moralaposteln unter die Nase reiben. Aber der Gedanke, dass der Mensch ganz und gar biologisch vorherbestimmt sei, war kein optimistischer oder gar progressiver: Ganz im Gegenteil erklärte er den Menschen seinem »Wesen« nach als gierig, geil, machtbesessen, brutal, egoistisch und triebgesteuert.

Mit seiner Ansicht, dass alles wesentliche Verhalten des Menschen erstens angeboren und zweitens ein Relikt aus der Steinzeit sei, wurde Morris zum genialen Sprachrohr einer fundamental biologischen Weltauffassung. 1973 kehrt er an die Universität Oxford zurück, um über die angeborenen Grundlagen des Verhaltens der Menschen zu forschen. Sein Mentor, der Niederländer Nikolaas Tinbergen, ist einer der seinerzeit bedeutendsten Verhaltensforscher. Und die »Ethologie« erlebt zu dieser Zeit einen beispiellosen Boom. Tinbergen erhält im gleichen Jahr den Nobelpreis, gemeinsam übrigens mit Konrad Lorenz, der soeben seine philosophische Bilanz veröffentlicht hat. Wie Morris' Bücher, so ist auch *Die Rückseite des Spiegels* ein ehrgeiziger Versuch, die menschliche Kultur biologisch auszudeuten und zu erklären. Hat Lorenz recht, so gelten für die Kultur die gleichen Gesetze wie für die Biologie, und alles menschliche Verhalten ließe sich durch Instinkte und biologisches Lernverhalten erklären. Dass Lorenz es am Ende sogar wagt, die weitere kulturelle Evolution – und zwar zutiefst pessimistisch – vorherzusagen, erhöht freilich nicht unbedingt das Zutrauen des Lesers zu den vielen kühnen und unerschrockenen Thesen. Denn wo Morris letztlich vor Vertrauen in das Schicksal seines nackten Affen strotzt, sieht Lorenz den Untergang der Zivilisation heraufdämmern, nicht zuletzt durch die Schamlosigkeit des Minirocks.

Vermeintlich überzeitliche und nüchterne Analysen der menschlichen Natur haben oft nur eine erstaunlich kurze Halbwertszeit. Der Grund dafür ist leicht benannt. Um bestimmen zu können, wie der Mensch »von Natur« aus ist, muss man seine Natur sehr gut kennen. Und diese Kenntnis wird dadurch stark erschwert, dass sowohl Lorenz wie Morris die Ausbildung der menschlichen Natur nicht in der Gegenwart, sondern allein in der Vergangenheit ansiedeln. Der Mensch soll sein, was er in der Steinzeit war, und zwar im Sexuellen wie im Sozialen, in unseren Aggressionen und Neigungen, in unserer schöpferischen Neugier, in den Gewohnheiten des Essens und der Körperpflege, ja selbst in unseren Glaubensvorstellungen. Da uns die Steinzeit aber nicht gerade bestens bekannt ist, sind künstlerischen Phantasien und wilden Improvisationen keine Grenzen gesetzt. Und hier zeigt sich Desmond Morris geradezu als ein Meister des paläolithischen Surrealismus.

Ein großes Rätsel in der Evolutionsbiologie des Menschen ist die weibliche Brust. Im Vergleich mit anderen Säugetieren und auch mit Menschenaffen sind die Brüste vieler Menschenfrauen auffallend groß. Für die Milchproduktion, das wusste auch Morris, ist diese Größe weder notwendig, noch steht sie zu ihr überhaupt in einem Verhältnis. Mit kühnem Pinselstrich entwirft Morris dazu folgende Vision: Busen und Lippen der Frau sind auf die Vorderseite der Frau projizierte Sexualsignale! Als Affe im Urwald reagierte der frühe Mensch vor allem auf Sexualsignale von hinten. »Fleischig halbkugelige Hinterbacken und ein Paar hochroter Schamlippen« beim Weibchen verführten das Männchen zum Aufsitzen. Mit dem aufrechten Gang in der Steppe aber kam es – nach Morris – zur frontalen Begattung, und die auslösenden Reize wanderten von hinten nach vorne. Deshalb stünde es »so fest wie der Busen«, dass Frauen »Duplikate von Hinterbacken und Schamlippen in Form von Brüsten und Mund« haben. Die frontale Begattung als Folge verführerischer Irreführungssignale, so Morris weiter, brachte Mann und Frau nun auch seelisch näher. Man schaute sich in die Augen, intensivierte die »Paarbildung« und entschied sich für die Monogamie.[5]

Diese amüsante Geschichte aus der Steinzeit ist natürlich blanker Unsinn. Man muss nicht erst fragen, warum auch Männer mitunter volle Lippen haben, um stärkste Zweifel an Morris' unumstößlicher Zoologie zu haben. Man kann damit anfangen, dass der einzige monogame Menschenaffe, der Gibbon mit seinen fünfzehn Arten, ausgesprochen zierliche Brüste hat. Bonobos dagegen, die sich in allen erdenklichen Stellungen, darunter auch gerne in der »Missionarsstellung«, vergnügen, sind ausgesprochen polygam und gehen keinerlei ernsthafte Paarbindung ein. Und auch Bonobo-Weibchen haben keine großen Brüste.

Morris' Theorie des Busens ist also kaum mehr als eine lustige Fußnote aus den Kindertagen der evolutionären Psychologie. Doch auch heute noch geht es dort oft genug lustig zu. In Unkenntnis der Vorzeit sind der schöpferischen Phantasie von Evolutionsbiologen oft wenige Grenzen gesetzt. Der US-amerikanische Wissenschaftsjournalist William Allman, der sich über Morris' Theorie herzlich amüsiert, tischt gleich darauf seine eigene Phantasie auf: »Große Brüste entstanden viel wahrscheinlicher als Teil einer weiblichen Taktik, um ihre Sexualpartner ›bei der Stange zu halten‹. Da angeschwollene Brüste Symptome einer Schwangerschaft sind, signalisieren sie dem Mann, dass seine Partnerin nicht mehr empfängnisbereit war; daher konnte er sich nun auf die Suche nach anderen Frauen machen, während die von ihm ›begattete‹ Frau ungeschützt und auf sich selbst gestellt zurückblieb. Mit ganzjährig vergrößerten Brüsten signalisieren Frauen ständig ›Ich bin schwanger‹, selbst wenn das nicht zutrifft, so dass dieses Signal seinen Wert für den Mann verliert. Als Folge halten die Männer ihren Teil des ›Reproduktionsabkommens‹ ein, bleiben bei ihren Frauen und helfen ihnen bei der Aufzucht.«[6] Wie eine »Taktik« sich entwicklungsgeschichtlich zu einem körperlichen Merkmal ausprägen soll, bleibt wohl auf immer Allmans Geheimnis, denn »Taktiken« können sich nach gegenwärtigem Stand der Genetik weder vererben noch irgendwie körperlich niederschlagen. Auch dass große Brüste die Treue fördern und zur Aufzucht von Kindern motivieren, ist eine ziemlich drollige Idee.

Es ist schon ein kurioser Sport der evolutionären Psychologen, überall steinzeitliche Verkehrsschilder aufzustellen und zu interpretieren. Als kleiner Einwand sei nur gefragt: Wer sagt eigentlich, dass jedes Merkmal von Lebewesen eine *Funktion* haben muss? Reicht es denn nicht aus, dass bestimmte, mitunter zufällige Merkmale ihre Träger einfach nur nicht gestört und ihr Überleben nicht beeinträchtigt haben, so dass sie bis heute erhalten geblieben sind? Dieser Gedanke wird uns im Folgenden noch beschäftigen. Was die weibliche Brust anbelangt, so könnte zum Beispiel der gegenüber der frühen Vorzeit erhöhte Fleischverzehr durchaus eine Rolle gespielt haben. Fleischessen regt bekanntlich die Hormonproduktion an. Durchaus möglich also, dass es eine Verbindung gibt zwischen den im Durchschnitt größeren Brüsten von Frauen in regen Fleischfresser-Gesellschaften (wie beispielsweise in den USA) gegenüber durchschnittlich weniger Busen in stärker vegetarisch ausgerichteten Kulturen (wie beispielsweise in Südasien). Mit Sexstellungen, Monogamie und anderen evolutionsbiologischen Funktionen hätte das absolut gar nichts zu tun.

Wer den heutigen Menschen erklären will, indem er ihn auf »einfachere« Formen reduziert, auf Fixpunkte in der Vergangenheit, steht allgemein vor vier großen Schwierigkeiten: Er muss sich fragen, ob alles, was die Natur hervorbringt, und damit auch der Mensch, tatsächlich bio-logisch erklärt werden kann.

Biologen, Naturwissenschaftler allgemein, suchen überall in der Natur nach Logik. Aber Logik selbst ist keine Eigenschaft der Natur, sondern eine Fähigkeit des menschlichen Denkens. Man darf also fragen: Ist es eigentlich logisch, hinter allem in der Natur eine logische Erklärung zu vermuten?

Die zweite Schwierigkeit betrifft die genaue Kenntnis der Umweltbedingungen des Menschen in der Steinzeit. Waren diese überall gleich? Standen Vormenschen im Regenwald vor den gleichen Herausforderungen wie in der Steppe oder am Meer?

Der dritte Punkt ist die enorme Schwierigkeit, biologisches von kulturellem Verhalten überhaupt trennen zu können, und das auch noch bei einem Zeitraum vor zigtausend Jahren, von dem wir nicht allzu viel wissen.

Die vierte Schwierigkeit schließlich besteht darin zu zeigen, dass jene Merkmale und Verhaltensweisen, die wir für angeboren halten, tatsächlich als Folge von Anpassungen an die Umwelt der Steinzeit entstanden sind, wie die evolutionären Psychologen meinen. Wir müssen also im Rahmen unseres Themas die Frage beantworten: Wie war's denn so mit der Liebe in der Steinzeit?

Die Liebe und das Pleistozän

Die Zeit, mit der wir es bei der biologischen Entstehung des Menschen zu tun haben, ist das Pleistozän, der vorletzte Abschnitt der Erdneuzeit. Gemeint ist die Zeit von vor etwa 1,8 Millionen Jahren bis vor 11 500 Jahren. Bekannter ist der Name Eiszeitalter, denn im Pleistozän ereigneten sich gleich mehrere Eiszeiten.

In der Frühzeit des Pleistozäns erschienen in Ost- und in Südafrika zwei frühe Vormenschen, *Homo habilis* und *Homo rudolfensis*. Allem Anschein nach hatten sie sich aus den Australopithecinen entwickelt, auch wenn die Verwandtschaft unklar ist. Zu einem späteren Zeitpunkt trat in den Savannen *Homo erectus* auf den Plan, der sich von Afrika aus nach Europa und Asien ausbreitete. Sein mutmaßlicher Nachfolger in Europa war der bekannte Neandertaler, ein robuster, aber durchaus nicht tumber Geselle. Er starb vor etwa 30 000 bis 40 000 Jahren aus bislang noch immer ungeklärten Umständen aus. Von allen Homo-Arten weiß man, dass sie in langsam aufsteigender Linie Werkzeuge, wie etwa Faustkeile, benutzten. Und irgendwann lernten sie auch mit dem Feuer umzugehen.

Die Lücke zwischen dem Aussterben des *Homo erectus* in Afrika vor etwa 300 000 Jahren und dem ersten Erscheinen des modernen Menschen *Homo sapiens* vor etwa 100 000 Jahren schließt seit 1997 der Fund des *Homo sapiens idaltu* in Äthiopien, unser ältester bekannter direkter Vorfahr. Noch zu seiner Zeit lebten insgesamt wohl nur wenige zehntausend Vormenschen. Nach und nach breiteten sich die *Homo sapiens* von Afrika immer weiter über die Erde aus. Wie lange vor ihnen schon *Homo erectus,* erschlossen sie nach und nach völlig andere, zumeist kältere Lebensräume. Sie waren Jäger und Sammler und ernährten sich von Pflanzen, Früchten, Samen, Wurzeln, Pilzen, Eiern, Insekten, Fisch und Aas. Erst in der letzten Phase ihrer Entwicklung mauserten sie sich in mehreren Regionen ihres Verbreitungsgebiets zu echten Großwildjägern. Wie die Neandertaler machten sie in Mitteleuropa Hatz auf das Wisent, auf Mammuts und Wollnashörner.

Vermutlich mit dem Aussterben der beiden letztgenannten Arten wurden unsere Vorfahren in Mitteleuropa sesshaft. Die letzte Eiszeit ging zurück, und die Steinzeitmenschen sattelten nach und nach um auf Ackerbau und Viehzucht. In anderen Regionen ihres Verbreitungsgebiets dagegen galten andere Spielregeln. Die Beutetiere waren andere und auch das Klima. Manche unserer Vorfahren zum Beispiel lebten jahrtausendelang vom Fischfang, andere blieben Jäger und Sammler.

So unterschiedlich ihre Lebensweise war, so verschieden entwickelte sich auch ihre Kultur. Manche lebten in Höhlen, andere in Hütten oder Wohngruben. Sie besiedelten Steppen und Wüsten, Täler und Gebirge, Küsten und Inseln. Wenn das Sein das Bewusstsein bestimmt, wie die evolutionären Psychologen meinen, dann waren die Herausforderungen des Seins an das Bewusstsein sehr verschieden. Früchte im Regenwald zu sammeln oder Fische aus einem Gebirgsbach zu fangen ist nicht ganz das Gleiche, wie etwa Mammuts im Schnee zu jagen. Für die einen war die Kälte die größte Bedrohung, die anderen dagegen froren fast nie. Manche mussten sich vor wilden Tieren schützen, andere hatten in ihrer Umgebung kaum Feinde. (Man denke etwa an die Orang-Utans auf Borneo, die gerne auf den Urwaldboden hinabsteigen, was ihre Kollegen auf Sumatra niemals wagen – denn auf Sumatra gibt es Tiger, auf Borneo dagegen nicht.) Manche Urmenschen lebten möglicherweise immer im selben Umkreis, andere wanderten Tausende von Kilometern hinter den Tierherden her. Manche mochten Kannibalen gewesen sein, und andere begruben in aufwändigen Ritualen ihre Toten. Und während sich die Gehirne der einen auf die Orientierung im dichten Wald spezialisierten, blickten andere hinaus in die unendliche Steppe.

Kurz gesagt: Das Pleistozän ist ein unglaublich großer und völlig uneinheitlicher Zeitraum. Mehrere verschiedene Menschenarten lebten in dieser Zeit in immer neuen und sehr verschiedenen Lebensräumen. Wahrscheinlich lebten sie wie die meisten Affen in kleinen Trupps oder Familienverbänden. Über die genaueren Spielregeln dieser Gemeinschaften wissen wir allerdings sehr wenig. Wenn es richtig sein sollte, dass, wie Leda Cosmides und John Tooby von der University of California in Santa Barbara meinen, »unsere modernen Schädel einen steinzeitlichen Geist« beherbergen, dann stehen wir in der Tat vor einem kaum lösbaren Rätsel. Denn wie der berühmte kenianische Paläoanthropologe Richard Leakey sagt: »Die harte Wirklichkeit, vor der die Anthropologen stehen, ist die, dass es auf solche Fragen möglicherweise keine Antwort gibt. Wenn es schon schwer genug ist zu beweisen, dass ein anderer Mensch über dieselbe Bewusstseinsebene verfügt wie ich, und wenn die meisten Biologen den Versuch scheuen, den Grad des Bewusstseins bei Tieren zu bestimmen, wie sollen wir dann die Anzeichen eines reflexiven Bewusstseins bei Kreaturen aufspüren, die seit langem tot sind? Das Bewusstsein ist in der archäologischen Überlieferung sogar noch weniger sichtbar als die Sprache.«[7]

Das ist aus Sicht der evolutionären Psychologen eigentlich eine deprimierende Nachricht. Umso erstaunlicher ist es, dass es ihren Elan bei der Erklärung unseres steinzeitlichen Verhaltens kaum zu bremsen scheint. In Fragen von Mann und Frau, von Sex und Bindungsverhalten gehen sie mit größter Selbstverständlichkeit von unterschiedlichen »Denkorganen« aus. »Zu Zeiten der Urmenschen sahen sich beide Seiten in Sachen Sexualität grundverschiedenen Problemen ausgesetzt. Daher entwickelte sich das Gehirn bei Männern und Frauen anders, so dass die Kriterien für Partnerwahl, Reaktionen auf Untreue und sexuelles Begehren ebenfalls bei beiden Geschlechtern verschieden sind«, schreibt William Allman.[8] Wäre das richtig, so wären auch die Gehirne von Männchen und Weibchen bei Tieren sehr unterschiedlich. Eine Löwin, die sich von morgens bis abends um ihre Jungen sorgt, hätte ein anderes Gehirn als ein Löwe, der das Rudel anführt und sich um seinen Nachwuchs nur sehr gelegentlich kümmert. Auffallende Unterschiede zwischen den Gehirnen der Geschlechter im Tierreich sind aber nicht bekannt. Mit den »Geschlechtsorganen im Gehirn«, wie Allman sie nennt, ist das also so eine Sache. Und dass neben dem Fortpflanzungstrieb auch unsere »Liebe und Libido« aus der Steinzeit stammen, bleibt eine mutige Behauptung.

Mit Liebe, so scheint es, befasst sich ein evolutionärer Psychologe auch nur ungern. Allmans Buch über die »Mammutjäger in der Metro« enthält zwar ein Kapitel über die »Evolution der Liebe«, aber von Liebe redet er darin nicht – es geht nur um Sex. Denn Sex, so Allman, war in der Steinzeit das Allerwichtigste: »Diejenigen, die nicht so handelten – und beispielsweise ihre gesamte Zeit und Energie dafür verwandten, Rezepte für Mammuteintopf zu entwickeln oder ihren Sexualtrieb an Bäumen abreagierten –, hinterließen keine Nachkommen.«[9]

Während sich ein evolutionärer Psychologe die Sexualität unserer Vorfahren recht einfach vorstellen kann, macht er um die Liebe gern einen Bogen. Doch wenn es richtig ist, dass wir heute ein steinzeitliches Programm abspulen und uralte »Module« im Kopf tragen, ist dann nicht auch die Liebe ein solches »Programm«? Gibt es ein »Liebesmodul« in unserem Gehirn? Und wenn ja – zu welchem Zweck?

Ganz gewiss, versichert der evolutionäre Psychologe, gibt es ein »Liebesmodul« für den Umgang mit dem Nachwuchs ebenso wie zwischen den Geschlechtern. Aber was will man schon darüber sagen und wissen? Immerhin haben wir bis heute keine Liebesgedichte aus dem Neandertal und auch keine versteinerten Liebespaare gefunden.

Doch haben wir denn andererseits tatsächlich aussagekräftige Zeugnisse von den sexuellen Vorstellungen und Neigungen unserer Ahnen? Ein paar grobschlächtige dicke Damen aus der Jungsteinzeit, aus Stein gemeißelt oder aus Ton geformt, haben große Brüste und breite Becken. Sie tragen malerische Namen wie die »Venus von Willendorf«, aber über ihre Funktion können wir nur spekulieren. Im Gegensatz zu den vielen tollen und erstaunlich präzisen Tierfiguren aus dieser Zeit verraten die Künstler hier auffallend wenig Geschick. Und Ähnlichkeiten mit real existierenden Steinzeitfrauen scheinen weder gemeint noch beabsichtigt. Überdies entstanden sie erst im Holozän, dem Abschnitt der letzten zehntausend Jahre; einer Zeit also, die gemäß evolutionärer Psychologie für die Ausprägung unserer Biologie nicht mehr wirklich interessant ist.

Über Funde aus der Steinzeit kommen wir an die Sexualität, das Paarverhalten und die Liebesgefühle unserer Vorfahren kaum heran. Das Einzige, was den evolutionären Psychologen bleibt, ist deshalb der Blick auf zeitgenössische Kulturen, deren Lebensstil früheren Jäger- und Sammlergemeinschaften gleichen könnte. Doch auch unberührte »Naturvölker« sind heute ausgesprochen schwer zu finden und zu erforschen. Denn die Lebensbedingungen heutiger Jäger- und Sammlerkulturen sind mutmaßlich kaum noch die gleichen wie vor mehr als 10 000 Jahren. Der Kolonialismus des späten 19. Jahrhunderts erspähte wohl jeden bislang noch abgelegenen Winkel, zerstörte alle Stammeskulturen, schleppte Krankheiten ein, versklavte Völker oder verwüstete ihre ursprünglichen Lebensbedingungen. Fast jedes so genannte Naturvolk lebt heute in einem Reservat, einem Touristen-Zoo oder hängt am Tropf wohltätiger Organisationen.

So wenig authentisch im paläoanthropologischen Sinne die verbliebenen Jäger- und Sammlerkulturen heute auch sein mögen, den evolutionären Psychologen geben sie dennoch Aufschluss. So etwa berichtet die US-amerikanische Anthropologin Helen Fisher von der Rutgers University in New Brunswick, New Jersey, von der Teilzeit-Monogamie in Jäger- und Sammlergemeinschaften. Bei Naturvölkern schlössen sich Paare immer nur vier bis fünf Jahre zusammen, nämlich so lange, wie zur Aufzucht eines Kleinkindes notwendig sei. Danach trennen sich die Wege auf der Suche nach einer neuen Zweckgemeinschaft. Für Helen Fisher klingt das so plausibel, dass sie annimmt, unsere Vorfahren hätten gewiss die gleiche Verhaltensweise an den Tag gelegt. Von Natur aus sei der Mensch deshalb lediglich »seriell monogam«. Die eigentlich menschliche Verhaltensweise ist demnach Treue auf Zeit, und Untreue, während die Kinder klein sind, wäre ebenso abartig wie lebenslange Monogamie. Statt dem »verflixten 7. Jahr« gäbe es in Wahrheit ein verflixtes 4. Jahr – und siehe da: die Scheidungsstatistik in den USA weist tatsächlich aus, dass sich die meisten Paare ungefähr nach vier Jahren trennen. Wenn das nicht ein Rudiment aus der Steinzeit ist! Erst der gemeinsame Besitz von Acker und Vieh brachte Mann und Frau demnach lebenslang zusammen und führte auch zum wechselseitigen sich »Besitzen« der Geschlechter in Form der Ehe. Da dieser Prozess allerdings erst im Holozän vonstattenging, blieb er nach Ansicht von evolutionären Psychologen folgenlos für unser »Liebesmodul« im Gehirn. Denn unsere Steinzeitköpfe waren damals schon längst fertig. Kein Wunder also, dass unsere wahre Natur mehr mit Menschenaffen zu tun hat als mit den Monogamie-Forderungen unserer jungsteinzeitlich-abendländischen Kultur. Im Menschenaffen nämlich erkennen wir den wahren Menschen. Fragt sich nur – in welchem der fünf?

Eine Brücke in den Nebel

Der Geist unserer Vorfahren liegt nicht versteinert im Boden. Und die einzigen lebenden Zeitzeugen unseres Evolutionsprozesses können nicht mit uns reden. Sie haben sich vor vielen Millionen Jahren von uns getrennt und ihre eigene Entwicklung gemacht: Gibbons, Orang-Utans, Gorillas, Schimpansen und Bonobos. Doch selbst wenn ihr gemeinsamer letzter Vorfahr mit uns vor etwa sieben Millionen Jahren im Urwald blieb, statt sich nach und nach ins offene Grasland des gerade aufreißenden großen Rift Valleys zu begeben, können wir durch sie, so meinen Biologen wie Psychologen, noch immer eine Menge lernen. Bei der Erforschung ihres Familiensinns und ihrer wechselseitigen Hilfe erkennen wir die Ursprünge unserer Moral. »Wenn du mir hilfst, so helfe ich dir irgendwann auch« – der Gedanke, so scheint es, hat einen tierischen Ursprung bei den Menschenaffen. Was Robert Trivers in den 1970er Jahren »reziproken Altruismus« nannte, bestätigt der niederländische Primatenforscher Frans de Waal in ungezählten Studien und Büchern.

Von Menschenaffen lernen, heißt etwas über die Ursprünge unseres Verhaltens zu lernen. Keine Frage. Doch wie viel verraten uns unsere haarigen Vettern über eine so komplizierte Sache wie unsere menschliche Sexualität und – noch komplexer – die Liebesgefühle zwischen Mann und Frau?

Die Antwort ist: erschreckend wenig! Nicht nur gleicht das Sexualverhalten von Orangs und Gibbons, Schimpansen, Bonobos und Gorillas nicht dem des Menschen. Es gleicht sich noch nicht einmal untereinander! Beim Sex hören die Gemeinsamkeiten auf. Und jeder Menschenaffe ist anders. Gibbons zum Beispiel sind streng monogam, sie leben in lebenslangen Paarbeziehungen in einem abgezirkelten Territorium. Die Suche nach einem geeigneten Partner kann sich über Jahre hinziehen.

Für solch eine jungsteinzeitliche Treue zeigen sich die vier anderen Menschenaffen nicht empfänglich. Orang-Utans scheinen auf erstaunliche Art und Weise flexibel. Während die Weibchen dazu neigen, sich Reviere zu suchen, pendeln oder wandern die Männchen in größeren Gebieten umher. Orang-Weibchen können dabei mit ihren Jungtieren ebenso gut einzelgängerisch leben wie in kleineren losen Gruppen. Die Spielregeln erscheinen dabei so locker, dass das Sozialverhalten von Orangs bis heute viele Rätsel aufgibt.

Gorillas dagegen haben eine feste Struktur. Sie leben in so genannten Haremsfamilien mit einem einzigen dominanten Männchen, das sich als einziges fortpflanzt. Die Größe dieser Gruppen schwankt allerdings beträchtlich von vier bis etwa vierzig Tieren. Sind die Jungtiere erwachsen, verlassen sie fast immer die Gruppe, und zwar Männchen wie Weibchen.

Bei Schimpansen sind die Regeln dagegen lockerer. Zwar gibt es auch hier ein dominantes Männchen, aber die anderen Männchen können durchaus auch zum Schuss kommen und sich mit mehreren Weibchen paaren. Manchmal bewacht ein Männchen ein Weibchen, das es begattet hat. Manchmal ziehen sie sogar eine Zeitlang isoliert von den anderen durch die Büsche. Eine feste Regel, so scheint es, gibt es dafür nicht. Die Gruppen sind im Durchschnitt etwas größer als bei Gorillas und umfassen etwa 20 bis 80 Mitglieder.

Eine völlig andere Einstellung zum Sex verraten die Bonobos. Sie leben vergleichsweise geselliger und zahlreicher zusammen als ihre Verwandten. Sex ist für sie geradezu eine Lieblingsbeschäftigung. Sie kopulieren Tag für Tag in allen erdenklichen Stellungen. Jeder darf, wie er will, ganz gleich, welchen Rang er in der Gruppe bekleidet. Allem Anschein nach bauen die Bonobos auf diese Weise Spannungen ab; jedenfalls sind sie, im Vergleich mit Schimpansen, ausgesprochen friedlich.

Genetisch betrachtet sind Schimpansen und Bonobos etwa gleich weit von uns entfernt. Die Abweichung zu unserem Erbgut beträgt – je nach Studie – zwischen 1,6 und 1,1 Prozent. Etwa den gleichen Unterscheidungsgrad haben Schimpansen und Bonobos auch untereinander. Sollte es richtig sein, dass die Gene der beste Schlüssel sind, um unsere Abstammungslinie zu verstehen, so muss man sagen, dass alle drei Arten, Schimpanse, Bonobo und Mensch, sich untereinander gleich nahe oder fern stehen. Wen also sollen wir als Vorlage für unser Sexualverhalten näher in Betracht ziehen? Der Primatenforscher Frans de Waal sieht den Menschen irgendwo in der Mitte zwischen den »Hierarchien erzwingenden« Schimpansen und den »Hierarchien abschwächenden« Bonobos. Der Mensch, so de Waal, habe das Glück, »zwei innere Affen zu haben«.[10]

Eine viel eindeutigere Antwort dagegen wagt William Allman in seinem bereits erwähnten Buch über die Mammutjäger in der Metro. Für ihn ist klar, dass die Linie zum Menschen vom Gorilla über den Schimpansen führt. Als Beleg dafür sieht er »Lucy«, den bislang vollständigsten Fund eines *Australopithecus afrarensis*. Lucy lebte vor rund 3 Millionen Jahren in Äthiopien. Mit 90 Zentimetern Höhe war Lucy ausgesprochen zierlich, möglicherweise wog sie nicht mehr als 30 Kilogramm. Männliche Artgenossen von Lucy gibt es nur in Bruchstücken, aber gewiss waren sie ein Stück größer. Für Allman steht sogar fest, dass sie »doppelt so groß« waren. Und dieser »Größenunterschied zwischen Männchen und Weibchen lässt darauf schließen, dass Lucy und ihre Artgenossen in ähnlichen sozialen Gruppen lebten wie heutige Gorillas«. Und auch ihr »Sexualleben« entspräche demnach der »Art heutiger Gorillas«.[11]

Kann man das folgern? Wohl eher nicht. Zum einen ist die doppelte Größe bei Australopithicenen nicht sicher belegt, zum anderen gibt es den gleichen Größenunterschied wie bei Gorillas auch bei Orang-Utans mit ihrem ganz anderen Gruppenverhalten. Sowohl bei Gorillas wie bei Orangs sind die Männchen im Durchschnitt etwa doppelt so schwer wie die Weibchen. Und eine direkte Abstammungslinie gibt es im Übrigen weder mit der einen noch mit der anderen Art.

Für Allman dagegen scheint die Sache klar. Erst waren wir Quasi-Gorillas, und dann wurden wir Quasi-Schimpansen. Erstaunlich dabei ist die Kunst, mit der Allman zugleich die Monogamie in unsere Stammesgeschichte hineinmogelt. Je mehr sich die Größe der Geschlechter angeglichen habe, umso monogamer seien sie geworden. Das nun deckt sich nicht im Geringsten mit dem Verhalten von Bonobos und Schimpansen! Und dass der Mensch qua ähnlicher Größe der Geschlechter von Natur aus monogam sei, ist wohl weniger der Natur abgelauscht als der puritanischen Phantasie eines US-amerikanischen Familienvaters. Von Natur aus monogam, so erkannte bereits Friedrich Engels, wäre der Mensch nur, wenn er von den Vögeln abstammte: »Und wenn strenge Monogamie der Gipfel aller Tugend ist, so gebührt die Palme dem Bandwurm, der in jedem seiner 50 bis 200 Proglottiden oder Leibesabschnitte einen vollständigen weiblichen und männlichen Geschlechtsapparat besitzt und seine ganze Lebenszeit damit zubringt, in jedem dieser Abschnitte sich mit sich selbst zu begatten.«[12]

Das Sexual- und Bindungsverhalten des Menschen aus der Beobachtung von Menschenaffen abzuleiten gleicht also oftmals einer zoologischen Kaffeesatzleserei. Der Trick dabei scheint darin zu bestehen, sich immer gerade den Affen herauszusuchen, der am besten in das Menschenbild des Naturforschers passt. Lange Zeit waren vor allem Schimpansen in Mode. Konservativen Biologen wie Konrad Lorenz waren sie der Beweis dafür, dass der Mensch von Natur aus brutal, hinterlistig und machtbesessen ist. Als in den 1980er Jahren der Bonobo besser erforscht wurde, sammelten sich hinter dem kleinen Hippie-Affen die Verfechter von *sex and peace* als der angeblich wahren menschlichen Natur.

Mithilfe von heutigen Regenwaldbewohnern im steinzeitlichen Urnebel unseres Sexual- und Liebesverhaltens zu stochern, ist also eine ziemlich wackelige Angelegenheit. Dass die evolutionäre Psychologie es auf diese Weise schafft, »die geistigen Mechanismen zu erklären«, die definieren, »was es bedeutet, Mensch zu sein«, wie David Buss es sich wünscht, ist eher unwahrscheinlich.[13] Denn »da es keine Menschen ohne Kultur gibt, kann man unmöglich wissen, wie unsere Sexualität ohne solche Einflüsse aussehen würde«, schreibt der niederländische Primatenforscher Frans de Waal. »Die ursprüngliche menschliche Natur ist so etwas wie der Heilige Gral: seit Ewigkeiten gesucht, niemals gefunden.«[14]

Eine besondere Crux im Rahmen unseres Themas, so scheint es, ist die nahezu untrennbare Vermischung von Liebe mit Sexualität. Bestürzend nämlich ist, dass Buss' 600 Seiten starkes Standard- und Überblickswerk *Evolutionäre Psychologie* der menschlichen Sexualität 180 Seiten widmet, der Liebe hingegen gerade einmal zwei Seiten! »Die Liebe«, heißt es dort, »ist vielleicht der wichtigste Hinweis auf den tatsächlichen Bindungswillen.«[15]

Das ist in der Tat eine schmale Definition. Ob sie die »geistigen Mechanismen« erklärt, die man unter Menschen »Liebe« nennt? Es ist sicher richtig, dass Liebe oft mit einem Bindungswillen einhergeht. Wer jemanden liebt, wird sich häufig auch mit ihm zusammentun wollen. Aber man kann wohl auch lieben und die nähere Bindung gleichwohl für aussichtslos halten. Zum Beispiel, weil man ahnt oder weiß, dass man trotz der Gefühle füreinander nicht gut zusammenpasst. Oder man möchte sich nicht binden, weil man anderweitig gebunden ist und wartet ab, bis das Gefühl wieder verfliegt und so weiter. Der folgende Satz ist deshalb eher eine lose Behauptung, die zutreffen kann oder auch nicht: »Die Aktivitäten, die als grundlegende Bestandteile der Liebe angesehen werden, signalisieren die Bindung sexueller, wirtschaftlicher, emotionaler und genetischer Ressourcen an einen Partner.«[16]

Was bei dieser Erklärung fehlt, ist ein Wort darüber, warum es dieses Gefühl der geschlechtlichen Liebe überhaupt gibt. Sollte eine Wissenschaft, die »die geistigen Mechanismen erklären« will, »die definieren, was es bedeutet, Mensch zu sein«, nicht zumindest den Versuch wagen zu erklären, was die Liebe eigentlich ist? Einen solchen Versuch aber gibt es bei Buss nicht. Frei nach dem Motto: »Über die Liebe redet man nicht, man setzt sie voraus.« Und das, obwohl sie in der menschlichen Psyche einen so gewaltigen Raum einnimmt wie nur wenige andere Gefühle und Vorstellungen!

Ein möglicher Grund dafür könnte sein, dass sich die Liebe zwischen den Geschlechtern mit den gewählten Methoden der evolutionären Psychologie gar nicht erfassen lässt. Und was ich mit meinem Netz nicht fangen kann, ist eben kein Fisch! Der Verdacht könnte sein, dass die menschliche Liebe zwischen den Geschlechtern so viel mit der Evolution von Kultur zu tun hat, dass alle Versuche einer Naturgeschichte der Liebe fehlschlagen müssen.

Es mag wohl richtig sein, dass der Großteil der Evolution unseres Gehirns sich in grauer Vorzeit entwickelte, lange bevor es überhaupt so etwas wie menschliche Wesen gab. Aber ohne ein Verständnis der kulturellen Evolution des Menschen bleibt sehr viel Wesentliches im Nebel. Denn, wie der Vordenker einer

»humanistischen« evolutionären Psychologie, der Zoologe und Wissenschaftspolitiker Julian Huxley, bereits in den 1960er Jahren etwas pathetisch schrieb: »Der psychosoziale Prozess – mit anderen Worten der evolutionierende Mensch – ist ein neues Evolutions*stadium*, ... das sich von der vormenschlichen biologischen Phase ebenso grundlegend unterscheidet wie diese von der anorganischen, präbiologischen.«[17]

Selbst wenn die Evolution unseres Geistes unstrittig dadurch entstand, dass sich unsere Vorfahren an ihre physische und psychische Umwelt anpassten, so sind etwa Phänomene wie Eifersucht oder Partnerwahl in der heutigen Zeit nicht unveränderliche Konstanten des Menschseins, sondern kulturelle Variablen. Die Sexualmoral von Inuits am Polarkreis unterscheidet sich von jener der Bantus im Ituri-Urwald, so wie bereits die Partnerschaftsabkommen in schneeumtosten Höhlen im Neandertal nicht ganz die gleichen gewesen sein müssen wie vor 30 000 Jahren in der Kalahari. Was in der Liebe und beim Sex akzeptabel oder inakzeptabel ist, entscheidet mithin nicht nur der Einzelne, sondern auch die Gemeinschaft, in der er lebt. Sie ist Teil jener »Umwelt«, an die er sich anpasst, früher wie heute.

Aus diesem Grund darf es nicht verwundern, dass die Brücken, die evolutionäre Psychologen in den Urnebel schlagen, nichts anderes als mal mehr und mal weniger plausible Geschichten sind. Es ist nicht überraschend, dass die meisten Psychologen, die den Menschen aus der Biologie erklären wollen, das Wort »Kultur« nicht besonders mögen. Denn Kultur macht alles nur kompliziert. Kultur ist diffus, Biologie ist klar. Der Verdacht allerdings ist, dass, wie wir im nächsten Kapitel sehen werden, es vielleicht auch andersherum sein könnte. Danach wäre Kultur vergleichsweise klar, Biologie dagegen eher diffus.

Geht es nach den evolutionären Psychologen, so stand am Anfang des Verhältnisses der Geschlechter zueinander der Sex – aber allem Anschein nach bleibt es in der evolutionären Psychologie immer beim Anfang. Die Liebe bleibt auf Mütter und Kinder beschränkt, und was die Geschlechter beieinanderhält, ist eigentlich nur ein »Bindungswille«; ein relativ schwacher Klebstoff übrigens, verglichen mit der stets auseinandertreibenden Kraft unseres Sexualtriebs.

Aber wo kommt dieser Sexualtrieb, der so vieles bestimmen soll, eigentlich her? Und warum ist er – wie evolutionäre Psychologen fest glauben – bei Mann und Frau so ganz verschieden ausgeprägt? Wer den Menschen und sein Sexualverhalten verstehen will, so meinen evolutionäre Psychologen, der muss zunächst einmal den geheimen Auftrag unserer Gene verstehen lernen. Denn ihr »Programm« treibe uns an und sage uns, was wir tun sollen.

Stimmt das? Was hat es mit dem versteckten Wirken der Gene auf sich? Um diese Frage zu beantworten, müssen wir in die Tiefen der Evolutionstheorie hinabsteigen, in die Welt der Gene und ihrer Funktion. Es ist ein ziemlich theoretisches Kapitel, in dem von der großen Frage des Buches nach der Liebe kaum die Rede sein wird. Den ungeduldigen Leser mag dies vielleicht etwas enttäuschen. Aber es geht immerhin um nichts weniger als um den ungeschriebenen Verfassungsauftrag unseres Daseins. Und die Frage danach, wie wir diesen Auftrag interpretieren, verrät uns sehr wesentliche Dinge über den Menschen und seine Psychologie. Es gilt ein sehr folgenschweres Missverständnis zu beheben. Wer sich dabei ein wenig langweilt, dem schlage ich vor, jetzt lieber 20 Seiten vorzublättern zum nächsten Kapitel. Hier werden unser Sexualverhalten und unsere Partnerwahl ganz praktisch und konkret. Alle anderen sind herzlich eingeladen.

2. KAPITEL

Ökonomischer Sex? Warum Gene nicht egoistisch sind

Das einarmige Genie

Manche Menschen glauben an Gott. Andere aber glauben an die geheimnisvolle Zauberkraft der Gene. Ihrer Ansicht nach sind die Gene allmächtig. Sie sind die »Bauanleitung«, die »Blaupause«, der »Stoff«, aus dem wir sind. Die Gene regeln alles. Unsere Gesundheit, unser Erscheinungsbild, unseren Charakter und nicht zuletzt die Anziehung der Geschlechter sowie das Zusammenleben von Mann und Frau.

Die Fachliteratur der evolutionären Psychologen ebenso wie die populären Bücher der Wissenschaftsjournalisten sind voll von Erklärungen, wonach all unser Verhalten auf Erbinformationen zurückzuführen sei. Sie sind die heimlichen Agenten unseres Daseins, und sie bestimmen auch unsere Partnerwahl und unser Liebesspiel.

Die Entdeckung dieses geheimnisvollen Treibens der Gene war ein Glücksfall für die Biologie, und ohne sie gäbe es wohl auch keine evolutionäre Psychologie. Denn wenn die Sache mit der Steinzeit schon eine ziemlich wackelige Angelegenheit ist, so sollen zumindest die Gene wichtige Fixpunkte sein, aus denen sich unser Verhalten lupenrein ablesen lassen soll. Und solche Fixpunkte sind wichtig. Biologen nämlich lieben den Zufall und seine Unwägbarkeiten zumeist genauso wenig wie Theologen.

Als der französische Nobelpreisträger Jacques Monod 1970

in seinem Buch *Zufall und Notwendigkeit* die Biologie zu einem Herrschaftsgebiet der Zufälle erklärte, verunsicherte er die Biologen damit ebenso wie die Vertreter der Kirche. Denn Biologen suchen nach Gesetzmäßigkeiten und Regeln. Die Entstehung des Lebens auf der Erde und die Entwicklung der Pflanzen- und Tierarten mag zwar ein unstrukturiertes Chaos sein, aber dieses Chaos hat unbezweifelbar Methode.

Diese erklärte sechs Jahre nach Monod ein junger englischer Zoologe namens Richard Dawkins in seinem Buch *Das egoistische Gen*. Bis dahin war der gerade 35-jährige Dozent am New College der University of Oxford ein unbeschriebenes Blatt. Fast über Nacht avancierte er zu einem neuen biologischen Sinnstifter. Dawkins ist ein tief religiöser Atheist. Wie viele religiöse Menschen treibt ihn ein großes Bedürfnis nach Ordnung, nach Sinn und einer allumfassenden Erklärung. Seit jüngerer Zeit ist er einem noch größeren Publikum bekannt durch sein Buch vom *Gotteswahn*. Auf gleichsam alttestamentliche Weise versucht er die Welt davon zu überzeugen, dass er einen besseren und stärkeren Gott hat als das Christentum oder der Islam, nämlich einen Gott in den Genen: Sie sind allmächtig, allgewaltig und für alles verantwortlich. Sie durchwirken das ganze menschliche Dasein vom Mutterleib bis zur Bahre. Ihr Wille geschehe, wie im Tierreich so im Menschen.

Die Idee freilich, die Evolution aus der Sicht der Gene zu betrachten, war nicht eine Idee von Richard Dawkins, selbst wenn sie sich heute überall mit seinem Namen verbindet. Der Mann, der dic Gene in den Mittelpunkt der Welt stellte, war einige Jahre älter als der Bestsellerautor, ein ausgewiesener Fachmann seiner Zunft und ein exzentrisches Genie.

William Donald Hamilton wurde 1936 in Kairo geboren. Sein Vater war ein Ingenieur aus Neuseeland und seine Mutter Ärztin. Seine Kindheit verbrachte Hamilton in England und Schottland. Während über Großbritannien der Luftkrieg tobte und Hamiltons Vater zuhause Handgranaten für die Landesverteidigung baute, versenkte sich der Sohn in naturkundliche Bücher und sammelte Schmetterlinge. Eines Tages entdeckte Hamilton im Arbeitszimmer seines Vaters den Sprengstoff und werkelte damit herum. Die Explosion kostete ihn fast das Leben. In höchster Not amputierte ihm die Mutter mehrere Finger der rechten Hand. Es dauerte Monate, bis ihr Sohn sich von dem Unfall erholte.

Hamilton studierte Biologie in Cambridge. Es war eine höchst spannende Zeit, und die Atmosphäre in seinem Fach war geradezu elektrisiert. 1953, just in dem Moment, als Hamilton nach Cambridge kam, hatten der US-Amerikaner James Watson und der Engländer Francis Crick ebendort die Struktur der Doppelhelix und die Molekularstruktur der Nukleinsäuren entziffert. Zuvor galten beide Forscher nicht gerade als Leuchten ihrer Zunft, und ihre Kollegen aus der Chemie bezeichneten sie sogar als »wissenschaftliche Clowns«. Doch Watson und Crick belehrten sie eines Besseren. Der elementare Vorgang der Vererbung wurde biochemisch entschlüsselt. Und die Erforschung der Gene trat ihren Siegeszug an.

Hamilton sprang sofort auf den neuen Zug auf. Von Anfang an beschäftigten ihn zwei Fragen: Welche Rolle spielen die Gene im Prozess der Evolution? Und wie lässt sich diese Bedeutung mathematisch möglichst exakt berechnen? Darwins Evolutionstheorie benötigte dringend ein Fundament in der Genetik. Denn wenn Tier- und Pflanzenarten es fertig brachten, sich an ihre Umwelt anzupassen, dann musste diese Anpassung eine Methode haben – eine Methode nach den Spielregeln der Vererbung.

Die bis dahin vorherrschende Theorie untersuchte die Vorteile, die Anpassungen für das einzelne Tier oder die einzelne Pflanze brachten. Und sie bezog das Wohl einer Tierfamilie, einer Gruppe, Herde oder Horde in diese Überlegung mit ein. Hamilton dagegen vermutete, dass man das Pferd auf diese Weise falsch aufzäumte.

Seine eigene Idee kam ihm bezeichnenderweise in einem der Biologie völlig fernen Umfeld. Hamilton schrieb seine Doktorarbeit an der London School of Economics and Political Science. Acht Jahre mühte er sich an dem Versuch, die Gesetze der Vererbung im Lauf der Evolution mathematisch zu berechnen und ökonomisch sinnvoll erscheinen zu lassen. Genau genommen ging es Hamilton in seiner neuen Umgebung unter Wirtschaftswissenschaftlern also nicht nur um eine biologische Theorie, sondern um eine Wirtschaftstheorie der Vererbung. In ihren Grundzügen lautet die Theorie so: Gene haben ein Interesse daran, sich zu erhalten. Die einzige Chance, die sie in einem sterblichen Organismus haben, besteht darin, sich auf einen anderen zu vererben. Je mehr Gene eines Lebewesens es schaffen, in der nachfolgenden Generation weiterzuexistieren, umso besser ist dies für das Lebewesen. In der Praxis der Vererbung und in der Partnerwahl bedeutet dies: Der Auftrag der Gene besteht darin, sich so gut wie möglich fortzupflanzen oder aber den nächsten Verwandten dabei zu helfen. Denn nahe Verwandte stehen einem Lebewesen bekanntlich genetisch nahe.

Entsprechend seinem Umfeld in London fasste Hamilton diese Regel in mathematische Gesetze und stellte die ganze Sache unter das strenge Wirtschaftsprinzip von Kosten und Nutzen. Denn hat Hamilton recht, dann sind Gene im Grunde ihres Wesens Mathematiker und Ökonomen: Danach muss das Verhältnis von Nutzen zu Kosten für unser Erbgut größer sein als eins dividiert durch den Verwandtschaftsgrad. Alles klar?

Ganz einfach: Wenn ich zwei Kinder bekomme, ist das im Sinne meiner Gene gut. Es gibt aber auch die Möglichkeit, ohne eigene Kinder meinen Genen eine Freude zu machen. Zum Beispiel dadurch, dass ich meinem (genetisch zu 50 Prozent identischen) Bruder durch intensive Kinderbetreuung helfe, fünf zusätzliche Nachkommen zu produzieren und großzuziehen. Im ersten Fall liegt der Wert bei 2, im zweiten Fall aber sogar bei 2,5. Entscheidend ist, was mit Einbezug meiner nächsten Verwandtschaft den größtmöglichen Teil meines Erbguts weitergibt. Nach Hamilton ist damit auch erklärt, warum Tiere und

Menschen auf den ersten Blick uneigennütziges Verhalten unter Verwandten zeigen – sie kalkulieren unbewusst die Kosten und den Nutzen für ihre Gene.

Hamiltons Doktorarbeit, die er 1968 veröffentlichte, sorgte für einiges Aufsehen, aber sein Ruhm blieb beschränkt auf die Fachwelt. Die Öffentlichkeit diskutierte zu dieser Zeit geradezu das Gegenteil, nämlich den Einfluss der Gesellschaft auf die Geschlechterrolle und die Sozialisation. Hamiltons Wirtschaftsbiologie passte dazu wie ein Fisch auf ein Fahrrad. Außerdem war er ein lausiger Dozent, der umständlich schrieb und sich für die Lehre nicht eignete. Für die meisten war er ein Freak, obwohl sein Ruhm später in den 1980ern und 1990ern kontinuierlich wuchs. Er war Gastprofessor in Harvard und São Paulo, erhielt eine Professur an der Universität von Michigan in Ann Arbor, wurde Ehrenmitglied der American Academy of Arts and Sciences, Mitglied der Royal Society in London und schließlich Professor in Oxford.

Im Alter erreichte Hamiltons Hang zu exzentrischen Theorien seinen Höhepunkt. Die Fachkollegen schüttelten verständnislos den Kopf, als der Guru der Evolutionsbiologie meinte, dem Ursprung der AIDS-Epidemie auf der Spur zu sein. Seiner Meinung nach war die Krankheit deshalb ausgebrochen, weil westliche Ärzte in Afrika in den 1950er Jahren ein verseuchtes Serum bei der Polio-Schluckimpfung verwendet hätten. Die Idee dazu hatte er im *Rolling Stone magazine* gelesen. Hamilton ging in den Kongo, um dort seine Theorie zu beweisen. Feldstudien im Regenwald sind für einen Evolutionsbiologen nichts Ungewöhnliches. Doch Hamiltons bizarre Theorie überzog ihn mit Unverständnis und Spott von allen Seiten. Immer wieder mochte es vorkommen, dass weltberühmte und gefeierte Forscher im Alter sonderbar wurden. Der Chemiker Linus Pauling glaubte mit Vitamin C Krebs heilen zu können. Der Astronom Fred Hoyle verstieg sich zu der Ansicht, die Grippe käme aus dem Kosmos. Und Alfred Russel Wallace, Darwins kongenialen Entdecker des

Prinzips der natürlichen Auslese, zog es im Alter zu spiritistischen Sitzungen. Die entscheidende Frage war, ob Hamilton dagegen nicht immer schon sonderbar gewesen war. Seine Kongo-Mission unterschied sich von anderen befremdlichen Ideen durch ihren tödlichen Ausgang. Hamilton infizierte sich mit Malaria und wurde zurück nach England gebracht. Am 7. März 2000 starb er im Alter von 64 Jahren in einem Londoner Krankenhaus.

Zum Zeitpunkt seines Todes hatte Hamilton das Image eines leicht spinösen Idols. Aber seine Ideen waren von besseren Stilisten und charismatischeren Darstellern vielfach popularisiert worden. Und für die Soziobiologen und evolutionären Psychologen ist er ein stiller Star und heimlicher Held. Sein großes Verdienst soll sein, dass er den Prozess der Evolution weder durch das unmittelbare Lebensinteresse der einzelnen Tier- oder Pflanzenart noch durch das Interesse einer Gruppe, Herde oder eines Schwarms erklärte, sondern allein aus der Sicht der Gene. Das neue Zauberwort, das Hamilton einführte, lautet »Gesamtfitness«. Diese Gesamtfitness ist die Summe aus dem Fortpflanzungserfolg eines Individuums zuzüglich der Auswirkungen seiner Handlungen auf den Fortpflanzungserfolg seiner genetischen Verwandten.

Hat Hamilton recht, so muss Darwins Buch von der Entstehung der Arten umgeschrieben werden, nämlich aus dem Blickwinkel der Gene, von denen Darwin noch nichts wusste. Nicht Arten passen sich demnach ihrer Umwelt an, sondern unser Erbgut. Als Gen wäre ich darauf erpicht, in einem möglichst gesunden Organismus zu leben, damit ich nicht vorzeitig sterbe. Ich hätte den sehnlichsten Wunsch, mich so oft wie möglich zu vervielfältigen. Dafür würde ich pausenlos Ausschau halten nach potentiellen Sexualpartnern. Und eine tiefe Liebe zu meinen nächsten Verwandten würde mich ergreifen, denn auch ihr Erbgut liegt mir verständlicherweise am Herzen. Bin ich tüchtig und erfolgreich, setzt sich mein Erbgut gegenüber anderen durch. Ich werde zu einer wichtigen Größe im Evolutionsprozess, ja, ich treibe mit meinem Eigensinn die ganze Geschichte immer weiter vorwärts.

Sollte diese Theorie stimmen, so öffnete sie der evolutionären Psychologie Tür und Tor zu allen menschlichen Verhaltensweisen. Die hartnäckigsten Riegel zu unseren sexuellen Gelüsten, unseren psychologischen Eigenheiten und charakterlichen Sonderbarkeiten würden mit einem Mal zur Seite geschoben. »Aus der Perspektive des Gens über die Selektion nachzudenken, bot der Evolutionsbiologie zahlreiche neue Einblicke«, frohlockt der US-amerikanische Evolutionsbiologe David Buss, denn »die Gesamtfitness-Theorie hat tief greifende Auswirkungen auf unser Verständnis von Familienpsychologie, Altruismus, Helfen, Gruppenbildung und sogar Aggression. ... Zu Recht wird sie als die alles umfassende Theorie der Evolutionsbiologie verstanden.«[18]

Die Frage, die man angesichts dieser Begeisterung vielleicht noch stellen sollte, ist: Wie machen die Gene das eigentlich? Denn natürlich können Gene nicht denken. Und sie haben auch keine Interessen, Absichten, Ziele und Pläne. Sie verfolgen keine Taktiken und Strategien. Sie können nicht riechen, schmecken, fühlen und sehen. Sie haben kein Gehirn. Woher kommt die dunkle Allmacht der Gene, wenn sie bei Licht betrachtet zu fast nichts in der Lage sind? Sind solche Thesen eigentlich tatsächlich Wissenschaft? Oder ist Hamilton nicht vielmehr ein moderner Mystiker? Der Prediger vom göttlichen Gen, des Allmächtigen und Allwissenden – wenn auch ohne höhere Absichten als den eigenen Fortbestand?

Gen-Mystik

Der Mann, der wie kein anderer Hamiltons Theorie zum Durchbruch verhalf, war der bereits erwähnte Richard Dawkins. Er wurde 1941 in Nairobi in Kenia geboren, und wie Hamilton, so war auch er ein Kriegskind. Sein Vater kämpfte in der britischen Armee und kehrte erst 1949 von Afrika nach England zurück. Dawkins studierte in Oxford und promovierte 1966 in Zoologie. Als Hamilton seine Theorie veröffentlichte, war Dawkins Assistenzprofessor an der University of California in Berkeley, dem wichtigsten Zentrum der Studentenunruhen in den USA. Der Campus in Berkeley war ein Quell neuer gesellschaftlicher Ideen und sozialer Utopien. Aber auch ihre konservativen Gegner sammelten sich hier. Wer meinte, dass nicht die Biologie, sondern die Gesellschaft den Menschen zu dem mache, was er ist, dem konterte Michael Ghiselin in Berkeley mit der Idee, die er bald darauf »evolutionäre Psychologie« nannte.

Die Unruhen verebbten, und Dawkins ging zurück nach Oxford, überzeugt von einer großen Zeitenwende in der Biologie und in der Psychologie. Der Traum von einer Professur freilich blieb ihm versagt. 25 Jahre lang bekleidete er lediglich eine Dozentenstelle am New College, obwohl er in der Öffentlichkeit inzwischen Weltruhm genoss. Sein Buch über *Das egoistische Gen,* in dem er Hamiltons Theorie popularisierte und zu einer allumfassenden Kulturtheorie ausspann, war ein Weltbestseller, und viele andere erfolgreiche Bücher sollten folgen. Die akademische Welt freilich blieb skeptisch. Denn Dawkins untermauerte seine Theorien nicht durch eigene Versuche und erbrachte keine Beweise. In der biologischen Forschung hatte er sich seit seiner Doktorarbeit nicht mehr versucht. 1995 stiftete ihm der ungarisch-amerikanische Software-Milliardär Charles Simonyi einen Lehrstuhl für die allgemeinverständliche Vermittlung von Naturwissenschaft am Museum für Naturgeschichte in Oxford.

Charakterlich ist Dawkins in vielem das Gegenteil seines Spiritus Rectors William Hamilton: ein charismatischer Redner, ein guter Stilist und ein mitreißender Lehrer. Doch seine Grundposition ist nahezu identisch. Wie Hamilton, so entwickelt auch Dawkins die Geschichte der Evolution aus der Perspektive des Gens. Mit sprachschöpferischer Lust beschreibt er den Organismus der Tiere und Menschen lediglich als eine »Überlebensmaschine« für die Gene. Er ist nicht mehr als ein Vehikel, das die Gene gebaut haben, um sich besonders effektiv in die nächste Generation fortzupflanzen. In Dawkins' eigenen Worten heißt das: »Was ist ein egoistisches Gen? ... wenn wir uns die Freiheit nehmen, über Gene zu sprechen, als ob sie bewusste Ziele verfolgten – wobei wir uns immer wieder rückversichern müssen, dass wir unsere etwas saloppe Sprache in eine korrekte Ausdrucksweise zurückübersetzen könnten, wenn wir wollten –, so können wir die Frage stellen, *welche Absichten ein einzelnes Gen denn nun eigentlich verfolgt?* Dies erreicht es im Wesentlichen dadurch, dass es dazu beiträgt, die Körper, in denen es sich befindet, so zu programmieren, dass sie überleben und sich reproduzieren.«[19]

Die Botschaft dahinter ist unmissverständlich: Du bist nichts, deine Gene sind alles! Denn wie Dawkins in seiner kriegerischen Sprache schreibt: »Die *Überlebensmaschinen* begannen als passive Gefäße für die Gene, wobei sie diese mit kaum mehr versorgten als mit Wänden zum Schutz vor der *chemischen Kriegsführung* ihrer Rivalen ...«[20]

Mehr als 20 Jahre lang war Dawkins' Theorie vom Krieg der Gene in aller Munde. Viele Biologen mochten über die Radikalität und die Schlachtengesänge des Oxford-Dozenten schmunzeln. Aber die Idee, dass die Evolution ein Kriegsschauplatz der Gene ist, wurde gleichwohl von vielen geteilt. Eine Flut von populärer Literatur entstand in Dawkins' Gefolge und freute sich an dem Spiel, den Menschen umzudeuten zu einer Gen-Bestie. In dieser Euphorie eines neuen angeblich sachlichen und wissenschaftlichen Blicks wurden die vielen klugen Einwände gegen den Dawkinswahn kaum gehört. Endlich, so schien es, konnte man den Menschen und seine Kultur von Grund auf neu verstehen und erklären.

Es mag heute verwundern, wie diese Begeisterung möglich war, denn die Schwächen der Theorie vom »egoistischen Gen«

waren eigentlich kaum zu übersehen. Mit dem wirklichen Leben und Zusammenleben von Tieren und Menschen hatte das alles nicht viel zu tun. Erstaunlich deshalb, dass in der Theorie etwas als plausibel angesehen wurde, das in der Praxis gar nicht stimmte. Hätte Dawkins recht, so setzten sich überall im Tierreich und beim Menschen langfristig immer die besten Gene durch. Wie aber konnte es dann geschehen, dass ganz offensichtlich immer wieder Lebewesen entstanden und überlebten, die ihre Möglichkeiten zur Reproduktion nicht voll ausschöpfen? Haben meine Gene eine Fehlzündung, wenn ich darauf verzichte, jedes attraktive Weibchen zu begatten, oder wenn umgekehrt ein Weibchen darauf verzichtet, die maximale Anzahl an Kindern zu gebären? Den freiwilligen Verzicht auf Paarung und Reproduktion gibt es nicht nur bei Menschen, von Homosexualität bei Menschen und Tieren ganz zu schweigen.

Auch Hamiltons Idee der Gesamtfitness mit ihren mathematischen Formeln und Theorien geht ziemlich scharf an der Wirklichkeit vorbei. Sie ist die Kopfgeburt eines Biologen an einer Wirtschaftsuniversität. Denn Verwandtschaftsbeziehungen spielen über das gesamte Tierreich gerechnet nur bei vergleichsweise wenigen Arten eine Rolle. Würmer, Käfer, Kellerasseln, Karpfen, Blindschleichen und Laubfrösche kennen keine Verwandten. Sie betreiben auch keine Brutpflege. Die Formel, dass das Verhältnis von Nutzen zu Kosten für ihr Erbgut größer sein soll als eins dividiert durch den Verwandtschaftsgrad, ist ihrem Bewusstsein fremd und auch ihrem Unterbewusstsein. Im Angesicht ihrer nahen Angehörigen regt sich nichts. Die Gene schlafen oder schweigen. Verwandte sind ihnen schnuppe. Adlerküken stoßen ihr jüngeres Geschwister aus dem Nest, um nicht teilen zu müssen, Krokodilmännchen fressen ihre Jungen, weil sie sie nicht als ihren Nachwuchs erkennen usw. Verwandtschaftliche Beziehungen, wie etwa bei Elefanten oder Menschenaffen, sind eher die Ausnahme als die Regel. Und auch bei Menschenaffen und Menschen gilt: Eine zwingende Nähe und Liebe unter Verwandten gibt es nicht. Es ist schon richtig, dass uns Geschwister meist nahestehen, aber die Zahl an Geschwistern, die im Erwachsenenalter wenig miteinander anfangen können, ist gar nicht so klein. Eine Gen-Störung? Und wie kommt es eigentlich, dass Freunde uns oft viel näher stehen als blutsverwandte Angehörige? Wo liegt der genetische Sinn, wenn ich das Kind einer guten Freundin versorge? Warum kümmere ich mich liebevoll um meine Stiefkinder, statt auf jedes fruchtbare junge Weibchen zu lauern?

Die wissenschaftliche Wende kam in den 1990er Jahren. Also in etwa genau zu jenem Zeitpunkt, als die auf Hamilton und Dawkins eingeschworene evolutionäre Psychologie im Zenit ihres Ansehens stand. Viele Biologen waren inzwischen so unzufrieden, dass sie verstärkt nach neuen Erklärungen suchten. Es war ihnen klar, dass sich der komplizierte Prozess der Evolution nicht einfach auf der Ebene der Gene erklären ließ. Denn die Gene waren bei weitem nicht mit solchen Zauberkräften ausgestattet, wie zuletzt behauptet worden war. Sie waren auch nicht der Bauplan oder die Blaupause für das gesamte Lebewesen, sondern lediglich eine interessante Ressource für dessen normale Entwicklung.

Der Evolutionsbiologe Richard Lewontin, einer von Dawkins' wichtigsten Kritikern, brachte es anhand eines Beispiels auf den Punkt: In einem Sack befinden sich Millionen von Weizenkörnern. Die eine Hälfte des Sackes sät der Bauer auf einem fruchtbaren Acker aus, der gut gedüngt ist und gewässert. Die andere Hälfte des Sackes verstreut er auf einem kargen Acker. Wie werden sich die Weizenkörner entwickeln? Auf dem fruchtbaren Feld sind die Weizenähren verschieden groß. Das ist normal, denn obwohl die Umwelt für alle Körner auf dem Acker gleich ist, sind sie doch genetisch unterschiedlich. Die einen sind »von sich aus« prächtiger als die anderen. Und wie sieht es auf dem anderen, dem kargen Acker aus? Das gleiche Bild: Die einen Weizenhalme sind kräftiger als die anderen. Auch das liegt an ihren Genen. Wenn man nun beide Felder miteinander vergleicht, wird man allerdings feststellen, dass der Weizen auf dem fruchtbaren Feld insgesamt ungleich prächtiger geraten ist als auf dem kargen. Auf dem ersten Feld sind die Unterschiede zu 100 Prozent genetisch, und auf dem zweiten Feld sind die Unterschiede zu 100 Prozent genetisch. Aber das bedeutet nicht, dass die Unterschiede von Feld 1 zu Feld 2 auch genetisch sind!

Lewontins Beispiel zeigt, dass die Entwicklung eines Lebewesens nicht allein von den Genen abhängt. Das Überleben und die Ausformung eines Organismus finden nämlich gleichzeitig auf mehreren Ebenen statt. So wichtig wie die Gene ist auch das Individuum und unter Umständen, von Art zu Art unterschiedlich, auch die Gruppe, in der ein Lebewesen sich befindet. Danach bleiben die Gene zwar die »Datenträger«, die ihre Eigenschaften von Generation zu Generation übertragen. Aber sie sind weder der alleinige Auslöser noch das alles entscheidende Kriterium im Prozess der Evolution. Ihre Zauberkraft schrumpft beträchtlich. Mindestens ebenso wichtig ist die »Arena«, in der das Schauspiel stattfindet, also der fruchtbare oder der karge Acker.

Eine solche Arena ist der Lebensraum einer Art, aber auch ihre soziale Umgebung. Mal ist es die Gruppe, die den Ausschlag gibt, mal sind es tatsächlich Verwandte, ein anderes Mal aber kann es auch eine Gruppe sein, die ganz zufällig einen Lebensraum teilt. In Südamerika stand bis vor zwei Millionen Jahren der Terrorvogel, ein straußengroßer langbeiniger Raubvogel, an der Spitze der Nahrungspyramide. Als der südamerikanische Kontinent mit dem nordamerikanischen über eine Landbrücke zusammenwuchs, wanderten die Säbelzahnkatzen aus dem Norden in den Süden ein. Sie wurden zu gefährlichen Nahrungskonkurrenten in der Pampa, denn sie jagten die gleiche Beute wie die Vögel. Innerhalb kurzer Zeit waren die unterlegenen Terrorvögel ausgestorben. Mit Genen hat das schlichtweg überhaupt nichts zu tun.

Die Idee, den Evolutionsprozess auf mehreren verschiedenen

Ebenen – bei den Genen, ihrem Austausch mit der Zelle und bei den Umweltbedingungen – anzusiedeln, ist die heute vorherrschende Erklärung in der Evolutionsbiologie. Gene sind danach die Karosserien, aber nicht der Motor der Evolution. Zu viel anderes entscheidet mit über den Erfolg eines Lebewesens. Wenn äußere Umstände ein Lebewesen oder eine Art bedrohen, ist es vollkommen egal, wie gut ihr Erbmaterial ist. Gene schützen vor Fressfeinden ebenso wenig wie vor Vulkanausbrüchen. Zusammengefasst gesagt: Gene sind die Informationen, die nötig sind, um einen Organismus aufzubauen. Dieser Aufbau allerdings geschieht im Austausch des Lebewesens mit seiner Umwelt. Ist dieser Austausch erfolgreich, so dass es dem Tier oder der Pflanze gut geht, so überleben auch seine Gene. Nicht die Gene bestimmen über den Erfolg eines Lebewesens, sondern der Erfolg eines Lebewesens entscheidet über das Überleben der Gene.

Von allen Evolutionstheorien ist diese Ansicht heute in der Fachwelt wohl am stärksten akzeptiert. Ihr Richard Dawkins war der Harvard-Professor Stephen Jay Gould, der 2002 einem langjährigen Krebsleiden erlag. Hinter Goulds glänzend geschriebenen und erfolgreichen Büchern steht freilich die Inspiration durch das Werk ungezählter Kollegen, die eine Fülle von Modellen ersannen, um die Entwicklungsgeschichte auf mehreren Ebenen zu erklären.

Danach besteht der Prozess der Evolution nicht nur aus Auslese und Fitness, sondern auch aus Beschränkungen. Diese Hindernisse bei der Entfaltung eines Lebewesens oder einer Art können genetische Gründe haben, aber ebenso Beschränkungen in der Umwelt. Eine Tierart, die gezwungen ist, auf einer Insel zu leben, wird sich anders entwickeln als auf einem Kontinent. Manchmal ist das vorteilhaft, manchmal ist es ein Nachteil. Noch vor wenigen tausend Jahren lebten auf mehreren Mittelmeerinseln Elefanten, die allerdings kaum größer als Bernhardiner waren. Da die Elefanten nicht auswandern konnten, mussten sie mit einem kargen Nahrungsangebot auskommen und schrumpften im Prozess der Evolution immer weiter zusammen. Biologen benutzen dafür das drollige Wort von der »Inselverzwergung«. Ganz offensichtlich schielten die Weibchen der Zwergelefanten nicht immer nach den größten und stärksten Bullen. Wäre es so gewesen, wären die Elefanten auf Kreta, Malta, Sardinien, Sizilien und Zypern wohl verhungert. Stattdessen war klein sexy, und die Zwergelefanten wurden erst von den Menschen ausgerottet.

Der Ausflug in den gegenwärtigen Stand der Dinge in der Evolutionsbiologie zeigt, dass Dawkins' Sicht heute ziemlich veraltet ist. Umso erstaunlicher freilich, dass Soziobiologen und evolutionäre Psychologen bis heute an der Theorie des »egoistischen Gens« festhalten. Aber vielleicht ist das bei näherer Ansicht so erstaunlich doch nicht. Solange wir es beim Verhalten des Menschen nur mit den Folgen aus den Wünschen, Absichten und Zielen unserer Gene zu tun haben, solange lässt sich der Mensch auf ziemlich schlichte Art biologisch erklären: Was ich für meine Triebe, meine Eigenheiten und Phantasien halte, ist in Wahrheit der mal geheime, mal offensichtliche Wille meines Erbguts.

Mit der neuen Sicht der Evolution dagegen können evolutionäre Psychologen gemeinhin nicht viel anfangen. Ganz im Gegenteil sogar: Die Theorie von den unterschiedlichen Ebenen nimmt ihnen ihr Fundament. Was vorher berechenbar erschien, wird nun unberechenbar. Wahrscheinlich ist genau dies der Grund dafür, dass evolutionäre Psychologen überaus hartnäckig an einem vermeintlichen Fundament in der Evolutionstheorie festhalten, das in der Fachwelt gegenwärtig immer weniger akzeptiert wird. Selbstverständlich kann man nicht erwarten, dass bekannte Wissenschaftler nun ihren Lehrstuhl schließen und sagen: »Unser Fundament ist weg, wir haben uns geirrt!« Und doch könnte der Irrtum der evolutionären Psychologie sich am Ende noch als fruchtbar erweisen. Denn die neuen Theorien der Evolution bilden einen höchst interessanten Ausgangspunkt, um das große Problem der evolutionären Psychologen zu lösen, das man Kultur nennt. Davon wird an späterer Stelle noch die Rede sein.

Wer auf dem gegenwärtigen Stand der Dinge in der Evolutionstheorie argumentiert, wird sich jedenfalls nicht mehr mit der Frage herumschlagen müssen, wie ein so bewusstloses Etwas wie ein Gen Absichten haben kann und sein Sexualverhalten nach Zuverlässigkeit, Effizienz und Wirtschaftlichkeit ausrichtet. Selbstverständlich hat Dawkins darauf hingewiesen, dass es sich bei seinem »egoistischen« Gen nur um ein Bild handelt. Aber er behandelt das Bild nicht wie ein Bild, sondern als eine Tatsache. Immer wieder versucht er den »Egoismus« der Gene zu beweisen. Und seine Gene sind nicht nur Egoisten, sie sind auch Feilscher und Kaufleute, die alles nach zwei Kriterien überprüfen: Was kostet es, und was nützt es? Das klingt tatsächlich so, als habe man es bei der Biologie mit einer Sparte der Wirtschaftswissenschaften zu tun, in der die Gene immer instinktiv die richtige Nase haben.

Aber könnte nicht zumindest dieser Gedanke irgendwie richtig sein? Sind unsere Gene nicht doch die cleversten aller Händler?

Kapitalistische Reproduktion

Es gibt eine alte, nicht rostende Liebe zwischen der Evolutionsbiologie und der Wirtschaftstheorie. Sie beginnt nicht erst mit William Hamiltons Doktorarbeit an einer Wirtschaftsuniversität im Jahr 1968. Das Feuer entflammte bereits 120 Jahre zuvor im kapitalistischen England der Königin Viktoria, als Darwin an *Über die Entstehung der Arten* schrieb. Karl Marx, der in London im Exil lebte, als Darwins Hauptwerk erschien, amüsierte sich nicht wenig darüber, »wie Darwin überall in der Natur seine englische Gesellschaft wiederfindet.«[21] Bei allem

Respekt vor Darwins Werk hatte Marx sehr genau beobachtet, dass Darwin sich bei den Begriffen für seine Evolutionstheorie aus den Gesellschaftswissenschaften ebenso bedient hatte wie aus der Ökonomie.

Das berühmte Wort vom »Kampf ums Dasein« (*struggle for life*) zum Beispiel stammte von dem britischen Nationalökonomen Thomas Robert Malthus. Dieser hatte einige Jahrzehnte zuvor die demografische Entwicklung der Weltbevölkerung ins Auge gefasst und ein zutiefst pessimistisches Katastrophenszenario heraufbeschworen. Schon in kurzer Zeit, so prophezeite Malthus 1821, werde die überbevölkerte Erde die Menschheit nicht mehr ernähren können.

Der aufstrebende Kapitalismus der industriellen Revolution und die aufkeimende Evolutionstheorie von der natürlichen Auslese der Fittesten gingen ein sprachlich enges Verhältnis miteinander ein. Sie bedienten sich wechselseitig aus dem Fundus des jeweils anderen. Natürlich waren Darwins Beobachtungen und Theorien nicht deshalb falsch, weil sie bestimmte gesellschaftliche Vorstellungen der viktorianischen Gesellschaftsordnung stützten. Ungünstig allerdings war, dass seine Ausdrücke und Bilder viele Missverständnisse beförderten, zum Teil bis in die heutige Zeit.

Die Idee, dass in der Natur Kosten und Nutzen fortwährend miteinander abgewogen werden, stammt tatsächlich von Darwin. Dass aber alles *ausschließlich* nach Kosten und Nutzen kalkuliert wird, ist eine Idee des US-amerikanischen Soziobiologen Robert Trivers, Professor an der Rutgers University in New Brunswick im US-Bundesstaat New Jersey. Trivers hatte ein abgebrochenes Mathematikstudium und ein Geschichtsstudium hinter sich, als er schließlich noch Biologie studierte. In den 1970er Jahren wurde er Dozent in Harvard. Wie Dawkins in Oxford, so begeisterte sich Trivers in Harvard für Hamiltons Idee der Gesamtfitness.

Stärker noch als sein Anreger freilich verliebte sich Trivers in den Jargon der Ökonomen. Von Darwin hatten die Soziobiologen die Vorstellung übernommen, die Konkurrenz sei der entscheidende Motor für die Weiterentwicklung aller Lebensformen. Und Konkurrenz, so der zweite Gedanke, führe unweigerlich zum »Wettrüsten« und zum Fortschritt. Nun ist die Natur, bei Licht betrachtet, nicht gerade ein Beweis für einen kontinuierlichen Fortschritt. Dinosaurier zum Beispiel waren perfekt angepasste, sehr erfolgreiche Lebewesen, die drei große Erdzeitalter überlebten. Menschen dagegen machen nicht gerade den Eindruck, besser an ihre Umwelt angepasst zu sein. Und dass sie den Erfolg der Dinosaurier erreichen, darf bezweifelt werden. Es gibt auch wenige Indizien dafür, dass Intelligenz in der Natur grundsätzlich ein Vorteil ist. Über mehr als hundert Millionen Jahre standen die intelligenteren Säugetiere völlig im Schatten der Dinosaurier, und nur eine zufällige Naturkatastrophe verhalf ihnen zum Durchbruch. Auch heute noch sind Säugetiere nicht besonders zahlreich, verglichen etwa mit Käfern, die wir nach bestem Wissen und Gewissen für ziemlich dumm, aber erfolgreich halten. Bezeichnenderweise bildeten sich zahlreiche Tierklassen im Laufe der Evolution sogar zurück, zum Beispiel Salamander.

Trivers hingegen beschreibt die Natur als eine ständig expandierende Volkswirtschaft. Und jedes Lebewesen darin ist ein cleverer Geschäftsmann oder eine Geschäftsfrau. Sein Einfluss auf die Zunft ist so immens, dass der evolutionäre Psychologe David Buss das menschliche Sexualverhalten ganz selbstverständlich in den Wirtschaftswissenschaften ansiedelt: »In jedem Ökonomie-Grundkurs lernen wir, dass niemand, der wertvolle Ressourcen besitzt, diese nach dem Zufallsprinzip verteilt. Da die Frauen in unserer evolutionären Vergangenheit *eine extrem hohe Investition* als Folge des Geschlechtsaktes riskieren, begünstigte die Evolution die Frauen, die ihren Partner sorgfältig auswählten. Unsere weiblichen Vorfahren mussten *extrem hohe Kosten* tragen, wenn sie nicht wählerisch genug waren.«[22]

Vom fragwürdigen Wahrheitsgehalt dieser Behauptung wird im nächsten Kapitel ausführlich die Rede sein. Doch glaubt man Trivers und den evolutionären Psychologen, so hat unser Sexualverhalten eigentlich nur eine ökonomische Bedeutung. Kurz gesagt: Es geht um nichts anderes als um die *Erträge,* die die elterliche Investition abwirft. In dieser Perspektive sind alle Lebewesen im Grunde ihres Herzens – sprich: ihrer Gene – Kapitalisten: Sie wollen sich Vorteile (beim anderen Geschlecht) sichern, Ressourcen erschließen, so wenig wie möglich dabei investieren und hohe Erträge erwirtschaften. Und das, so die Theorie, sei der Motor der Evolution! Egoismus und Kapitalismus treiben sie unausgesetzt vorwärts, und alles menschliche Verhalten ließe sich daraus ableiten. »Von Natur aus« sind wir Raffer und Trickser, Investmentbanker und Gen-Spekulanten, Anteilseigner an den Genen unserer Kinder usw. Unser ganzes Verhalten – und damit auch die Liebe – hätte hier ihren Ursprung, und nur von diesem Ursprung aus erhalten sie ihren Sinn und ihre tiefere Bedeutung. Was uns erfreut und berauscht, stimuliert und verzückt, ist nichts als ein Blendwerk, geboren aus dem versteckten Wirken einer bösen Triebfeder. Egoismus und Kapitalismus sind unsere wahre Natur, und deshalb finden wir sie auch überall in der Welt wieder.

Es sollte an dieser Stelle vielleicht einschränkend gesagt werden, dass von allen Ideen der evolutionären Psychologie die Theorie der Geschlechter und ihres Verhaltens das umstrittenste Teilgebiet ist. Bei der Erklärung von menschlicher Aggression zum Beispiel leistet die Disziplin weitaus bessere Dienste. Doch evolutionäre Psychologen nehmen sich selbst durchaus ernst, wenn sie versuchen, gesellschaftliche Geschlechterstereotype zu angeborenen und universellen Merkmalen zu erklären und damit letztlich zu Schauplätzen von genetischen Schlachten. Mit den zahlreichen Beweisen, die sie dafür in den letzten 30 Jahren gesammelt haben, wollen wir uns nun beschäftigen.

3. KAPITEL

Betuchte Würger, standhafte Kröten
Was Frauen und Männer angeblich wollen

Investitionen

Der Graue Würger ist kein Titel einer Edgar-Wallace-Verfilmung, sondern ein drahtiger Geselle aus der Familie der Sperlingsvögel. Als Brutvogel lebt er in fast ganz Europa, in Nordamerika und in den Steppen und Hochgebirgen Zentralasiens. Wenn es kälter wird, zieht er sich zumeist tiefer in den Süden zurück. Der Graue Würger frisst gerne Mäuse und Spitzmäuse, aber auch kleinere Vögel und größere Insekten wie Hummeln oder Käfer. Bei schönem Wetter erlegt er seine Beute in der Luft, bei schlechter Sicht dagegen schreitet oder hüpft er hungrig über den Boden. Nach den Mahlzeiten reinigt er den Schnabel durch seitliches Reiben an einem Ast. Auf den ersten Blick ist er ein ganz normaler Vogel. Für die evolutionären Psychologen ist er ein Superstar.

Graue Würger sind Aggressionsbolzen, wie es im Tierreich nur wenige andere gibt. Sie erlegen Beutetiere bis zu ihrer eigenen Körpergröße, strotzen vor Drohgebärden, kreischend fächern sie den Schwanz und sträuben ihr Gefieder. Territorien werden wütend verteidigt, und selbst gestandene Mäusebussarde und Milane geben klein bei, wenn das Rumpelstilzchen der Vogelwelt sie attackiert. Seine Beute aber spießt der Würger auf die Dornen der Schlehen und Weißdornbüsche auf oder klemmt sie dekorativ in die Astgabel. Hat ein Mann ein verführerisches Weibchen entdeckt, beginnt er mit der Flugschau. Er schraubt sich auffallend in die Luft und lässt sich anschließend elegant wieder zu Boden gleiten. Deutlich verweist er auf seine aufgespießte Beute, lädt zur Besichtigung ein und wirbt um die Vorzüge seiner Speisekammer. Hat er überzeugt, gibt das Weibchen nach und nach seine Selbständigkeit auf und liefert sich schließlich völlig seiner Fürsorge aus. Dafür nimmt sie in Kauf, dass er von nun an immer höher im Geäst sitzt als sie, den Bauch vorgereckt. Das Weibchen aber zittert geduckt im Nest und bettelt darum, dass ihr Imponiergatte sie mit Nahrung versorgt.

Was evolutionären Psychologen an dem Wirtschaftswundervogel gut gefällt, ist leicht zu erraten. Wenig überraschend fanden israelische Zoologen in den 1980er Jahren heraus, dass es bei der Partnerwahl des Weibchens vor allem auf eines ankam: auf die gut gefüllte Speisekammer. Je voller und dekorativer der Spießplatz nicht nur mit Beute, sondern auch mit Zierrat, wie etwa Federn oder Stofffetzen, gefüllt war, umso begehrenswerter erschien ihnen das Männchen. Würger mit dürftigem Arsenal schnitten offensichtlich schlechter ab als gut herausgeputzte Exemplare mit reichem Vorrat. Forscher wie David Buss, sind begeistert: »Die Weibchen prüfen alle Männchen und entscheiden sich dann für das Männchen mit den größten Vorräten.«[23]

Na ja, und ist es bei den Menschen-Weibchen nicht im Grunde genommen ganz genauso? Schielen sie nicht in aller Welt stets nach dem optimalen Versorger? Was den Würgerinnen recht ist, sei auch den Weibchen des Menschen billig – ein Verhalten, ausgeprägt in den Tiefen unserer biologischen Entwicklungsgeschichte. Die Habsucht des Weibes hat also eine lange Geschichte. Und Menschenfrauen sind in ihren Herzen Graue Würgerinnen, das sitzt nun mal in ihnen drin. Egal wie der Mann aussieht, wie nett oder grob er ist, stets wird der mit den meisten Trophäen und Ressourcen ausgewählt. »Mit diesem Beispiel wird insinuiert«, schreibt der erboste Wissenschaftsphilosoph John Dupré, »dass Männer, die bereitwillig ein nettes Vororthaus mit hübschen Vorhängen und einer gut gefüllten

Speisekammer anbieten, attraktiver für das menschliche Weibchen sind.«[24]

Nun haben die evolutionären Psychologen mit ihrer fast guten Idee mal wieder Pech. Denn was noch immer im Lehrbuch steht, ist in der Biologie inzwischen so gut wie vom Tisch. Im Jahr 2004 veröffentlichten die beiden Zoologen Piotr Tryjanowski und Martin Hromada das Ergebnis ihrer langjährigen Untersuchungen. Danach ist völlig klar, dass die Würger-Weibchen nicht Schlange stehen, um »alle Männchen« zu mustern und zu prüfen. Ein paar Stichproben tun es auch, ausgewählt nach dem Zufallsprinzip. Und dass sich in jedem Fall die vollsten Speisekammern durchsetzen – auch dafür gibt es keinen Beleg. Sicher ist nur, dass eine zuvor völlig geplünderte Speisekammer ihren Besitzer uninteressant macht. Zu allem Überfluss fanden die beiden Forscher noch heraus, dass Graue Würger durchaus nicht immer monogam sind. Die fettesten Brocken offerierten die Männchen hinterrücks einigen fremden Weibchen, während ihre Gattinnen auf den Eiern hockten. Und auch mit gelegentlichen Kopulationen verpaarter Weibchen mit Männchen aus Nachbarrevieren sei stets zu rechnen.

Graue Würgerinnen sind allem Anschein nach weitaus menschlicher, als dass Menschen-Frauen dem übertriebenen Klischee der habgierigen Grauen Würgerin entsprechen. Es ist also nicht viel dran an dieser durch ungezählte Wiederholungen festgetrampelten Wahrheit. Ganz abgesehen einmal von der Frage, warum unter Millionen von Tierarten ausgerechnet der Graue Würger unser Vetter im Geiste sein soll. Denn andere Tiere, andere Sitten, auch unter Vögeln. Bei Greifvögeln zum Beispiel sind die größeren Weibchen die wichtigeren Versorger in der Brutzeit, ohne dass wir daraus Rückschlüsse auf den Menschen ziehen sollten. Und unsere nahen Verwandten, die Menschenaffen, haben noch nicht einmal Speisekammern. Doch bei Bedarf zieht der evolutionäre Psychologe schnell einen abwegigen Vogel aus dem Hut, auch wenn andere Tiere ein ganz anderes

Bild zeigen. Mit gleichem Recht wie mit Würgern könnte man das menschliche Paarungsverhalten auch mit Schwarzen Witwen und Gottesanbeterinnen vergleichen, bei denen das Weibchen das Männchen nach dem Paarungsakt frisst. Oder mit Krokodilen, bei denen Männchen die eigenen Kinder vertilgen, oder mit manchen Harnischwelsen, wo das Männchen die Brut gegen das Weibchen verteidigt, oder mit maulbrütenden Buntbarschen. Und schon viele sehr nahe verwandte Tiere unterscheiden sich grundsätzlich bei ihrer Rollenverteilung.

Mit dem Grauen Würger als geistigem Verwandten des Menschen lässt sich wenig Staat machen. Aber natürlich geht es den evolutionären Psychologen nicht um den Vogel, sondern ums Prinzip. Was die Graue Würgerin beweisen soll, ist, dass es für das Weibchen im Tier- und Menschenreich vor allem um eines geht: um eine lohnende *Investition.*

Urheber der Idee der Fortpflanzung als einer »Investition« war, wie im vorherigen Kapitel beschrieben, in den 1970er Jahren Robert Trivers. In den 1980er Jahren präzisierte er die Tragweite dieser Idee für den Menschen. Danach unterscheiden sich Mann und Frau durch ein grundsätzlich unterschiedliches »Investitionsrisiko«. Der Grund dafür ist schlicht und einfach. Eine Frau produziert während ihres Lebens nur 400 reife Eizellen. Ein Mann dagegen kann es auf an die 300 Millionen Spermien bringen. Eine Frau zu schwängern, ist für einen Mann deshalb ein biologisch relativ kleiner Akt: ein paar geopferte Spermien und fertig. Theoretisch kann er jetzt wieder seines Weges ziehen und ein neues Ziel seiner Vermehrungsfreude finden. Für Frauen aber sieht die Sache weitaus dramatischer aus. Sie besitzen viel weniger »Rohmaterial«, und wenn die Eizelle tatsächlich befruchtet wurde, darf sie mit einer Schwangerschaft von neun Monaten rechnen. In dieser Zeit ist sie für die Fortpflanzung außer Gefecht gesetzt und für kein weiteres Spermium empfänglich.

In Trivers' wirtschaftswissenschaftlicher Ausdrucksweise heißt dies: Das kleinste notwendige Investment der Frau ist deutlich höher als das kleinste notwendige Investment des Mannes. Es steht einfach mehr auf dem Spiel. Die Strategie unserer Fortpflanzung ist demnach bei beiden Geschlechtern eine ganz verschiedene. Und die Psychologie bei der Auswahl von Sexualpartnern ebenfalls. Hat Trivers recht, so sind Männer prinzipiell immer und überall bereit, Sex zu haben. Frauen dagegen können eigentlich nur an außerordentlich guten Gelegenheiten interessiert sein. Sie müssen einen wirklich vorzüglichen Mann finden, der entweder über spektakulär gute Gene verfügt oder aber auf optimale Weise verspricht, genau der Richtige zu sein für die Betreuung der Kinder. Beides zusammen übrigens, so Trivers weiter, sei – wie wir noch sehen werden – eigentlich unmöglich.

Unser Streben nach optimaler Fortpflanzung: Als »Drang nach Geltung« bezeichnete im 18. Jahrhundert der französische Naturforscher George-Louis Buffon den Sexualtrieb. Es war die Zeit, in der das Bürgertum an die Macht drängte, um seinen Platz in der Gesellschaft einzunehmen. Im 19. Jahrhundert übertrug Charles Darwin das Bild vom »Kampf ums Dasein« in die Fortpflanzungs-Biologie. Der machtbewusste englische Empirestaat der Königin Viktoria stand in Blüte, eroberte sich Kolonien und gierte nach Bodenschätzen in aller Welt. Und gegen Ende des 20. Jahrhunderts spricht Robert Trivers von »sexuellen Transaktionen« zwischen den Geschlechtern. Es ist die Zeit der globalisierten Finanzwelt der New Economy mit ihren Marktgesetzen und ihrem allgegenwärtigen Konsumverhalten. Diese Parallelen mögen nicht beabsichtigt sein, aber sie sind auch nicht zufällig.

»Wir alle«, meinte die englische Schriftstellerin George Eliot, »empfangen unsere Gedanken in bildlicher Einkleidung und handeln schicksalhaft unter ihrer Leitung.« In genau diesem Sinne regiert in den gegenwärtigen Erklärungen der evolutionären Psychologie die Ökonomie. Sexualverhalten ist Investition mit unterschiedlichem Risikokapital. Selbst uralte biologische Vorgänge, wie zum Beispiel der weibliche Orgasmus, erhalten von hier aus ihren Sinn. Da Fortpflanzung unter Menschen auch funktioniert, ohne dass Frauen dabei einen Orgasmus bekommen, muss es einen anderen – einen ökonomischen – Grund für diese aus biologischer Perspektive überflüssige Erregung geben.

Die Theorie, die Trivers der Fachwelt in den 1980er Jahren zu diesem Thema präsentierte, zeigt die Frau als eine abgefeimte Machiavellistin: Da der für die Brutpflege beste Mann selten wirklich erregend ist, schleicht sich die Frau an ihren fruchtbaren Tagen gerne aus dem Haus, um sich einen genetischen Helden zu suchen. Mit diesem teilt sie das Bett und hat – wen wundert es – viel leichter einen Orgasmus als mit dem lieben und vertrauten Gatten. Damit der tolle Liebhaber auch tatsächlich der Vater ihrer Kinder wird, hat sich die Natur etwas einfallen lassen: Hat die Frau beim Sex einen Orgasmus, so saugt sie besonders viel Sperma in sich ein, jedenfalls deutlich mehr, als wenn sie keinen hat. In den 1990er Jahren bestätigte ein US-amerikanisches Forscherteam diesen Befund. Eine Reihe von Paaren stellte sich zur Verfügung, um das Volumen des Rückflusses zu messen. Und siehe da: Wenn eine Frau in der Minute vor der Ejakulation des Mannes einen Orgasmus hatte oder aber innerhalb der folgenden sechzig Minuten, so floss weniger Sperma wieder aus. Das Fazit der evolutionären Psychologen ist damit klar: Der weibliche Orgasmus wurde von der Natur erfunden, damit die Frau das wertvolle Sperma des genetisch verführerischsten Männchens in sich »hineinpumpt«. Die Folge für die Gesellschaft sei bestürzend: Durchschnittlich jedes fünfte bis sechste Kind in den USA stamme nicht von seinem mutmaßlichen Vater.

Man muss sich wohl nicht die Frage stellen, unter welchen Bedingungen diese Versuche stattfanden, und auch nicht nach der Psyche von Paaren fragen, die sich für solche Experimente hergaben. Interessanter ist eher, darauf hinzuweisen, dass diese

Versuche, so wie sie stattfanden, keinerlei Auskünfte geben über das weibliche Untreueverhalten. Vollends wackelig aber wird die Theorie, wenn man auf ein wichtiges Detail blickt. Ist es tatsächlich richtig, dass Frauen bei One-Night-Stands besonders leicht einen Orgasmus bekommen? Und stimmt es, dass die genetisch interessantesten, also die schönsten und mutmaßlich gesündesten Männer, wirklich die besten Liebhaber sind, die eine Frau besonders schnell und geschickt zum Orgasmus bringen? Liegen optische Qualitäten und sexuelle Künste tatsächlich so nah beieinander? Eine schlichte Weisheit! Bei Licht betrachtet, ist sie eher falsch. Und die erotischen Kunstfertigkeiten des Mannes verlaufen weder proportional zu seinem Aussehen noch zu seiner Gesundheit noch zu seinem Testosteronspiegel.

Gleichwohl ist der »Krieg der Spermien« geradezu eine Obsession angelsächsischer Forscher. Immer wieder suchen sie Indizien dafür, wie sich die besseren Samenfäden gegen ihre Konkurrenz durchzusetzen suchen. Taktiken werden erklärt und Strategien benannt. Forscher der University of Manchester meinen sogar, dass sich die Spermien des Mannes untereinander gezielt bekämpfen und abtöten: Manche machen sich dick und blockieren damit die Konkurrenz; andere versorgen sich mit chemischen Kampfstoffen. Obwohl der Kampf der Spermien *untereinander* stattfindet, werten die Forscher diese Bewaffnung als ein Indiz für den Kampf gegen die Spermien anderer Männer, die möglicherweise mit weniger aggressiven Kriegern ausgerüstet sind. Als vermeintliche Forschungsergebnisse erregen solche Theorien gerne die Aufmerksamkeit der Massenmedien. Für die meisten Fachkollegen dagegen handelt es sich hierbei um eine kindliche Männerphantasie und wissenschaftliche Science-Fiction. Was die Forscher in Manchester für einen Kampf halten, ist für andere lediglich eine fehlgeleitete Befruchtungsreaktion, wenn ein Spermium statt auf eine Eizelle irrtümlich auf ein anderes Spermium trifft. Von einer besonderen Spezialisierung der Spermien in verschiedene »Kriegertypen« weiß die Wissenschaft ohnehin nichts; ein Spermium sieht nahezu völlig identisch aus wie das andere.

Das Ärgerliche an solchen mehr oder weniger unterhaltsamen Phantasien ist das, was sie beweisen sollen: dass in der menschlichen Sexualität von Anfang an ein Krieg tobt, ein gnadenloser Wettkampf aller gegen alle. Als besonders entwickeltes biologisches Wesen hat der Mensch diesen Kampf ums Dasein allerdings artgerecht verfeinert: zu einem ökonomischen Tauschgeschäft der Gene und der Emotionen. Kriegstheorie, Wirtschaftstheorie und evolutionäre Psychologie sind auf diese Weise untrennbar miteinander verwoben. Der Krieg aller gegen alle und der Krieg der Geschlechter untereinander sind biologisch programmierte Verhaltensweisen in einer zutiefst kriegerischen Welt. Allein ein paar wirtschaftliche Zweckbündnisse sind den Geschlechtern möglich – im Dienste der egoistischen Gene versteht sich. Selbst der weltkluge US-amerikanische Evolutionsbiologe Jared Diamond – von Haus aus ein Vogelexperte – sieht beim Menschen einen naturgegebenen »Kampf der Geschlechter«, und »dieser Kampf ist weder ein Witz noch ein außergewöhnlicher Zufall. ... Diese grausame Tatsache ist eine der Grundursachen des menschlichen Elends.«[25]

Ob es ein Elend ist, dass die Geschlechter mitunter verschiedene biologische Interessen haben können, oder ob diese »grausame Tatsache« das Leben des Menschen vielleicht vor gähnender Langeweile behütet, sei einmal dahingestellt. Liegt der Reiz, den die Geschlechter aufeinander ausüben, nicht mitunter genau in dem, was Diamond »das menschliche Elend« nennt? Und hat diese Spannung nicht auch eine Reihe Gründe, die mit Fortpflanzung und Brutpflege rein gar nichts zu tun haben? Andernfalls nämlich würde es bedeuten, dass Frauen und Männer, die sich ohne Fortpflanzungsabsichten begegnen, füreinander unweigerlich reizlos wären – eine absurde These, auf die wir noch ausführlich zurückkommen werden.

Die Sprache, in der wir diese nicht nur biologische Spannung beschreiben, lässt sich, wenn man so will, ganz witzig mit Begriffen der Ökonomie erklären. Man kann das tun, muss aber nicht. In jedem Fall sollte man sich davor hüten, die Sprache der Wirtschaft für eine genuin biologische Logik zu halten, so als sei die Natur von sich aus ein wirtschaftliches Fachgebiet. Von sozialem und sexuellem »Geschäftssinn«, von »Verhandlungen« zwischen den Interessen der Gene, von »Transaktionen« im Liebesspiel sollte nur reden, der wirklich weiß, dass er schiefe Bilder benutzt. Wo das nicht der Fall ist, und das trifft nahezu auf alle namhaften Vertreter der evolutionären Psychologie zu, ist Wachsamkeit gefordert, und Zweifel sind angebracht. Im Handumdrehen werden aus Bildern Fakten, und aus Fakten entstehen neue Bilder. Kein Wunder, dass das, was uns auf diese Weise als »das menschliche Verhalten« vorgesetzt wird, häufig befremdlich erscheint. Und aus vermeintlicher Forschung wird Stammtisch. Dennoch scheint das Selbstbewusstsein der evolutionären Psychologen bislang fast ungetrübt. Sie haben nämlich noch ein weiteres Ass im Ärmel. Mag unser Erbe aus der Steinzeit auch im Nebel versacken und die Theorie des egoistischen Gens gleich mit – Tausende von Studien, Meinungsumfragen und Tests zu unserem Geschlechterverhalten, unseren erotischen Wünschen und unseren Partnerpräferenzen können doch wohl nicht irren. Oder doch?

Männer-Wünsche

Einige Jahre war David Buss, Professor an der Universität von Texas in Austin, ein unzufriedener Sozialpsychologe. Dann stürzte sich der heute 55-jährige in der Mitte der 1980er Jahre mit Verve auf die evolutionäre Psychologie. Was in den Kinderschuhen der Zunft noch reine Spekulation war, wollte Buss beweisen: dass das Verhalten und die Interessen von Männern und

Frauen verschieden sind, und zwar vorrangig *biologisch* verschieden und nicht etwa *sozial* oder *kulturell*.

Anders als die gelernten Biologen der Zunft bediente er sich der Mittel der empirischen Forschung. Buss wollte Zahlen, Statistiken und Fakten. Sein Projekt war gigantisch: Über mehrere Jahre hinweg befragte er 10047 Menschen aus 30 verschiedenen Kulturen. Er achtete auf unterschiedliche Schichten, Religionen und Altersstufen. Und er befragte jede und jeden, was sie vom jeweils anderen Geschlecht begehrten.

1989 wurde die Studie veröffentlicht. Es ist das bis heute umfangreichste Datenmaterial zu der Frage, nach welchen Kriterien Menschen in aller Welt ihre Sexualpartner auswählen und mit wem sie eine längere Bindung eingehen möchten. Einige Dutzend körperliche und psychische Eigenschaften standen dabei zur Auswahl. Und die befragten Testpersonen wurden gebeten, diese Kriterien in eine Rangliste zu bringen. Die wichtigste Eigenschaft kam nach oben, die unwichtigste nach unten. Das Ergebnis entsprach in vollem Umfang der Vermutung, die Buss von Anfang an gehabt hatte: Egal ob am Polarkreis oder im Wüstenzelt – die Vorlieben der Menschen bei der Partnerwahl gleichen sich überall. Unterschiedlich sind sie nur *zwischen* den Geschlechtern. Wer aber dem gleichen Geschlecht angehört, der favorisiert auch die gleichen Vorzüge beim anderen Geschlecht. Was zu beweisen stand, frohlockt Buss, sei damit bewiesen: Unsere sexuellen Auswahlkriterien sind »universelle Präferenzmodule« im Gehirn und damit grundsätzliche Eigenarten der Gattung Mensch.

Für Männer bedeutet dies, dass sie ihre Sexual- und Bindungspartnerinnen nach dem Kriterium der »Fitness« auswählen. Was sie wollen, ist ein besonders gutes Zielobjekt für ihre Gene. Männer wollen junge Frauen, schöne Frauen mit vollen Lippen und glatter, straffer Haut, sie wollen klare Augen, glänzendes Haar, einen guten Muskeltonus, eine günstige Körperfettverteilung, einen federnden Gang, einen bewegten Gesichtsausdruck und ein hohes Energieniveau. Denn all dies signalisiert vor allem eines – Fruchtbarkeit. Egal wo sie leben und wie alt sie sind: Im Prinzip ticken alle Männer gleich.

Dieses Prinzip beruht, wie bereits gesagt, auf der Annahme egoistischer Gene. Wie wir gesehen haben, ist dies allerdings eine stark vergröbernde und fahrlässige Behauptung. Kein Wunder, dass sie vor allem Forschern imponiert, die an gewagten Thesen ihren Spaß haben. In Bezug auf den Mann etwa behauptete der Biologe und Hormonforscher Ben Greenstein im Jahr 1993 in seinem Buch *The Fragile Male* (»Der zerbrechliche Mann«): »In erster Linie ist der Mann ein Befruchter von Frauen. Sein Drang, seine Gene in ein weibliches Wesen zu injizieren, ist so stark, dass es sein Leben von der Pubertät bis zum Tod beherrscht. Dieser Drang ist sogar stärker als der Drang zu töten. ... Man kann sogar sagen, dass die Produktion und die Verteilung von Sperma sein einziger Daseinsgrund ist. Seine physische Kraft und seine Begierde zu töten sind auf dieses Ziel gerichtet, sie sollen sicherstellen, dass sich nur die besten Exemplare der Art fortpflanzen. Wird er von der Übermittlung seiner Gene abgehalten, so wird er gestresst, krank und kann zusammenbrechen oder außer Kontrolle geraten.«[26]

Was Greenstein im Namen der Wissenschaft schreibt, ist geradezu eine unfreiwillige Karikatur von Richard Dawkins' Gen-Theorie und eine maßlose Übertreibung. Hätte er recht, so wäre jeder kinderlose Mann ein Selbstmordkandidat oder ein potentieller Amokläufer. Man braucht nur daran zu denken, dass auch unsere nächsten Verwandten nicht entfernt so denken und handeln wie Greensteins Menschen-Männer. Weder Schimpansen- noch Bonobo-Männchen sind einzig und allein auf Vermehrung programmiert, sie haben noch eine Menge anderer Dinge im Sinn. Und sollte der einzig wahre Auftrag des Mannes tatsächlich darin liegen, sein Erbgut so oft wie möglich weiterzugeben, so wäre für jeden Mann das Mittel der Wahl der Gang zu einer Samenbank, frei nach einer Strophe des Liedermachers Hannes Wader: »Ich denke, ich werde irgendwann noch vernünftige Dinge tun / zum Beispiel meinen Samen auf die Spermienbank tragen ab nun / und nicht sterben, bis jedes Kind, das du auf der Straße siehst / von meinem Blut und nach meinem Bilde angefertigt ist.«

Nach Dawkins' und Greensteins Sicht der Dinge bleibt es ein Rätsel, warum so wenige Männer den eigenen Reproduktionserfolg nicht als Samenspender erhöhen. Die Antwort, die Robert Trivers dazu einfiel, ist übrigens ausgesprochen amüsant. Er meinte, der Unwille zur Samenspende läge schlicht darin, dass es in der Steinzeit noch keine Samenbanken gab. Aus diesem Grund sei dem Mann die Spende nicht angeboren. Seltsam eigentlich nur, dass Männer Porno-DVDs in Sex-Shops kaufen. Denn das Einlegen von DVDs und das Aufsuchen von Sex-Shops dürfte in der Steinzeit auch recht schwierig gewesen sein. Warum gefällt so vielen Männern ganz unsteinzeitliche Reizwäsche? Und aus welcher Höhle kommt eigentlich das Faible für Nylonstrümpfe?

Aus nachvollziehbaren Gründen ist es für viele Männer eine recht gruselige Vorstellung, ungezählte Kinder zu haben, für die sie keine Verantwortung tragen können und die losgelöst von ihrem Erzeuger ihr Schicksal fristen. Wünschen werden sich das wohl die wenigsten. Es gibt Wichtigeres als die Vermehrung der Gene. Das schwächste Argument für das Maßhalten in puncto Promiskuität ist dabei die Angst vor der Reaktion des Partners. William Allman fällt nur ein einziger Einwand gegen die massenhafte Kindesproduktion durch gengesteuerte Männer ein, nämlich »weil eben zu manchen Dingen zwei gehören: Jede Handlung des einen wird durch die Reaktionen des anderen beeinflusst, der möglicherweise völlig andere Wünsche, Bedürfnisse und Zielvorstellungen besitzt – und unter Umständen ganz entschieden ›nicht fitnessmaximierend‹ reagiert, wenn er herausbekommt, dass sein Partner ihn hintergeht.«[27] Danach erzeugen verheiratete Männer vor allem deshalb keine Kinder mit anderen Frauen, weil ihre Ehefrauen dies nicht wollen, weil sie nicht wohlhabend genug sind oder weil sie »Racheakte durch Konkurrenten« fürchten. Auf den Gedanken, dass Männer andere Motive haben könnten, kommt Allman nicht. Denn Männer wollen immer – alles andere passt nicht in die Theorie.

Wenn Männer in aller Welt an Frauen sehr ähnliche sexuelle Attribute schätzen, wie David Buss' Umfrage zeigt, dann mag das vielleicht nicht ganz falsch sein. Eine Wissenschaftsgruppe an der Simon-Fraser-University im kanadischen Burnaby allerdings kam Anfang der 1990er Jahre zu einem ganz anderen Ergebnis. Die Forscher untersuchten die Schönheitsideale in 62 Kulturen. Danach hat das von den evolutionären Psychologen allgemein vorausgesetzte Schönheitsideal, dass Frauen schlank sein sollen, eher Seltenheitswert. Bei der Hälfte der untersuchten Kulturen galten dagegen dicke Frauen als attraktiv. Ein Drittel bevorzugte vollschlanke Frauen. Und nur 20 Prozent vertrat mehrheitlich das gegenwärtige westliche Schlankheitsideal.

Vor diesem Hintergrund verstärken sich die Zweifel an den Normen, die evolutionäre Psychologen als allgemeingültig voraussetzen. So etwa errechnen sie gerne eine höchst seltsame Fettverteilungs-Formel, die uns beweisen soll, warum Männer zwar auf gebärfreudige Becken stehen, nicht aber auf mollige Taillen. Doch sind Frauen mit Wespentaillen tatsächlich gesünder als etwas beleibtere Frauen? Und favorisierten Männer zu allen Zeiten die Wespentaille? Bezeichnenderweise scheinen Männer auch in der westlichen Welt in Zeiten von Hungersnöten und Krankheitsepidemien tendenziell eher molligere Frauen bevorzugt zu haben, man denke etwa an die Gemälde des Barock mit fülligen Nymphen, Musen und Göttinnen ganz ohne Wespentaille.

Geklärt werden müsste auch, warum viele Männer beim Sex Attribute der Fruchtbarkeit suchen, die in Wirklichkeit gar keine sind, wie zum Beispiel eine große und/oder wohlgeformte weibliche Brust. Und was soll ein Mann eigentlich mit einem Fruchtbarkeitsattribut anfangen, wenn er zwar Sex sucht, aber unbedingt verhindern will, dass die Frau schwanger wird? Von der Summe an sexuellen Handlungen im Leben eines durchschnittlichen Mannes gilt ja nur ein verschwindender Bruchteil der Zeugung. Wenn man Buss' Befragung Glauben schenken will, steht man demnach nicht vor einem gelösten Rätsel, sondern vor einem ganz neuen: Warum haben Männer in aller Welt offensichtlich einen tendenziell sehr ähnlichen Frauengeschmack, wenn sexuelle Gier, Bindungswille und die Absicht der Zeugung drei ganz verschiedene Dinge sind, die nur sehr selten zusammentreffen?

Ganz einfach, würde der evolutionäre Psychologe sagen: weil all diese Dinge in der Steinzeit noch irgendwie zusammenfielen. Das Problem ist allerdings, dass den Männern der Steinzeit ihre sexuelle Rolle gar nicht bewusst war. Kein Steinzeitjäger kannte die Funktion seiner Spermien, und keiner wusste sicher, welches Kind nun von ihm selbst gezeugt war. Unsere haarigen Vorfahren wussten auch nichts über günstige Fettverteilung bei potentiellen Partnerinnen. Und seine Gene nehmen dem Menschen, allen Spekulationen zum Trotz, diese Überlegungen nicht ab. Wenn Männer in Zeiten von Hungersnöten scharf auf mollige Frauen werden, dann mag das an vielem liegen, aber gewiss nicht an den Einflüsterungen ihres Erbmaterials.

Frauen-Wünsche

David Buss befragte auch Frauen. Das Ergebnis ist interessant, denn im Vergleich zu Männern sind sie die weitaus komplizierter Spezies. Frauen stehen auf etwas ältere, auf wohlhabende und mächtige und auf gesunde und starke Männer. Das ist die einfache und leicht überschaubare Seite. Gleichzeitig suchen Frauen ein Paradox: einen Mann, der sowohl treu und lieb und brutpflegend ist wie auch testosterongesteuert, allseits begehrt und verwegen. Diesen Mann aber gibt es nicht, er ist – zumindest biologisch – undenkbar. Frauen sind also kompliziert. Genau genommen kann es ihnen kein Mann recht machen. Der Grund liegt in ihrer Biologie. Und die Folge ist: Frauen sind »Psycho«. Sie müssen ihren potentiellen Partner durchleuchten. Mit David Buss gesagt: »Für die Partnerwahl (der Frau) sind psychologische Mechanismen notwendig, die es der Frau ermöglichen, alle Eigenschaften aufzusummieren und jede angemessen zu gewichten.«[28]

Das Dilemma der Frau, den richtigen Partner sowohl für gute Gene als auch für die Brutpflege zu finden, wurde bereits beschrieben. Bizarr daran ist, dass in den Augen der evolutionären Psychologen auch die Frau, genau wie der Mann, immer auf der Suche nach optimaler Vermehrung ist. Dass Frauen sehr viel öfter Sex aus Spaß haben denn aus Gründen der Reproduktion, passt dabei irgendwie nicht ganz ins Schema. So kommt es, dass der deutsche Wissenschaftsjournalist Bas Kast erfrischend unbedarft schreibt: »Unter diesen Umständen versteht es sich natürlich von selbst, dass sich für die Frau nichts von selbst versteht. Sie kann ihre Kosten nur dann senken, wenn sie einen Mann findet, der fähig und bereit ist, mehr als nur ein paar Spermien in den Nachwuchs zu investieren.«[29] Danach geht es bei Menschen-Frauen wie bei Glucken, Hündinnen, Stuten und Pavian-Weibchen bei jedem Flirt bereits ums große Ganze.

Menschen-Frauen sind also immer auf der Suche nach dem besten Menschen-Männchen, obgleich ihnen dieses Verhalten unmöglich bereits in die steinzeitliche Wiege gelegt worden sein kann. Denn bei unseren nächsten Verwandten, den Menschenaffen, gibt es diese Suche nicht. Dominante Gorillas, Schimpansen und Orang-Utans nehmen sich einfach ihre Weibchen, da bleibt für sie nicht viel zu wählen übrig. Und Bonobo-Weibchen sind von Natur aus nicht wählerisch. Um das typische Verhalten von Menschen-Frauen zu verstehen, muss man schon in die weiter entfernte Zoologie schweifen. Vom exklusiven Zirkel der »Freunde des Grauen Würgers« war bereits die Rede.

Ein anderer Kronzeuge der Menschlichkeit ist der Gladiatorfrosch (*Hyla rosenbergi*). An und für sich hockt die Amphibie nicht unbedingt auf einem nahe gelegenen Ast unserer Stammesgeschichte, sondern im mittelamerikanischen Schlamm. Die Männchen heben darin kleine Gruben aus und verteidigen auch die Eier. Wirbt ein Frosch-Mann um ein Weibchen, lässt er sich von seiner potentiellen Sexualpartnerin Stöße versetzen. Manchmal schlägt sie dabei so fest zu, dass er rückwärts das Gleichgewicht verliert und aus der Grube purzelt. Fällt es um, so hat das Männchen seinen Kredit verspielt; denn nur die standhaftesten Männer haben bei den Frauen eine Chance.

Für David Buss ist der so genannte »Schlagtest« der eigenwilligen Sumo-Kröte ein sicheres Indiz auch für das Verhalten der Menschen-Frauen: »Die Größe, Stärke, körperliche Beschaffenheit und athletische Fähigkeit eines Mannes ziehen Frauen an.«[30] Wäre dies richtig, so wären Typen vom Format eines Arnold Schwarzenegger die größten Sexsymbole; sie garantierten die beste Wacht über die Eier. Stattdessen aber gilt die allgemeine Behauptung nicht einmal für den Frosch, der dieses Verhalten in Wahrheit nur in seltenen Fällen, nämlich bei einem großen Mangel an Ressourcen, zeigt. Auch bei Menschen-Frauen bedienen stiernackige Kraftpakete und Extrem-Body-Builder nur einen Sparten-Geschmack. Und der zarte Johnny Depp, so heißt es, ist ein weit größeres Sexsymbol als Kaliforniens Gouverneur.

Der weibliche Silberrückengeschmack ist kein Mainstream. Aber woran liegt das? Warum wollen Frauen, anders als Gladiatorfrösche in Zeiten des Nahrungsmangels, gar nicht das stärkste Männchen? Irgendetwas, so scheint es, läuft da schief. Und das, obwohl der US-amerikanische Biopsychologe Victor Johnston von der Universität von New Mexico im Jahr 2004 herausgefunden haben will, dass Frauen Männer mit Anzeichen für viel Testosteron im Gesicht besonders attraktiv finden. Je stärker die Augenbrauen, je schmaler der Mund und je kantiger das Kinn, umso stärker die Anziehungskraft. Kein Wunder, denn ein Mann, der viel von dem in hohen Dosen leicht giftigen Testosteron wegsteckt, muss halt ein besonders gesundes Männchen sein. Schade eigentlich nur für die Theo-Waigel-lookalike-Fraktion, dass auch dieser sensationelle Befund der Realität nicht sehr nahe kommt.

Die britische Psychologin Lynda Boothroyd von der University of Durham und ihr Kollege David Perrett von der University of St. Andrews in Schottland fanden im Jahr 2007 auch genau das Gegenteil heraus. Danach bevorzugen Frauen Mischgesichter mit sowohl maskulinen wie femininen Anzeichen. Die ausgesprochen maskuline Visage dagegen wirkte nicht sehr anziehend. Als Grund fiel den Urhebern der Studie ein, dass allzu maskuline Gesichter Untreue und mangelnde Fürsorge für die Nachkommenschaft signalisierten. Und darauf legten die Frauen bei einer männlichen Erscheinung halt großen Wert. Eine seltsame Interpretation, denn die befragten Frauen sollten die Männergesichter auf dem Computerbildschirm ja weder heiraten noch Kinder mit ihnen zeugen. Gefragt worden war allein nach der spontan empfundenen sexuellen Attraktivität.

Das Vorurteil dahinter ist groß. Es lautet: Eigentlich stehen Frauen auf Testosteron-Pakete, aber aus Sorge und Bedenken weichen sie lieber auf eine Mischform aus. Doch stimmt es wirklich, dass Männer mit maskuliner Ausstrahlung häufiger untreu sind als beispielsweise schöne, etwas androgyn wirkende Männer? Sah der junge Mick Jagger treuer aus als der junge Schwarzenegger? Warum stehen viele Frauen bei Männern auf sinnliche Lippen, die doch ein Indiz für Weiblichkeit sind? Nur wegen der dahinter vermuteten Brutpflegequalitäten? Was zieht Frauen an wohlgeformten Händen an? Und welcher evolutionäre Vorteil versteckt sich hinter einem knackigen Po?

Zu den hartnäckigsten Mythen der evolutionären Psychologie gehört zusätzlich die Vorstellung, das möglicherweise wichtigste Kriterium für die Partnerwahl der Frau sei die Symmetrie. Sie haben richtig gelesen: die Symmetrie! Je symmetrischer ein Gesicht und ein Männerkörper, umso anziehender seien sie, behauptet zum Beispiel der Biologieprofessor Randy Thornhill von der University of New Mexico. Von Hause aus ein Insektenspezialist, wandte sich Thornhill in den 1980er Jahren dem Thema »Vergewaltigung« zu. Erst später wurde er zum Symmetriepapst. Symmetrie, so die aus der Insektenwelt übernommene Idee, signalisiere eine gute Gesundheit. Je asymmetrischer ein Mensch sei, umso stärker sei er von Parasiten in seinem Wachstum geschädigt. Thornhills These ist seit den frühen 1990er Jahren hundertfach abgeschrieben und immer wieder neu in den Raum gestellt worden. Sie ist, biologisch betrachtet, grotesk. Von all den Faktoren, die unser Aussehen – einschließlich Symmetrien – bestimmen, leisten Parasiten den geringsten Anteil. Im Zweifelsfall nämlich kommt die leicht schiefe Nase immer noch von einem Großvater und nicht von einer Bakterie. Wenn Asymmetrien im Wuchs tatsächlich von Parasiten stammten, dann hätten die Menschen in Entwicklungsländern grundsätzlich unregelmäßigere Züge als in reichen, hygienisch vorsorgenden Ländern. Dafür freilich fehlt jeder Beleg.

Will man Thornhills Symmetrietheorie richtig verstehen, muss man einen Blick auf die Umstände werfen, unter denen die Testpersonen befragt wurden. Thornhill zeigte seinen jungen Damen ausnahmslos Bilder von männlichen Gesichtern, die am Computer entworfen und manipuliert worden waren. Diesen Bildern fehlte nahezu jeder persönliche Ausdruck von Charakter, Charme oder Leidenschaft. Was übrig blieb, waren dann eben solch matte Kriterien wie etwa »Symmetrie«. Denn alles, was die Ausstrahlung eines realen Gesichtes bestimmt, war gar nicht vorhanden. Erstaunlicherweise wurde Thornhills Studie stets auf die gleiche Weise wiederholt und belegt. Ein Versuch mit realen Männern bei einer Vis-à-vis-Begegnung, der sehr viel aussagekräftiger wäre, fehlt.

Ein ähnlich erzwungenes Bild vom vermeintlichen Geschmack der Frauen ergibt sich auch beim Blick auf die psychischen und gesellschaftlichen Vorzüge von Männern. David Buss hatte in seiner Umfrage auch nach den wichtigsten Charaktereigenschaften beim anderen Geschlecht gefragt. Die Rangfolge der beiden wichtigsten Kriterien war bei Männern wie bei Frauen gleich: »Freundlichkeit« und »Intelligenz«. Niemand will einen schlecht gelaunten und zudem noch dummen Partner. Für Frauen aber soll der Grund darin liegen, dass ein freundlicher Partner eher bereit ist, in eine Familie zu investieren als ein garstiger. Ob damit gemeint ist, dass Frauen, die freiwillig kinderlos bleiben oder das gebärfähige Alter überschritten haben, mit mürrischen Stoffeln besser zurechtkommen? Für evolutionäre Psychologen ist »die Frau« eine höchst beschränkte Tierart; eine Spezies nämlich, die ausschließlich an Vermehrung und Brutpflege interessiert ist.

Was ist Frauen sonst noch wichtig? Vom machiavellistischen Spiel der Grauen Würgerinnen war schon die Rede. William Allman zitiert dazu »eine Umfrage unter Medizinstudentinnen über ihre Kriterien bei der Partnerwahl«. Sie »ergab, dass sich diese jungen Frauen, obwohl sie selbst ein hoher Lebensstandard und ein hohes Maß an finanzieller Sicherheit erwartete, sogar noch häufiger einen Traumpartner mit hohem Gehalt und Status wünschten«.[31] Da muss nun eine Umfrage unter US-amerikanischen Medizinstudentinnen als Beleg für das Verhalten »der Frau« gestern, heute und morgen herhalten. Wer so argumentiert, der kann auch schreiben, dass Frauen »bei einer Kurzzeitbeziehung das Ziel haben, den Partner materiell so weit wie möglich zu schröpfen« – ein Phänomen, das Buss als »ressource extraction« bezeichnet; die Extremform ist die Prostitution. Aus Studien geht hervor, dass sich Frauen, die eine flüchtige Liaison anstreben, einen Liebhaber wünschen, der beim ersten Rendezvous sehr spendabel auftritt.[32]

Dass viele Frauen Männer bevorzugen, die ihnen mit Hilfe

von Geld und Macht ein schönes Leben ermöglichen, mag wohl stimmen. Aber Männer mögen solche Dinge bei Frauen zumeist auch. Im Regelfall erhöht Geld auch ganz unabhängig von Brutpflegeinteressen die Summe der Entfaltungsmöglichkeiten. Dass viele Frauen aus ähnlichen Gründen etwas ältere Männer vorziehen, ist sicher auch richtig. Nicht selten freilich ändert sich dieser Vorzugspunkt allerdings jenseits von etwa fünfundvierzig; zumindest dann, wenn sich die Frau berechtigte Hoffnungen machen kann, einen attraktiven jüngeren Partner zu finden. Madonna und Demi Moore sind hier sicher keine Ausnahme.

Dass »Sicherheit« und »Macht« viele Frauen anzieht, ist nicht weiter verwunderlich. Aber höher als diese beiden Kriterien werteten die Frauen in Buss' Umfrage noch eine ganz andere Eigenschaft: Humor! Eine Erklärung dafür haben evolutionäre Psychologen bislang ausgespart. Wir wissen rein gar nichts über den Humor in der Steinzeit. Und auch ein possierliches Vögelchen mit Talent zu beglückenden Witzen ist nicht in Sicht. Mit einiger Phantasie freilich lässt sich auch hier das übliche Schema anwenden. Ich setze hiermit in die Welt, dass Humor gut ist gegen Parasiten! Denn stärkt nicht Lachen unsere psychischen Abwehrkräfte und stabilisiert so das Immunsystem? Bestimmt werden lustige Menschen viel älter als miesepetrige und geben damit länger ihre besseren Gene weiter. Kein Wunder also, dass der Mensch eine so humorvolle Tierart ist.

Muss man dieses Spiel noch weiter treiben? Muss man David Buss nach seiner Umfrage unter US-amerikanischen Studenten aus dem Jahr 1993 glauben, dass sich Männer im Laufe ihres Lebens durchschnittlich 18 Sexualpartnerinnen wünschen, Frauen dagegen nur vier oder fünf? Eine absurd niedrige Zahl für beide Geschlechter und ein weiteres Rätsel, denn Männer verspüren doch den Auftrag ihrer Gene nach allseitiger Begattung. Eine Welt voller Mirakel: Frauen gehen, nach Buss, gerne Affären mit einem gesellschaftlich höher gestellten Mann ein, weil dieser »bessere Gene anzubieten« hat. Hat er das? Gene für Macht und Geld etwa? Sind bei den Menschen, wie bei Gorillas, die Ranghöchsten die Gesündesten? Und sollen wir Buss' puritanischer Erzählung glauben, dass für den Seitensprung der Frau »sexuelle Befriedigung« keine »zentrale Rolle« spielt, sondern nur der Wunsch nach einem dauerhaften Partnerwechsel?[33]

Ein Zwischenfazit? Viele Männer haben einen im weiten Sinne ähnlichen Frauengeschmack und viele Frauen einen im weiten Sinne ähnlichen Geschmack bei Männern. Zahlreiche Ausnahmen bestätigen diese Regel. Die meisten Menschen lieben attraktive, lustige, freundliche und intelligente Partner. Wenn sie dazu noch Geld haben, umso schöner. Das ahnten wir vorher und bekommen es von David Buss belegt. Jede weitere Verallgemeinerung ist spekulativ und gefährlich. Es gibt Frauen wie Männer, die sich immer gerne für den Falschen oder die Falsche entscheiden. Es gibt Menschen, die andere Menschen sexuell überaus attraktiv finden, aber nie mit ihnen zusammenleben möchten. Es gibt sexuelle Gier und vernünftige Überlegungen. Es gibt ganz persönliche und mitunter sehr spezielle Vorlieben für Charakterzüge und körperliche Details. Es gibt Menschen, die sich in ein Lächeln verlieben, ohne etwas über den anderen zu wissen. Es gibt Männer, die ältere Frauen lieben, und Frauen, die jüngere Männer lieben. Es gibt Menschen, die sich in todkranke Menschen verlieben und diese heiraten. Mit einem Wort, das fast 140 Jahre alt ist: »Der Mensch prüft mit scrupulöser Sorgfalt den Charakter und den Stammbaum seiner Pferde, Rinder und Hunde, ehe er sie paart. Wenn er aber zu seiner eigenen Heirath kommt, nimmt er sich selten oder niemals solche Mühe.«[34] Der Mann, der dies schrieb, war kein biologisch uniformierter Philosoph. Es war: Charles Robert Darwin!

Die unvernünftige Kultur

Alle heute lebenden Menschen tragen in sich ein evolutionäres Erbe. Die Evolution hat ihren Körper geschaffen und auch ihre Psyche. Das ist richtig. Strittig dagegen ist, wie stark ihr Verhalten durch dieses Erbe festgelegt ist. Schon Darwin vermutete, dass diese Festlegungen eher schwach sind. Wahrscheinlich ist der Mensch das einzige Tier, das sich zu sich selbst in ein Verhältnis setzen, sich ein Selbstbild schaffen kann. Diese Voraussetzung ermöglicht es ihm, von den von der Natur vorgegebenen Mustern abzuweichen. Wenn wir heute in aller Welt ähnliche menschliche Verhaltensweisen finden, so vermuten die evolutionären Psychologen, liegt das an unserem biologischen Erbe. Tatsächlich aber gibt es dafür auch viele andere Erklärungen. So etwa kennen die meisten Kulturen in heutiger Zeit die Monogamie als die am breitesten akzeptierte Form der Bindung von Mann und Frau. Ob Judentum, Christentum oder Buddhismus, ob in Süd- und Nordamerika, in Europa oder in vielen Teilen Asiens – überall finden sich monogame Ehevorschriften. Aber das heute als Gebot formulierte Ziel der ehelichen Monogamie beweist keinesfalls monogame Vorfahren in der Steinzeit. Dass sich das Gebot der Monogamie – trotz der eher polygamen Veranlagung des Menschen – so weit durchgesetzt hat, ist nicht die Folge eines evolutionären »Moduls« für Monogamie. Viel wichtiger sind kulturelle Aspekte. Das Judentum predigte die Monogamie, um der Ausbreitung von Seuchen vorzubeugen. Und das römische Recht legte die monogame Ehe verbindlich fest, damit die Frage des Erbrechts einfach geklärt werden konnte. Aus beidem zusammen entwickelte sich unsere abendländisch-christliche Ehemoral.

Wenn die Biologie den Ton für den Menschen darstellt, so ist die Kultur der Töpfer, der etwas aus ihr formt. Und diese Unterschiede zwischen Stoff und Form können sehr beträchtlich sein. Geht es nach vielen Biologen, so liegt der genetische Auftrag des Mannes, wie gesagt, in der massenhaften Reproduktion. Im Deutschland des Jahres 2008 aber gilt dies nicht. Im April 2008 befragte DER SPIEGEL zweitausend Deutsche: »Was ist wichtiger als Sex?«[35] Nur 40 Prozent der befragten deutschen Männer antworteten darauf mit »Nichts – Sex geht über alles«. Wäre die Biologie in uns so dominant, wie die Greensteins dieser Welt vermuten, und wäre Dawkins' Theorie des »egoistischen Gens« ebenfalls richtig, so wäre diese Antwort völlig unverständlich. Und dass immerhin 22 Prozent aller befragten deutschen Frauen in ihrem Leben nichts wichtiger finden als Sex, wäre viel zu viel. Noch unerklärlicher wären übrigens die Antworten auf die Frage: »Liegt der Sinn des Lebens in einer glücklichen und harmonischen Partnerschaft?« 63 Prozent der befragten deutschen Frauen bestätigten dies; ein bisschen wenig. Dagegen traf der Satz den Nerv von 69 Prozent der befragten Männer! Nur 56 Prozent der Frauen sahen den Sinn ihres Lebens darin, Kinder zu haben. Was ist mit ihnen los? Streikt das biologische Programm? Bei Männern waren es 48 Prozent.

Der Denkfehler der Verfechter des egoistischen Gens tritt hier offen zutage: Ohne Zweifel verantwortet unser Erbgut unsere sexuelle Lust. Diese Lust steht im Dienst der Fortpflanzung. Das ist richtig. Aber das Interessante dabei ist: Die Lust selbst weiß gar nichts davon! Sie hat ein ganz eigenes Interesse. Unsere sexuelle Gier agiert nahezu vollkommen losgelöst von ihrem ursprünglichen Vermehrungsauftrag. Statt einer klaren Linie von den Genen über die Lust zur Zeugung haben wir es in Wirklichkeit mit einer Kette zu tun, deren einzelne Glieder ziemlich unabhängig sind. Mit anderen Worten: Ist die Lust in der Welt, dient sie vor allem sich selbst. Sie gleicht einem Boten, der, einmal ausgeschickt, seinen ursprünglichen Auftrag gerne vernachlässigt, weil es in der Welt so viele andere aufregende Abenteuer zu erleben gibt.

Man könnte nun einräumen, dass es vielleicht schlicht an den Lebensumständen liegt, wenn wir dem genetischen Drang heute allzu oft einen Strich durch die Rechnung machen. Nicht jeder von uns hat Zeit und Geld für eine Familie. Aber das Argument zieht nicht richtig. Denn wenn es richtig wäre, dass unsere Gene uns unausgesetzt zur Vermehrung drängen, warum ordnen wir nicht alle unsere anderen Bedürfnisse diesem Drängen unter? Wie schaffen wir es, unsere egoistischen Gene unter Verschluss zu halten? Und wo in aller Welt findet in unserem Gehirn eigentlich dieser Dialog zwischen Genen und Vernunft statt, als dessen Resultat wir so oft aus der Art schlagen? Auf diese Frage wissen die evolutionären Psychologen gemeinhin keine Antwort, und sie stellen sie auch gar nicht erst. Für sie hat die Kultur zwar ein Mitsprache- und mitunter auch ein Vetorecht gegen den biologischen Trieb. Aber wie dieser »Krieg der Welten« im Detail vonstattengehen soll, dazu fällt ihnen nichts ein.

Ich dagegen möchte vorschlagen, dass es diesen Krieg gar nicht gibt. Unsere Gene sind nicht so platt egoistisch, wie oft angenommen. Und sie manipulieren uns auch viel weniger, als von den evolutionären Psychologen behauptet. Möglicherweise ist bereits unser Erbgut in gewisser Weise kulturell infiziert. Und mindestens unsere Lust ist ebenso kulturell geprägt wie biologisch. »Je höher es die Stufenleiter der Organismen hinaufgeht«, meinte bereits Ende des 19. Jahrhunderts der russische Philosoph Wladimir Solowjew, »desto mehr verringert sich die Potenz der Vermehrung, während die Kraft der sexuellen Anziehung zunimmt.«[36] Doch wie lässt sich das erklären?

Kultur ist die Fortsetzung der Biologie. In diesem Punkt gibt es keinen Widerstreit. Die entscheidende Frage ist nur: mit welchen Mitteln? Für evolutionäre Psychologen ist Kultur die Fortsetzung der Biologie mit biologischen oder quasi-biologischen Mitteln, für ihre Kritiker ist Kultur die Fortsetzung der Biologie mit *anderen* Mitteln.

Ein guter Grund für solche anderen Mittel liegt in dem Umstand, dass Menschen seit Jahrtausenden älter werden können als biologisch notwendig. Dies gilt vor allem für Frauen. Gemeinhin sind sie sexuell länger aktiv, als sie es für den Reproduktionserfolg sein müssten. Doch diese Frauen jenseits von Mitte vierzig kommen in der evolutionären Psychologie gar nicht mehr vor, jedenfalls nicht als sexuelle Wesen; bestenfalls sind sie Großmütter mit aushelfender Brutpflegefunktion. Alles dreht sich allein um die Paarung! In der evolutionären Psychologie gibt es Tonnen von Studien über Studentinnen an US-amerikanischen Colleges, aber kaum eine zur Sexualität von Frauen über Mitte vierzig. Eine solche Umfrage allerdings wäre höchst aufschlussreich, denn es ist anzunehmen, dass sie das bekannte Muster der Sexualpräferenzen stark variiert. Und es würde wohl deutlich, was ohnehin unstrittig ist: Sex ist mehr als die Reproduktion der Gene! Ginge es allein darum, dann müsste das sexuelle Interesse von Frauen jenseits des gebärfähigen Alters sofort verschwinden. Es kann also nicht ganz richtig sein, dass nur unsere Gene uns zum Sex drängen. Denn was drängt uns dann nach dem Ende der Reproduktionsfähigkeit?

Eine zweite Baustelle, für die evolutionären Psychologen das Gerät fehlt, ist die Homosexualität. Kurz gesagt: Für gleichgeschlechtliches Begehren und homosexuelle Liebe fehlt jede biologische Erkenntnis. Homosexualität ist biologisch unsinnig – wie ist sie trotzdem möglich? Die wenigen hoch abenteuerlichen Theorien, um der Homosexualität doch noch einen biologischen Sinn unterzuschieben, können wir hier getrost überspringen. Homosexualität ist weder die Folge von Überpopulation noch soll sie heterosexuellen Männchen weitere Chancen bringen. Von schwulen Lemmingen in Zeiten des Nahrungsmangels hat noch keiner gehört. Und auch die Intelligenz, die bei Bedarf im Handumdrehen Tiere homosexuell werden lässt, muss erst noch erfunden werden. Tatsächlich ist Homosexualität ohne evolutionären Nutzen. Für die meisten evolutionären Psychologen ist sie deshalb auch keine geheimnisvolle Strategie der Natur, sondern schlicht ein Defekt. Sind die egoistischen Gene bei Homosexuellen eingeschlafen oder fehlgepolt? Gibt es vielleicht eine vererbbare Mutation? Sensationsmeldungen über das mal wieder neu entdeckte »Homo-Gen« gibt es viele; allein es fehlt noch immer jegliches sichere Indiz und auch jeder Beweis. Zu jedem vermeintlichen Homo-Gen findet sich noch immer eine kopfschüttelnde Gegenstudie.

Irgendetwas, so scheint es, hat das mit Kultur zu tun: dass manche Paare keine Kinder wollen, obwohl sie sich diese ohne Zweifel leisten können. Dass Frauen nach der Menopause noch sexuell aktiv sind und dass ungefähr jeder zwanzigste Mann und jede dreißigste Frau homosexuelle Neigungen haben. Schon unsere nächsten Verwandten, so scheint es, entziehen sich ihrem genetischen Auftrag bei vielen Gelegenheiten. Denn je genauer er blickt, umso entgeisterter sieht der evolutionäre Psychologe, wie Schimpansen und Bonobos sich »nicht-fitnessmaximierend« verhalten und damit zu schwer verständlichen Erklärungen herausfordern. Wären wir doch Gorillas! Dann wäre alles so einfach. Schimpansen-Weibchen dagegen bringen es fertig, sich nicht nur mit dem Hordenchef, sondern auch mit rangtieferen Männchen in die Büsche zu schlagen. Und die Bonobo-Frau fragt erst gar nicht: »Wer ist der Stärkste, der von seinen Genen am meisten Begünstigte?« Sie verteilt ihre sexuelle Gunst frei Schnauze nach Sympathie und Gelegenheit.

Was unseren nächsten Verwandten recht ist, ist uns Menschen billig. Dass wir stets auf der Suche nach dem genetisch fittesten – und das heißt nach evolutionärer Psychologenlogik: schönsten und gesündesten – Partner sind, ist eine fixe Idee. Daran stimmt ziemlich wenig, und zwar sowohl psychologisch als auch evolutionär.

Im Regelfall nämlich suchen Menschen vor allem eines: einen *passenden* Partner. Sowohl bei Frauen wie bei Männern kommt nicht immer der oder die Schönste oder Fürsorglichste bei der Fortpflanzung zum Zug. Die Gründe dafür können biografisch sein, aber auch evolutionsbiologisch. Biografisch ist der Kinderwunsch vor allem abhängig von der Lebenssituation, in der man sich gerade befindet. Der möglicherweise wunderschöne Partner, mit dem man mit 18 das Bett teilt, wird für unsere Gene sofort widerstehlich, wenn Kinder das Studium oder die Ausbildung gefährden und man noch eine Menge Lebensideen vor einer Familiengründung hat. Andere Gründe sind, dass man schon genügend Kinder hat, dass das Geld für eine Familie fehlt usw. Aber auch evolutionsbiologisch ist der Gedanke von der Zucht der Besten und Schönsten beim Menschen Unsinn. Ein kleiner Blick ins Leben belehrt unmissverständlich darüber: Schöne und reiche Menschen haben nicht mehr Kinder als unansehnliche und arme Menschen.

Woran liegt das? Warum sind beim Klassentreffen zwei der drei Schulschönheiten unter den Frauen kinderlos geblieben? Und warum hat sich mein wenig ansehnlicher und völlig unsportlicher Klassenkamerad zu einer Großfamilie mit sechs Kindern vermehrt?

Darwins Satz, dass der Mensch sich nicht nach der Vernunft und Logik von Rinderzüchtern paart, enthält offensichtlich viel Weisheit. Ein Grund dafür liegt bereits darin, dass ich die *langfristige* Vermehrung meiner Gene nicht selbst in der Hand habe. Ich mag vier Kinder haben, und sie schenken mir keine Enkel. Ein einziges Kind dagegen kann mich zum vielfachen Großvater machen. Ein zweiter Grund ist, dass sexuell und emotional vielfach begehrte Menschen meistens sehr genau um diese Qualität wissen. Dementsprechend sind sie wählerisch; manchmal zu wählerisch. Ein dritter Grund ist, dass auch sexuell sehr begehrte Menschen nicht unbedingt Fans von Großfamilien sein müssen. Kurz gesagt: Der Gedanke, dass sich beim Menschen die genetisch »Fittesten« durchsetzen und am besten vermehren, ist völliger Unsinn.

Charles Darwin wusste sehr genau, dass er Schwierigkeiten bekommen würde, wenn er seinen Gedanken von der »natürlichen Zuchtwahl« auf den Menschen übertragen wollte. Als sein Buch über die Entstehung der Tier- und Pflanzenarten durch natürliche Auslese 1859 erschien, wendeten zahlreiche englische und vor allem deutsche Naturforscher und Philosophen dieses Prinzip sofort auf den Menschen an. Darwin hingegen blieb skeptisch. Zwölf Jahre lang zog er sich zurück und besuchte kreuz und quer in Südengland Rinder-, Hunde- und Taubenzüchter. Die Zuchtexemplare dieser Haustiere wurden nicht durch die Umwelt ausgewählt, sondern durch den Menschen. »Geschlechtliche Zuchtwahl« hieß das Zauberwort. Zu Deutsch: Die besten Männchen begatteten die besten Weibchen. Vielleicht war das in der Natur bei höher entwickelten Lebewesen, bei Vögeln und Säugetieren, genauso? Nur: Wer war der Züchter? Hirschkühe bevorzugten die stärksten Hirschböcke, Pfauenweibchen (so nahm Darwin irrtümlich an) die Hähne mit den schönsten und längsten Schwänzen. Die Züchtung zum Höheren und Besseren war damit ein Prinzip der Natur. Sie ergab sich aus der Logik der Partnerauswahl. Beglückt von dieser Entdeckung stellte Darwin in den Raum, dass *alle* höheren Tiere sich durch »sexuelle Selektion« vermehrten und dabei *immer* die Partner auswählten, die ihnen als die genetisch besten erschienen. Das Sonderbare daran war allerdings, dass diese Form der sexuellen Selektion bei einem einzigen Tier nicht galt. Ärgerlicherweise war es genau das Tier, um dessentwillen er diese Theorie eigentlich aufgestellt hatte: der Mensch.

Was Darwin noch nicht wissen konnte: Der Mensch ist nicht die einzige Ausnahme. Auch die meisten Affen vermehren sich nicht nach der Vernunft der Rinderzüchter, und unter Vögeln gibt es ebenso zahlreiche Gegenbeispiele. Von allen Tieren aber, dies scheint richtig, ist die »sexuelle Selektion« beim Menschen die beliebigste. Gerade deshalb lässt sie sich nicht biologisch auf den Punkt bringen, ohne bleibenden Schaden zu hinterlassen. Wo auch immer die große These der evolutionären Psychologie von der Logik unserer Partnerwahl aufgestellt wird, krabbelt die Wirklichkeit beschädigt darunter hervor. Die Folge sind Arroganz und Kulturpessimismus. Mit anderen Worten: Wenn die Theorie nicht der Realität entspricht, müssen entweder viele Menschen gestört sein, oder aber die ganze Menschheit ist inzwischen völlig *degeneriert*.

Wenn diese Ansicht vom degenerierten Menschen stimmt, so muss man fragen: Wo und wann war der Normalzustand? Tatsächlich in der Steinzeit? Und was war der Zustand davor? Wo lag der Normalzustand heutiger Elefanten? Beim Mastodon, beim Mammut, beim heutigen afrikanischen Elefanten oder beim asiatischen, oder liegt er gar in der Zukunft? Wer die Steinzeit zum Normalzustand des Menschen erklärt, zu seiner »wahren Natur«, der macht aus einem biologischen Zwischenstand eine Konstante. Doch Evolution kennt keine Konstanten, nur Wandel und Variablen. Wer die Natur richtig verstehen will, der muss einsehen, dass sie sich unausgesetzt verändert; ein Fixpunkt als vermeintlich »wahre Natur« des Menschen ist nirgends in Sicht. Thesen, die den Menschen biologisch festschreiben, sind nicht deshalb unzulänglich, weil sie biologisch sind, sondern sie sind vor allem biologisch unzulänglich.

Es gibt einen schönen viel zitierten Satz des konservativen katholischen Philosophen Carl Schmitt: »Wer Menschheit sagt, der lügt!« Gemeint ist eine strenge Warnung, den Menschen nicht leichtfertig zu verallgemeinern, biologisch wie kulturell. Es ist sicher richtig, dass bestimmte Bereiche im Gehirn des Menschen sich weitgehend in der Steinzeit entwickelt haben. Es ist auch gut möglich, dass sich unser Erbgut seitdem nicht besonders stark verändert hat. Aber es ist leichtsinnig zu glauben, damit all das in der Hand zu halten, was die Entwicklung des Menschen seit der Steinzeit bestimmt hat.

Das stärkste Störfeuer für solche Ableitungen des menschlichen Verhaltens ist biologischer Natur. Wie im vorigen Kapitel erwähnt, setzen sich im Lauf der Zeit nicht nur die besten körperlichen und psychischen Merkmale durch. Überleben konnte all das, was nicht allzu sehr stört. Sehr vieles auch am Menschen ist (zumindest heute) weitgehend funktionslos und bietet kaum praktischen Vorteil. Wir brauchen weder einen Blinddarm noch Haare unter den Achseln, und Männer brauchen keine Brustwarzen. Manches sind überflüssige, aber nicht allzu sehr störende Relikte aus der Vorzeit; anderes, wie zum Beispiel blaue Augen, sind genetische Defekte, die niemanden zum Aussterben verdammen.

Ein erheblicher Teil unseres Repertoires unter und über der Bettdecke dient definitiv nicht der Zeugung; erfreulicherweise aber begünstigt es auch nicht unser schnelles Aussterben. Nahezu unser ganzes Verhalten (mit Ausnahme von essen, trinken, schlafen und Zeugung) und nahezu unsere ganze Kultur sind biologisch betrachtet harmlos überflüssig. Doch nur von hier aus, und nicht von ihrer vermeintlichen evolutionären »Funktion« her, lassen sie sich begreifen. »Aus so krummem Holze, als woraus der Mensch gemacht ist, kann nichts ganz Gerades gezimmert werden«, seufzte einst der Philosoph Immanuel Kant. Auch nicht durch die Biologie.

Eine Umwelt, die von Menschen gemacht ist, stellt einige andere Anforderungen an das Gehirn als die, die in der Natur vorgefunden wird. Unterricht in der Schule ist etwas anderes als elementare Orientierung in der Wildnis. Fernsehen wirkt anders auf unser Gehirn als ein Spaziergang im Freien. Bücher zu lesen verlangt andere Fähigkeiten, als etwa einen Faustkeil zu zimmern. Diese Anforderungen sind so groß und so prägend, dass es schwer vorstellbar ist, dass sie sich nicht auch auf unser Erbmaterial auswirken. Die Tatsache, dass dieser Prozess mit den gegenwärtigen Mitteln der Genetik nur schwer beschreibbar ist, bedeutet nicht, dass er nicht stattfindet.

Das Dogma hatte der deutsche Biologe August Weismann 1883 aufgestellt, als er in seinem Vortrag *Über die Vererbung* darlegte, dass zwischen Erbmaterial und Umwelt kein Austausch besteht. In jüngster Zeit dagegen wurde zunehmend deutlich, dass unser Verhalten durchaus auf unser Erbmaterial einwirken könnte. Das Zauberwort heißt »Epigenetik«. Dabei geht es um die Erforschung jener Mechanismen, die darüber wachen, welche Erbinformationen bei einem Lebewesen unter welchen Umständen aktiviert werden und welche nicht. Aus dieser Richtung ist noch viel zu erwarten.

Evolution ist kein Mathematikbuch, kein Rechenheft mit Formeln, die die Natur immer korrekt anwendet, kein generalstabsmäßig geplantes effizientes Unternehmen, sondern ein Feld von Zufällen, ein wildes Neben- und Durcheinander und ein Tummelplatz funktionsloser Formen und Fähigkeiten. Kurz gesagt: Die Natur ist nicht aufgeräumt und geordnet, und sie wird es auch nicht durch die Anwendung einer einzigen, alles erklären wollenden Theorie.

Solange evolutionäre Psychologen alle Macht bei den Genen sahen, solange war die menschliche Kultur nur ein Vollzugsgehilfe genetischer Wünsche in der modernen Gesellschaft. Eine eigene *kulturelle Evolution* erschien und erscheint undenkbar. Oder sie wurde nur als eine reine Kopie der genetischen Evolution angesehen, wie in Richard Dawkins' Konzept der *Meme*, als so genannte »Kulturgene«. So wie die Gene ihre Information kopieren und vererben, so sollen auch die *Meme*, also die kulturellen Vorstellungen, sich kopieren und dadurch vererben. So weit die Idee. In der Realität hingegen verbreitet sich Kulturelles nicht einfach durch »Kopieren« wie bei Dawkins. Es entstehen auch neue Ideen und Variationen, die mehr sind als eine zufällige biologische »Mutation«. Auf diese Weise geschieht in der Menschenwelt wie in der Tierwelt viel Neues und zum Teil erfreulich Unsinniges.

Viele Singvögel ahmen die Gesänge anderer Vögel nach, zum

Beispiel der Neuntöter. Er kopiert sie allerdings nicht einfach, sondern nimmt sie als variierbare Elemente in seinen Gesang mit auf. Einen höheren Zweck hat das Ganze augenscheinlich nicht. Denn dass Neuntöter-Weibchen ein Männchen besonders bezirzend finden, das wie eine Amsel klingt, ist weder wahrscheinlich noch bewiesen. (Von einer klammheimlichen Liebe von Neuntöterinnen zu Amseln weiß man jedenfalls nichts.) Amseln dagegen imitieren in jüngster Zeit gerne Handytöne. Warum auch immer. Die Natur, so scheint es, kennt weitaus mehr Formen als Sinn. In der Sexualität des Menschen ist das nicht anders.

Die gesamte menschliche Kultur ist eine Kultur, geboren aus Imitation und Variation. Kinder gucken ihr Verhalten bei ihren Eltern, Geschwistern und Freunden ab und lernen Wissen und Verhalten in der Schule. Das Wissen wird hinterfragt und abgeändert, ohne Zweifel eine Evolution, aber eine nicht-genetische Evolution, sondern eine Evolution auf einer anderen Ebene: eine kulturelle Evolution.

Wir haben gesehen, dass die evolutionäre Psychologie auf der Grundlage der Theorie von vermeintlich egoistischen Genen eine interessante Sackgasse ist, aus der man viel lernen kann. Männer und Frauen benehmen sich nicht schlichtweg so, wie sie es nach Ansicht der evolutionären Psychologen eigentlich tun müssten. Die Geschlechter verhalten sich nicht immer sexuell stereotyp. Aber verhalten sie sich nicht doch gleichwohl anders? Haben die evolutionären Psychologen nicht zumindest hierin recht? Selbst wenn die Kultur uns formt – arbeitet sie nicht bei Mann und Frau mit zwei ganz verschiedenen biologischen Vorgaben? Wie unterschiedlich sind Männer und Frauen? Und was wissen wir eigentlich ganz genau darüber?

4. KAPITEL

Ich sehe was, was du nicht siehst
Denken Männer und Frauen tatsächlich anders?

Lustige Bücher, fragwürdige Studien

Allan Pease verscherbelte Gummischwämme an Haustüren; da war er gerade zehn Jahre alt. Mit 21 war er steinreich durch den Verkauf von Lebensversicherungen. Er wurde zum erfolgreichsten Jungmillionär Australiens gewählt: ein Mann, der jedem alles verkaufen kann. Mit so etwas macht sich niemand nur Freunde; möglicherweise ist »Pease« auch nicht sein richtiger Name.

Irgendwann traf Allan ein junges Model. Barbara war wie Allan, nur schöner. Mit zwölf wurde sie Model, lief für Toyota und Coca-Cola über den Laufsteg, und schon mit Anfang zwanzig hatte sie ihre eigene erfolgreiche Model-Agentur. Allan und Barbara heirateten. Das brachte sie auf eine Idee. Sie wollten Bücher schreiben und damit noch erfolgreicher werden. Bücher über sich, über Mann und Frau und warum sie miteinander oft unglücklich und oft glücklich sind. Ihre These: Die Geschlechter sind nicht nur verschieden, sie sind völlig verschieden.

Natürlich waren Allan und Barbara keine Psychologen, Anthropologen oder Neurowissenschaftler. Sie waren Geschäftsleute. Was immer sie in der Wissenschaft an Verwertbarem finden konnten, polierten sie auf, bogen es zurecht, verdrehten es und machten es hübsch passend. Das Resultat: 16 Bücher, in 50 Sprachen übersetzt und in 100 Ländern verkauft. Weltweit brachten die Peases 20 Millionen Bücher an die Frau oder den Mann, prozentual gesehen die meisten in Deutschland. Allein fünf Millionen Pease-Bücher finden sich in deutschen Wohnstuben. Fünf Millionen deutsche Leser, die zum Beispiel wissen, *Warum Männer lügen und Frauen immer Schuhe kaufen* und *Warum Männer nicht zuhören und Frauen schlecht einparken.*

Die Bücher der Peases sind lustig. Und vieles hört sich richtig an. Richtig anhören ist häufig das Gegenteil von richtig sein. Millionen verkaufte Bücher aber können nicht irren. Mittlerweile spielt der Pease-Konzern in einer anderen Liga. Bücher, DVDs, TV-Shows, Coaching, Seminare, Trainings. Und immer dabei: die beiden strahlenden Autoren ohne biografische Altersangabe. Ein Hochglanzpaar, das vormacht, wie es geht.

Nur einen auf der Welt gibt es, der die Australier in den Schatten stellt, ein US-Amerikaner. Er hat 40 Millionen Exemplare seiner 16 Bücher verkauft. Seine These: Mann und Frau sind verschieden, völlig verschieden. Sein erfolgreichstes Buch: *Men are from Mars, Women are from Venus* (»Männer sind anders. Frauen auch«).

Auch John Gray ist anders. Er hat ein Alter (57), und er hat ein Diplom. Gray darf sich Paar- und Familientherapeut nennen. Er ist mehr als nur ein »Kommunikationstrainer« wie die Peases. Sein Diplom stammt von der Columbia Pacific University. Gray studierte dort »Psychologie und Menschliche Sexualität«. Die Columbia Pacific University war eine kalifornische Privatuniversität, beliebt wegen ihrer freizügigen Vergabe von Abschlüssen und als »Diplom-Mühle« berüchtigt. Im Jahr 2000 wurde die unseriöse Lehranstalt von den Behörden geschlossen; die Abschlüsse zählen nicht viel. Vielleicht ist John Gray doch nicht so anders.

Wie die Peases betreibt er ein florierendes Institut für Zwischenmenschliches. Und ebenso wie die Australier sieht er die Wurzel aller Unterschiede zwischen den Geschlechtern in der Steinzeit. Nur dass Grays Steinzeit im Weltraum liegt, auf Mars und Venus. Gemeinsam haben Allan und Barbara Pease und John Gray die westliche Kultur unterwandert und indoktriniert. Durch nette Anekdoten und putzige Einsichten mit dem erkenntnistheoretischen Stellenwert von Partywitzen. Seit Pease und Gray leben Millionen Menschen mit der Vorstellung, dass Männer »schwerhörige, sehschwache, sich aber hervorragend orientierende Jäger« sind und Frauen »räumlich beschränkte quasselnde Sammlerinnen«. Selbst Sigmund Freud ginge vor solch einer Breitenwirkung in die Knie.

Was unseren wissenschaftlichen Kenntnisstand über die Steinzeit anbelangt, so war davon schon hinreichend die Rede. Und nähere Nachforschungen auf Mars und Venus dürften sich erübrigen. Folglich erweist sich der Verweis auf unsere Ahnen eigentlich auch nur als eine prähistorische Garniergeschichte für neuzeitlich bekannte Alltagsbeobachtungen. Wenn zwischendurch an vielen Stellen ein Hinweis auf »Amerikanische Forscher haben herausgefunden ...« kommt, lohnt sich das Weiterblättern. Amerikanische Forscher haben schon so vieles herausgefunden; es fragt sich nur, bei wem, unter welchen Bedingungen und nach welchen Methoden.

Wissenschaftlich gesehen bewegen sich die Bücher also nicht im Umfeld von Universitäten, sondern von Nachmittags-Talkshows. Ziemlich unschön daran ist eigentlich nur das ständige Rollenspiel mittlerweile auch in deutschen Ratgebern, wo irgendein Klaus und eine Gabi sich über die Brutpflege und die Kinokarten in die Haare kriegen. Und am Ende eines jeden Klaus-&-Gabi-Buches mit seinen Schulfunkdialogen folgt die Moral: Sie sind halt Männer und Frauen – sie können nicht anders! Oder doch? Zumindest am Ende stehen ein paar kluge Tipps und goldene Regeln, ein »Geheimplan der Liebe« oder Ähnliches von atemberaubender Klugheit wie: »Gehen Sie beim Streit nicht unter die Gürtellinie« und »Bringen Sie Ihrer Frau ab und zu ein paar Blumen mit«. Denn amerikanische Forscher haben herausgefunden ...

Um den Erfolg der Bücher zu verstehen, muss man fragen, worin ihr Reiz liegt. Sie sind amüsant und leicht verständlich. Man kann sie auf jeder beliebigen Seite aufschlagen und versteht sofort den Sinn. Auf tieferer Ebene aber erfüllen sie zwei große Bedürfnisse unserer Gesellschaft. Eines davon ist die schon genannte Suche nach dem festen Punkt. Im Vergleich zur Kultur wirkt die Biologie ungeheuer einfach, plausibel und logisch – jedenfalls dann, wenn man sie gezielt vereinfacht und falsch darstellt. Unser Glaube gegenüber den Biowissenschaften ist in geradezu schwindelnde Höhen aufgestiegen. Wer Gene manipulieren kann, Embryonen klont und Hirnschrittmacher entwickelt, der kann uns auch sagen, wer wir wirklich sind.

Was als Zweites gefällt, ist die Bestätigung von Klischees. Die gesellschaftlichen Umbrüche der späten 1960er und der 1970er Jahre haben zwar die alten Deutungsmuster des 19. Jahrhunderts, der Kirche und des Patriarchats erschüttert, aber sie haben nichts wirklich Überzeugendes dagegengesetzt. Übertreibungen wie »Alles ist angeboren!« wurden durch Übertreibungen wie »Alles ist Erziehung!« gekontert. Seitdem ist eigentlich alles unklar.

Die Bücher von Gray und den Peases finden hier eine clevere Lösung für unsere heutige Zeit. Auf der einen Seite bestätigen sie die alten Rollenklischees aus der Zeit vor der Emanzipation: Männer sind geil, aggressiv, machtbewusst und denken eindimensional. Auf der anderen Seite aber kehren die neuen Ratgeber die Machtverteilung von anno dunnemals um. Die Männer mögen noch so unmöglich sein: Wir müssen sie gar nicht fürchten, wir können doch so schön über sie schmunzeln! Frauen sind geschwätzig, unkonzentriert und verirren sich in Gedanken und fremden Städten. Aber auch darüber können wir lächeln. Denn wir wissen ja, dass sie den Männern dafür im Sozialen turmhoch überlegen sind.

Mit der Aufwertung des Begriffs »soziale Intelligenz« wurden die Frauen in den letzten 20 Jahren das eigentlich überlegene

Geschlecht. Der Mann mag noch immer der bessere Kfz-Mechaniker sein, aber in den Ratgebern ist er nicht mehr der Herrscher. Stattdessen wird er entschuldigt für seine steinzeitlichen Macken. Denn fast alles, was Männer besser können sollen, ist heute weitgehend funktionslos. Und der geübte Jägerblick schweift immer zielloser ins Leere.

Der einzige Punkt, in dem Frauen noch genauso primitiv sein sollen wie vor 100 000 Jahren, ist ihre Sucht nach guten Genen für ihre Kinder. Denn die Hormone der Frau sind mutmaßlich noch die gleichen wie ehedem, weshalb Frauen eben manches nicht und anderes besser können.

Steinzeitdesign, Hormonspiegel und ein entsprechend unterschiedliches Gehirn bestimmen demnach Mann und Frau, und zwar immer und überall. Und deshalb müssen nach den Peases »Frauen über jeden nackten Mann lachen und Männer jede nackte Frau anziehend« finden, und Männer wippen wahrscheinlich nicht nur in Australien, Europa und den USA beim Zähneputzen mit den Füßen, sondern auch am Amazonas, am Pol und in Kasachstan. Den schnellen Bogen von der Einzelbeobachtung zum Rest der Welt hatten den Peases schon evolutionäre Psychologen wie David Buss vorgemacht. Danach spielt bei der Untreue der Frau das Materielle (neben den ultimativen Genen) eine Hauptrolle, »darunter teure Designerkleidung, Karriereförderung, Schmuck und die Benutzung des Autos des Partners«.[37] Alles Gemeinsamkeiten der Menschheit mit biogenetischem Ursprung? Beobachtungen bei den Mbuti im Ituri-Urwald und den Buschleuten in Namibia lassen da Zweifel aufkommen.[38]

Nicht alles, was manche Männer von manchen Frauen in Australien, Europa und den USA trennt, muss auf ein geschlechtsspezifisches »Modul« im Gehirn zurückzuführen sein. Gleichwohl setzen die evolutionären Psychologen ebenso wie ihre populärwissenschaftlichen Satelliten auf die Hirnforschung. Der unterschiedliche Zuschnitt der Gehirne von Mann und Frau soll beweisen, wie dramatisch verschieden die Geschlechter denken und fühlen, so dass ihre sozialen Interessen logischerweise ganz unterschiedlich sein müssen. Nach John Gray liegt es an unseren Gehirnen, dass Männer in der Liebe wie »Gummibänder« hin- und herschnellen. Und liebende Frauen bauen sich wie »Wellen« auf und stürzen wieder zusammen. Aber gibt es diese Verhaltensweisen nicht auch umgekehrt? Lieben Frauen und Männer tatsächlich völlig anders? Wie groß ist der biologische Unterschied zwischen dem Gehirn von Frauen und Männern tatsächlich?

Geschlecht und Gehirn

Im Sommer 1995, bei meinem ersten Besuch in New York, staunte ich über die großen und gleichwohl oft urgemütlichen Buchhandlungen von *Borders, Barnes & Nobles* und natürlich dem *Strand* in der 12th Street, Ecke Broadway. Ganze Tage tauchte ich ab in den *Science*-Abteilungen bei Coffee und Brownies und trat erst am frühen Abend wieder hinaus in die helle, laute und chaotische Stadt. *Ein* wissenschaftliches Buch fand sich in allen Geschäften besonders prominent platziert: Anne Moir und David Jessel: *Brain Sex: The real difference between man and woman* (»Brain Sex. Der wahre Unterschied zwischen Mann und Frau«). Ich hatte gerade angefangen, mich für Hirnforschung zu interessieren, und ich staunte nicht schlecht über den Titel: Wussten die Hirnforscher tatsächlich schon so viel über die unterschiedlichen Gehirne von Mann und Frau, dass man darüber Bücher schreiben konnte? Meine Verwunderung wurde umso größer, als ich sah, dass es sich um eine Neuauflage handelte. Das englische Original war bereits 1989 erschienen. Aus heutiger Sicht also in den Kindertagen der modernen Hirnforschung.

Das Zauberwort der Hirnforscher in der Mitte der 1990er

Jahre hatte einen schwer auszusprechenden Namen. Es hieß: funktionale Magnetresonanztomografie. Erst kurz zuvor hatte der Japaner Seiji Ogawa in den *Bell Laboratories* der Telefongesellschaft *AT & T* in Murray Hill, New Jersey, eine Sensationsmaschine vorgestellt: den Kernspintomografen. Mit seiner Hilfe ließ sich die elektromagnetische Qualität des Blutes im Gehirn messen und auf einem Computerbildschirm sichtbar machen. Wo vorher Röntgenstrahlen, Ultraschall und EEGs an ihre Grenzen stießen, brach jetzt die Barriere: Die Forscher konnten ihren Patienten auf märchenhafte Weise ins Gehirn schauen. Konnte man da nun auch endlich sehen, auf welche Weise Männer und Frauen unterschiedlich fühlten und dachten?

Das Buch, das ich in New York in der Hand hielt, war nun allerdings bereits vor dem Siegeszug des Kernspintomografen geschrieben worden. Die Genetikerin Anne Moir und der Journalist David Jessel behaupteten darin noch vor Gray und den Peases: »Frauen und Männer sind nicht nur verschieden, sie sind völlig verschieden!« In der Sprache des Buches heißt das: »Zu behaupten, dass Mann und Frau in ihren Fähigkeiten und in ihrem Verhalten gleich sind, hieße, eine Gesellschaft errichten, die auf einer biologischen und wissenschaftlichen Lüge basiert.«[39] Das Literaturverzeichnis umfasste gerade einmal zweieinhalb Seiten. Gleichwohl verstand sich das Buch als der alles entscheidende Beweis mit den Mitteln der Hirnforschung.

Doch wie konnte man bereits 1989 wissen, wie das weibliche im Vergleich zum männlichen Gehirn fühlte und dachte? Wie groß und – vor allem – wie sichtbar war und ist dieser Unterschied?

Der Erste, der sich der Sache als Hirnforscher annahm, war der bedeutende französische Neuro-Anatom Paul Broca im Paris des späten 19. Jahrhunderts. Broca untersuchte und wog die Gehirne von Menschen verschiedenster Nationalitäten. Und er verglich auch die Gehirne von Männern und Frauen. Zu seiner Freude fand er einen klaren Unterschied. Männliche Gehirne sind durchschnittlich um 10 bis 15 Prozent größer und schwerer als weibliche Gehirne. Das Durchschnittsgewicht des Gehirns einer erwachsenen Frau liegt bei 1245 Gramm, das eines Mannes bei 1375 Gramm. Selbst eingedenk unterschiedlicher Körpergrößen schnitt das Gehirn des Mannes noch immer besser ab als das der Frau. Broca triumphierte und schrieb beglückt, dass der Mann allem Anschein nach intelligenter sei als die Frau. Denn es gäbe zweifellos »eine bemerkenswerte Verbindung zwischen der Entwicklung der Intelligenz und dem Volumen des Gehirns.« Bald darauf allerdings verlor er die Lust am Vermessen von Gehirnen. Einer seiner französischen Kollegen hatte festgestellt, was der überzeugte Patriot Broca gewiss nicht hatte beweisen wollen: dass die Deutschen durchschnittlich ein größeres Gehirn hatten als die Franzosen.

Dass in größeren Gehirnen mehr Intelligenz steckt als in kleinen, ist eine haltlose Spekulation. In unseren Gehirnen befinden sich mehr als 100 000 Milliarden Nervenzellen, von denen wir ohnehin nur einen Bruchteil nutzen. Entscheidender als die Größe sind unsere sehr komplexen Aktivitätsmuster und Verschaltungen. Deshalb erscheint es durchaus ein wenig sonderbar, wenn neuere Forschungen nahelegen wollen, dass das von vielen vermutete bessere Sprachvermögen von Frauen auf eine höhere Anzahl an grauen Zellen in den entsprechenden Gehirnregionen zurückzuführen sei.

Wenn schon die Größe nichts besagt, gibt es dann zwischen Mann und Frau nicht einen Unterschied in den Verschaltungen? »Frauen denken mit der rechten Gehirnhälfte, Männer mit der linken«, lautet eine bekannte Weisheit. Ist dies richtig?

Das menschliche Gehirn sieht aus wie eine aufgeblasene Walnuss und hat die Konsistenz eines weichen Eies. Oberflächlich betrachtet sehen sich die beiden Hälften der Walnuss ziemlich ähnlich. Aber bei genauerem Hinsehen zeigen sich viele Unterschiede. Wichtige Zentren des Gehirns liegen entweder auf der rechten oder auf der linken Seite. Würde eines der beiden Geschlechter nur mit der einen oder mit der anderen Gehirnhälfte denken, wären sie schwerstbehindert und wahrscheinlich nicht normal lebensfähig. Gleichwohl gibt es in der Tat einen anatomischen Unterschied zwischen Frauen- und Männergehirn. Genau gesagt handelt es sich um zwei Hirnfurchen. Die eine liegt zwischen dem Stirn- und dem Scheitellappen: der *zentrale Sulcus*. Die andere Furche verläuft zwischen Schläfen- und Scheitellappen: die *Sylvische Fissur.* Beide Furchen sind bei Männern in der linken Hirnhälfte etwas länger als bei Frauen, und zwar bei *allen* Männern.

Dankbar, überhaupt einen Unterschied gefunden zu haben, spekulieren Forscher seit drei Jahrzehnten nun munter drauflos. Vor allem die *Sylvische Fissur* hat es den Wissenschaftlern angetan. Sie endet in der Nähe des Wernicke-Areals für das Sprachverstehen. Für die US-amerikanische Neuropsychiaterin Louann Brizendine steht damit fest, dass Frauen ein größeres Kommunikationszentrum im Gehirn besitzen. In ihrem schon dem Titel nach verdächtigen Bestseller *Das weibliche Gehirn* schreibt sie, dass ein »Mädchen wegen des größeren Kommunikationszentrums redseliger« ist »als sein Bruder«.[40]

Nicht nur mich, den redseligen Bruder zweier weniger redseliger Schwestern, dürfen dabei Zweifel beschleichen. Denn erstens ist das Wernicke-Areal nicht das einzige Kommunikationszentrum im Gehirn, sondern es ist nur ein Teil eines komplizierten Netzwerkes. Zweitens muss die Länge der Furche nicht unbedingt eine Behinderung sein. Ohne Zweifel gibt es männliche Kommunikationsgenies und begnadete Simultandolmetscher sowie Frauen ohne größere Sprachbegabung – wie sind sie möglich?

Dass man die kleinen anatomischen Unterschiede nutzen will, um zu zeigen, dass Mann und Frau möglicherweise über verschiedene Begabungen verfügen, ist einleuchtend. Dass Frauen ein allgemein größeres Sprachtalent haben als Männer ist eine ebenso häufige Vermutung wie die, dass Männer besser abstrakt denken können. Wenn das so sein sollte, so müssen sich dafür Gründe in unserem Fühlen und Denken finden. Die schlichte Wahrheit allerdings ist, dass sich weder das eine noch das andere anhand von Gehirnfurchen belegen lässt.

Auch Tests über das räumliche Vorstellungsvermögen von Männern und Frauen weisen dieses Problem auf. Zwar lässt sich mithilfe des Kernspintomografen zeigen, dass manche Frauen bei einigen Tests einen »längeren Weg« nehmen, das heißt eine zusätzliche Gehirnregion benutzen, die bei Männern gemeinhin nicht aktiviert wird. Aber eine pauschale Aussage, dass Männer *grundsätzlich* besser räumlich denken können, lässt sich nicht machen. Im Schnitt waren sie bei den vielen Tests wohl ein wenig besser. Aber auch manche Männer erweisen sich als Nieten, wenn sie sich dreidimensionale Objekte räumlich verdreht vorstellen sollen.

Umso glücklicher waren manche Hirnforscher und mit ihnen viele evolutionäre Psychologen, als vor etwa 25 Jahren ein weiterer Unterschied zwischen Mann und Frau (wieder)entdeckt wurde: Das *Corpus Callosum,* eine kleine, aber sehr wichtige Brücke zwischen der rechten und linken Gehirnhälfte, besser bekannt als der »Balken«. Berühmt wurde der Balken durch eine Veröffentlichung der Hirnforscher Christine De-Lacoste-Utamsing und Ralph L. Holloway im Fachmagazin *Science* im Jahr 1982. Tatsächlich hatte allerdings bereits Robert Bennett Bean, ein Neuroanatom an der Johns Hopkins University in Baltimore, das *Corpus Callosum* zu einem wichtigen Unterscheidungsmerkmal zwischen Frau und Mann erklärt. Bean wollte eigentlich beweisen, dass Afroamerikaner eine schlechtere Verbindung zwischen den Gehirnhälften haben als Weiße. Während eines Gastaufenthaltes an der University of Michigan in den Jahren 1905–1907 stellte er allerdings zugleich fest, dass der Balken auch bei Mann und Frau nicht ganz gleich war.

De-Lacoste Utamsing und Holloway erklärten, dass die 200 Millionen Fasern des Balkens bei Frauen im hinteren Teil dicker seien als bei Männern. Das *Corpus Callosum* gleicht damit nicht nur in der Form einem alten Telefonhörer, es hat auch eine solche Funktion. Mithilfe des Balkens verständigen sich die beiden Gehirnhälften. Und haben die beiden Forscher recht, so tun sie es bei Frauen mit mehr und mit besseren Leitungen als bei Männern. Die Folgen seien offensichtlich: Weil Gefühl und Verstand bei Frauen stärker im Einklang seien, hätten sie deshalb bessere Intuitionen. Und auch die Fähigkeit zum Multitasking liegt schlicht an den besseren Leitungen.

Das Erstaunliche an der Studie von De-Lacoste Utamsing und Holloway aus heutiger Sicht ist, dass sie so lange so ernst genommen wurde. Die Studie löste eine wahre Hysterie nicht nur unter Hirnforschern aus, sondern inspirierte auch das erwähnte Buch über *Brain Sex*. Unter den Tisch fiel dabei der Umstand, dass die Forscher von den ursprünglich analysierten 28 Gehirnen nur die Hälfte in ihr Fazit mit einbezogen hatten. Seit den 1980er Jahren riss die Zahl der Studien zum *Corpus Callosum* gleichwohl nicht mehr ab. Eine wahre Wissenschaftskomödie um den ominösen Balken setzte ein. Die einen bewiesen einen größeren Abschnitt im hinteren Teil des *Corpus Callosum* bei Frauen. Manche behaupteten sogar einen *insgesamt* größeren Balken bei Frauen. Andere hingegen wollten einen größeren Balken bei Männern entdeckt haben! Und wiederum andere – und das sind bis heute die meisten – konnten überhaupt keinen Unterschied zwischen den Geschlechtern ausmachen.

Dieses Ergebnis ist keineswegs enttäuschend. Denn es ist viel zu naiv gedacht, wenn man glaubt, psychologische Unterschiede zwischen Frauen und Männern könne man im Gehirn einzeichnen wie auf einer Landkarte. Ein so komplexes Phänomen wie unsere Sprache lässt sich weder an einer Furche festmachen noch in einem Bündel von Nervensträngen. Wie gut wir reden, schreiben, Sätze verstehen, Kontexte begreifen, Grammatik lernen oder uns in Fremdsprachen einfühlen ist ein Prozess, der auf viele unterschiedliche Hirnzentren verteilt ist. Und selbst wenn wir diesen Prozess besser verstünden, als wir es gegenwärtig können, ist unser Sprachvermögen noch immer auch eine Sache von angeborenen Begabungen, von frühkindlichen Prägungen, von Erfolgs- und Misserfolgserlebnissen und von vielem mehr. Unterschiede in der Hirnanatomie, selbst wenn sie hierfür eine Rolle spielen sollten, dürften vergleichsweise unwichtig sein.

Man kann sich das Problem an einem Vergleich klarmachen: Psychologische Verhaltensweisen im Gehirn zu identifizieren, ist ungefähr so schwierig, als wenn ein Laie einen Computer aufschraubt, um sein Rechtschreibprogramm auf den vielen Nullen und Einsen eines Computerchips zu suchen. Die immer zahlreicheren Bücher, die uns die unterschiedlichen Gehirne von Frauen und Männern erklären, sind also ziemlich verdächtig.

Der Mann, der sich in dieser Frage gegenwärtig am meisten aus dem Fenster lehnt, ist der Engländer Simon Baron-Cohen. Sollte Ihnen der Name vertraut vorkommen, so liegt dies möglicherweise an seinem berühmten Cousin Sacha Baron Cohen, dem Komiker »Borat«. Doch Simon Baron-Cohen ist kein Komiker und trotz seiner steilen Thesen auch kein Scharlatan; er ist einer der bekanntesten Experten zum Phänomen des Autismus. Sein populäres Buch *Vom ersten Tag an anders* über das männliche und weibliche Gehirn allerdings ist äußerst umstritten. Denn Baron-Cohen ist kein Hirnforscher, sondern Professor für Psychologie am Trinity College der University of Cambridge. Seine Erklärung für den Unterschied zwischen Frau und Mann ist ganz einfach. Je mehr Testosteron ein Fötus im Mutterleib ausbildet, umso stärker weicht sein Gehirn von der weiblichen »Normalform« ab. Ab einer bestimmten Dosis wird es so männlich, dass es sogar zu einer Störung kommt – dem Autismus. Autisten sind Menschen, die die Gefühle anderer Menschen nur schwach oder gar nicht wahrnehmen; sie leben in ihrer »eigenen Welt«. Der normale Mann dagegen ist eine Zwischenform zwischen dem eigentlich weiblichen Menschen und einem Autisten.

Hat Baron-Cohen recht, so sind die Gehirne von Mann und Frau fundamental verschieden. Aber es ist nicht alles schlecht am Mann. Zwar haben Frauen die perfekten Einfühlungsgehirne (E-Hirn), dafür sorgen Testosteron und eine gesunde Portion Autismus beim Manne für ein Talent zur Systematik (S-Hirn). Schon Babys, so meint Baron-Cohen, zeigten diesen Unterschied. Einjährige Mädchen schauen gerne und länger in echte Gesichter; Jungen bevorzugen ein Mobile mit Gesichtsschnipseln. Es fehlt nicht viel und man könnte glauben, es handele sich bei Mann und Frau um zwei verschiedene Tierarten. Was und wie viel machen sie mit uns: die Hormone? Machen sie uns völlig anders, manipulieren sie uns, lassen sie Mann und Frau unterschiedlich denken, fühlen, riechen und – lieben?

Hormone

Ursprünglich gab es drei Geschlechter. Das männliche Geschlecht kam von der Sonne, das weibliche entstammte der Erde. Das vollständigste aber kam vom Mond, ein Kugelwesen, zusammengesetzt aus einer männlichen und einer weiblichen Hälfte. Es war das vollkommenste Geschlecht des Universums, ausgestattet mit vier Händen und vier Füßen und zwei einander entgegengesetzten Gesichtern am Kopf. Die Kugelmenschen waren perfekt. Radschlagend bewegten sie sich vorwärts, drehten sich blitzschnell im Kreis, geschickt und behände. An Kraft und Stärke waren sie gewaltig, und sie hatten auch große Gedanken. So kamen sie auf die Idee, sich einen Zugang zum Himmel zu bahnen, um die Götter anzugreifen. Göttervater Zeus selbst sah sich gezwungen zu handeln, um das Schlimmste für die Götterwelt zu verhüten. »Denn jetzt, sprach er, will ich sie jeden in zwei Hälften zerschneiden, so werden sie schwächer sein und doch zugleich uns nützlicher, weil ihrer mehr geworden sind, und aufrecht sollen sie gehen auf zwei Beinen. Sollte ich aber merken, dass sie noch weiter freveln und nicht Ruhe halten wollen, so will ich sie, sprach er, noch einmal zerschneiden, und sie mögen dann auf einem Beine fortkommen wie Kreisel.« Eilig trennte Zeus die Kugelmenschen durch wie Früchte. Die Menschen aber gehen seitdem in Männer und Frauen getrennt aufrecht auf zwei Beinen und suchen sehnsüchtig ihre andere Hälfte. Der Drang dieser beiden Hälften nach dem anderen Geschlecht aber heißt *Eros*.

Die Geschichte war ein Knüller. Um das Jahr 380 vor Christus legte der Philosoph Platon in seinem »Gastmahl« dem Dichter Aristophanes die Geschichte von den Kugelmenschen in den Mund. Dass Platon selbst diese Geschichte glaubte, ist sehr unwahrscheinlich. Aber sein Interesse an einer echten naturwissenschaftlichen Erklärung war äußerst gering. Anders als sein Schüler Aristoteles nahm er an, dass die Wahrheit der Dinge nicht aus den Dingen selbst heraus zu verstehen war, sondern nur von übergreifenden »Ideen« her. Und die Idee von Mann und Frau und ihrer wechselseitigen Anziehung schien ihm logisch nicht begreifbar. So nahm er Zuflucht zu einer mythischen Geschichte.

Dem platonischen Mythos von den Kugelmenschen steht heute eine biologische Erklärung entgegen. Sie hat einige Ähnlichkeit mit der alten Geschichte, aber auch ein paar Unterschiede. Die große Gemeinsamkeit steht am Anfang. Ihrem Ursprung im Mutterleib nach sind die Geschlechter nicht geteilt. Auch wenn es wie ein alter Mythos klingt, so ist es doch wahr: Im Anfang haben alle Menschen nur *ein* Geschlecht – ein weibliches. Der Schnitt des Zeus erfolgt erst in der sechsten Woche der Schwangerschaft. Nun entsteht bei Embryonen, die neben dem X- ein Y-Chromosom besitzen, ein Eiweiß. Es bilden sich Hoden und in ihnen das Sexualhormon *Testosteron*. Bei Embryonen mit einem zweiten X- statt einem Y-Chromosom bleibt diese Abänderung des Entwicklungsganges aus.

Von allen chemischen Stoffen ist es das Testosteron, das den größten Unterschied macht zwischen Mann und Frau. Zwar bilden auch Frauen Testosteron in der Nebennierenrinde, aber die Dosis ist ungleich geringer als beim Mann. Das wichtigste männliche Sexualhormon löst aus, dass die Spermien reifen, Penis und Hodensack sich ausbilden, dass die Körper- und Barthaare wachsen und dass Muskulatur und Knochen sich stärker ausprägen als bei den meisten Frauen. Psychisch bewirkt ein hoher Testosteronspiegel das sexuelle Verlangen sowie aktive, mitunter dominante Verhaltensweisen.

Voraussetzung für alle diese Merkmale und Eigenheiten sind Rezeptoren im Gehirn. Schon im Mutterleib sorgt die Zufuhr von Testosteron für neue und andere Nervenzellen und Nervenbahnen beim Mann als bei der Frau. Untersuchungen an Rhesusaffen zeigten, dass Testosteron einen starken Einfluss auf unsere Emotionen, unser Gedächtnis und natürlich unser Sexualverhalten hat. Das Verhältnis zwischen Testosteron, Aggression und Dominanzverhalten bleibt dabei ziemlich kompliziert. Nicht immer dominiert der Affe mit dem höchsten Testosteronpegel die Gruppe; wird er jedoch zum dominierenden Männchen, so steigt sein Testosteronspiegel um mehr als das Zehnfache an! Auch beim Menschen lässt sich demnach vermuten: Wie viel Testosteron wir produzieren ist nicht allein biologisch vorgegeben, sondern auch stark abhängig von unseren Lebensumständen.

Die vielleicht wichtigste Hirnregion für den Unterschied zwischen Männern und Frauen ist der Hypothalamus. Gerade einmal so groß wie eine Erbse, ist er doch so etwas wie das »Gehirn« unseres Gehirns. Im Zwischenhirn angesiedelt, steuert er unser vegetatives Nervensystem. Der Hypothalamus beeinflusst die Körpertemperatur und den Blutdruck, reguliert unser Hungergefühl, unser Schlafbedürfnis und eben auch unser Sexualverhalten. Besonders pikant daran ist, dass ein Kern des Hypothalamus, der *Nucleus praeopticus medialis* bei Männern stärker ausgebildet ist als bei Frauen. Bezeichnenderweise spielt er eine große Rolle sowohl im Aggressionsverhalten wie bei der Sexualität, die hier eng miteinander verbunden sind.

Doch nicht nur in unseren vegetativen Gefühlszentren, auch in der Hirnrinde mit ihren höheren Hirnfunktionen gibt es Rezeptoren für Testosteron. Und wenn sich schon in der Hirnnatomie kaum Unterschiede zwischen Mann und Frau finden, könnten die häufig vermuteten grundsätzlichen Unterschiede zwischen den Geschlechtern nicht auf solche Rezeptoren zurückzuführen sein?

Die Antwort ist schwierig. Zwar vermuten die allermeisten Hirnforscher, dass unsere Sexualhormone unsere Denkfähigkeit beeinflussen, aber wie und in welchem Maße dies geschieht, können sie kaum nachweisen. Ein schillerndes Beispiel ist wieder einmal der Test zum räumlichen Vorstellungsvermögen. Viele Wissenschaftler vermuten, dass die im Schnitt leicht besseren Testergebnisse bei Männern auch auf den Einfluss von Testosteron zurückzuführen sind. Amüsanterweise jedoch zeigte die kanadische Psychobiologin Doreen Kimura von der John Fraser University in Barnaby/British Columbia, dass Männer mit einem niedrigen Testosteronspiegel ein klar besseres räumliches Vorstellungsvermögen haben als die Testosteronbomber. Ist dies richtig, so fehlt der evolutionsbiologischen Gleichung vom begehrten supermaskulinen Mammutjäger als Jagd- und Orientierungsgenie jede Grundlage. Kein Wunder demnach, dass die besten Mathematiker nicht unbedingt immer dem Klischee eines äußerst männlichen Mannes entsprechen. Schon in den Schulklassen trennen sich oft genug die schmächtigen Mathe-Freaks von der kraftstrotzenden Moped-Fraktion.

Simon Baron-Cohens Modell, wonach Männer ein umso besseres Orientierungs-Gehirn haben, je männlicher sie sind, ist also wohl auf Sand gebaut. Und dass besonders feminine Frauen grundsätzlich schlechter Auto fahren und dafür umso mehr Einfühlungsvermögen besitzen, darf man ebenfalls bezweifeln. Was immer die weiblichen Sexualhormone Östradiol und Progesteron beim Denken anrichten mögen – jedenfalls blockieren sie weder die räumliche Intelligenz noch machen sie von sich aus sensibel und gesprächig.

An der Tatsache, dass es wichtige hormonelle Unterschiede zwischen Mann und Frau gibt, ist nicht zu zweifeln. Doch auch hier muss klar sein, dass die Unterschiede im Hormonspiegel von Mann zu Mann und von Frau zu Frau beträchtlich sind. Das macht es nicht gerade leicht, grundsätzliche Behauptungen darüber aufzustellen, wie »Männer« und »Frauen« sein sollen. Die Tatsache, dass die unterschiedlichen Hormonkonzentrationen samt ihrer Rezeptoren im Hypothalamus der einzige wirklich verbindliche Unterschied zwischen den Geschlechtern ist, sollte uns zudem nicht dazu verführen, voreilige Schlüsse zu ziehen. Weder beweisen sie eine grundlegende Verschiedenheit im Denken, noch führen sie zu verbindlichen Aussagen darüber, wie jemand tickt. Der Satz: »Sage mir, wie dein Hormonspiegel aussieht, und ich sage dir, was für ein Typ Mensch du bist«, gilt nur eingeschränkt. Das eben genannte Beispiel mit den Rhesusaffen zeigt eindringlich, wie sehr unsere Um- und Mitwelt über unsere Hormonausschüttungen mitbestimmt. Und der Gedanke, dass unser Charakter am Hormonspiegel ablesbar sei, wie die Temperatur auf einem Thermometer, bleibt nach wie vor absurd. Starke Hormonkonzentrationen gerade von Testosteron führen häufig zu Aggressivität; sie können aber genauso gut in autodestruktives Verhalten umschlagen. Wann und unter welchen Umständen dies bei jemandem geschieht, ist höchst individuell.

Frauen und Männer unterscheiden sich in ihrem spezifischen Hormoncocktail. Und auch der Lebenszyklus ihrer Hormone ist unterschiedlich. Schwangerschaft oder Wechseljahre beeinträchtigen den Hormonhaushalt der Frau maßgeblich; etwas direkt Vergleichbares gibt es bei Männern nicht. Kein Wunder, dass auch der Sexualtrieb nicht völlig identisch ist. Bei Frauen steuert nicht der *Nucleus praeopticus medialis*, sondern der *Nucleus ventromedialis* die sexuelle Lust.

Unsere Sexualhormone sind ebenso verschieden wie unsere wichtigste Andockstelle im Gehirn. Aber: Auch hier fällt es schwer zu sagen, dass sich Frauen und Männer in ihrem Sexualverhalten immer und grundsätzlich unterscheiden. Wie viele Frauen verhalten sich in ihrer Sexualität dem Klischee nach männlich, wenn sie viele One-Night-Stands haben und häufig wechselnde Sexualpartner ausprobieren. Es gibt Frauen, denen es (ganz ohne Kinderwunsch) schwer fällt, einem sehr attraktiven Mann zu widerstehen, selbst wenn sie glücklich liiert sind. Und wie viele Männer sind gegen alles Klischee tatsächlich brave Familienväter, denen nichts ferner liegt, als jede attraktive Frau begatten zu wollen?

Über das Treue- und Untreueverhalten von Männern und Frauen ist bis heute sehr wenig bekannt. Kein Wunder übrigens, denn wer möchte einem Wissenschaftler darüber auch schon treuherzig Auskunft geben? Die Kinsey-Studie schätzte 1953, dass 50 Prozent der Männer und 26 Prozent der Frauen in den USA außereheliche Affären hatten. Eine Befragung von 8000 verheirateten US-Amerikanern und US-Amerikanerinnen aus dem Jahr 1970 kam zu dem Schluss, dass 40 Prozent der Männer und 36 Prozent der Frauen mindestens eine außereheliche Affäre gehabt hatten. Der Hite-Bericht aus dem Jahr 1987 sah 75 Prozent untreue Männer und 70 Prozent untreue Frauen. Was auch immer man von diesen Zahlen hält – offenbar verraten sie mehr über den Zustand der Gesellschaft in den USA als über die biologische Ausstattung des »Menschen«.

Interessant daran ist eigentlich nur, dass die Geschlechter sich ganz offensichtlich nicht immer stereotyp verhalten. Denn woher kommen sexuell freizügige Frauen und zurückhaltende Männer, wenn unser unterschiedlicher genetischer Auftrag und mit ihm der Hormonhaushalt die Spielregeln vorgibt?

Es ist eine unübersehbare Crux all der zahlreichen Klaus-&-

Gabi-Fibeln zu unserer Sexualchemie, dass sie die Deutungsmacht ihrer chemischen Erklärungen stark überschätzen. »Alles ist Chemie«, behauptet ein Ratgeber zum Thema frech. Mit gleichem Grund freilich könnte man auch sagen, dass alles Physik ist, denn ohne Naturkräfte keine Chemie. Tatsächlich alles Chemie? Kein Zweifel daran, dass all unsere emotionalen Erregungen sich in chemischen Prozessen niederschlagen. Aber was ist der Lichtschalter, und was ist das Licht? Für unseren Hormonspiegel kann unsere Psyche vielleicht nicht allzu viel, aber ohne sie würden wir uns weder in einen anderen Menschen verlieben noch eine dauerhafte Bindung eingehen.

Was uns in unserem Geschlechterverhalten bestimmt, sind also nicht nur der Hypothalamus und unsere Hormone. Fast völlig untrennbar spielen sie in der Realität unseres Alltagslebens zusammen: unsere Sexualhormone, unsere Erfahrungen und unsere Einstellungen zu verschiedenen Vertretern des anderen Geschlechts. Ein beträchtlicher Teil dessen, was unser Geschlechterverhalten und unser Selbstverständnis ausmacht, verdankt sich dabei nicht nur der Biologie, sondern auch der kulturellen Evolution. Wenn Frauen den Duft von Deos dem Geruch von Achselschweiß vorziehen, wenn sie »kultivierte« Männer mit sauberen Fingernägeln schätzen, wenn Männer hochhackige Schuhe bevorzugen, so erscheint unser biologisches Erbe kulturell übermalt.

Hormone sind Unterschiede zwischen den Geschlechtern, die tatsächlich einen Unterschied machen. Aber die Grauzonen im tatsächlichen Geschlechterverhalten verwischen häufig die klare Kontur der Theorie. Dabei liegt es in der Natur der Sache, dass Hirnforscher die von manchen Biologen vermuteten »Module« für das geschlechtertypische Verhalten im Gehirn nicht finden können. Diese »Module« können keine Gehirnregionen sein und auch keine völlig unterschiedlichen Nervenbahnen. Wenn es sie denn gibt, so sind sie etwas Hochkompliziertes, das sich nicht einfach nachweisen lässt in der Hirnanatomie oder in der Hirnchemie. Noch im Jahr 2009 jedenfalls hat der Streit um »geschlechtsspezifische Verhaltensmodule« einen stark religiösen Charakter.

Module sind eine Glaubensfrage, ebenso wie ihre mutmaßliche Ausprägung in einer mutmaßlichen Steinzeit von Jägern und Sammlerinnen. Doch was immer wir darüber in der Zukunft auch lernen oder nicht lernen werden – unsere eigenen Erfahrungen, unsere individuellen Vorlieben und unsere persönlich eingeübten Geschlechterstrategien bestimmen in uns in jedem Fall mit. Die Frage freilich ist, wer uns dabei die Spielregeln unserer *sozialen Rolle* vorgibt – die Biologie oder die Kultur?

5. KAPITEL

Geschlecht und Charakter Unsere zweite Natur

Gender

»Er sah immer aus wie nach einer 30-stündigen Eisenbahnfahrt, schmutzig, ermüdet, zerknittert, ging schief und verlegen herum, sich gleichsam an eine unsichtbare Wand drückend, und der Mund unter dem dünnen Schnurrbärtchen quälte sich irgendwie schief herab.« Der Schriftsteller Stefan Zweig mochte den überspannten jungen Mann nicht, aber für viele andere wurde er eine Kultfigur. Sigmund Freud bewunderte sein »ernsthaftes, schönes Gesicht, auf dem ein Hauch von Genialität schwebte«, August Strindberg lobte den »tapferen, männlichen Kämpfer«. Karl Kraus und Kurt Tucholsky fanden lobende Worte, und Adolf Hitler nannte ihn »einen anständigen Juden«.

Otto Weininger wurde 1880 in Wien geboren, schrieb nur ein einziges Buch und wurde gerade einmal 23 Jahre alt. Doch an ihm schieden sich die Geister wie an wenigen anderen. Ein Spinner, ein Psychopath, ein Genie? Sein Werk *Geschlecht und Charakter – Eine prinzipielle Untersuchung* war eines der am meisten gelesenen Bücher mit wissenschaftlichem Anspruch in der ersten Hälfte des 20. Jahrhunderts. 28 Auflagen waren verkauft, als die Nationalsozialisten die Schrift 1933 verboten. Nicht weil ihnen der Inhalt nicht gefallen hatte, sondern streng nach Schema: Der Verfasser war Jude.

Weininger hatte Philosophie und Psychologie an der Universität Wien studiert. Sein Ruf war denkbar schlecht, seine Kommilitonen mochten ihn nicht. Im Eiltempo arbeitete er gleichwohl an seiner Doktorarbeit über »Eros und Psyche. Eine biologisch-psychologische Studie«; ein bombastisches Manuskript. Den drohenden Untergang des Abendlandes vor Augen, hatte sich der 22-jährige an einem grenzüberschreitenden Werk über die westliche Zivilisation versucht, einer apokalyptischen Bilanz. Und ausgerechnet Richard Wagners »Parsifal« gab ihm dazu den Schlüssel: die Erkenntnis, dass »der Koitus die Bezahlung« sei, »welche der Mann der Frau für ihre Unterdrückung zu leisten hat.«[41]

Männer schlafen nicht mit Frauen, weil sie selbst das wollen. Sie bezahlen das Weib mit ihrer Fruchtbarkeit und halten so den Lauf des Lebens in Gang. Ein widerwärtiges Geschäft, wie der junge Mann fand, das ein schnelles Ende finden müsse: in der absoluten Enthaltsamkeit des Mannes. Mit solchen Erkenntnissen im Gepäck besuchte Weininger den außerordentlichen Titular-Professor Sigmund Freud in der Berggasse. Freud ist hin- und hergerissen zwischen Bewunderung und Skepsis. Weininger reagiert verletzt. Er zieht sich zurück und schreibt das Werk für die Veröffentlichung um. Im Juni 1903 liegt *Geschlecht und Charakter* in den Buchhandlungen.

Das Machwerk war ein Fanal. Ohne Pardon goss es ungezählte Vorurteile, Klischees und Ressentiments zu Anfang des 20. Jahrhunderts in weltanschaulichen Zement. Sauber und ordentlich teilt es die Welt in Gut und Böse. Das Gute sind Geist, Sittlichkeit und der Verstand, kurz: der Mann. Die Bösen, das sind die Sexualität und das Fleisch, sprich: die Frauen und die Juden. Beide sind minderwertig, von niederen Trieben gesteuert und geistlos geil. Der einzige Weg zum Sieg des Guten liegt in der Überwindung des Jüdisch/Weiblichen durch das »M«-Prinzip. »M« steht für Mann. Und neue Männer braucht die Welt.

Er selbst gehört nicht mehr dazu. Von tiefen und schweren Gedanken erschöpft, schleppt sich Weininger in Beethovens Sterbehaus in der Schwarzspanierstraße. Ein Portier findet den 23-jährigen am Morgen des 4. Oktober 1903 sterbend mit einer Kugel im Herzen. Er hatte seinem harten Los als Mann selbst ein Ende gesetzt.

Ein Psychopath, der die Frauen fürchtete, ein Verklemmter mit Angst vor der eigenen Sexualität, ein jüdischer Antisemit mit Minderwertigkeitskomplex – ohne Zweifel. Doch was fanden Feingeister wie Karl Kraus und Kurt Tucholsky bloß an diesem Mann? Warum war Sigmund Freud so voll Bewunderung?

Das Spannende an Weininger war seine kühne Brücke zwischen Biologie und Kultur. Im Hinblick auf seine biologisch festgelegten Geschlechterrollen war der verquere Österreicher der erste evolutionäre Psychologe. Stricken und Kochen zum Beispiel waren für ihn nichts anderes als »sekundäre weibliche Geschlechtsmerkmale«. Doch auf eine gewisse Weise waren Weiningers Geschlechterrollen gleichzeitig überraschend modern. Denn ohne Zweifel gab es kochende Männer und Frauen in den Fächern Physik und Mathematik. Weininger glaubte nicht an Hirnfurchen und Balken oder an evolutionäre Module. Er glaubte an die Theorie einer grundlegenden Bisexualität von Mann und Frau. Danach trugen jeder Mann und jede Frau mehr oder weniger starke Merkmale des jeweils anderen Geschlechts in sich. So klar die Prinzipien von männlich und weiblich waren, so unklar waren doch die Menschen.

Die Idee dazu stammte von dem Berliner Hals-, Nasen- und Ohrenarzt Wilhelm Fließ, der sich über Weiningers gewaltigen Erfolg überhaupt nicht freute. Der junge Psychologe und Philosoph machte aus Fließens Ansicht eine umfassende Geschlechtertheorie. Danach sei jeder Mensch zwiegeschlechtlich, und nur das Überwiegen des einen oder anderen Teils macht ihn zu einem Mann oder einer Frau. Biologisch waren somit nur die Geschlechtsanlagen, nicht aber die soziale Geschlechterrolle. Ein jeder Mensch, so Weininger, sucht und findet sich in seinem Geschlecht. Und was ich vom anderen Geschlecht sexuell und emotional begehre, hängt stark davon ab, wie mein eigenes Mischungsverhältnis beschaffen ist. Sehr männliche Männer stehen auf sehr weibliche Frauen, weibliche Männer auf männliche Frauen. Am Ende steht immer ein platonisches Ganzes – das, so Weininger, ist das Gesetz der Anziehung.

Dass Weininger der idiotischen Meinung war, dass beide Geschlechter hart an sich arbeiten sollten, um das »W« – das Weibliche – irgendwann aus der Welt zu verbannen, verschüttete bedauerlicherweise die einzig gute Idee seines Buches: die Trennung von biologischem und sozialem Geschlecht. Danach ist männliches oder weibliches Verhalten abhängig davon, wie wir uns in unsere Geschlechterrolle einfügen, mit einem Begriff des US-amerikanischen Psychologen John William Money aus dem Jahr 1955 – von unserem psychologischen und unserem sozialen Geschlecht (engl. *Gender*). Und so lustig es klingen mag: Mit der Unterscheidung von biologischer und sozialer Geschlechterrolle bahnte Weininger einer Idee den Weg, die er als völlig sinnlos verteufelt hatte – dem Feminismus!

Wir werden dazu gemacht ...!

Der Feminismus hat eine lange Geschichte, und er hatte gewiss nicht auf Otto Weininger gewartet. Gleichwohl wirkte der Österreicher auf paradoxe Weise inspirierend auf die feministische Theorie. Die Geschichte der Frauenbewegung begann spätestens mit der Französischen Revolution und dem Anspruch der Freiheit und Gleichheit für *alle* Menschen. Alle Menschen – das waren auch Frauen, selbst wenn viele Aufklärer und Revolutionäre das anders sehen wollten. Die Hoffnung auf die Emanzipation der Frau in den patriarchalischen Gesellschaften des 19. Jahrhunderts verstärkte sich im Zuge der industriellen Revolution. Nicht wenige unter den frühen Frauenrechtlerinnen waren Sozialistinnen. Wenn Karl Marx den Arbeitern die Gleichheit mit ihren Herren versprach und die Freiheit der Werktätigen durch immer modernere Maschinen, so sollten auch die Frauen davon profitieren. An eine Gleichheit in der psychologischen Rolle freilich wurde noch kaum gedacht. Frauen waren Frauen, und Männer waren Männer. Und das sollte auch so bleiben. Nur die Herrschaft der einen über die anderen gehörte abgeschafft.

Dass allerdings bereits die feste Zuschreibung typisch weiblicher und typisch männlicher Verhaltensweisen den Graben zwischen den Geschlechtern aushob, wurde erst nach Otto Weiningers Hassbuch zum Thema. »Wir werden nicht als Frauen geboren, wir werden dazu gemacht«, schrieb die französische Philosophin und Frauenrechtlerin Simone de Beauvoir 1949 in ihrem Buch *Das andere Geschlecht*. Die Impulse, die von de Beauvoirs Werk ausgingen, waren gewaltig; was Darwin für die Evolution war, ist de Beauvoir für den Feminismus. Aus einem Sammelsurium angestauter Kritiken und Ideen wurde eine überfällige Theorie. Dass de Beauvoir den irren Weininger gelesen hat, ist allerdings eher unwahrscheinlich; die französische Übersetzung von *Geschlecht und Charakter* erfolgte erst 1975. Und doch gibt es Sätze, die von beiden hätten stammen können. Für Weininger etwa war »der Phallus das, was die Frau absolut und endgültig unfrei macht«; eine Aussage, die viele Feministinnen unterschreiben würden, wenn auch nicht den Nachsatz: »Das Weib ist unfrei: es wird schließlich immer bezwungen durch das Bedürfnis, vom Manne in eigener Person wie in der aller anderen, vergewaltigt zu werden.«[42]

Nach Weininger und spätestens mit de Beauvoir jedenfalls war die Trennung von biologischer Rolle (*sex*) und sozialer Rolle (*gender*) in der Welt. In den Worten John Moneys: »Der Begriff der Geschlechterrolle (*gender role*) wird benutzt, um all jene Dinge zu beschreiben, die eine Person sagt oder tut, um sich selbst auszuweisen als jemand, der oder die den Status als Mann oder Junge, als Frau oder Mädchen hat.«[43] Doch wie weit geht diese Trennung von Biologie und Status? Wie hängen die beiden Geschlechterrollen zusammen?

Ist der Mensch bei der Gestaltung seiner Rolle als Mann oder als Frau frei, oder bestimmt ihn von Anfang an sein biologisches Geschlecht? Evolutionäre Psychologen und viele (wenn auch nicht alle) Feministinnen stehen sich hier feindlich gegenüber. Für die einen ist fast alles festgelegt, für die anderen fast nichts.

Die konservative Fraktion ist überzeugt: Jungen spielen lieber mit technischem Spielzeug wie Bauklötzen oder Lego, Mädchen bevorzugen Puppen und soziale Spiele. Bei Jungen geht es rabiat zu, bei Mädchen netter. Und in Baron-Cohens Babytest interessierten sich die Mädchen stärker für Gesichter und die Jungen mehr für das Mobile. In Sozialberufen finden sich bis heute mehr Frauen, in technischen Berufen mehr Männer, jedenfalls in der westlichen Welt. Die Unterschiede in der Kleidung sind nicht mehr so streng wie noch vor fünfzig Jahren, aber Frauen mit Krawatten sind bis heute selten, und geschminkte Männer sind es auch.

Lassen sich die Wahl der Berufe und die Mode noch als gesellschaftliche Einflüsse abtun, so ist das mit den Kinderspielen und erst recht mit dem Babytest schon schwieriger. Warum gibt es viel mehr Jungen, die mit Leidenschaft Ego-Shooter-Spiele am Computer spielen als Mädchen? Und warum telefonieren Mädchen mehr mit ihren Handys?

Einen viel diskutierten Ausweg aus dem Dilemma derjenigen Feministinnen, die eine biologische Geschlechterrolle abstreiten, bietet die US-amerikanische Kulturphilosophin Judith Butler in ihrem feministischen Kultbuch *Das Unbehagen der Geschlechter.* Butler bestreitet nicht nur die Bedeutung des biologischen Geschlechts, sondern auch der Begriffe männlich und weiblich. Männlichkeit und Weiblichkeit »an sich« gäbe es im Grunde doch gar nicht, sondern immer nur »Konstruktionen« und »Interpretationen«. Mag sein, dass Jungen sich oft für Technik interessieren, aber das mache weder die Technik männlich noch die Jungen. In der Gesellschaft lauern überall Klischees und voreilige Zuschreibungen. Der Versuch, jederzeit Zweigeschlechtlichkeit aufzuspüren, sei eine ziemlich unsinnige Idee, geboren aus der Phantasie heterosexueller Männer. Ob etwas »männlich« oder »weiblich« sei, könne in Wahrheit niemand neutral feststellen. Beide Vorstellungen kämen nur als Ideen und Deutungen überhaupt in die Welt. Und das biologische Geschlecht, so wie wir es allgemein als Mann oder Frau verstehen, sei eine sprachliche und kulturelle »Erfindung«.

Die Idee, dass alle Eigenschaften, die ich anderen zuschreibe, nichts als Interpretationen sind, stammt von dem französischen Philosophen Michel Foucault; die Idee, dass es kein »Geschlecht an sich« gäbe, von dem französischen Psychoanalytiker Jacques Lacan. Judith Butler denkt beides zusammen in der Formel: »Geschlechtlichkeit ist nichts, was man hat, sondern das, was man tut.« Mit anderen Worten: Man benimmt sich auf eine unbestimmte Art und Weise, die andere auf eine bestimmte Art und Weise ausdeuten. Mann und Frau *stellen sich* selbst alltäglich *dar* und *stellen* damit ständig *her,* was sie angeblich *sind.*

Die Gender-Forschung und der Feminismus sind der natürliche Feind der evolutionären Psychologen. Denn gemäß der Theorie des egoistischen Gens liegt die eigentliche Aufgabe der Geschlechter bekanntlich in der Vermehrung. Was immer wir an männlichen und weiblichen Verhaltensweisen auffinden, es soll der Sexualität und der Brutpflege dienen. Denn alles andere ergibt ja keinen biologischen Sinn. Geschlecht und soziales Verhalten müssen demnach zwingend auseinander hervorgehen. Tun sie es nicht, wie bei kinderlosen Paaren, bei Homosexuellen, bei Transvestiten, bei Transsexuellen, bei Männern, die Frauen nach der Menopause begehren, bei jüngeren Männern, die sich sterilisieren lassen und so weiter, haben evolutionäre Psychologen ein schweres Problem. Warum verhalten sich Menschen so stark gegen die biologische Norm? Der Boden für eine biologische Erklärung der sozialen Geschlechterrolle ist schwankend. Doch da es nicht angeht, dass beide recht haben, evolutionäre Psychologen und Feministinnen, muss gelten: »Es kann nur einen geben!« Entsprechend neigen beide dazu, ihre Position zu überanstrengen. Entweder »alles ist vorgegeben« oder »alles ist anerzogen«.

Der Unterschied zwischen Judith Butler auf der einen und Simon Baron-Cohen oder David Buss auf der anderen Seite ist dabei so groß, dass sie, an einen Tisch gesetzt, sich wohl mit keinem Satz miteinander verständigen könnten. Wenn der evolutionäre Psychologe spricht, redet er von Hormonen, von Gehirnmodulen und von statistischen Belegen. Für Judith Butler sind Gehirnmodule allenfalls »Konstrukte« und eine Statistik zur Geschlechterrolle, ein »Sprachspiel«. Und sie würde die Baron-Cohens und Buss' fragen, was sie denn überhaupt meinen, wenn sie »weiblich« und »männlich« sagen. Und diese Frage wiederum würden die evolutionären Psychologen lediglich mit einem lächelnden Kopfschütteln quittieren: Was gibt es denn da zu fragen?

Für evolutionäre Psychologen ist das als *typisch* erachtete Verhalten der Geschlechter ein »biologisches Modul« aus der Steinzeit, für Feministinnen eine »gesellschaftliche Konstruktion« der Neuzeit. Dabei ist es historisch durchaus nicht uninteressant, dass beide Denkrichtungen in der gleichen Zeit ihren Ursprung nahmen, nämlich Ende der 60er Jahre. Die Debatten von 1968 hatten vieles zuvor Selbstverständliche erschüttert. Und auch die Frage nach Mann und Frau bedurfte offensichtlich einer Neubesinnung und Neuordnung. Sowohl die moderne feministische Forschung als auch die Soziobiologie und evolutionäre Psychologie entstanden aus den gleichen Wirren. »Anatomie ist kein Schicksal!«, schleuderten die Feministinnen der biologischen Weltsicht entgegen. Oh doch, die Natur gibt uns unser Geschlechterverhalten vor, konterten die evolutionären Psychologen.

Der Grund für das wechselseitige Unverständnis ist leicht benannt. Denn beide Theorien haben eine philosophische Schwäche. Der Fehler der biologistischen Sicht ist ein allzu naives Verständnis von »Natur«. Wenn wir sagen, dass es die Natur ist, die uns unser Geschlechterverhalten vorgibt, so müssen wir wissen, was »die Natur« ist. Doch was immer wir uns unter »Natur« vorstellen, stets bleibt sie etwas, was Menschen sich denken. Alle unsere Vorstellungen von der Natur sind keine Fotografien der Realität, sondern menschliche Deutungen. Die Natur »an sich« kennen wir nämlich gar nicht. Alles, was wir kennen, ist das Bild, das wir von ihr entwerfen.

Genau dies ist der Punkt, an dem Feministinnen wie Judith Butler ansetzen: Alles ist Deutung, alles ist Zuschreibung! Das ist gewiss nicht falsch, hat aber ebenfalls einen Haken. Der Sport, hinter jeder Feststellung zur Biologie den Anteil an persönlicher Interpretation und kulturellen Mustern aufzuspüren, führt irgendwann ins Absurde. Theoretisch kann ich auf diese Weise *jede* Feststellung über die Welt zu einem »Sprachspiel« erklären – einschließlich übrigens der eigenen! Einige führende Vertreter der französischen Philosophie in den 1980er und 1990er Jahren haben dies tatsächlich getan. Ihre »Dekonstruktion« der menschlichen Logik, der Denkmuster und vermeintlichen Tatsachen war lange Zeit der letzte Schrei in der Philosophie. Gott sei Dank, muss man wohl sagen, wurden die Philosophen dieses Spiels irgendwann selbst überdrüssig und mehr noch ihr Publikum. Der »Dekonstruktivismus« ist heute nicht mehr en vogue.

Könnte es dabei nicht sein, dass die Frage, ob der Mensch von Natur aus auf eine Geschlechterrolle festgelegt ist, stark überschätzt wird? Es ist ebenso albern zu behaupten, dass von Natur aus *nichts* da sei, wie darauf zu bestehen, unsere Geschlechtsdentität sei biologisch bestimmt. Die Wahrheit liegt in der Mitte: Vorgegeben ist nämlich nur unser *Geschlecht,* nicht aber unsere *Identität.* Homosexuelle zum Beispiel verhalten sich nicht unbedingt biologisch typisch männlich, wenn sie Männer begehren.

Und Transsexuelle erst recht nicht. Vielleicht kann man sich darauf einigen: Geschlecht ist etwas (veränderbar) biologisch Vorgegebenes. Identität dagegen ist eine »Handlung«. Sie entsteht durch Gewohnheiten, Gefühle und Selbstverständnis. Ist mein Geschlecht auch vorgegeben, so liegt es doch an mir, es wie auch immer zu »verkörpern«, oder eben auch nicht.

Manche Feministin wird hier zustimmen. Für einen evolutionären Psychologen jedoch ist diese Trennung von Geschlecht und Identität der größte anzunehmende Unfall in der Theorie. Dass das soziale Geschlecht nur ziemlich lose mit dem biologischen Geschlecht verknüpft sein soll, darf nicht sein. Kein Wunder, dass er in den immer breiter aufgefächerten Geschlechterrollen in der westlichen Kultur ein Problem sieht, wenn nicht sogar eine Degeneration. Das Einzige, was ihn gleichwohl beruhigt, ist der Blick weg von unserer immer merkwürdigeren Gesellschaft. Schauen wir lieber hinaus in die weite Welt. Ist es mit Mann und Frau nicht überall irgendwie das Gleiche? Und kann das wirklich nur »Kultur« sein, wenn wir an allen Orten ein sehr ähnliches oder gleiches Verhalten der Geschlechter beobachten können?

Samoa

Sie war eine der am höchsten gefeierten Wissenschaftlerinnen ihrer Zeit. Ihre 40 Bücher wurden in zahlreiche Sprachen übersetzt, 28 Universitäten verliehen ihr die Ehrendoktorwürde. Sie war die Frau, die gezeigt hatte, dass unser Bild der Geschlechter nur eines unter vielen möglichen ist und dass es zwischen Mann und Frau auch anders geht als in der westlichen Zivilisation. In über tausend Fachaufsätzen hatte sie es bewiesen. Für die 68er-Bewegung, vor allem für ihre Mitstreiterinnen, war sie eine Ikone. Umso dramatischer wurde der Absturz.

Margaret Mead wurde im Jahr 1901 in Philadelphia geboren als ältestes von fünf Kindern einer politisch liberalen Familie. An der Columbia University in New York gehörte sie zu den Lieblingsschülerinnen ihres berühmten Lehrers Franz Boas. Der deutsche Völkerkundler in New York genoss Weltruhm. Es war ihm gelungen zu beweisen, dass die Indianer von Asien aus über die Beringstraße nach Nordamerika eingewandert waren. Nun erforschte er die Kultur der Indianer, der Inuit und der Polynesier. Margaret Mead war gerade 23 Jahre alt, als Boas sie nach Samoa in den Pazifik schickte. Die polynesische Insel war ein Mythos der abendländischen Phantasie, ein Paradies der Unschuld und ein Ziel sexueller Phantasien. Ganz auf sich gestellt, begann Mead auf Samoa mit ihren Forschungen. Die Frage, die Boas ihr mitgegeben hatte, lautete: Ist die Pubertät der Mädchen auf Samoa die gleiche wie in den USA? Mead zog als Gast in das Haus einer auf Samoa ansässigen US-amerikanischen Familie. Ein Sprachunterricht von einer Stunde am Tag sollte ihr dabei helfen, ihre Interviewpartnerinnen zu verstehen. Mead suchte sich 25 junge samoanische Mädchen und befragte sie ein halbes Jahr lang nach ihren Gefühlen und Erfahrungen. Das Buch, das sie darüber schrieb, wurde eine wissenschaftliche Sensation: *Coming of age in Samoa* (»Kindheit und Jugend in Samoa«).

Die Pointe des Buches war: Die Pubertät in Samoa ist ganz anders als in der westlichen Welt. Danach leben junge Samoanerinnen in einem geradezu paradiesischen Einklang mit sich, mit den Männern und mit der Natur. Rollenkonflikte, Unterdrückung und Ängste, die die Pubertät junger Mädchen in den 1920er Jahren in den USA bestimmten, seien den jungen Mädchen auf Samoa fremd. Und der Grund dafür war leicht benannt: Weil die Männer auf Samoa ihre Frauen nicht unterdrückten, sondern gleichberechtigt behandelten, sei das Leben dort nahezu sorgenfrei.

Meads Lehrer Franz Boas war begeistert. Denn schon zu Beginn des 20. Jahrhunderts erhitzte jene Frage die Gemüter, die gegenwärtig noch immer aktuell ist: angeboren (*nature*) oder anerzogen (*nurture*)? Was heute die evolutionären Psychologen sind, war damals eine Gruppe radikaler Darwinisten und Sozialdarwinisten. Ihre Gegner, wie Boas, sympathisierten dagegen mit einer noch jungen Disziplin der Verhaltensforschung: dem Behaviourismus. Wenn alles menschliche Rollenverhalten angeboren sein soll, so argumentierte Boas auf sehr moderne Weise, dann dürfe es davon keine großen Ausnahmen geben. Doch warum waren die Kulturen in der Welt dann so verschieden? Margaret Meads Samoa-Buch passte Boas ausgezeichnet ins Konzept. Hier hatte er den Beweis, dass Kulturen ganz unterschiedlich sein konnten, auch und insbesondere in ihrem Rollenverständnis von Mann und Frau.

Margaret Mead avancierte zum Star. Sie reiste nach Neuguinea und untersuchte auch dort die Kultur der Ureinwohner. Wiederum stellte sie fest, dass die Geschlechterrollen anders waren als in den USA. Was vielen Wissenschaftlern ein »natürliches« Verhalten von Mann und Frau war, löste sich auf in viele verschiedene Eigenheiten von Kultur. Wo auch immer Mead hinkam, fand sie kulturelle Unterschiede im Geschlechterverhalten: auf Bali und bei sieben verschiedenen Kulturen im Südpazifik. Die wissenschaftliche Welt verlieh ihr Anerkennung um Anerkennung. Sie wurde Professorin am weltberühmten Museum für Naturgeschichte in New York und Präsidentin der US-amerikanischen Anthropologenvereinigung.

Der tiefe Sturz kam 1981, drei Jahre nach ihrem Tod. Ausgangspunkt war ein Buch des neuseeländischen Anthropologen Derek Freeman, eines ausgewiesenen Samoa-Kenners. Freeman kam fünfzehn Jahre nach Mead auf die polynesische Insel und verbrachte dort die drei Jahre zwischen 1940 und 1943. Er arbeitete als Lehrer, erlernte die Landessprache und erhielt sogar den Titel eines Häuptlings. 1943 trat er freiwillig in die neuseeländische Armee ein. Anschließend ging er nach Borneo. In den 1950er und 1960er Jahren kehrte er nach Samoa zurück, unterrichtete dort an der Universität und erforschte weiter das Leben der Bevölkerung. Zu seinem Erstaunen fand er kaum einen Beleg für Margaret Meads Behauptungen. Für Freeman war Samoa eine von Männern dominierte Kultur. Die Sensibilität und Romantik in Meads Sicht der Gesellschaft von Samoa erschienen ihm eine Folge von Unkenntnis und Vorurteilen. Das Ergebnis seiner 40-jährigen Studien erschütterte Meads Ansehen in der Fachwelt beträchtlich. Ein Streit setzte ein, der wohl größte in der Geschichte der Anthropologie überhaupt. Freemans Buch ließ an Mead kein gutes Haar. Die junge Studentin hatte die Sprache nicht beherrscht, sie hatte sich belügen lassen, und sie hatte nur das bei den Samoanern sehen wollen, was in ihr Weltbild passte.

Freeman hatte ins Schwarze getroffen. Als Margaret Mead ihre Forschungen begann, hatte sie das gewünschte Ergebnis von Anfang an klar formuliert: »Wir hatten zu zeigen, dass die Menschennatur außerordentlich anpassungsfähig ist, dass die Rhythmen der Kultur zwingender sind als die physiologischen Rhythmen ... Wir hatten den Beweis zu erbringen, dass die biologische Grundlage des menschlichen Charakters sich unter verschiedenen gesellschaftlichen Bedingungen verändern kann.«[44] Kein Wunder, dass Mead unter diesen Vorzeichen genau das gefunden hatte, was sie suchte; sie hatte nie vorgehabt, etwas anderes zu entdecken.

Für viele evolutionäre Psychologen war die Demontage von Margaret Mead ein gefundenes Fressen. Nur mit Tricks und naivem Glauben also hatte man den Menschen weismachen können, dass die Kultur von Mann und Frau in anderen Teilen der Welt ganz anders war als in der westlichen Welt. In Wahrheit, so frohlockten sie, gäbe es fast überall sehr ähnliche Rollen und Regeln.

Bezeichnenderweise allerdings gingen Meads Kritiker nun genauso voreingenommen an ihre Demontage wie Mead an die Kultur der Samoaner. Natürlich war die junge Margaret Mead auf Samoa völlig überfordert gewesen. Und natürlich hielten ihre Ergebnisse aus den 1920er Jahren einer Überprüfung nach dem wissenschaftlichen Maßstab der 1970er und 1980er Jahre nicht stand. Aber Meads wissenschaftliche Bedeutung lag ja nicht allein in ihren Samoa-Studien. Ihre späteren Arbeiten waren in jeder Hinsicht genauer, ausführlicher und differenzierter. Dass Meads Buch über die jungen Mädchen in Samoa wissenschaftlicher Kitsch war, belegte noch lange nicht das Gegenteil: dass alle Kulturen in der Welt ein sehr ähnliches oder gleiches Geschlechterverhalten haben.

Selbstkonzepte

Der Fall Mead zeigt: Je stereotyper sich die Geschlechter verhalten, umso mehr freuen sich die evolutionären Psychologen. Millionen, wenn nicht Milliarden stereotyp handelnder Menschen können doch wohl nicht irren. Wenn Frauen sich in aller Welt wie Frauen verhalten und Männer sich wie Männer benehmen, muss es dafür einen biologischen Grund geben. Denn wo läge der Sinn darin, dass Menschen milliardenfach eine fast immer gleiche soziale Rolle spielen, wenn nicht in der Biologie? Warum sollte uns die Kultur ein solches massenhaftes Rollenmuster denn sonst vorgeschrieben haben?

Auf einer sehr allgemeinen Ebene klingt dies nach wie vor überzeugend. Doch wenn wir uns einmal hineinversetzen, wie unser Geschlechterverhalten entsteht, so spulen wir ganz gewiss nicht einfach ein biologisches Programm ab. Schon als Kleinkinder lernen wir, dass wir Jungen oder Mädchen sind. Unmerklich und sehr früh beginnen wir uns mit unserem Geschlecht zu identifizieren und schauen uns unser Geschlechterverhalten ab, bei Eltern und Geschwistern, im Kindergarten und in der Schule. Stück für Stück üben wir unsere Geschlechterrolle ein. Mal übernehmen wir alles oder fast alles, was wir in unserem Umfeld sehen, in anderen Fällen bekämpfen wir es aber auch und lehnen uns auf. Identitäten können auf diese Weise ebenso gut oder schlecht durch Kopieren entstehen wie durch Abgrenzen. Manche Jungen ziehen es vor, viel vom Geschlechterverhalten ihrer Mütter zu übernehmen, und manches Mädchen strebt ihrem Vater nach. Die Art und Weise, wie wir unsere Eltern wahrnehmen, und das Verhältnis, das wir zu ihnen haben, wird unsere Geschlechterrolle wohl ein Leben lang stärker prägen als jedwedes biologische Programm.

Der Mann, der dies auf brachiale Art zu beweisen suchte, war der bereits erwähnte John Money, Professor an der Johns Hopkins University in Baltimore und der Vater des Begriffs *Gender.* Der Psychologe war Mitte vierzig, als er 1967 ein gewagtes Experiment startete. Eine missglückte Beschneidung hatte den zweijährigen David Reimer übel verstümmelt. In ihrer Verzweiflung wandten sich die Eltern an Money, den sie aus dem Fernsehen kannten. Der illustre Psychologe entschied sich zum Eingreifen. Fest überzeugt, dass allein die Gesellschaft über unser Rollenverständnis entscheidet, riet er Davids Eltern, ihren Sohn als Mädchen zu erziehen. Aus David wurde Brenda. Man entfernte die Hoden und formte die Reste seines Penis zu einer Vagina. Unter dem Auge der Wissenschaft und der Medien reifte Brenda zu einem typischen Mädchen heran. Money ließ sich feiern, und die Feministinnen rühmten ihn. Doch dann erlebte Money sein Samoa. Spätestens in der Pubertät erkannte Brenda, dass sie eigentlich nirgendwo hingehörte. Die Jungen lachten sie aus, und die Mädchen akzeptierten sie nicht als ihresgleichen. Als sie die Wahrheit über ihr Schicksal erfuhr, rebellierte Brenda gegen die verordnete Geschlechterrolle. Sie wollte zurück zum ursprünglichen Geschlecht, nannte sich wieder David und unterzog sich Hormonkuren und immer neuen Operationen. Das Lebensglück wollte sich nicht einstellen. Im Alter von 38 Jahren setzte David Reimer seinem haltlosen Leben ein Ende.

David Reimers Schicksal ist eine traurige Geschichte. Klammheimliche Freude erzeugt sie allein bei evolutionären Psychologen, die befriedigt nicken: der natürlichen Geschlechterrolle pfuscht man nicht ins Handwerk. Es ist allerdings auch nicht abwegig, andere Schlüsse zu ziehen. Ganz offensichtlich lag Brendas Problem ja zunächst darin, dass die *anderen* sie nicht akzeptierten.

Geschlechterrollen sind demnach in mehrerer Hinsicht relativ, denn sie entstehen immer unter dem Blick der anderen. Dass das Rollenverständnis der Geschlechter in Islamabad meist ein anderes ist als etwa am Prenzlauer Berg in Berlin, liegt nicht an Modulen, Genen und Hormonen. Eine solch prägende Kultur der Geschlechteridentität bedarf dabei nicht einmal der Religion oder einer illustren Geschichte. Schon im Tierreich finden sich vergleichbare Beispiele. Der deutsche Hirnforscher Gerald Hüther, Professor an der Universität Göttingen, bringt es auf den Punkt, wenn er schreibt: »Ein Pferd, das von einem Zebra gesäugt und aufgezogen wurde, wird sich später immer lieber einer Herde Zebras anschließen als einer Herde Pferde. Es hat eben kein genetisches Programm, das ihm sagt: ›Du bist ein Pferd‹, sondern die Verschaltungen in seinem Gehirn werden nach seiner Geburt von den Erfahrungen programmiert, die es während seiner frühen Entwicklungen macht.«[45]

Menschen sind ohne Zweifel in ihrem Leben sehr viel länger prägbar als Pferde. Unser soziales Schach mit Eltern, Verwandten, Freunden, Bekannten und so weiter kennt ungezählte Varianten und Erfahrungsmöglichkeiten. Verglichen damit fällt unser mutmaßliches Geschlechtererbe aus der Steinzeit sicher nicht allzu sehr ins Gewicht, zumal wir noch immer vor dem Problem stehen, dass wir über dieses Erbe schon deshalb kaum etwas wissen, weil wir unsere Vorfahren viel zu schlecht kennen. Kein heute lebender Mensch weiß zum Beispiel, ob es unter Cro-Magnon-Menschen in den Höhlen der Jungsteinzeit oder beim *Homo erectus* des äthiopischen Hochlandes Homosexualität gab.

Unsere soziale Geschlechteridentität ist nur sehr wenig festgelegt. Sie ist stark veränderlich und wandelbar. Dass viele Frauen in der westlichen Zivilisation Röcke und Kleider tragen, Männer dagegen nur sehr selten, ist nicht biologisch vorgegeben. Denn worin liegt der biologische Sinn von Röcken und Kleidern? Und warum tragen viele Männer in der orientalischen Welt Kleider statt Hosen? In der westlichen Welt schminken sich vor allem die Frauen – heute! Noch im Barock puderten und schminkten sich die Männer wie die Frauen; auf Papua-Neuguinea und anderswo tun sie es noch immer.

Die Kultur ist die Leinwand, auf die wir unser Geschlecht malen, und nicht die Biologie. Jede Geschlechterrolle ist damit ein Teil unseres Selbstkonzeptes. Und was wir von uns selbst fühlen und denken, bestimmt unsere Identität. Ob wir uns besonders männlich fühlen oder besonders weiblich, hängt von den Vorstellungen ab, die unsere Gesellschaft von männlichem und weiblichem Verhalten hat. Es hängt aber auch von unserer inneren Überzeugung ab: davon, wie männlich oder weiblich wir uns selbst einschätzen. Denn Menschen schätzen sich unausgesetzt selbst ein: ihre Intelligenz, ihren Humor, ihre Ausstrahlung, ihre Fähigkeiten und Fertigkeiten. Bis in die 1960er Jahre waren Frauen, die einen Führerschein hatten, eine Seltenheit. Da Autos eine Domäne der Männer waren, glaubten nicht nur die Männer, sondern sehr viele Frauen, dass das weibliche Geschlecht zum Autofahren von Natur aus weniger geeignet sei. Diese Ansicht dürfte in Westeuropa heute nahezu ausgestorben sein – den Mythos vom fehlenden Gen für das Rückwärts-Einparken einmal ausgenommen.

Aus dieser Sicht lohnt sich auch ein letzter Satz über die ungezählten Tests zum räumlichen Vorstellungsvermögen bei Männern und Frauen. Für die evolutionären Psychologen war klar: Männer schneiden bei diesen Tests im Schnitt leicht besser ab – ein Erbe aus der Zeit als Mammutjäger. Lassen wir einmal dahingestellt, ob die Orientierung in der Tundra tatsächlich auch nur entfernt etwas mit der Fähigkeit zu tun hat, Würfelfiguren am Computer zu drehen. Klar ist jedenfalls, dass der Anteil von Kultur und Selbstkonzept am Würfeldrehen heute offen zutage getreten ist: Die Geschichte der Raumvorstellungstests ist nämlich zugleich die Geschichte eines rasanten Siegeszugs des weiblichen Geschlechts. Während in den 1970er Jahren die Männer noch deutlich besser abschnitten, haben sich die Ergebnisse in neueren Studien fast völlig angeglichen. Ich denke, wir können ausschließen, dass Frauen sich in den letzten drei Jahrzehnten in diesem Punkt genetisch stark verändert haben. Wahrscheinlicher dagegen ist, dass sich die gesellschaftlichen Rollenmuster verändert haben und Mädchen und Frauen sich das Würfeldrehen heute eher zutrauen als zuvor. Denn Selbstvertrauen ist bei nahezu jedem Intelligenztest sehr wichtig.

Ein Fazit? Männer und Frauen sind einander nicht grundsätzlich fremd. Unsere wichtigen Gefühle und Bedürfnisse sind gleich oder doch zumindest sehr ähnlich. Es gibt ein biologisches Geschlecht, das mehr ist als nur eine »Konstruktion«. Aber wir wissen nicht viel über dieses Geschlecht. Spätestens dann, wenn wir natürliche Verhaltensweisen nachweisen wollen, geraten wir ins Schlingern. Das instinktive Verhalten von Gladiatorfröschen, Grauen Würgern und Menschen ist qualitativ nicht das gleiche. Menschen sind von Amphibien und Vögeln völlig getrennt durch die höchst variantenreiche menschliche Kultur.

Doch wenn es stimmt, dass wir unser soziales Geschlecht selbst erfinden, wie sieht es denn mit der geschlechtlichen Liebe aus? Ist die Liebe ebenfalls nur ein gesellschaftliches Konstrukt, oder hat sie ein sicheres Fundament in der Biologie? Um diese Frage zu beantworten müssen wir der Welt von Margaret Mead und Judith Butler den Rücken kehren und zurückkommen auf etwas so Possierliches wie das Seepferdchen. Und wir wagen uns an eine biologische Frage heran, die so ungeheuerlich ist, dass sie fast lächerlich erscheint: Warum gibt es überhaupt Sex? Und warum gibt es Mann und Frau? Vielleicht lernen wir ja auch auf diese Weise etwas darüber, dass die Liebe zwischen den Geschlechtern keine Angelegenheit von egoistischen Genen ist. Die nicht hinterfragte puritanische Idee angelsächsischer evolutionärer Psychologen, dass Liebe als »Bindungsabsicht« aus dem Sex entspringt, wird jedenfalls stark in Zweifel gezogen. Denn weder für den Sex noch für eine längerfristige Brutpflege-Bindung zwischen den Geschlechtern bedurfte es der »Erfindung« der Liebe.

Sie hat einen ganz anderen Ursprung.

Die Liebe

6. KAPITEL

Darwins Skrupel
Was Liebe von Sex trennt

Wieso gibt es eigentlich Mann und Frau?

Seepferdchen sind merkwürdige Tiere. Trompetenschnute, Kulleraugen, Ringelschwanz: Die possierlichen kleinen Fische aus der Familie der Seenadeln sehen nicht nur aus wie eine Caprice der Natur – sie verhalten sich auch so. Gemeinhin leben sie ruhig und gut getarnt in den tropischen und gemäßigten Meeren der Welt. Aber ein paarmal im Jahr bieten sie dem zoologisch interessierten Betrachter ein bizarres Schauspiel. Dann treffen sich Männchen und Weibchen in den frühen Morgenstunden zu einem Stelldichein im Seegras. Als Zeichen ihrer Verbundenheit umringeln sich die Partner mit ihren Schwänzen und üben sich im Synchronschwimmen. Wie eine sanfte Spirale hüpft das Weibchen anschließend vor ihrem Auserwählten auf und ab. Danach spritzt sie ihre Eier in seine Bruthöhle am Bauch. Rasch schließt sich ein Gewebe um die Brut und versorgt sie mit Sauerstoff. Nach etwa zehn bis zwölf Tagen zieht sich das Männchen tief ins Seegras zurück und bringt hier den Nachwuchs zur Welt.

Seepferdchen sind irgendwie anders. Sehr anders. Die evolutionäre Pointe sind die vertauschten Geschlechterrollen. Die Weibchen produzieren zwar die Eier, doch trächtig wird das Männchen. Etwas voreilig könnte man meinen, dass bei Seepferdchen alles genau spiegelverkehrt ist. Das Weibchen »investiert« in die Brautwerbung, und das Männchen »investiert« in die Brutpflege. Tatsächlich gibt es im Umkreis der Seepferdchenverwandtschaft Seenadeln, bei denen dies auch genau so der Fall ist. Die spektakulärer gefärbten Weibchen rivalisieren darum, wer dem Männchen die Eier auf den Bauch heften darf. Bei Seepferdchen selbst aber liegt die Sache ganz anders: Die Weibchen konkurrieren gar nicht um die Männchen. Das ist umso erstaunlicher, als eine Regel der Evolutionsbiologie besagt: Je intensiver die Brutpflege, umso größer der Aufwand des werbenden Partners. Da die Seepferdchen-Männchen ausgesprochen aufopferungsvolle Brutpflege betreiben, die Seenadel-Männchen dagegen eher nicht, müsste es eigentlich genau umgekehrt sein. Seepferdchen-Weibchen müssten viel stärker um die begehrten Männchen kämpfen als die Weibchen der Seenadeln. Selbst Axel Meyer, Professor für Evolutionsbiologie an der Universität Konstanz und einer der weltweit größten Seepferdchen-Experten, ist ratlos: »Die Beziehung zwischen Elternaufwand und Rollenverhalten ist komplizierter als nach der Hypothese vorausgesagt.«[46]

Seepferdchen machen irgendwie alles verkehrt. Die meisten Arten sind augenscheinlich monogam, sie bleiben zusammen, bis dass der Tod sie scheidet. Stirbt der Partner, vergeht ihnen zunächst einmal auch die sexuelle Lust. Für Fische ist dieses Verhalten sehr seltsam. Und beim Westaustralischen Seepferdchen finden auch noch fast immer Paare von ähnlicher Körpergröße zusammen. Kein Partner, so scheint es, sucht einen größeren, »fitteren« Partner, sondern gleich groß und gleich groß gesellt sich gern.

Von Seepferdchen zu lernen bedeutet: Das Sexualverhalten eines Lebewesens hängt nicht unbedingt von seinem Geschlecht ab; entscheidender ist die *Rolle,* die der oder die Einzelne im Spiel von Sexualität, Fortpflanzung und Brutpflege einnimmt. Und hier, so scheint es, gibt es sehr viele verschiedene Möglichkeiten. Ein biologisches Grundgesetz, das vorschreibt, was

Männchen und was Weibchen immer und unter allen Bedingungen zu tun haben, existiert nicht. Denn Seepferdchen sind kein Einzelfall. Sie teilen ihre umgekehrten Geschlechterrollen zum Beispiel mit Panameischen Giftpfeilfröschen oder Mormonengrillen. So gesehen kann man sagen, dass jedes Geschlechtsverhalten tatsächlich Rolle ist und nicht einfach »Natur«. Einschränkend dagegen wirkt, dass zumindest bei allen der rund 5500 Säugetier- und speziell den über 200 Primatenarten die Weibchen befruchtet werden und den Nachwuchs austragen und niemals die Männchen.

Die geschlechtliche Rolle bei der Brutpflege für den Menschen ist festgeschrieben, zumindest bei jeder Art der natürlichen Fortpflanzung. Gleichsam kulturelle Fortpflanzungsmöglichkeiten, wie die künstliche Befruchtung oder das Einpflanzen eines Embryos in eine Leihmutter, ändern dieses Prinzip nicht grundsätzlich, schaffen aber durchaus neue Brutpflegevarianten.

So selbstverständlich uns die sexuelle Rollenverteilung der Geschlechter beim Menschen erscheint, so schwierig ist es allerdings, ihren tieferen biologischen Sinn zu erfassen. Warum gibt es überhaupt zwei Geschlechter? Ein Rätsel, auf das es bis heute keine gute Antwort gibt! Wenn er ganz ehrlich zu sich selbst ist, müsste ein Biologe eigentlich sagen: »Was weiß ich, warum es die Liebe gibt? Ich weiß ja noch nicht einmal, warum es Mann und Frau gibt!« Und solange er Letzteres nicht plausibel erklären kann, dürfte er gut beraten sein, die Liebe nicht so oft durch Sex zu ersetzen oder zu erklären.

Statt einer plausiblen Erklärung von Mann und Frau begegnen uns in der Biologie zwei hoffnungslos unterkomplexe Theorien. Sie tragen phantasievolle Namen: die »Theorie des Ufergestrüpps« und die »Theorie der Roten Königin«. Bevor wir sie vorstellen, müssen wir uns vergegenwärtigen, dass das Problem, das beide Theorien zu lösen versuchen, enorm ist. Sollte es stimmen, dass unsere Gene wie die Gene aller Lebewesen danach streben, sich so gut wie möglich in die Zukunft fortzusetzen, so wäre der beste Weg dazu ohne Zweifel die ungeteilte Vermehrung auf der Grundlage eines einzigen Geschlechts. Nur so nämlich bleibt hundert Prozent des Erbmaterials erhalten, und der Nachwuchs ist mit dem Elternteil identisch. Und tatsächlich: viele Lebewesen vermehren sich ungeschlechtlich. Sie teilen sich, sie knospen und sprossen wie viele Pflanzen. Auch Milben, Wasserflöhe, Bär- und Rädertierchen kennen keinen Sex. Rüsselkäfer und Gespensterschrecken, Kopfläuse, manche Skorpione und Krebse, Schnecken und Eidechsen wie der australische Gecko und selbst imposante Riesen wie der Komodowaran und der Schaufelnasen-Hammerhai kommen bei der Vermehrung mitunter ganz gut ohne Sex aus. Sie werden durch Jungfernzeugung (*Parthenogenese*) geschaffen wie Jesus Christus: Hormone spielen der unbefruchteten Eizelle eine Befruchtungssituation vor, worauf diese sich teilt und zu einem Organismus heranreift.

Ohne Zweifel: Die ungeschlechtliche Vermehrung ist ein Erfolgsmodell der Evolution. Die sexuelle Vermehrung dagegen hat auf dem alles entscheidenden Sektor einen Riesennachteil. Hier wird nur die Hälfte des Erbgutes weitergegeben, und zwar die Hälfte des Männchens und die Hälfte des Weibchens. Für die Gene ein Desaster! Gar nicht zu denken übrigens an die Mühen der Balz und die Aussicht, keinen geeigneten Partner zu finden und am Ende leer auszugehen! In der Wirtschaftssprache der Hamilton-Schule ausgedrückt heißt dies: Das Risiko steigt, und die Kosten explodieren.

Was ist der Sinn? Die erste Theorie, die eine Antwort darauf fand, war die »Theorie des Ufergestrüpps« (*Tangled-Bank*-Hypothese). Sie stammt von Robert Trivers und seinem Kollegen George Christopher Williams. Ihr Ausgangspunkt war eine Beobachtung Charles Darwins. Der große Biologe lebte in Down House südlich von London. Bei seinen Spaziergängen verweilte er gerne am Flussufer des Down an einer hügeligen Stelle namens *Orchis Bank*. In *Über die Entstehung der Arten* schrieb er darüber den folgenden Satz: »Es ist interessant, ein Ufergestrüpp zu betrachten, bewachsen mit vielen Pflanzen in zahlreichen Arten, mit Vögeln, die in den Büschen singen, mit verschiedenen Insekten, die überall herumfliegen, und mit Würmern, die durch die Erde krabbeln, und dabei darüber nachzusinnen, dass diese so sorgsam erzeugten Formen, so unterschiedlich sie auch sind und auf eine so verschiedene Weise voneinander abhängig, alle von Gesetzen erschaffen wurden, die rund um uns wirken.«[47]

Wenn ein Geheimnis der Evolution darin besteht, dass jedes Tier seine eigene Nische im Ufergestrüpp des Lebens besetzt, folgerten Trivers und Williams, so haben jene Lebewesen den größten langfristigen Erfolg, die die meisten Nischen besetzen. Je unterschiedlicher mein Nachwuchs ist, umso größer ist die Wahrscheinlichkeit, dass er sich an andere und veränderte Lebensumstände anpasst. In diesem Sinne – so die Idee – sei die sexuelle Fortpflanzung ein Vorteil: Sie reagiert besser auf veränderte Umweltbedingungen, und sie erobert neue Lebensräume.

Wäre diese Überlegung richtig, so wäre die sexuelle Fortpflanzung tatsächlich ein Vorteil. Leider aber ist sie nicht plausibel, denn sie beschönigt das Bild doch stark. Wenn die Nachkommen eines Lebewesens auffallend von ihren Eltern abweichen, so hat dies fast immer die gleiche Konsequenz: den Tod. Genetische Veränderungen sind gefährlich, denn die meisten Lebewesen sind so, wie sie sind, weil sie damit durchaus sehr erfolgreich sind. Die Wahrscheinlichkeit, dass eine Abweichung tatsächlich einen Vorteil bringt, ist sehr sehr gering. Warum also das Schicksal der Nachkommen lebensgefährlich verlosen, statt die sichere Karte zu spielen?

Versuchen wir es deshalb mit der zweiten Erklärung: Die »Theorie der Roten Königin« (*Red-Queen*-Hypothese). Auch sie stammt von einem alten Bekannten, nämlich von William Hamilton. Und auch dieses Muster der Erklärung dürfte uns bekannt vorkommen: Parasiten! Der poetische Name übrigens stammt nicht vom Meister selbst, sondern von dessen Kollegen

Leigh Van Valen von der University of Chicago. Und dieser wiederum entlehnte sie aus dem Roman »Alice hinter den Spiegeln« von Lewis Carroll.

In einer sehr philosophischen Passage erklärt die Rote Königin der fragenden Alice: »Hierzulande musst du so schnell rennen, wie du kannst, wenn du am gleichen Fleck bleiben willst.« Nach Hamilton und Van Valen gilt das Gleiche auch für Lebewesen. Eines ihrer größten Probleme, insbesondere für langlebige Organismen, sind Parasiten. Sie vermehren sich atemberaubend schnell und bringen unter Umständen Millionen von Generationen hervor. Je ähnlicher sich zwei Lebewesen sind, umso besser können die Parasiten überspringen und umso leichter finden sie sich auch im jeweils anderen zurecht. Ein ungeschlechtliches Lebewesen hat dem nichts entgegenzusetzen. Es selbst, seine Artgenossen und auch alle künftigen Generationen sind den Parasiten hilflos ausgeliefert. Im schlechtesten Fall stirbt die ganze Population im Handumdrehen aus. Nicht so aber bei Lebewesen, die sich sexuell vermehren. Hier weichen alle Nachkommen voneinander ab, und der Nährboden für die Parasiten ist schwieriger. Und während die Parasiten sich mühsam anpassen, ist das Wirtstier bereits dabei, sich erneut sexuell fortzupflanzen und die Lebensgrundlagen seiner Feinde zu erschweren. In ihrem inzwischen sattsam bekannten Kriegsjargon reden manche Biologen hier gerne von einem »Wettrüsten«.

Der Erhalt einer Spezies, so die Idee der Rote-Königin-Theorie, ist abhängig von ihrer Wandelbarkeit: Nur wer sich ändert, bleibt sich treu. Ob dies ein gutes Argument ist, dazu gibt es viele Meinungen. Zunächst einmal lässt sich feststellen, dass viele ungeschlechtliche Tiere oder Tiere mit ungeschlechtlichen Fortpflanzungsmöglichkeiten trotz Parasiten offensichtlich schon sehr lange gut überlebt haben und keinen Nachteil erkennen lassen. Dann kann man fragen, ob Tiere mit sehr langsamen Fortpflanzungszyklen, wie zum Beispiel Menschen, Wale oder Elefanten, tatsächlich mit ihren Parasiten Schritt halten können, zumindest was die Übertragung von einem Tier auf das andere anbelangt. Und zuletzt könnte man der Natur die Frage stellen, warum eigentlich so wenige Lebewesen die Mischlösung des »sowohl als auch« praktizieren. Die erwähnten Komodo-Warane paaren sich in der Natur sexuell. Ist kein Männchen zur Hand, wie zum Beispiel im Zoo, geht es zur Not auch durch Jungfernzeugung. Hat dieses eher seltene Modell denn nicht unter dem Strich den allergrößten Vorteil?

Die Antwort auf all diese Fragen wird wesentlich einfacher, wenn man bei beiden Fortpflanzungstheorien, »Ufergestrüpp« und »Rote Königin«, den gleichen Denkfehler sieht, der schon bei der Theorie von der natürlichen Auslese der »Fittesten« auffiel: Die Natur ist kein Star-Architekt, der stets nach der besten Lösung sucht! Phänomene wie die sexuelle Fortpflanzung müssen nicht deshalb entstanden sein, weil sie einen Vorteil boten, der größer war als ihr Nachteil. Die Entstehung von nicht brutpflegefähigen Männchen (oder Weibchen wie beim Seepferdchen) kann auch ein Zufall gewesen sein, der am Ende nicht so sehr geschadet hat, dass er zum Aussterben der Art führte. Aber einen höheren Nutzen braucht es deshalb nicht zu geben. Die stete Suche nach dem Nutzen in der Biologie ist, wie gesagt, ein Erbe der Theologie, die in der Natur die beste aller möglichen Welten erkennen wollte, um Gott nicht in Misskredit zu bringen, aufgepeppt mit einer Portion allzu missverständlich angewendeter Wirtschaftstheorie.

Das skurrilste aller Argumente für die Zweigeschlechtlichkeit ist übrigens, dass eingeschlechtliche Lebewesen stets primitiv geblieben sind und sich nicht weiter zu neuen und spektakuläreren Formen entwickelten. 3, 3 Milliarden Jahre evolutionärer Stillstand, wenn man so will. Schon richtig, aber was ist daran schlecht? Aus welcher Perspektive argumentieren wir, wenn wir dies anprangern? Warum ist Formenvielfalt ein Wert an sich? Wer hat die Millionen neuer Arten vermisst, bevor der gordische Knoten der Eingeschlechtlichkeit durchtrennt wurde?

Fest steht: Die ungeschlechtliche Fortpflanzung war ein Paradies für egoistische Gene. Wie sie daraus vertrieben werden konnten, wo sie ansonsten doch alles steuern, manipulieren und beeinflussen sollen, ist nicht wirklich geklärt. Für die Fortpflanzung ganz allgemein ist Sex nicht notwendig. Und wie der Sex in die Welt kam, ist ebenso unbekannt wie sein Zweck. Möglicherweise, so steht zu vermuten, gab es gar keinen höheren Sinn dabei. Auch in der Folgezeit bis heute gingen Sexualität und Fortpflanzung bei vielen Lebewesen sehr unterschiedliche Beziehungen miteinander ein. Schnecken pflanzen sich sexuell fort, sind aber Zwitter, Mann und Frau in einem Körper. Bei Schmetterlingsbuntbarschen können die Tiere ihr Geschlecht wechseln und mal männlich, mal weiblich sein. Manche Insekten dagegen haben biologisch zunächst überhaupt kein Geschlecht und richten sich bei der Auswahl später nach den Umweltbedingungen.

Biologisch betrachtet bedeutet dies: Mann und Frau gibt es nicht, weil man sie sexuell unbedingt braucht. Sie existieren nicht aus dem Grund der Fortpflanzung. Geschlechtsidentität, Sex und Fortpflanzung sind drei verschiedene Dinge, die unterschiedliche Beziehungen zueinander eingehen können. Prinzipiell können Männer Frauen begehren und Frauen Männer; sie müssen aber nicht. Prinzipiell kann Sex der Fortpflanzung dienen; er muss aber nicht. Prinzipiell kann aus dem Verhältnis der Geschlechter Verliebtheit und/oder Liebe entspringen; muss sie aber nicht. Männer können Männer lieben und Frauen auch Frauen. Verliebtheit und Liebe können etwas mit einer Paarbindung zu tun haben oder auch nicht.

Alle Versuche, Geschlecht, Sex, Fortpflanzung, Verliebtheit und Liebe in eine logische Reihe zu bringen, sind nicht natürlich. Der Philosoph Arthur Schopenhauer, der Urahn aller evolutionären Psychologie, irrte gewaltig, als er 1821 die Kette von hinten aufrollte: »Der Endzweck aller Liebeshändel ... ist wirklich wichtiger als alle anderen Zwecke im Menschenleben und daher des tiefen Ernstes, womit jeder ihn verfolgt, völlig wert.

Das nämlich, was dadurch entschieden wird, ist nichts Geringeres als die *Zusammensetzung der nächsten Generation.*«[48] Doch dass sich der Sex zwingend aus der Differenz der Geschlechter herleitet, dass Sex zwingend der Fortpflanzung dient und dass Liebe aus der »Bindung« der Geschlechter aneinander entsprungen sein soll – dies ist falsch.

Darwin schrieb LOVE

Charles Darwin, der vermeintliche Urheber der Idee, hatte es geahnt: Es war in der Tat sehr schwierig, die Idee vom »Überleben der Fittesten« auf den Menschen zu übertragen. Denn das Paarungsverhalten und die Partnerwahl bei Bakterien und Menschen waren irgendwie nicht ganz das Gleiche. Die »natürliche Zuchtwahl« folgte einer ganz eigenen Gesetzmäßigkeit bei Tieren, die zweigeschlechtlich waren und sich ihre Sexualpartner in Konkurrenzsituationen aussuchten. Eben darum ersetzte er 1871 in seinem Buch *Die Abstammung des Menschen* den Begriff der »natürlichen Zuchtwahl« durch die »geschlechtliche Zuchtwahl«.

Das lange erwartete Werk war ein merkwürdiges Buch. Viele von Darwins Anhängern gefielen sich – und gefallen sich mitunter noch heute – in der Rolle von Provokateuren. Der Meister selbst hingegen hatte ganz andere Absichten: Er wollte versöhnen, anstatt zu spalten. Das neue Buch war bedächtig und unaufgeregt, geradezu nett. »Wie ein guter Onkel stellte er kaum die Toleranz auf die Probe«, schreiben seine Biografen Adrian Desmond und James Moore: »Es erzählte eine Lehnstuhl-Abenteuergeschichte über die Engländer und ihre Entwicklung, wie sie sich mühsam aus dem Affenstadium emporarbeiteten, wie sie darum rangen, die Barbarei zu überwinden, wie sie sich vermehrten und über die ganze Erde ausbreiteten.«[49] Es war eine schöne und lange viktorianische Erzählung mit Happy End. Am Ende der Evolution erscheint ein moralischer Mensch mit phantastischen Tugenden auf der Bildfläche, und er wird, so prophezeite Darwin aus dem Lehnstuhl heraus, mutmaßlich noch besser werden eines nahen oder fernen Tages.

Kein Wunder also, dass in *Die Abstammung des Menschen* ein Begriff auftaucht, der in Darwins früherem Buch *Über die Entstehung der Arten* völlig gefehlt hatte – die Moral. Wo früher Amoralität geherrscht hatte, hielten nun Sitte, Anstand und sensible Verhaltensweisen Einzug. Vereinfacht gesagt kann man feststellen: Die natürliche Zuchtwahl unter Tieren kennt nur den Egoismus; die geschlechtliche Zuchtwahl der höher entwickelten Arten aber mündet beim Menschen in den Altruismus, also in Mitgefühl, Sympathie, Moralität und – Liebe. Hätte Darwin je etwas von Dawkins' »egoistischen Genen« gehört, so hätte er sie für die niederen Tiere gelten gelassen. Beim Menschen allerdings sah er ihren Furor wenn nicht außer Kraft gesetzt, so doch zumindest stark eingeschränkt durch die Fähigkeit zur Moral.

Darwins Vorstellungen von der menschlichen Moral waren keine ganz neuen Erkenntnisse. Schon der schottische Moralphilosoph Adam Smith hatte von moralischen Gefühlen beim Menschen gesprochen, und Darwin hatte einen großen Respekt vor Smith. Denn der berühmte Ökonom und wissenschaftliche Begründer des Kapitalismus war ein Menschenfreund nach Darwins Gusto. Bereits 1757 hatte er geschrieben: »So selbstsüchtig auch immer der Mensch eingeschätzt werden mag, so liegen doch offensichtlich bestimmte Grundveranlagungen in seiner Natur, die ihn am Schicksal anderer Anteil nehmen und ihm die Anteilnahme an deren Glück notwendig werden lassen, obwohl er keinen anderen Vorteil daraus zieht als das Vergnügen, Zeuge davon zu sein.«[50]

Es ist gut denkbar, dass Darwin jenen evolutionären Psychologen durchaus skeptisch gegenüberstünde, die sich heute inbrünstig auf ihn berufen. Zwar wollte auch Darwin die Psyche evolutionär enträtseln. Aber kein Anzeichen spricht dafür, dass er sie auf mathematische Formeln bringen wollte wie Hamilton oder das Erbgut mystifizieren wie Trivers und Dawkins. Sein Ansatz war nämlich keineswegs durch und durch materialistisch. Er erkannte in Psyche und Geist Phänomene mit möglicherweise eigenständigen Regeln und Gesetzen, die sich ihre Spielregeln nicht mehr von den unteren Ebenen der Biologie diktieren ließen. Denn beim Menschen griffen ganz offensichtlich Mechanismen, die sich natürlich nicht erklären ließen. Und diese Mechanismen, so erkannte Darwin, hatten einerseits etwas mit Sensibilität, mit Gefühlen zu tun und andererseits mit Kultur: »So bedeutungsvoll der Kampf um die Existenz gewesen ist und noch ist, so sind doch, soweit der höchste Theil der menschlichen Natur in Betracht kommt, andere Kräfte noch bedeutungsvoller; denn die moralischen Eigenschaften sind entweder direct oder indirect viel mehr durch die Wirkung der Gewohnheit, die Kraft der Überlegung, Unterricht und Religion usw. fortgeschritten als durch natürliche Zuchtwahl.«[51]

Zu den wichtigsten dieser »moralischen Eigenschaften« gehört die Liebe. Darwin schrieb tatsächlich von »Love« und nicht nur von »Sex«, auch wenn das Wort im Register des Buches fälschlicherweise nur einmal auftaucht. Nach Darwin war die Liebe eine moralische Eigenschaft, die sich bei höheren Tieren vorbereitet und beim Menschen zur Entfaltung kommt. Und während sich die einfachen Lebewesen ihre Sexualpartner ganz ohne Gefühl und nur instinktiv aussuchen, spielt die Liebe beim Menschen eine gewaltige Rolle in der Evolution: »Diese Instincte sind von einer äußerst complicirten Natur und bei den niederen Thieren veranlassen sie besondere Neigungen zu gewissen, bestimmten Handlungen: für uns sind aber die bedeutungsvolleren Elemente die *Liebe* und die davon verschiedene Erregung der Sympathie.«[52]

Nicht die schlichte biologische sexuelle Präferenz entscheidet demnach über die geschlechtliche Vermehrung des Menschen, sondern es ist ein Bündel von starken Gefühlen. Sie unterscheiden uns von den niederen Tieren: »durch den Einfluss der Liebe und Eifersucht, durch die Anerkennung des Schönen im Klang, in der Farbe oder der Form und durch Ausübung einer Wahl«.[53] Mit der Liebe kommt damit eine ganz neue Qualität in die Welt. Sie sei der wohl wichtigste Grund dafür, dass der Mensch sich nicht nach der Logik von Rinderzüchtern vermehrt.

Man hat also allen Grund dazu, Darwin gegen die Darwinisten zu verteidigen. Denn diese – und mit ihnen die evolutionären Psychologen – machten aus »Love« wieder »Sex«: Die besten Männchen erobern die besten Weibchen. Ein Grund für diese Umdeutung ist, dass wir über die Liebe im Pleistozän wie gesagt nichts wissen. Die mutmaßlichen Liebesgefühle von *Homo erectus* und *Homo habilis* sind uns verborgen. Wir wissen also auch nicht, ab wann die Liebe überhaupt ein maßgeblicher Faktor bei der Auswahl des Partners wurde. Was allerdings nicht heißen muss, dass da, wo wir nichts sehen können, auch nichts war und dass nichts außer dem rein sexuellen Geschmack bei der Entstehung des heutigen Menschen eine Rolle gespielt hat.

Die Folge unseres Nichtwissens liegt in der oft eindimensionalen Überschätzung der biologischen Eigenschaften gegenüber den kulturellen Eigenschaften in der Evolution. Die unbekannte Vielfalt der Gefühle und Ausdrucksweisen unserer Vorfahren versinkt dabei völlig im Nebel. Die evolutionäre Psychologie kennzeichnet sich durch einen solchen Reduktionismus; nicht weil sie so genau Bescheid weiß, sondern gerade aus einem Mangel an Wissen. Aus diesem Grund ist die evolutionäre Psychologie eigentlich auch keine Psychologie. Denn gerade die Psyche unserer Vorfahren und Urahnen kennen wir ja am allerwenigsten! Woher wollen wir ganz genau wissen, was wir mit ihnen teilen oder nicht teilen, wenn wir so wenig über sie wissen? Letztlich sind sie »Konstruktionen«, so etwas wie der moderne Mensch ohne das Moderne, also minus Vernunft, Sprache, Kultur und so weiter. Aber die Gefühle unserer Vorfahren könnten bereits weit entwickelt und auch viele Vorstellungen sehr fortgeschritten gewesen sein. Und sicher gab es auch individuelle Charaktere mit ganz persönlichen Vorlieben und Schwächen. Kein Primatenforscher, der sich intensiv mit Schimpansen, Bonobos, Gorillas und Orang-Utans beschäftigt, würde dies für seine Schützlinge abstreiten.

Die Idee, die Liebe aus der Sexualität abzuleiten, ist keine Idee von evolutionären Psychologen. Neben Arthur Schopenhauer war schon Friedrich Nietzsche dieser Ansicht. Sigmund Freud ging sogar so weit, *alle* Sozialbeziehungen des Menschen aus unseren unbewussten sexuellen Triebkräften zu erklären. Aus all dem zuvor Gesagten jedoch dürfte klar hervorgehen: Liebe ist mehr als eine biologische Funktion, die dort auftritt, wo die Brutpflege ein längerfristiges Miteinander der Geschlechter verlangt. Viele Lebewesen bleiben einander längerfristig verbunden, ohne dass wir, zum Beispiel bei Vögeln oder Seepferdchen, ohne weitere Bedenken von Liebe sprechen würden. Und umgekehrt gibt es zahlreiche Situationen im Leben der Menschen, in der wir von Liebe sprechen, ohne dass es eine längerfristige Bindung von Mann und Frau geben muss, geschweige denn eine gemeinsame Aufzucht von Kindern.

Alle Vorstellungen, die die Liebe gleichwohl aus der Sexualität und der Brutpflege ableiten, greifen demnach zu kurz. Die Liebe ist nicht grundsätzlich »der wichtigste Hinweis auf den Bindungswillen«, wie David Buss meint. Man kann durchaus jemanden lieben, ohne mit ihm zusammen sein zu wollen, zum Beispiel, weil man weiß, dass man trotz aller starken Gefühle nicht zueinander passt. Die gesamte Ideenwelt, die sich aus der angeblich engen Verwandtschaft von Bindung und Liebe speist, ist problematisch. »Ein weiterer Aspekt des Bindungswillens«, schreibt Buss weiter, »ist die Aufwendung von Ressourcen für den geliebten Partner, zum Beispiel in Form eines teuren Geschenks. Handlungen wie diese signalisieren die ernsthafte Absicht, sich langfristig an einen Partner zu binden.«[54] Nein – das tun sie nicht! Denn es ist beim Menschen nicht so wie etwa bei Laubfröschen oder Buntbarschen, dass bestimmte Signale im Paarungsverhalten immer genau das eine oder andere bedeuten. Reiche Männer machen ihren Sexgespielinnen gerne teure Geschenke ohne Bindungsabsicht. »Befinden sich Frauen in einer Situation, in der sie ihren durch Evolution entstandenen Präferenzen für einen Mann mit Ressourcen nachgehen können, tun sie dies auch.«[55] Soll man diesen Satz kommentieren? Ziehen Frauen *immer* einen wohlhabenden Partner einem ärmeren vor? In welcher Welt leben US-amerikanische Liebesforscher?

Darwin selbst war in dieser Frage, wie wir gesehen haben, bereits viel weiter. Für ihn ist die Liebe eine Brücke zwischen Sex und Moral, gemauert aus »ästhetischem Empfinden« und »Sympathie«. Statt stets nach dem »fittesten« Partner zu schielen, verlieben sich viele Menschen nicht unbedingt in das fitteste Weibchen oder Männchen. Man kann sogar sagen: Die Liebe steht der Suche nach dem genetisch vermeintlich »optimalen« Partner häufig genug im Weg! Unter dem Gesichtspunkt der genetischen »Optimierung« jedenfalls bringt die Liebe die Menschheit, rein sexuell-biologisch gesehen, nicht voran. Wie konnte sie dennoch möglich werden?

Ist Liebe Eigennutz?

Dieser Abschnitt beginnt mit zwei Geschichten.

Dies ist die erste: »Die Ökonomie der Natur ist von Anfang bis Ende wettbewerbsorientiert. Versteht man, warum und wie diese Ökonomie funktioniert, dann kennt man auch die Gründe, auf denen soziale Phänomene basieren. Sie sind der Weg, auf dem ein Organismus auf Kosten eines anderen einen Vorteil erringt. Nicht ein Quentchen echter Nächstenliebe versüßt uns unsere Vorstellung von Gesellschaft, wenn man Sentimentalitäten einmal beiseitelässt. Was wie Kooperation aussieht, stellt sich als eine Mischung aus Opportunismus und Ausbeutung heraus. Die Triebfeder für das selbst aufopfernde Verhalten eines Tieres liegt letztlich immer in dem Eigennutz, Vorteile zu erzielen, und sei es über Dritte. Und wenn ›zum Wohl‹ der einen Gesellschaft gehandelt wird, heißt das nichts anderes, als dass zu Lasten der übrigen gehandelt wird. Solange es ihm selbst nützt, ist von jedem Organismus zu erwarten, dass er seinen Genossen hilft. Nur wenn er keine Alternative hat, stellt er sich in den Dienst des Allgemeinwohls. Bietet sich ihm jedoch eine echte Chance, in seinem eigenen Interesse zu handeln, kann ihn nichts außer Selbstsucht davon abhalten, seinen Bruder, seinen Partner, seine Eltern oder sein Kind brutal zu behandeln, zu verstümmeln oder umzubringen. Kratz einen Altruisten, und du siehst einen Heuchler bluten.«[56]

Und dies ist die zweite: »Wenn die Mutter stirbt, können Kinder unter drei, die noch überwiegend abhängig sind von der Milch, natürlich nicht überleben. Aber auch Jugendliche, die unabhängig sind, was die Ernährung angeht, können so niedergeschlagen reagieren, dass sie die Lebenskraft verlieren und sterben. Flint zum Beispiel war achteinhalb, als die alte Flo starb, und hätte in der Lage sein müssen, für sich selbst zu sorgen. … Seine ganze Welt hatte sich um Flo gedreht, und ohne sie war das Leben leer und bedeutungslos. Ich werde nie vergessen, wie ich Flint drei Tage nach Flos Tod beobachtete, als er in einen hohen Baum am Fluss stieg. Er ging einen der Äste entlang, hielt an, stand regungslos da und starrte in ein leeres Nest. Nach zwei Minuten wandte er sich ab und stieg mit den Bewegungen eines alten Mannes wieder hinunter, ging ein paar Schritte, legte sich nieder und starrte mit weit geöffneten Augen vor sich hin. Das Nest hatten er und Flo kurz vor ihrem Tod geteilt. … Flint wurde zunehmend lethargisch, verweigerte die meiste Nahrung und wurde, als sein Immunsystem dadurch geschwächt war, krank. Als ich ihn das letzte Mal lebend sah, war er hohläugig, abgemagert und völlig deprimiert und kauerte im Gebüsch nahe der Stelle, wo Flo gestorben war. ... Seine letzte kurze Wanderung, bei der er alle paar Schritte anhalten und ausruhen musste, führte zu genau der Stelle, an der Flos Leiche gelegen hatte. Dort blieb er mehrere Stunden und starrte immer wieder ins Wasser. Dann schleppte er sich ein Stück weiter, rollte sich zusammen – und regte sich nie wieder.«[57]

Die erste Erzählung stammt von Michael T. Ghiselin, dem Erfinder des Wortes »evolutionäre Psychologie«, aus seinem Buch *The Economy of Nature and the Evolution of Sex* (»Die Ökonomie der Natur und die Evolution der Sexualität«). Die zweite Geschichte erzählt Jane Goodall in: *Ein Herz für Schimpansen. Meine 30 Jahre am Gombe-Strom.* In ihrem Buch widmet die berühmte englische Schimpansenforscherin ein ganzes Kapitel der »Liebe«, vor allem dem Leiden der Kinder beim Tod ihrer Mutter oder eines geliebten Geschwisters. Wo Ghiselin von ökonomischem Eigennutz spricht, sieht Goodall bei Schimpansen überall Anzeichen echten Mitfühlens. Sie berichtet von »rührenden Geschichten«, die »den Charakter der liebevollen, fürsorglichen Haltung« von Schimpansen beschreiben. Und dieses Mitfühlen sei nicht allein eine biologische Bindung aus Eigennutz. Der Schimpansen-Junge Flint war ohne seine Mutter biologisch betrachtet vollständig lebensfähig. Er war biologisch autonom – aber nicht emotional.

Welche Geschichte plausibler ist, darüber darf sich jeder seine eigene Meinung bilden. Ich für meinen Teil halte die Deutung von Jane Goodall nicht nur für sympathischer, sondern auch für besser beobachtet. Unsere gefühlvollen Bindungen zu anderen Lebewesen mögen nicht frei von Eigennutz sein. Aber dass sie eigentlich nur eigennützig sind, ist eine Unterstellung. Mit einer Wirtschaftswissenschaft vom Leben, wie bei Ghiselin, ist die »Liebe« nicht erklärbar – also kommt sie auch nicht vor.

Doch ist das, was Menschen tun, ohne Liebe verständlich? Um diese Frage zu beantworten, muss man sich nur einmal vorstellen, wie es unter Menschen zuginge, wenn Ghiselin tatsächlich recht hätte. Zunächst steht der, der *immer* aus Eigennutz handelt, vor der Frage, was seinen Interessen dient und was nicht. Das ist schwieriger, als man denkt. Denn um in vollem Umfang eigennützig handeln zu können, muss ich meine Interessen vollständig *kennen*. Wer von uns aber vermag dies zu sagen? Meine Interessen sind nämlich etwas, das ich *abschätzen* muss. Die meisten Menschen, die ich kenne, verwenden darauf allerdings ziemlich wenig Zeit. Wer frühstückt, zur Arbeit geht, einkauft, seine Kinder versorgt, mag vielleicht im weitesten Sinne eigennützig handeln. Aber über seine konkret eigennützigen Interessen denkt er dabei kaum nach. Kurz gesagt: In unserem Alltagsleben nimmt Eigeninteresse nur einen recht geringen Raum ein.

Ghiselins Denkfehler liegt darin zu vermuten, dass Menschen immer danach streben, etwas *haben* zu wollen und auch von anderen etwas zu kriegen. Tatsächlich aber haben wir ein mindestens ebenso starkes Interesse daran, bestimmte Dinge zu *tun* und jemand zu *sein*. Tagtäglich sorgen wir uns um den Blick, den andere auf uns werfen. Unser Selbstbild ist uns wichtig, und wir formen es unausgesetzt durch unser Verhältnis zu anderen. Wer wir sind, wissen wir dadurch, dass wir wissen, wer wir nicht sind. Das Bild, das wir von uns selbst haben, ist wichtiger als nahezu alles, das wir an konkreten Dingen haben wollen.

Unser Eigeninteresse geht unserem gesellschaftlichen Handeln nicht wie ein dunkler böser Trieb voraus, sondern es ist untrennbar mit dem Wohl anderer verbunden. Oder wie die Philosophin Christine Korsgaard von der Harvard University schreibt: »Die Moral besteht nicht nur aus einer Reihe an Hindernissen, die unserem Interesse entgegenstehen. ... Die Vorstellung, es könnte jemanden geben, der nie irgendjemand anderen als Zweck an sich selbst behandelt und nie erwartet hat, dass er im Gegenzug ebenfalls so behandelt wird, ist noch unhaltbarer als die Vorstellung von jemanden, der dies immer tut. Denn dann stellen wir uns jemanden vor, der immer *alle anderen* als Werkzeug oder als Hindernis behandelt oder immer erwartet, selbst wiederum ebenso behandelt zu werden. Wir stellen uns dann jemanden vor, der in einem Alltagsgespräch niemals spontan und bedenkenlos die Wahrheit sagt, sondern immer die Wirkung berechnet, die das gegenüber anderen Gesagte für die Beförderung der eigenen Vorhaben hat. Wir stellen uns dann jemanden vor, der es nicht hasst (obwohl es ihm missfällt), wenn er angelogen wird, mit Füßen getreten wird und missachtet wird, weil er tief im Grunde denkt, dass das alles ist, was ein menschliches Wesen von einem anderen vernünftigerweise zu erwarten hat. Wir stellen uns also ein Geschöpf vor, das in einem Zustand tiefer innerer Einsamkeit lebt.«[58]

Wer den Menschen realistisch betrachtet, wird ihn nicht als Geisel seines Eigennutzes sehen können. Und man sollte sich davor hüten, uns als schlecht getarnte Bestien zu beschreiben und den Psychopathen als Normalfall. Die Moral ist keine freundliche Tünche auf unserer bösen Natur. Denn was sollte uns dieser widernatürlich alberne Anstrich nützen? Der Schwarm von Piranhas, der freiwillig beschließt, vegetarisch zu leben, muss erst noch gefunden werden.

Mitgefühl, Zuneigung, Hingabe und Verantwortlichkeit sind ein Erbe der Natur, das wir nicht nur mit Menschenaffen teilen. In diesem Umfeld zeigt die Beobachtung von Jane Goodall, wie intensiv gerade das Band zwischen Müttern und Kindern bei höheren Wirbeltieren ist, intensiver, als der Eigennutz es erfordert. Denn selbst wenn es richtig ist, dass die Bindung der Mütter an ihre Kinder ursprünglich dem Eigennutz ihrer Gene diente – wenn Schimpansen-Mütter und ihre Kinder diese tiefe Bindung bis weit hinaus über das biologisch Notwendige verspüren, wo bleibt da dieser biologische Eigennutz? Macht man sich nicht lächerlich, wenn man hier wie Ghiselin von »Opportunismus« und »Ausbeutung« spricht? Weder hat Flint seine Mutter ausgebeutet noch Flo ihren Sohn. Denn ginge es nur um Opportunismus, so hätte Flo ihren Sohn Flint in jenem Moment verstoßen, als er alt genug war, um ohne sie zurechtzukommen. Ihre egoistischen Gene waren ja dann in Sicherheit.

Allem Anschein nach also hat die Bindung zwischen Müttern und Kindern mindestens bei einigen nahen Verwandten des Menschen eine Intensität erreicht, die man mit einem neuen Wort beschreiben kann: Liebe! Liegt hier der Ursprung dieses großen Gefühls? Und wenn das so sein sollte, bedeutet das nicht zugleich, dass die Liebe ursprünglich gar nicht für das Zusammenleben der Geschlechter »gedacht« war, sondern für etwas ganz anderes?

Die Geburt der Liebe

Es gibt eine unter Biologen sehr populäre Schöpfungsgeschichte der menschlichen Liebe. Etwa in der Version der US-amerikanischen Anthropologin Helen Fisher in ihrem 1992 erschienenen Buch *The Anatomy of Love* (»Anatomie der Liebe«).

Diese Geschichte geht so: Vor etwa vier Millionen Jahren verließen die Affen den Wald, jedenfalls einige von ihnen. Gewaltige geologische Kräfte hatten die Ostafrikanische Platte aufgerissen und eine riesige Schlucht, das Rift Valley, erzeugt. Während die Vorfahren unserer heutigen Schimpansen, Bonobos und Gorillas sich mit immer kleiner werdenden Wäldern begnügten, strebten die Vorfahren des Menschen hinaus in die Savanne. Hier im offenen Grasland war alles anders. Unsere Ahnen ließen das Krabbeln und Klettern sein und verließen sich nun mehr auf ihre Hinterläufe. Das brachte Vorteile, wenn man über das Gras spähen wollte. Für die Weibchen allerdings war es zugleich ein Nachteil. Im Wald transportierten sie ihre Kinder bequem auf dem Rücken. Doch wie sollte man nun auf zwei Beinen Stöcke, Steine und gleichzeitig noch ein Kind schleppen? Kurz gesagt: In der Savanne war die Frau überfordert. Und deshalb änderte sie ihre

Partnerwahl. Mochten die Weibchen unserer Ahnen auch eine leidenschaftliche Schwäche für Testosteron-Bomber haben, die weniger männlichen, dafür umso sanfteren und sozialen Männchen nutzten ihnen nun mehr. Die Frau wurde monogam. Es entstand das vielleicht merkwürdigste Phänomen des Universums: der Schaltkreis der Liebe im menschlichen Gehirn. Aus dem weiblichen Geist ging er auf dunkle Weise in den männlichen über. Mit Helen Fisher gesagt: »Als die Paarbindung für die Frauen eine entscheidende Bedeutung erhielt, wurde sie auch für die Männer nützlich. Ein Mann hätte beträchtliche Schwierigkeiten gehabt, einen Harem von Frauen zu beschützen und zu versorgen. So begünstigte die natürliche Selektion mit der Zeit diejenigen, die eine genetische Neigung zur Ausbildung einer Paarbildung hatten – und die menschliche Gehirnchemie für Verbundenheit entwickelte sich.«[59]

Diese hübsche Geschichte – man kann sie den biologischen Schöpfungsmythos der Liebe nennen – darf man, wenn man möchte, glauben. Eine Glaubensfrage ist sie schon deshalb, weil keine Zeitzeugen uns die Wahrheit darüber verraten können. Aus gleichem Grund darf man diese Erzählung von der schwer schleppenden Eva und dem hilfsbereiten Adam allerdings auch bezweifeln.

Was schwer zu begreifen ist an dieser so zielsicher formulierten romantischen Evolution ist der Vorteil Adams. Die Paarbindung, schreibt Helen Fisher, wurde den Männern *nützlich*. Statt eines Harems hatten sie nur noch eine Frau zu verteidigen. Wer aber sagt in Darwins Namen, dass unsere Ahnen vor vier Millionen Jahren einen Harem hatten wie die Gorillas und nicht vielmehr in offenen Gemeinschaften lebten wie die näher verwandten Bonobos? Und hätten sich die Männer nicht zusammentun können, um ihre Weibchen gemeinsam zu verteidigen, wie es fast alle Affen tun? Der Mann als »Beschützer« und »Ernährer« eines einzigen Weibchens erscheint als eine reichlich christliche Idee, aber nicht als eine biologische.

Noch dunkler bei diesem Mythos ist die Veränderung im Gehirn. Nach Helen Fisher begünstigte die Evolution »diejenigen, die eine *genetische Neigung* zur Ausbildung einer *Paarbildung*« hatten – und die menschliche Gehirnchemie für Verbundenheit entwickelte sich. Spätestens hier bewegen wir uns im Dunstkreis der Alchemie. Dass eine so fragile Psychologie und ein so komplexes Sozialverhalten wie die Liebe als genetische Neigung in unserem Erbgut vorkommen soll, darf man getrost verwerfen. Das Einzige, was tatsächlich vorhanden gewesen sein dürfte, waren Bindungshormone aus der Mutter- bzw. Eltern-Kind-Beziehung. Diese Gehirnchemie entwickelte sich allerdings nicht erst vor vier Millionen Jahren, sondern allem Anschein nach viel früher; es gibt sie bei allen Affen. Bindungshormone dürften wesentlich älter sein als die Geschlechterliebe.

Genau diese Überlegung brachte den österreichischen Verhaltensforscher Irenäus Eibl-Eibesfeldt schon in den 1970er Jahren auf eine Idee. Könnte es nicht sein, dass die Liebe ursprünglich gar nicht für Frau und Mann gedacht war? Für Eibl-Eibesfeldt entspringt die Liebe aus der Bindung zwischen Müttern und Kindern. Sie ist eine Folge der Brutpflege, nicht der Sexualität: »Der Sexualtrieb ist nur ein recht selten benütztes Mittel der Bindung, spielt aber bei uns Menschen in dieser Hinsicht eine große Rolle. Obgleich er einer der ältesten Antriebe ist, hat er interessanterweise nicht zur Entwicklung dauerhafter individualisierter Bindungen Anstoß gegeben, von einigen seltenen Ausnahmen abgesehen. Die Liebe wurzelt nicht in der Sexualität, bedient sich ihrer jedoch zur sekundären Stärkung des Bandes.«[60]

Als Eibl-Eibesfeldt dies schrieb, hatte er seinen Mentor Konrad Lorenz vor Augen, der die Liebe ausgerechnet als eine Nebenfolge des gemeinschaftlichen Aggressionsverhaltens deutete. Eibl-Eibesfeldt dagegen hat ein weniger zoologisches Menschenbild. Er ist ein einfühlsamer Humanist, was man Lorenz nicht nachsagen konnte. Gleichwohl setzte das Eibl-Eibesfeldt-Modell sich nicht durch. Das Fisher-Modell dagegen trat seinen

Siegeszug an. Beim ersten Hören klingt es so plausibel wie logisch. Allerdings nur beim ersten Hören. Denn die Natur folgt nicht den Gesetzen der menschlichen Logik, bei der alles Schritt für Schritt auseinander hervorgehen soll: Sexualität, Verliebtheit und Liebe. Eine Geschichte, die für uns stimmig alles mit allem sinnvoll verbindet, muss deshalb nicht wahr sein. Denn die Natur kennt wohl keinen raffinierten Masterplan von der Lust zur Liebe. Eher ist dieses eine raffinierte menschliche Konstruktion im Nachhinein, entsprungen aus dem Bedürfnis, unordentliche Dinge in der Natur und Kultur ordentlich zu machen.

Für Eibl-Eibesfeldts Annahme dagegen spricht, dass die Beziehung zwischen Müttern und Kindern die wohl stärkste Bindung im Tierreich ist, zumindest bei brutpflegenden Tieren. Der aufopferungsvolle Kampf der Löwenmütter für ihre Jungen ist sprichwörtlich, und Löwinnen bilden keine Ausnahme. Verortet man die Geburt der Liebe im Nest statt in den Wochen davor, so lässt sich gut erklären, warum die Bindungen zwischen Müttern und Kindern auch beim Menschen im Regelfall so viel verlässlicher und stabiler sind als die zwischen Mann und Frau.

Auf vergleichbare Weise beschreibt auch der Hamburger Psychotherapeut Michael Mary die Liebe zwischen Mutter und Kind als den Ursprungsort der Liebe: »Die Mutter (oder die am nächsten stehende Person) stellt für das Kind den Urgrund dar, in dem es sich aufgehoben und geborgen fühlt. Mit der Mutter entsteht sogar die umfassendste Erfahrung menschlicher Verbundenheit, die vorstellbar ist. Die Erfahrung *intimer* Verbundenheit durch gleichzeitige körperliche, emotionale und psychische Nähe. Durch diese frühe und prägende Erfahrung wird die intime Beziehung zu der Beziehungsform, in der ein größtmögliches Ausmaß an Verbundenheit erlebt wird. Es wundert daher nicht, dass Menschen im späteren Leben Verbundenheit in einer vergleichbar intimen Beziehung suchen, in einer Beziehung, die neben psychischen auch emotionale und körperliche Aspekte umfasst: in der intimen Beziehung zum Liebespartner.«[61]

Allem Anschein nach ist die mütterliche – bei manchen Tieren: elterliche – Fürsorge der Quell der Liebe. Wer eine intensive Brutpflege betreibt, muss die Bedürfnisse seiner Schützlinge ahnen und ihre Gefühle nachvollziehen können. Diese Fähigkeit wurde bei zahlreichen Tieren beobachtet. Und von der Sorge um die Brut zum Schützen verwundbarer oder verwundeter Artgenossen könnte es möglicherweise in einen gleitenden Übergang gekommen sein bis hinein zu den Beziehungen zwischen nicht miteinander verwandten Erwachsenen. Für den Kinderpsychologen Stanley Greenspan von der George Washington University und seinen Mitautor, den Philosophen Stuart Shanker von der York University, liegt in der Mutter-Kind-Beziehung sogar die Wiege für die Entwicklung von Sprache und Kultur. In ihrem faszinierenden Buch *The first Idea* (»Der erste Gedanke«) beschreiben sie den Ursprung der menschlichen Kultur aus der unmittelbaren Körper- und Zeichensprache zwischen Mutter und Kind.

Wie auch immer dieser Prozess vonstattenging: Einmal in der Welt, ließ sich die Sensibilität und emotionale Feinfühligkeit der Mutter-Kind-Beziehung offensichtlich auf andere Horden-Mitglieder ausweiten. Ob die Vergrößerung des Liebesradius von der Mutter-Kind-Beziehung hin zur geschlechtlichen Liebe allerdings *notwendig* war, darüber lässt sich nicht viel sagen. Gewiss erleichtert sie bei Menschen mitunter die Aufzucht der Kinder. Aber ohne die dauerhafte Liebe von Mann und Frau hätte es sicher auch andere Möglichkeiten gegeben. Zum Beispiel die Betreuung durch Tanten und Großtanten; ein Sozialverhalten, das man nicht nur von Affen kennt, sondern auch von Elefanten, Rentieren und bürgerlichen Familien im 19. Jahrhundert.

Das Einzige, was man sagen kann, ist also nur, dass die geschlechtliche Liebe unsere Vorfahren nicht in eine so starke geistige Umnachtung versetzt hat, dass sie deshalb ausstarben. Liebende Steinzeitmenschen hatten offensichtlich keine lebensbedrohlichen Nachteile.

Durchaus möglich also, dass die Liebe zwischen den Geschlechtern eine Ableitung, ein Umschweif ist aus der Mutter-Kind-Beziehung oder, je nach der Brutpflegekonstellation, aus der Eltern-Kind-Beziehung. Ein möglicher Beleg dafür wäre, dass es auch andere Ableitungen gibt, etwa die Liebe zu unseren Geschwistern, Verwandten und vor allem: zu unseren Freunden. Von der Seite unserer Gefühle ist es vollkommen unsinnig zu vermuten, dass unsere Verwandten uns unweigerlich und zwingend nahestehen. Hätte Hamilton mit seiner Gesamtfitness-Theorie recht, so müssten wir eigentlich ein unauflösbar festes Band haben, nicht nur zu unseren Geschwistern, sondern auch zu unseren Cousins und Cousinen. Gelegentlich ist dies in Familien der Fall, sehr oft jedoch spielen diese Verwandten in unserem Leben emotional gar keine besondere Rolle. Stattdessen suchen wir uns Freunde, die wir mitunter sogar mehr lieben als unsere Geschwister. Die Verwandtschaftsnähe ist also nicht der unbedingte Gradmesser unserer gefühlten Seelennähe, auch wenn unsere Gene das, nach Hamilton, eigentlich anders sehen müssten.

Die Regel »Alle Macht den Genen!« gilt also nicht immer und überall. Menschen sind dazu fähig, genetisch ferne Menschen zu lieben, sofern diese ihre Gefühle und Gedanken positiv stimulieren, ihnen Vertrauen einflößen und ihnen einen wie auch immer gearteten Halt im Leben geben. Meine Vermutung ist, dass das Bedürfnis nach Bindung und Nähe aus unserer kindlichen Beziehung zu unseren Eltern stammt. Gleichzeitig oder später sucht sich dieses Bedürfnis in vielen anderen Begegnungen eine Entsprechung. Hier – und nicht in einem genetisch-göttlichen Vermehrungsauftrag – liegt unser biologisches Erbe der Liebe.

Romantische Dreiecke

Die Kathedrale San Marco in Venedig ist ein berühmtes Bauwerk. Im 13. und 14. Jahrhundert im byzantinischen Stil errichtet, thronen fünf mächtige Kuppeln über der späteren Palastkapelle des Dogen von Venedig. Über fünfhundert antike Säulen aus Marmor, Porphyr, Jaspis, Serpentin und Alabaster zieren die Fassade und das Innere. Das eigentlich Spektakuläre aber sind die vielen Mosaiken auf Goldgrund. Sie trugen dem Markusdom den Namen »Goldene Basilika« ein. Jahr um Jahr besuchen Hunderttausende von Touristen die Attraktion.

Im Jahr 1978 allerdings fanden sich zwei ganz besondere Zaungäste zur Besichtigung ein: die US-amerikanischen Evolutionsbiologen Richard Lewontin und Stephen Jay Gould. Als sie die zahlreichen Säulenbogen des Kuppelbaus betrachteten, entflammte ihr Interesse. Aber sie interessierten sich nicht für die Bogen selbst, sondern für den Platz dazwischen. Wo auch immer zwei Bogen aufeinandertreffen, entsteht zwischen ihnen ein auf der Spitze stehendes Dreieck. Dieses Dreieck nennen Kunsthistoriker »Spandrille«, auf Englisch *Spandrel.* Architektonisch gesehen sind Spandrillen ein nicht beabsichtigtes, aber notwendiges Nebenprodukt der Bogenbauweise. In San Marco sind sie mit Mosaiken reich verziert, denn wo sie einmal unvermeidlicherweise da sind, hatte man sie ornamental reichlich genutzt.

Als Gould und Lewontin vor den Spandrillen standen, ging ihnen ein Licht auf: In der Architektur gibt es Dinge, die nicht beabsichtigt, aber trotzdem unvermeidbar sind. Könnte es nicht in der Biologie ganz genauso sein? War das nicht der Schlüssel, der erklärte, warum es in der Natur eine so unglaubliche Formenvielfalt gibt? Ein Gen transportiert eine nützliche Information, also den Rundbogen, und en passant liefert es eine oder mehrere Spandrillen dazu gleich mit? Die beiden Biologen prägten einen neuen Fachbegriff. Nach Gould und Lewontin heißen biologisch nicht überlebensnotwendige Eigenschaften, Fähigkeiten oder Merkmale *Spandrels*.

Lewontin und Gould benutzten diesen Begriff nicht nur für unnötige Organe oder funktionslosen Zierrat in der Natur; sie übertrugen ihn auch auf den Menschen. Ihr wichtigstes Beispiel ist die Religiosität. Es ist sehr schwer, einen evolutionären Vorteil darin zu sehen, dass jemand an Gott glaubt. Aber ab einem bestimmten Grad der Intelligenz und Sensibilität waren Menschen offensichtlich zu Leistungen in der Lage, die sie vermutlich gar nicht brauchten. Sie produzierten *Spandrels* in Hülle und Fülle, gleichsam als Dreingaben anderer Anpassungen. Auf diese Weise ist anzunehmen, dass das Wissen um die eigene Sterblichkeit und die Angst vor dem Tod als Folge der Fähigkeit zur Selbstreflexion entstand. Die Fähigkeit zur Selbstreflexion könnte bereits ebenfalls ein *Spandrel* gewesen sein, entstanden aus der überlebensnotwendigen Fähigkeit der sozialen Intelligenz im Hordenverband. Das bedeutet: Weil sie so vieles begriffen, begriffen unsere Vorfahren eines Tages auch, dass sie sterblich waren. Und dieses Unbehagen musste bekämpft werden – durch Religion. Mit anderen Worten: Der Glaube, der den Markusdom mit seinen vielen Spandrillen hervorbrachte, ist demnach selbst ein *Spandrel*.

Lewontin und Gould wendeten ihre Theorie (meines Wissens nach) nicht auf die Liebe an. Doch wenn es richtig ist, dass die Fähigkeit zu lieben aus der Mutter-Kind-Beziehung entspringt, dann wäre jeder andere Gebrauch möglicherweise ebenfalls ein *Spandrel*. Sensibilität und Intelligenz könnten Menschen dazu gebracht haben, ihren emotionalen Wirkungskreis über die engste Familie hinaus auszudehnen. Ansätze dazu gibt es nach Jane Goodall bereits bei Schimpansen und anderen Menschenaffen: die Tiere pflegen zueinander individuelle Beziehungen. Die Liebesfähigkeit weitete sich aus auf andere Hordenmitglieder, auf »Freunde« und eben auch auf das andere Geschlecht.

Trifft dies zu, so wäre die Liebe zwischen Mann und Frau nur ein »logisches Abfallprodukt« der Mutter-Kind-Beziehung in sensiblen und intelligenten Familien- und Hordenverbänden. Die Mutter-Kind-Beziehung ist der Torbogen, die Liebe zwischen Mann und Frau das Dreieck. In diesem Sinne wäre unsere Fähigkeit zur Liebe zwischen den Geschlechtern zwar das Ergebnis einer Anpassung, aber einer Anpassung, die nicht zwingend notwendig war. Im genetisch-evolutionären Sinne bleibt die geschlechtliche Liebe eine »harmlose Überflüssigkeit«. Denn ohne Liebe geht es zwischen Mann und Frau auch!

Dass die Liebe ein *Spandrel* ist, ebenso wie die Religion, würde auch erklären, warum beides so oft und so gern kurzgeschlossen wird. Die Liebe zu Gott, zu Jesus, zu Maria, zum Glauben, zur einen und einzigen Wahrheit – kaum eine Disziplin, die einen solchen Einsatz an Liebe einfordert wie die christliche Religion. Im Islam ist es nicht völlig anders. Psychologisch erfüllen die Religion wie die Liebe das gleiche Bedürfnis nach Glück, Bestätigung, Orientierung, Vertrauen, seelischer Erleichterung und Geborgenheit; Bedürfnisse, die den Menschen spätestens in dem Moment überkamen, als er gelernt hatte, erfolgreich über sich und seinen wackeligen Platz in der Welt nachzudenken.

Einmal existent, erwies sich die geschlechtliche Liebe als eine wichtige Projektionsfläche für das Bedürfnis nach innerer Stabilität und Sicherheit. Liebende, ganz gleich ob Freunde, Geschwister, eine geliebte Frau oder ein geliebter Mann, suchen aneinander Gemeinsamkeiten. Geteilte Empfindungen verleihen Halt. Gut möglich, dass diese gesuchte und projizierte Sicherheit in der Gemeinsamkeit sich irgendwann selbst zu einem Motor der Evolution entwickelt hat. Je stärker die Sensibilität zunahm und je mehr sie mit in ihr Gesichtsfeld und ihren Wirkungskreis aufnahm, umso eindrucksvoller und differenzierter wurde das Sozialverhalten. Kein Lebewesen verfügt über so viele Quellen der Empathie und Liebe wie der Mensch.

Bei alldem ist es unsinnig, darüber zu streiten, ob die geschlechtliche Liebe biologisch oder kulturell ist, denn wo genau läge der Übergang? Kultur ist die Fortsetzung der Biologie mit eigenen Mitteln, aber die Mittel selbst waren irgendwann einmal biologischen Ursprungs. Das Problem ist also nur eine Frage der Perspektive: Werden die Töne einer Trommel vom Trommler erzeugt oder von der Trommel?

Biologisch falsch ist es nur, in der Liebe einen Trick der Natur zu sehen, um über die Sexualität möglichst optimale Nachkommen zu erzeugen. Denn schöne Kinder kriegt man auch ohne Liebe und mit Liebe nicht unbedingt. Manche Liebende haben keinen besonders erfüllten Sex. Und manchen grandiosen Sex haben wir mit Menschen, die wir nicht lieben. Vielleicht suchen Menschen manchmal tatsächlich das Beste für ihre Gene. Aber wesentlich öfter suchen sie mit ihrem Partner ein gemeinsames Hobby oder Sport, einen gleichen Fernseh-, Kino- oder Musikgeschmack, gleiche Urlaubsziele und Lieblingsrestaurants – und alles das ist evolutionsbiologisch ohne jeden Wert. Die Liebe zwischen Mann und Frau ist mehr als die Summe ihrer Teile. Sie ist eine eigenständige Größe ohne biologisch eindeutige Funktion, ein ornamentaler *Spandrel* von atemberaubender Schönheit und Komplexität.

Evolutionsbiologisch betrachtet ist Liebe damit kein ordentliches, sondern ein »unordentliches« Gefühl. Und diese Unordnung ist, wie wir noch sehen werden, nicht nur evolutionsbiologisch. Auch dass wir im alltäglichen Sprachgebrauch die Verliebtheit und die längerfristige Liebe (manchmal sogar auch noch die sexuelle Lust) unter das eine und einzige Wort »Liebe« fassen, macht Liebe zu einer ebenso unübersichtlichen wie unordentlichen Angelegenheit. Denn es gibt ja jedes davon auch ohne das andere! Lust, Verliebtheit und Liebe bauen nicht aufeinander auf. Zwar können sie sich für uns im Verhältnis zu einem geliebten Menschen überschneiden – tun es aber nicht immer und meist auch nicht für lange!

Schon auf der Ebene der Hormone sind Lust, Verliebtheit und

Bindung drei völlig verschiedene Angelegenheiten. Körperchemisch sind sie sich so fremd wie sehr flüchtige Bekannte. Genau das aber wirft einige sehr grundsätzliche Fragen danach auf, wie all dies eigentlich miteinander zusammenhängt: Emotionen und Chemie, Gefühle und Vorstellungen. Mit anderen Worten: Wie wird aus der Chemie im Gehirn etwas so unfassbar Komplexes wie eine Liebesvorstellung?

7. KAPITEL

Eine komplizierte Idee
Warum Liebe keine Emotion ist

Ein Gefühl garantiert nichts, ein Gefühl kann auch nicht täuschen. Ein Gefühl hat keine Wirklichkeit außerhalb der Psyche, die es spürt. Es ist ein Ereignis, keine Sache. Es wurzelt in sich selbst. Deshalb kann es vergänglich erscheinen wie ein Nachtfalter oder unsterblich wie ein Gott.

Karl Jaspers

Lust, Verliebtheit, Liebe

Liebe ist nicht alles im Leben; aber ohne Liebe ist alles nichts. Kaum etwas ist uns wichtiger als die Liebe. Sie ist die Zentralheizung unseres Universums, das Gefühl, das unsere Taten motiviert und ihnen Sinn gibt; sie bestimmt unser soziales Handeln, sie spornt uns an und ermutigt uns, doch sie treibt uns auch in die Eifersucht, den Hass und in die Selbstzerstörung. Über zwei Milliarden Google-Einträge hat das Wort *love,* über hundert Millionen entfallen auf die Worte *Liebe* und *amour.* Hunderttausende Bücher und Filme handeln von nichts anderem als der Liebe zwischen Mann und Frau. Dem Wort »Liebe« sind keine Grenzen gesetzt. Man kann seine Arbeit lieben, sein Vaterland, den lieben Gott, seinen Nächsten und sein Auto, man kann Tiere lieben, Melodien und Schokoflocken. Dem Wortsinn nach liebt der Philosoph die Weisheit, der Philologe die Sprachen, der Philatelist seine Briefmarken und Philipp die Pferde. Auch ein deutscher Fernsehsender ist ganz von Liebe erfüllt: *We love to entertain you.* Die CDU umwarb ihre Wähler »Aus Liebe zu Deutschland«, und Michael Jackson schloss sich dem gerne an. Auf sein Verhältnis zu Deutschland angesprochen, hauchte das US-amerikanische Ufo bei »Wetten, dass ...«: *I love it!*

Mit dem Wort »Liebe« darf jeder machen, was er will. Schon lange vor der US-amerikanischen Liebesinvasion der Sprache war der Gebrauch des Wortes inflationär. In den Gesellschaften des Westens ist heute in einem solchen Ausmaß von »Liebe« die Rede wie nie zuvor in der Geschichte der Menschheit. Tierliebe, Nächstenliebe, Gottesliebe, die Liebe zu den Dingen und die Liebe zwischen Mann und Frau fallen unter denselben Begriff. Mit der geschlechtlichen Liebe aber haben Tierliebe, Gottesliebe, Nächstenliebe und die Liebe zu den Dingen einzig den Aspekt der intensiven Bindung gemeinsam. Ebenso bedenklich ist, dass auch die verschiedenen Zustände im intensiven Verhältnis zwischen Frauen und Männern durch die »Liebe« zu einem großen Ganzen zusammengenagelt werden: die Lust, die Verliebtheit, die »Liebe im eigentlichen Sinne« und die Partnerschaft. Wir haben die »Liebe« damit einmal als Oberbegriff und einmal als Teilmenge. Diese seltsame Verschmelzung ist, wie wir noch sehen werden, ein missverständliches Erbe der Romantik. In anderen westeuropäischen Sprachen ist das nicht anders. Auf Englisch gibt es noch nicht einmal eine Verliebtheit, sondern man plumpst gleich in die Liebe hinein: *to fall in love.*

Um die Liebe zu verstehen – intellektuell zu verstehen –, muss man die verschiedenen Gefühlszustände voneinander unterscheiden. Haben sie doch weit weniger gemeinsam, als es das Etikett »Liebe« verspricht. Einen besonders gewalttätigen Versuch der Aufspaltung unternimmt die Anthropologin Helen Fisher, von der im vorigen Kapitel bereits die Rede war. Ihre drei Komponenten der Liebe sind *Lust, Anziehung* und *Verbundenheit.* Ob diese drei Begriffe tatsächlich die Liebe erklären, sei erst einmal hintangestellt. Interessant ist Fishers Annahme, »dass man ›Liebe‹ als drei grundlegende, voneinander verschiedene, aber untereinander zusammenhängende emotionale Systeme im Gehirn betrachten kann. Jedes Gefühlssystem geht mit einer spezifischen Konstellation neuronaler Korrelate einher, die man für gewöhnlich Gehirnsysteme oder Gehirnschaltkreise nennt. Jedem ist ein besonderes Verhaltensrepertoire zugeordnet. Und jedes entwickelte sich, um bei Vögeln und Säugetieren einen spezifischen Aspekt der Reproduktion zu steuern.«[62]

Davon, dass die Liebe aller Wahrscheinlichkeit nach nicht aus der Sexualität entsprungen ist, war bereits ausführlich die Rede. Reproduktionsaspekte spielen hier wohl eher eine Nebenrolle. Naheliegend dagegen ist, dass »Lust« tatsächlich als emotionales System im Gehirn beschrieben werden könnte. Möglicherweise auch das, was Fisher »Anziehung« nennt und für das ich beim Menschen das Wort »Verliebtheit« bevorzuge. »Bindung«, in der Bedeutung von Fisher, meint bei der geschlechtlichen Liebe unter Menschen »Partnerschaft«. Aber wo bleibt bei alledem nun die »Liebe«? Ist sie tatsächlich die Summe dieser drei Teile? Oder ist sie – wie ich vermute – etwas anderes? Etwas, das bei Fisher völlig durch die Maschen fällt, weil es sich eben nicht als emotionales System mit einer entsprechenden Chemie im Gehirn erklären lässt? (So wie es auch in meiner neurobiologisch offensichtlich gut informierten Wahlheimat Luxemburg kein »Ich liebe dich!« gibt, sondern nur ein mattes »Ech hunn deck gär« oder »Ech si frou mat dir«, »Ich habe dich gerne« bzw. »ich bin froh mit dir.«)

Beginnen wir bei der Erklärung der *Lust*. Und stoßen damit bereits auf eine erste große Schwierigkeit. Mögen ungezählte Ratgeber aus der Feder von Wissenschaftsjournalisten uns auch klarmachen wollen, »warum wir aufeinander fliegen« oder »wie sich Leidenschaft erklärt« – in Wahrheit wissen wir darüber sehr wenig. Kein Hirnforscher und kein Biochemiker vermag klar und eindeutig zu sagen, wie die Lust auf Sex entsteht. So bekannt die Rezeptoren, Hormone und Botenstoffe im Gehirn auch sein mögen – ihr Zusammenspiel gibt bis heute viele Rätsel auf. Wäre die Sache so klar, wie manche populäre Bücher es behaupten, so hätte die Industrie längst ein universelles Mittel auf den Markt gebracht, das jeden Menschen in Sekundenschnelle in sexuelle Erregung versetzt. Doch so intensiv daran in den Laboren der Welt auch geforscht und getüftelt wird – wir kommen bislang nur zu kleinen Teilerfolgen. Die Formel unserer Lust ist noch nicht gefunden. Wir kennen die Zutaten, aber nicht das Rezept. Das ist, bei näherer Betrachtung, auch nicht überraschend. An der Entstehung unserer Lust sind mehrere Sinne beteiligt. Ein Mensch kann uns anziehen, weil er körperlich attraktiv ist, weil er sich elegant und geschmeidig bewegt, weil er eine schöne, wohlklingende Stimme hat, weil er für uns verführerisch duftet. Aber auch aus ganz anderen Gründen. Zum Beispiel, weil er Macht hat, berühmt ist oder von vielen anderen bewundert wird. In jedem Fall sind zum Teil völlig unterschiedliche Hirnareale aktiv, die die Reize aufnehmen und verarbeiten. Außerdem kommt es bei der Lust neben der Attraktion auch auf die Situation an. Mein Hormonspiegel und meine Aufmerksamkeit für das andere Geschlecht sind nicht immer gleich.

Was wir wissen, ist, dass der Hypothalamus eine wichtige Rolle spielt. Wie erwähnt, steuert bei Frauen der *Nucleus ventromedialis,* bei Männern der *Nucleus praeopticus medialis* die sexuelle Lust. Neuere Untersuchungen mithilfe bildgebender Verfahren legen nahe, dass beide Kerne auch etwas mit dem Verliebtheitsgefühl zu tun haben. Biochemisch besteht damit zwischen Trieb und Verliebtheit eine Verbindung – die freilich mit Vorsicht zu genießen ist. Denn in der Lebenswelt außerhalb der Röhre des Kernspintomografen tritt beides oft genug getrennt auf. Selbst wenn Verliebtheit oft mit sexueller Lust einhergeht, umgekehrt ist das gewiss nicht immer so. Ansonsten wäre, wer Pornografie konsumiert, pausenlos verliebt.

Das zweite, was wir wissen, ist: Begegnet uns ein Mensch, der uns sexuell anspricht, erhöht sich unser Ausstoß des Botenstoffes *Dopamin.* Die Folgen davon sind spürbar. Mit einer erhöhten Konzentration von Dopamin in der Blutbahn steigert sich die Aufmerksamkeit für unser »Ziel«. Die Herzfrequenz steigt, eine innere Unruhe überkommt uns, und wir haben das Gefühl, dass uns »heiß« wird. Aber wir sollten nun nicht, wie ein Ratgeber zum Thema, auf die seltsame Idee verfallen, dass Dopamin der »molekulare Initialfunke« ist, »der die Lust auf Sex in unserem Gehirn weckt«.[63] Die Lust auf Sex in unserem Gehirn wird durch unsere Psyche beim Anblick eines sexuell stimulierenden Menschen geweckt. Dopamin dagegen ist nur der getreue Diener, der unsere Empfindung in eine chemische Aufregung umwandelt und alle weiteren Dienstboten in Alarmbereitschaft versetzt. Die wichtigsten dieser Dienstboten sind Testosteron beim Mann und Östrogene bei der Frau. Sie lösen eine ganze Reihe von Vorgängen im Körper aus, sensibilisieren Berührungssensoren, stimulieren Nervenbahnen und sorgen über den Botenstoff Stickstoffmonoxid für eine erhöhte Blutzufuhr im Penis beziehungsweise in der Klitoris.

Eine besondere Aufmerksamkeit vieler Forscher liegt heute bei der Erforschung von Sexualdüften. Unser Geruchssinn ist eine rätselhafte Sache. Einerseits erscheint er im Vergleich zu unseren anderen Sinnen als unglaublich schlicht und unterentwickelt; andererseits aber hat er eine erstaunliche Macht über unsere Psyche. Ein Zauberwort in diesem Zusammenhang sind die sogenannten *Pheromone,* sexuelle Lockstoffe, deren enorme Bedeutung in der Welt der Insekten gut erforscht ist. Auch Menschen verströmen Pheromone, etwa das *Androstenon,* ein Umbauprodukt von Testosteron im männlichen Schweiß. Manche Studien scheinen zu belegen, dass Frauen für diesen Lockstoff empfänglich sind, allerdings nur in einer nicht allzu hohen Dosis.

Die spektakulärsten Entdeckungen der letzten Jahre machte der deutsche Zellphysiologe Hanns Hatt von der Ruhr-Universität in Bochum. Hatt erforschte die menschliche Nase nach allen Regeln der Kunst. Er charakterisierte die Riechrezeptoren und entschlüsselte zugleich ihre Gene. Dabei entdeckte er, dass Menschen nicht nur mit der Nase riechen können, sondern auch mit der Haut. Sein größter Coup gelang Hatt, als er das Lockstoffmolekül entdeckte, mit dem Eizellen Spermien zielsicher zu sich heranlotsen. Das *Bourgeonal* hat einen betörenden Duft: Es riecht nach Maiglöckchen! Und offensichtlich ist es ebenso reizvoll für Spermien wie für Verliebte.

Die biochemischen Zutaten für unsere Lust sind also höchst verschiedener Natur. Zuerst ist es unsere ganz individuelle Psyche, die durch bestimmte Sinnesreize stimuliert wird. Durch sie ausgelöst zündet der Hypothalamus den Sexualzauber. Er sendet die Boten Dopamin und in geringerem Maße Serotonin aus, um Testosteron und Östrogene freizusetzen. Obwohl zahlreiche Unwägbarkeiten und nur unzureichend erforschte chemische Nebenreaktionen mit im Spiel sind, kann man diesen Prozess mit Helen Fisher als ein »emotionales System im Gehirn« beschreiben. Dieser allgemeine Zusammenhang ist uns heute in Umrissen bekannt.

Eine ganze Stufe komplizierter wird es, wie nicht anders zu erwarten, bei der *Verliebtheit*. Der Satz »Alles ist Chemie!« mag insofern richtig sein, als jede Reaktion meines Körpers sich biochemisch umsetzt, auch die Verliebtheit. Aber selbst wenn alles Chemie ist, so ist Chemie doch nicht alles. In wen ich mich verliebe, ist aus der Sicht eines Biochemikers noch weniger vorherzusagen und zu begreifen als die Stimulanzien meiner Lust.

Wenn wir uns verlieben, so hält dieser Zustand normalerweise deutlich länger an als die Lust. Die Lust kommt und geht, die Verliebtheit dauert, in der Regel zumindest einige Wochen oder Monate. Wenn wir verliebt sind, erleben wir – anders als bei der Lust – die Welt nahezu komplett anders. Unsere Wahrnehmung verändert sich, unser Denken, unser Körpergefühl. Unser gesamtes Selbst- und Weltverhältnis ist ein anderes. Wir tun

Dinge, die wir sonst nicht tun würden, und fühlen uns, je nach dem Erfolg unserer Sehnsucht, entweder unglaublich gut oder hundsmiserabel.

Um einen solch faszinierenden Zustand zu erzeugen, müssen gewaltige Kräfte am Werk sein. Und richtig! Unsere Verliebtheit geht quer durchs Gehirn. Maßgeblich beteiligt sind der *cinguläre Cortex*, ein Areal, das mit Aufmerksamkeit zu tun hat, und das *mesolimbische System*, das so etwas wie ein Belohnungszentrum darstellt. Auch die unverzichtbaren Boten tun ihre Arbeit. Begegnen wir einem Menschen, der uns anzieht, so jagt unser Körper das Hormon *Phenylethylamin* (PEA) in die Blutbahn. Gleichwohl ist es auch hier nicht das PEA, das uns einen Menschen reizvoll erscheinen lässt, sondern unsere Psyche. Wen wir anziehend finden oder nicht, sagt uns unser Unterbewusstsein und möglicherweise auch ein wenig unser Bewusstsein. Hormone dagegen sind die Erfüllungsgehilfen, die unseren Körper in die dazu passende – und manchmal auch unpassende – Erregung versetzen. Ich komme darauf noch ausführlich zurück.

Unterstützt wird das PEA von den üblichen Verdächtigen: *Noradrenalin* für die Aufregung und *Dopamin* für die Euphorie. Ihr Spiegel steigt, und das einschläfernde *Serotonin* sinkt ab, womit eine gewisse Unzurechnungsfähigkeit garantiert ist. Dazu kommt noch eine gehörige Dosis an körpereigenen Rauschmitteln wie *Endorphin* und *Cortisol*. Die Folgen des Ganzen sind gesteigerte Energie, konzentrierte Aufmerksamkeit für das Subjekt unserer Sehnsucht und eine berauschende Hochstimmung.

Verliebtheit ist ein schöner Zustand, vielleicht der schönste der Welt – zumindest für den glücklich Verliebten. Gleichwohl ist nicht klar, warum es ihn gibt. Wie wir inzwischen gesehen haben, liegt Helen Fisher daneben, wenn sie meint, die Anziehung »entwickelte sich vor allem, um es Individuen zu ermöglichen, zwischen verschiedenen potentiellen Geschlechtspartnern zu *wählen*, dabei ihre Paarungsenergie zu erhalten und sie zu stimulieren, ihre Aufmerksamkeit bei der Werbung auf ein genetisch überlegenes Individuum zu konzentrieren«.[64] Weder paare ich mich grundsätzlich mit genetisch überlegenen Individuen, noch bedarf es zur Fortpflanzung der Verliebtheit. Beide Erklärungen sind so wenig einleuchtend wie ihre Mixtur.

Hätte Helen Fisher recht, so gäbe es das Sortiersystem der Verliebtheit wohl überall in der Welt sozialer Lebewesen und nicht nur beim Menschen. Davon aber kann vermutlich nicht die Rede sein. Außerdem bringt uns die Verliebtheit gerade dazu, uns *nicht* mit den genetisch fittesten Partnern zusammenzutun, sondern mit den für uns persönlich interessantesten. Und das ist durchaus nicht das Gleiche. Männer verlieben sich in unfruchtbare Frauen und Frauen in unfruchtbare Männer. Und warum begegnet uns das vermeintliche Sortiersystem des Verliebens eigentlich bis ins hohe Alter, wo es genetisch überhaupt nichts mehr zu sortieren gibt?

Verlieben dient nicht der *genetischen* Wahl. Vielmehr ist die Fähigkeit sich zu verlieben das aus meiner Sicht größte und schönste Rätsel der Evolution. Da dieser Zustand dem Körper eine ungeheure Anstrengung abverlangt und auch die Psyche nicht schont, lässt er sich naturgegeben nicht ewig aufrechterhalten. Drei Jahre Verliebtheit gilt als das Maximum der Gefühle, drei bis zwölf Monate als der Durchschnitt. Bei vier Jahren partnerschaftlicher Bindung liegt laut internationaler Statistik die durchschnittliche Scheidungszeit. Die Schmetterlinge im Bauch verwandeln sich wieder in Raupen. Sah der Verliebte zuvor nur das Lächeln der Geliebten, so treten die Zahnlücken, die vorher unsichtbar waren, nun deutlich zutage.

Lust und Verliebtheit lassen sich recht einfach beschreiben. Doch wie sieht es mit dem dritten Zustand aus, der *Liebe?* In der Evolutionstheorie und in der Biologie spielt sie nur eine untergeordnete Rolle. Gestandene Biologen zucken mit den Achseln oder ziehen die Augenbrauen zusammen, wenn sie etwas über die Liebe sagen sollen. Genau genommen ist der Begriff biologisch nicht einmal definiert, sondern nur seine Schwundstufe, die »Bindung«. Doch was sagen die Hirnforscher und die Biochemiker zur Liebe? Ist Liebe ein Schaltkreis im Gehirn, ein neurochemisch beschreibbarer Zustand? Kann man die Liebe hormonell erklären wie die Lust und die Verliebtheit?

Wenn man den vielen populären Ratgebern von Wissenschaftsjournalisten Glauben schenkt, dann ist auch das möglich. Und die Erklärung ist überraschend einfach. Ihr Zauberwort heißt – *Oxytocin.*

Die Lektion der Wühlmäuse

Präriewühlmäuse sind klein, braun und unscheinbar. Zu Hunderten Millionen bevölkern sie die Graslandschaften des Mittleren Westens der USA. In Höhlen versteckt, trauen sie sich nur nachts ins Freie. Mitunter fressen sie Körner von den Getreidefeldern, aber die Plage hält sich in Grenzen. Eigentlich sind Präriewühlmäuse nicht sehr berühmt.

Seit etwa zehn Jahren jedoch ist *Microtus ochrogaster* ein Star der Liebesforschung. Allem Anschein nach nämlich zeichnet sich die braune Maus durch eine seltene Eigenschaft aus: Sie ist treu! Präriewühlmäuse leben monogam, und sie bleiben ein Leben lang zusammen. Beide Eltern ziehen gemeinsam die Jungen auf. Auch sonst erscheint der kleine Nager als ein Musterbeispiel katholischer Sexualmoral. Die erste sexuelle Begegnung von Männchen und Weibchen führt sofort zur lebenslangen Einehe. In der ersten gemeinsamen Nacht geraten die Mäuse geradezu in einen biochemischen Wahnzustand und paaren sich mehr als zwanzig Mal. Sie bauen ein gemeinsames Nest, kuscheln sich beim Schlafen aneinander und können auch sonst nicht mehr vom anderen lassen. Von nun an scheidet sie nur noch der Tod.

Typisches Mäuseverhalten ist das nicht. Denn was der Präriewühlmaus selbstverständlich ist, ist ihrer nahen Verwandten, der

Bergwühlmaus (*Microtus pennsylvanicus*), völlig fremd. Äußerlich kaum unterscheidbar, ist die Bergwühlmaus ein Don Juan ohne feste Bindungen: Jede paart sich mit jedem, wie es ihr gerade gefällt.

Woher kommt dieser Unterschied? Was macht Mäuse treu beziehungsweise untreu? Diese Frage stellte sich eine US-amerikanische Forschergruppe um Thomas Insel, den Direktor des Yerkes Regional Primate Research Center der Emory University in Atlanta. Und die Antwort war erstaunlich einfach. Das Geheimnis liegt allein an zwei Hormonen: *Oxytocin* und *Vasopressin*. So ähnlich sich die beiden Mäuse äußerlich sind, so unterschiedlich funktioniert ihr Gehirn. Präriewühlmäuse verfügen über viele Rezeptoren für die beiden Hormone, Bergwühlmäuse dagegen nur über wenige. Die Folgen sind dramatisch. Wenn sich Präriewühlmäuse paaren, überkommt die Männchen ein Oxytocin-Rausch, und die Weibchen werden überflutet von dem ziemlich ähnlichen Vasopressin. Bergwühlmäuse dagegen werden von der Macht der beiden Hormone nur zart gestreift.

Um der Sache auf den Grund zu gehen, machten Insel und seine Kollegen ein Experiment: sie manipulierten die Gehirnchemie. Die Forscher isolierten das Gen der Präriewühlmaus, das den Rezeptor für Vasopressin herstellt, und schleusten es ins Vorderhirn des Männchens der Bergwühlmaus ein. Und tatsächlich: Unter der Zufuhr von Vasopressin wurden die scharfen Bergwühlmäuse zu treuen Kuschelmäusen. Umgekehrt jedoch zerstörten Insel und Kollegen reihenweise glückliche Präriewühlmaus-Partnerschaften. Sie spritzten den Weibchen Oxytocin- und den Männchen Vasopressin-Blocker. Mit der Treue war es sofort vorbei – sie wurden spitz wie Bergwühlmäuse und zeigten »wahlloses Kopulationsverhalten«.

Ein erstaunlicher Befund – aber was lernen wir daraus für die menschliche Liebe? Allerhand, sollte man meinen, wenn man die Bücher von Wissenschaftsjournalisten studiert. Von der Entdeckung des »Treuehormons« ist hier vielfach die Rede. Noch weiter geht der deutsche Autor Bas Kast, für ihn ist Oxytocin sogar ein »Liebeshormon«.[65] Der Stoff, aus dem die Wühlmausehe ist, soll auch für die Liebe des Menschen richtungsweisend sein.

Ist das richtig? Tatsächlich verfügen auch Menschen über die Hormone Oxytocin und Vasopressin. Sie wurden schon früh, zu Anfang des 20. Jahrhunderts, entdeckt, allerdings in erster Linie im Zusammenhang mit dem Flüssigkeitshaushalt des Menschen und seiner Verdauung. Blickt man in die Geschichte der Evolution, so sieht man rasch, dass vor allem Oxytocin sehr alt ist. Das kleine, aus nur neun Aminosäuren bestehende Molekül findet sich selbst bei Regenwürmern. Gebildet wird es im Hypothalamus und wandert von hier aus in den Hypophysehinterlappen. Seine Wirkung ist vergleichbar mit dem eines Opiats: Es wirkt sowohl anregend und berauschend wie auf gewisse Weise beruhigend.

Dass Oxytocin-Rezeptoren einen wichtigen Einfluss auf die Bindungslust und Bindungsfähigkeit von Menschen haben, gilt heute als sehr wahrscheinlich. So etwa zeigte der Psychologe Seth Pollack von der California States University in Monterey, dass der Oxytocin-Haushalt von Waisenkindern geringer ist als derjenige von Kindern mit enger Elternbeziehung. Oxytocin ist also eine Art Langzeitklebstoff. Bei Müttern löst es die Wehen aus, bestimmt die Milchzufuhr und intensiviert die Beziehung zum Kind. Bei menschlichen Paaren, so scheint es, könnte es den Bogen spannen von den ersten sexuellen Erlebnissen zur Langzeitbindung.

Es scheint so. Der Blick auf das Kleingedruckte allerdings macht den Kontrakt weit weniger klar, als es auf den ersten Blick scheint. Unstrittig ist, dass Oxytocin und Vasopressin ihre berauschende Wirkung auch beim Menschen entfalten. Männer erzeugen beim Sex Unmengen von Vasopressin und Oxytocin, bei Frauen ist es vor allem das Letztere. Je mehr von diesen Hormonen wir ausschütten, umso stärker ist der Rausch. Auch die heftigen orgiastischen Muskelzuckungen in Penis, Gebärmutter und Vagina sind eine Folge von Oxytocin. Doch Wühlmäuse werden wir dadurch noch nicht. Bezeichnenderweise betonen gerade die Forscher der Mäuse-Studie, dass ihre Befunde auf den Menschen so nicht übertragbar sind. Die Oxytocin- und Vasopressin-Rezeptoren in unserem Gehirn sind nämlich völlig anders angeordnet als bei einer Wühlmaus.

Eindeutig bei der Rolle des Oxytocins für das menschliche Verhalten ist nur die sexuelle Stimulation. Seit Jahrzehnten spritzen Züchter ihren Tieren das Hormon, um sie sexuell zu motivieren. Hühner und Tauben werden in Minutenschnelle paarungsbereit, wenn man sie mit Oxytocin versorgt. Und Menschen, die guten Sex miteinander haben, stoßen ihr Oxytocin mitunter beim bloßen Anblick des anderen aus. Bindungen, die durch Sex ausgelöst werden, haben deshalb wohl tatsächlich einiges mit Oxytocin zu tun. So wie die erhöhte Oxytocin-Zufuhr der stillenden Mutter ihre Bindung zum Säugling intensiviert, so erhöht das Hormon zumindest unsere körperliche Zuneigung zu einem begehrten Partner.

Aber muss man dafür verliebt sein oder gar lieben? Vielen Untersuchungen zufolge stößt unser Körper bereits dann Oxytocin aus, wenn jemand anders uns umarmt, streichelt oder massiert. Das Hormon erzeugt eben nicht nur Erregung, sondern auch Zufriedenheit und Geborgenheit. Physiologisch betrachtet liegt hier der wichtigste Unterschied zwischen Sex und Selbstbefriedigung. Während unser Oxytocin- und Vasopressin-Ausstoß bei der Arbeit an sich selbst gering bleibt, hält er bei gelungenem Sex noch lange nach dem Orgasmus an: wir fühlen uns gut! Ein Gefühl, das uns, wie alle schönen Dinge, allerdings auch süchtig machen kann, sexuell hörig und krankhaft eifersüchtig.

Oxytocin und Vasopressin machen uns also glücklich wie eine Präriewühlmaus. Aber einen großen Unterschied gibt es gleichwohl: Sie machen uns nicht treu! Oxytocin ist ein »Wohlfühlhormon« und vielleicht auch ein »Bindungshormon«. Aber es ist weder ein »Treuehormon« noch ein »Liebeshormon«. Hätten wir es mit einem Liebeshormon zu tun, so wären Präriewühlmäuse unausgesetzt Liebende. Selbst hartgesottene Biochemiker schrecken vor einer solchen kurzschlüssigen Interpretation zurück.

Zu allem Überfluss zerstörte der Populationsgenetiker Gerald Heckel vom Zoologischen Institut der Universität Bern im Sommer 2006 den schönen Schein vom genetischen Treueprogramm. Heckel untersuchte 25 Mäusearten, von denen alle ein wildes Leben führen, mit Ausnahme der Präriewühlmaus. Dabei kam er zu einem erstaunlichen Ergebnis. Die Oxytocin- und Vasopressin-Rezeptoren der Präriewühlmaus sind nicht die Ausnahme, sondern der Regelfall. Genetisch betrachtet sind demnach alle Mäuse auf Treue programmiert, mit Ausnahme von zweien, darunter die bekannte Bergwühlmaus. Trotzdem aber benehmen sie sich nicht so! Läge es allein an jenem Gen, das die Hormon-Rezeptoren festlegt, so müsste es 23 treue Mäuse geben und zwei wilde. Stattdessen aber gibt es – dem Gen zum Trotz – 24 wilde und nur eine treue. Und selbst die treue Präriewühlmaus bleibt ihrem Partner zwar ein Leben lang verbunden, aber auch sie leistet sich gelegentlich einen sexuellen Fehltritt.

Was die Maus menschlicher macht, macht den Menschen weniger chemisch, als viele Wissenschaftler und Journalisten wahrhaben wollen. Unsere Gene auf Treue- oder Untreuecodes abzusuchen, dürfte sich damit erübrigen. Denn hat Heckel recht, so gibt es nicht einmal bei Mäusen einen strengen Zusammenhang zwischen genetischen Festlegungen und sozialem Verhalten. Vielmehr ist er sich sicher, »dass Monogamie bei Säugetieren unabhängig von der geringfügigen Veränderung nur dieses einzigen Gens entstand: Die simple genetische Programmierung eines so komplexen und wichtigen Verhaltens wie des Paarungsverhaltens ist sehr unwahrscheinlich.«[66]

Der einfache Schluss von der Oxytocin-Ausschüttung beim Sex zum Oxytocin als Klebstoff unserer Langzeitbeziehungen greift also entschieden zu kurz. Selbstverständlich hat Liebe etwas mit Oxytocin zu tun, das sollte niemand bestreiten. Es ist in etwa so wie mit Curry in einem indischen Essen. Ohne Curry verlöre das Gericht seinen typischen Geschmack. Aber allein mit dem Verweis auf die Zutat »Curry« sind Rezept und Geschmack eines indischen Gerichts doch nicht ganz zureichend erklärt.

Woran liegt das? Der erste Grund ist, dass ein Gefühl der Verbundenheit noch keine Liebe macht. Jemanden sehr zu schätzen, heißt, ihm verbunden zu sein, aber nicht unbedingt, ihn zu lieben, schon gar nicht im pathetischen oder romantischen Sinn. Für Helen Fisher, die in ihrem System keine Liebe, sondern nur »Verbundenheit« kennt, reichen Oxytocin und Vasopressin völlig aus, um ein Paar zusammenzuschweißen. »Dieses emotionale System entwickelte sich, um Individuen zu motivieren, positive soziale Verhaltensweisen auszubilden und/oder ihre verwandtschaftlichen Beziehungen lange genug aufrechtzuerhalten, um artspezifische elterliche Pflichten zu erfüllen.«[67]

Wir brauchen nicht darüber nachzudenken, wer der geheimnisvolle Motivator sein könnte, der diesen Prozess steuern soll. Auch hier reicht es, wieder einmal darauf hinzuweisen, dass es für die »artspezifischen elterlichen Pflichten« beim Menschen weder der Liebe bedarf noch des Einbezugs des Mannes. Die Beweise dafür finden wir sowohl bei Menschenaffen wie in der Geschichte und der Gegenwart des Menschen. Die bürgerliche Familie ist nicht unsere evolutionäre Norm, sondern ein Modell unter vielen, und um ihre Zukunft steht es, wie wir später sehen werden, auch nicht sehr gut.

Bindung und Liebe sind nicht das Gleiche, und das macht den Verfechtern des Fisher-Modells – ich nenne sie die Oxytocinisten – schwer zu schaffen. Den Unterschied sieht man auf den ersten Blick bei den Erwartungen von Liebenden. Für manchen Liebenden ist »Bindung« maximal ein Restgefühl, eine Schwundstufe. Und es ist auch durchaus nicht sicher, dass sie die einzige und eigentliche Pointe der geschlechtlichen Liebe ist.

Der zweite Grund, warum unser Oxytocin-Ausstoß allein noch keine »Liebe« produziert, ist aber weit wichtiger. Wenn wir beim Sex, beim Streicheln, Umarmen oder beim Anblick eines heiß geliebten Menschen Oxytocin oder Vasopressin ausschütten, ist dies eine biochemische Erregung. So weit, so klar. Aber diese Erregung hat keine Worte, keinen Namen. Wir müssen sie deuten und interpretieren sie mit Worten. Wir sagen uns: »Ich habe mich verknallt!« oder noch treffender: »Ich glaube, ich bin verliebt«. Oder wir sagen: »Ich denke, dass ich sie durchaus liebe.« Oder: »Wenn er *so* lächelt, liebe ich ihn sehr.«

Wenn wir unsere Erregung interpretieren, setzen wir uns zu uns selbst in ein Verhältnis. Wir deuten uns aus und finden einen Namen: Schwärmen, Verknallen, Verlieben, Liebe. Dabei geschehen Dinge, die die Oxytocinisten mit ihrer Gleichung »Hormonausschüttung = Gefühl« kaum erklären können. Zum Beispiel, wenn ich sage: »Ich hatte gedacht, sie zu lieben, aber jetzt weiß ich, dass es nicht stimmte«, haben sich dann Oxytocin und Vasopressin geirrt? Sie haben es nicht, denn sie können weder denken, noch schreiben sie uns unsere Gedanken vor. Sie suchen nicht unsere Partner aus, und sie entscheiden auch nicht selbständig darüber, ob und wie lange ich mit jemand anderem zusammenbleibe. Kurz gesagt: Sie sind eben nur das Curry und nicht das Gericht.

Meine Oxytocin-Ausschüttung mag mich zu einem anderen Menschen hinziehen. Doch wenn mein Verstand sagt, dass diese Beziehung nicht halten kann, werde ich sie wohl beenden. Ich rede mir so lange ein oder zu, dass die Beziehung nichts geben kann, bis sich meine Hormone wieder beruhigen. Wir bleiben mit einem Menschen zusammen, obwohl unsere Orgasmen vielleicht nicht ganz so berauschend sind und unsere Hormon-Ausschüttung sich in Grenzen hält. Und wir entscheiden uns mitunter selbst dann gegen eine Beziehung, wenn sie unsere Hormone tanzen lässt. Von der Präriewühlmaus zum komplizierten Liebesverhalten des Menschen ist es ein langer Weg.

Oxytocin und Vasopressin sind zwei wichtige Bausteine unserer Liebeserregung. Aber natürlich sind sie weit davon entfernt, einen so komplexen Zustand abzubilden wie das, was wir Liebe nennen. Liebe ist kein Hormoncocktail, und es gibt auch kein »Liebeshormon«. Aber welchen Status hat die Liebe denn? Wenn sie schon kein Schaltkreis im Gehirn ist – was ist diese ominöse Liebe, die mehr als Lust ist, Verliebtheit und Bindung? Ist sie, die uns emotional so stark einzufordern scheint, selbst überhaupt eine Emotion?

Emotionen und Gefühle

Der aggressive fordernde Wolf begegnet der gefühlvollen Giraffe, dem Landtier mit dem größten Herzen. »Liebst du mich?«, fragt der Wolf. »Nein, ich glaube nicht«, entgegnet die Giraffe zögerlich. »Was – du liebst mich nicht?«, entsetzt sich der Wolf. »Im Augenblick nicht«, haucht die Giraffe und seufzt, »aber vielleicht ändert sich das ja noch. Frag mich doch noch einmal in fünf Minuten!«

Diese kleine Geschichte stammt von Marshall Rosenberg. Berühmt wurde der klinische Psychologe als einflussreicher Begründer des Konzeptes der »Gewaltfreien Kommunikation«. Hundertfach hat er sie am Beispiel seiner Tiergeschichten erläutert. In unserem Kontext allerdings geht es um etwas anderes. Nämlich um die Unterscheidung zwischen *Emotion* und *Gefühl*.

Wäre Liebe eine Emotion, wie viele Menschen spontan annehmen würden, so wäre die Antwort der Giraffe weniger drollig, sondern ganz normal. Emotionen kommen und gehen, und mitunter wechseln sie in kurzen Abständen. Wer das Fußballspiel seiner Lieblingsmannschaft verfolgt, wird von seinen Emotionen hin- und hergerissen. Zwischen Trübsal und Euphorie vergehen mitunter nur Sekunden. Auf der Achterbahn wechseln Schreck und Geschwindigkeitsrausch ebenso sekundenschnell hin und her. Und wer heißhungrig auf eine Pizza geschaut hat, ist zehn Minuten später vielleicht schon pappsatt.

Seinem lateinischen Ursprung nach kommt »Emotion« von *ex motio*. Es bedeutet, dass etwas aus einer Bewegung oder Erregung heraus passiert. Emotionen sind in unserer Entwicklungsgeschichte uralt. Wir teilen sie mit vielen Tieren. Löwen werden müde, Eidechsen ist es kalt, Karpfen haben Hunger, und Kröten gieren nach Sex. All dies sind Erregungen. Emotionen entstehen im Klein- und im Zwischenhirn. Ohne Emotionen wären wir orientierungslos. Wir würden erfrieren oder verhungern, wir hätten keine Lebensenergie und keine Interessen. Emotionen sind da, wir können sie nicht kontrollieren, allenfalls vermeiden wir, sie zu zeigen. Und auch das gelingt uns zumeist nur mit großer Mühe. Und was in unserem Zusammenhang das Wichtigste ist: Emotionen können nicht enttäuscht werden! Wer Hunger hat, leidet, wenn er nichts zu essen findet, und wer müde ist, ärgert sich, wenn er nirgendwo schlafen kann. Aber weder der Hunger noch die Müdigkeit werden dabei enttäuscht; sie werden nur nicht befriedigt. Bei der Liebe, so wissen wir, ist das etwas ganz anderes. Und der Grund dafür ist leicht benannt: Liebe ist keine Emotion, sondern etwas viel Komplizierteres: ein Gefühl!

Was ist ein Gefühl? Einer der besten Kenner der Materie ist der bedeutende portugiesische Hirnforscher Antonio Damasio von der University of Southern California in Los Angeles. Zur Definition von Gefühlen schreibt er: »Zusammenfassend lässt sich feststellen, dass das Gefühl sich zusammensetzt aus einem geistigen Bewertungsprozess, der einfach oder komplex sein kann, *und* dispositionellen Reaktionen auf diesen Prozess.«[68] Zu Deutsch: Gefühle entstehen, wenn Emotionen Vorstellungen auslösen. Das allerdings macht sie so komplex, dass sie sich der Welt der Hirnforschung weitgehend entziehen. Lassen sich Emotionen noch durch den Ausstoß von Hormonen und Neurotransmittern beschreiben, so kann man Gefühle allenfalls einkreisen. Hört ein Patient im Kernspintomografen eine schöne Melodie, so erhöht sich in bestimmten Gehirnregionen die Blutzufuhr. Diese lässt sich messen, und der Versuchsleiter sieht auf seinem Monitor ein entsprechendes Bild. Doch welche Gefühls*qualität* sich ganz genau mit der Melodie verbindet – das weiß nur der Patient selbst. Je komplexer Gefühle sind, umso weniger lassen sie sich mithilfe der Chemie erklären.

Gefühle sind also mehr als Emotionen, und sie sind nicht einfach ein »mentaler Zustand«. Eifersucht, Trauer oder Heimweh lassen sich im Kernspintomografen nicht sichtbar machen. Wenn Helen Fisher annimmt, dass sich die Liebe in Schaltkreise im Gehirn zerlegen lässt, ist sie im Irrtum. Was sich bei der Emotion »Lust« recht einfach erklären und beschreiben lässt, funktioniert beim Gefühl der Liebe nicht. Wäre Liebe ein »mentaler Zustand«, so wechselte sie unter Umständen tatsächlich im 5-Minuten-Takt hin und her wie bei der Giraffe in Rosenbergs Geschichte.

Emotionen verfliegen; Gefühle haben mehr Bodenhaftung. Sie sind durchgängiger und langlebiger. Und sie sind, wie gesagt, mit Vorstellungen verbunden. Ich muss mir kein Essen vorstellen, um Hunger zu haben, und kein Bett, um müde zu sein. Wenn ich trauere, denke ich an jemanden, um den ich trauere: Ich stelle ihn mir vor. Bei Eifersucht und Neid denke ich an den- oder diejenige, um die es geht oder den ich beneide. Auch die Liebe braucht ein Liebesobjekt. Wenn ich liebe, liebe ich *jemanden*. Ich projiziere etwas in ihn hinein. Meine Wünsche, Hoffnungen und Erwartungen haben ein Gegenüber und ein Ziel.

Genau dies unterscheidet Gefühle wie die Liebe auch von *Stimmungen*. Anders als bei der Giraffe in Rosenbergs Geschichte ist die Liebe nicht allzu stimmungsabhängig. Stimmungen sind flüchtige Gebilde, halb Emotion und halb Gefühl. Mit den Emotionen teilen sie das Fehlen eines Gegenübers oder einer konkreten Vorstellung. Was sie hingegen mit den Gefühlen verbindet, ist die mitunter recht lange Dauer. Ich kann tagelang beschwingt sein. Und manchmal überkommt mich für längere Zeit eine resignative Stimmung. In dieser Zeit erscheint mir das ganze Leben grau eingefärbt. Manchmal kenne ich die Auslöser meiner Stimmungen, aber durchaus nicht immer. Dann wundere ich mich über meine überraschend schlechte oder gute Laune.

Lassen wir die Stimmung als ein Zwitterwesen einmal außen vor, so können wir sagen: Bei der Emotion liegt der Schwerpunkt des Fühlens auf dem Körper (Kälte, Hunger, Müdigkeit, sexuelle Gier usw.). Beim Gefühl hingegen geht es in erster Linie um einen geistigen Inhalt. Natürlich gehen Gefühle auch mit starken körperlichen Erregungszuständen einher, aber die Vorstellungen, die dadurch ausgelöst werden, sind häufig sehr kompliziert. Emotionen lassen sich ziemlich einfach bewerten. Ich friere oder schwitze. Das Essen schmeckt mir oder nicht. Und die Frau, die ich beobachte, erregt mich oder nicht. Heimweh dagegen lässt sich nicht so einfach bewerten, Gelassenheit ebenso wenig. Es gibt kein einfaches, mitunter schnell wechselndes »Ja« oder »Nein« *innerhalb* des Gefühls.

In ihren Emotionen sind sich alle Menschen sehr ähnlich. In den Gefühlen unterscheiden sie sich schon stärker. Und in ihren Gedanken schließlich sind sie deutlich verschieden. Auf dem langen Weg vom Affekt bis zum klugen Gedanken liegt, so scheint es, eine enorme Freiheit. Die Gefühle emanzipieren sich vom schlichten Reiz der Emotion. Und die Gedanken wandern von den Gefühlen aus selbständig durch die Welt. So weit, so richtig. Doch erstaunlicherweise zeigen sich die meisten Menschen in ihren Gefühlen und ihren Gedanken sehr beständig. Wir verwenden wesentlich mehr Zeit darauf, immer das Gleiche zu fühlen und zu denken als etwas Neues. »Gefühle sind die wahren Einwohner der menschlichen Lebensläufe«, meinte der Regisseur Alexander Kluge einmal sehr richtig. Aber sie sind offensichtlich ziemlich konservative Gesellen. Denn das menschliche Lebewesen ändert sich zumeist nur sehr wenig.

Ein Grund dafür dürfte sein, dass wir nur selten über unsere Gefühle nachdenken. Warum wir sie haben, und warum wir bestimmte Dinge so empfinden, wie wir sie empfinden. In dieser Hinsicht behandelt der bürgerliche Mensch die Gefühle wie sein Geld: Über Gefühle redet man nicht; man hat sie. Der Trend in Fernsehtalkshows, nur noch die immer gleiche Frage zu stellen: »Wie haben Sie sich gefühlt, als ...« bestätigt diesen Befund. Würden wir selbstverständlich über unsere Gefühle reden, wären wir auf die Antworten nicht mehr neugierig. Stattdessen aber sind Gefühle der offensichtlich letzte unerschlossene Bereich, der uns bei Menschen interessiert. Mit ihren Gedanken haben wir weitgehend abgeschlossen; es gibt nicht viel Neues.

Gefühle sind der Klebstoff, der uns zusammenhält. Sie entscheiden darüber, was uns angeht und was uns nahegeht. Ohne Gefühle wäre alles egal. Auch der aufregendste Gedanke wäre nichts ohne die Aufregung, die ihn begleitet. Hätten wir keine Gefühle, so wäre das Leben nicht lebenswert. Eine Existenz wie der gefühlsarme Mr. Spock aus »Raumschiff Enterprise« erscheint niemandem im Ernst als erstrebenswert: Wir wären uns selbst belanglos.

Zu den spannendsten Gefühlen gehören unsere *Wünsche*. An diesem Punkt kommen wir wieder zur Liebe zurück. Kein Mensch lebt ohne Wünsche und vermutlich auch nicht ohne einen ganz bestimmten Wunsch: zu lieben und geliebt zu werden. Dieser Wunsch hat ohne Zweifel einen emotionalen Antrieb. Unser Bedürfnis nach Nähe, Geborgenheit, Zuwendung, Erregung ist sehr emotional. Die Liebe selbst dagegen ist wie gesagt keine Emotion, sondern mindestens ein Gefühl, verbunden mit einem ganzen Katalog an Vorstellungen. Doch wie kommt es vom schlichten emotionalen Bedürfnis zur komplexen Liebesvorstellung? Gibt es ein festes Band, das beides miteinander verknüpft? Im Tierreich nennen wir die Brücke vom Begehren zum Verhalten *Instinkt*. Trifft dies auch für die menschliche Liebe zu? Ist sie ein Instinkt?

Ist Liebe ein Instinkt?

Der Vater der modernen Lehre vom Instinkt war der US-Amerikaner William James (1842–1910) aus Chocorua in New Hampshire. Als Professor in Harvard interessierte er sich nicht nur für Philosophie, sondern auch für Psychologie. Das Fach steckte Ende des 19. Jahrhunderts noch in den Kinderschuhen. In Deutschland hatte der Biologe Wilhelm Wundt gerade das erste Institut für experimentelle Psychologie gegründet und die obskure Halbwissenschaft von der menschlichen Erfahrung auf eine naturwissenschaftliche Basis gestellt. Was vorher »Erfahrungsseelenkunde« war, wurde nun eine Forschungsdisziplin.

Im Jahr 1890 veröffentlichte James *The Principles of Psychology* (*Prinzipien der Psychologie*), ein Werk von über tausend Seiten. Die erste Pointe des Buches war, dass alles Psychische, das der Mensch erlebt, nichts anderes sein sollte als eine *Folge* körperlicher Erregungen. So wie die Oxytocinisten die Liebe heute aus einer biochemischen Erregung erklären, so führte bereits James alle unsere Gefühle auf unseren Körper zurück. Sowohl Emotionen wie Gefühle waren für ihn nichts anderes als das Empfinden körperlicher Veränderungen. Anders ausgedrückt heißt das: Wir weinen nicht, weil wir traurig sind, sondern wir sind traurig, weil wir weinen. Wir werden auch nicht in körperliche Erregung versetzt, weil wir von einem anderen Menschen fasziniert sind, sondern wir sind fasziniert, weil unser Körper uns in Erregung versetzt.

Wenn Hormonforscher und Wissenschaftsjournalisten die Liebe heute auf biochemische »Formeln« bringen, dann stehen sie damit durchaus in James' Tradition. Doch der brillante Psychologe war vor mehr als hundert Jahren schon ein ganzes Stück weiter als viele heutige Biochemiker und evolutionäre Psychologen. Zu der ersten Pointe bei James kommt nämlich noch eine zweite. Denn mag es auch sein, dass uns der Körper die Spielregeln unserer Empfindungen vorgibt, so sind die Befehle doch durchaus *nicht* immer *eindeutig*. Im wirklichen Leben, so James, bewegen uns viele – zum Teil widersprüchliche – Instinkte. Wir können sexuell erregt sein, aber gleichzeitig auch schüchtern. Manchmal sind wir neugierig und ängstlich zugleich. Wir nehmen Anteil, wenn jemand ausrutscht, und können doch gleichzeitig ein Lachen nicht unterdrücken. Unsere Empfindungen können so unterschiedlich sein wie unsere Instinkte. Und was als verschiedene Emotionen seinen Ursprung in unseren Nerven hat, geistert als »gemischtes Gefühl« in unserem Kopf.

Eine Psychologie, die Sinnesreize und Empfindungen untersucht, kann demnach den Menschen nicht vollständig erklären. Von der wissenschaftlich feststellbaren Erregung bis zum komplexen Verhalten ist es ein weiter Weg – ein zu weiter Weg für die empirische Psychologie, wie James meinte. Für ihn ist der Mensch das vermutlich einzige Tier, das sich mit sich selbst unterhält. Tagtäglich, Stunde um Stunde, Minute um Minute kommentiert das *Me,* unser Selbst, das *I,* unseren Bewusstseinsstrom, und setzt damit die klaren Vorgaben der Instinkte außer Kraft. Wo Emotionen und Vorstellungen sich in wilden Feuerwerken mischen, wo Reiz- und Reaktionsschemen sich durch Erfahrung verändern und Instinkte sich in ganz persönlichen Mustern überlagern, ist, so James, die Psychologie als Naturwissenschaft an ihrer Grenze. Denn wofür es keine klaren Gesetze gibt, dafür sollte man auch keine aufstellen.

Instinkte sind Antriebe, die man nicht kontrollieren kann. Sie führen uns zielsicher durchs Leben – aber nur biologisch zielsicher. Sozial und kulturell sind sie unterstützungs- und korrekturbedürftig. Meine Aggressionen muss ich lernen zu zügeln, ich muss lernen, meine Gier zu unterdrücken und meine Ängste einzudämmen. Zwischen meinen Instinkten und meinem Verhalten klaffen mitunter Welten. Das Schöne und Beruhigende an der Liebe ist, dass sie weit mehr ist als ein Instinkt. Sie ist ein

Bedürfnis *und* eine Versammlung von Vorstellungen. Sie ist als Verlangen angeboren *und* als Fähigkeit durch Erfahrungen genährt und geprägt.

Einen »Liebestrieb für romantische Liebe« gibt es deshalb auch nur in der Phantasie ehrgeiziger Wissenschaftler und Wissenschaftlerinnen wie Helen Fisher. Ihr hartnäckiger Versuch, den von ihr so genannten »Liebestrieb« mittels des Computers zu beweisen, führt nicht zur Wahrheit, sondern nach Absurdistan. Fisher untersuchte vierzig Menschen mithilfe eines »Lieb-o-Meters« im Kernspintomografen. Sie zeigte den Versuchsteilnehmen Fotos ihrer Geliebten und maß gleichzeitig die Hirnströme. Nach Fisher lieferte die Liebesröhre ganz »wundervolle Bilder des ›verliebten Gehirns‹«. Der nüchterne Betrachter dagegen erkennt nichts weiter als eine erhöhte Blutzufuhr im mesolimbischen System, unserem zentralen Gefühlsareal im Zwischenhirn. Der Duft unseres Lieblingsgerichts und eine Musik, die uns elektrisiert, zeitigen die gleichen Reaktionen.

»Liebe« mit einem Computerbild zu beweisen ist in etwa so, wie Licht zu erklären, indem man auf den Lichtschalter verweist. Der tatsächliche Vorgang des Liebens, aus dem »die Liebe« besteht, ereignet sich dagegen auf mehreren Ebenen: Ein anderer Mensch übt einen starken sinnlichen (und zwar nicht ausschließlich sexuellen) Reiz auf mich aus. Fast automatisch werde ich von diesem Reiz »ergriffen« – eine *Emotion.* Im zweiten Schritt merke ich, dass etwas mit mir passiert – ein *Gefühl.* Ich reagiere nicht nur auf die von dem anderen Menschen ausgehenden Signale, sondern ich versuche sie zu begreifen, einschließlich der Gründe, die mich zu meiner Reaktion veranlassen. Verliebtsein muss als Verliebtsein begriffen werden und Liebe als Liebe. In einem dritten Schritt versetze ich mich bewusst so weit in den anderen hinein, dass ich auf seine Wünsche und Bedürfnisse eingehen kann – ein *reflektiertes* Verhalten.

Dieser Prozess geschieht nicht nur einmal, etwa beim ersten Verlieben. Er begegnet uns Tag für Tag in unseren Liebesbeziehungen – jedenfalls dann, wenn tatsächlich von Liebe die Rede sein soll. Wir werden von der Gegenwart des anderen erfasst, wenn auch nicht immer so wie vielleicht beim ersten Mal. Wir richten unser Verhalten nach dem anderen aus, wenn auch nicht in uneingeschränktem Maß. Und wir gehen auf den anderen ein, jedenfalls so weit wir glauben, dass es für uns gut ist. Alle drei zusammen – Emotion, Gefühl und Verhalten – machen das aus, was wir Liebe nennen. Solange eines der drei fehlt, erscheint uns die Liebe unerfüllt, unvollständig oder beschädigt.

Um die Liebe zu verstehen, müssen wir von der Biochemie über die Instinktlehre weiter in die menschliche Psyche und Kultur vordringen. Denn was auch immer unsere Vorfahren beseelte, wenn sie vor zwei oder vier Millionen Jahren auf ein faszinierendes Gegenüber trafen – es wird nicht ganz exakt das gleiche sein, was wir in der heutigen Zeit in unserem Kulturkreis unter »Liebe« verstehen. Unsere Emotionen mögen dabei stammesgeschichtlich sehr alt sein, unsere Vorstellungen sind es eher nicht. Um die Liebe tatsächlich zu begreifen, dürfen wir sie nicht allein als einen körperlichen Erregungszustand verstehen, sondern noch als etwas ganz anderes: als eine *Anspruchshaltung* an den anderen und an uns selbst. Denn da wir – im Unterschied vielleicht zu Schimpansen – *wissen,* dass wir lieben, benehmen wir uns auch wissentlich wie Liebende.

Wir erheben und überhöhen den anderen und uns und begeben uns gemeinsam in einen Abenteuerfilm, bei dem uns völlig klar ist, dass wir darin mitwirken. Und die Illusion, in die wir uns dabei willentlich begeben, ist die Vorstellung, dass es die Liebe tatsächlich gibt – so als wäre sie etwas ganz Reales, etwas geradezu Gegenständliches, eine Sache, die man gewinnen und verlieren kann; etwas, das wie ein Dunst im Raum schwebt, wenn Liebende darin umhergehen.

Unsere Sprache ist seltsam. Sie ist nicht besonders logisch und auch nicht besonders ordentlich. Doch noch jeder Philosoph, der sie aufräumen wollte, um damit der Wahrheit näher zu kommen, ist gescheitert. Der Grund dafür ist leicht benannt: Ihrem Ursprung nach ist die Sprache weniger ein Mittel der Erkenntnis als eines der Verständigung.

Denken wir uns nur einen Satz wie: »Sie kam aus Liebe und aus Luxemburg.« Grammatikalisch ist das völlig in Ordnung, auf der Ebene der Bedeutung allerdings eher kurios. Der Mann, der seine Lebensaufgabe darin sah, diese Kuriosität zu verstehen, war der Engländer Gilbert Ryle (1900–1976). Am Beispiel seines Idols Ludwig Wittgenstein hatte der Student in Oxford gelernt, dass eine »Idealsprache« ohne Doppeldeutigkeiten und Missverständnisse nicht möglich ist. Statt eine utopische fehlerfreie Sprache zu entwickeln, versuchte Ryle deshalb, kluge Regeln zu finden für den Umgang mit der Sprache, wie sie nun einmal ist.

Ryle schrieb nur ein einziges wirklich bedeutsames Buch: *The Concept of Mind* (»Der Begriff des Geistes«). 1949, als das Werk erschien, sorgte es für Aufsehen. Mit Schwung und zahlreichen Beispielen erklärte Ryle, dass der menschliche Geist keine eigenständige Existenz habe, sondern durch und durch abhängig sei von den biologischen Vorgaben des Körpers und des Gehirns. Diese Erkenntnis war natürlich nicht neu. Schon Aristoteles, die Materialisten der Aufklärungszeit, viele Philosophen des 19. Jahrhunderts und nicht zuletzt William James hatten das so gesehen. Revolutionär daran aber war, dass diese Position von einem Sprachphilosophen vertreten wurde, der aus der völlig entgegengesetzten Tradition kam – aus einer Tradition nämlich, die die Welt *logisch,* aber nicht biologisch zu begreifen sucht.

Da die Hirnforschung in den 1940er und 1950er Jahren gerade erst dabei war, einfachste elektrische Vorgänge im Gehirn zu messen, setzte Ryle seine Hoffnung auf die Erforschung des Verhaltens. Dabei wurde ihm allerdings schnell klar, dass Vorgänge im Gehirn etwas ganz anderes sind als die Begriffe, mit denen Menschen ihre Geisteszustände beschreiben. Das Wort »Geist« etwa existierte seit mehr als zweitausend Jahren. Es war ganz offensichtlich nicht dafür gemacht, eins zu eins auf einen Gehirnzustand angewendet zu werden. Das gleiche Dilemma gab es bei Seele, Bewusstsein, Selbstbewusstsein, Aufmerksamkeit und so weiter. Alle diese Wörter passten nicht zu den elektrophysiologischen Vorgängen im Gehirn wie ein Schlüssel zum Schloss. Sie waren Postkutschen auf einem Flughafen.

Ryle wurde nicht müde, aus der Sprache das herauszudestillieren, was nicht passte und was er »Kategorienfehler« nannte. Überall in der Sprache lauerte Unsinn bei der Zuordnung. So etwa sagen wir, dass eine Mannschaft in ein Stadion einläuft, aber in Wirklichkeit läuft nicht die Mannschaft ein, sondern einzelne Spieler. Für Ryle ein klassischer Kategorienfehler, denn Mannschaften können nicht laufen; sie sind eine ganz andere Kategorie als Spieler. Und ebenso verhält es sich nach Ryle beim Missverhältnis von Gehirnzuständen und Geistesbegriffen. Das eine sind die Spieler, und das andere ist die Mannschaft. Nach einem »Geist« im Gehirn zu suchen, sei demnach so unsinnig, als ob wir neben den Spielern auch noch nach einer Mannschaft auf dem Spielfeld suchten.

Auf die Liebe bezogen folgen daraus zwei Konsequenzen. Erstens: Es gibt keine »Liebe« im Gehirn, sondern nur Biochemie. Und zweitens sollten wir uns davor hüten, unsere emotionalen und geistigen Vorgänge mithilfe eines Substantivs wie »Liebe« zu kategorisieren. Eine solche Verwendung, so Ryle, sei völlig unbedacht. Denn sie verführt zu der seltsamen Annahme, dass es »die Liebe« gäbe, ebenso, wie es zum Beispiel Tische gibt.

Was ist von diesen beiden Schlussfolgerungen zu halten? Zunächst einmal hat Ryle ohne Zweifel recht. Von den Schwierigkeiten, aus der Biochemie des mesolimbischen Systems im Zwischenhirn auf »romantische Liebe« zu schließen, war bereits ausführlich die Rede. Und Oxytocin ist kein »Liebeshormon«. Wer dies annimmt, verballhornt unbestritten die Komplexität der in vielen Farben schillernden Liebe. Was wir unter »Liebe« verstehen, ist immer größer als jede biochemische Erklärung.

Doch was ist mit der zweiten Konsequenz? Ist es falsch von der »Liebe« zu reden oder gar ein Buch darüber zu schreiben (was Ryle sicher nie getan hätte)? Mein Einwand dagegen wäre, dass es in Wirklichkeit umgekehrt ist. Wäre die Liebe eine klare, eindeutige, evidente Sache, wie etwa ein Bleistift oder ein Baum, so erübrigte sich jede längere Betrachtung. Stattdessen aber ist die »Liebe«, wie Ryle selber sagen würde, ein Substantiv, das, wie viele andere, auf umgangssprachlich eingespielte Art und Weise die Wirklichkeit sortiert und etwas schwer Fassbares auf einen Begriff bringt. Dass die »Liebe« keinem empirisch nachweisbaren Gegenstand und keinem Gehirnzustand entspricht, ist noch lange kein Grund, nicht über sie zu reden. Im Gegenteil: Gerade das macht sie erklärungsbedürftig, wenn auch nicht gerade im Dienst einer naturwissenschaftlich überprüfbaren Wahrheit.

Über die Liebe zu reden, schafft – bestenfalls – psychologische Plausibilität: Man *fühlt,* dass man das Gleiche meint und sich versteht. Das ist nicht wenig. Die umgekehrte Position dagegen, die den Gebrauch des Wortes am liebsten unter Strafe stellt, wiederholt nur Wittgensteins Irrtum, als er glaubte, die Sprache sei ein Instrument der Wahrheit und nicht der sozialen Kommunikation. Der Anteil der psychischen Schwingungen, Befindlichkeiten und Absichten in unserer Wortwahl ist viel wichtiger, als Ryles betont antipsychologische Sicht wahrhaben will. Mag die Liebe auch kein Gegenstand der realen Welt sein: Liebende sehen in ihrer »Liebe« einen Film, den sie gemeinsam schaffen. Und wenn wir lieben, läuft eben immer eine Mannschaft aufs Feld und nicht einzelne Spieler.

Um die Liebe zu verstehen, muss man also nicht nur eine Emotion verstehen, sondern eine Welt von Vorstellungen mit ganz bestimmten, aber auch unbestimmten Gesetzen. Emotionen, wie zum Beispiel Hunger, hat man »an sich«. Wir sind uns unmittelbar sicher, was wir spüren. Wenn uns kalt ist, haben wir keinen Zweifel, wenn wir müde sind, merken wir das ebenso. Gefühle dagegen hat man nicht »an sich« – man muss sie interpretieren. Auch die »Liebe« ist ein solches gedeutetes Gefühl, eine Interpretation namens »Liebe«. Nicht immer fällt es uns dabei leicht zu sagen, was gerade mit uns geschieht, wenn wir fühlen. Viele Gefühle werden von so diffusen Vorstellungen begleitet, dass wir gar nicht recht wissen, wie wir sie deuten sollen. So kann es durchaus passieren, dass wir eine Zeitlang nicht ganz sicher sind, ob wir jemanden lieben. Wir horchen in uns hinein und fragen uns selbst, ob unser Gefühl wohl völlig dem entspricht, was wir uns unter Liebe vorstellen.

Gefühle wie die Liebe verleihen unserem Leben Farbe, aber welche Farbe, das bestimmen wir durchaus mit, wir suchen sie – wenn auch nicht immer ganz frei und ungezwungen – mit aus. Von William James haben wir dabei gelernt, dass wir unsere Gefühle nicht *haben*, sondern dass wir sie *deuten*. Und von Gilbert Ryle wissen wir, dass hinter den Substantiven, die wir dafür verwenden, keine *Tatsachen* stehen, sondern *Vorstellungen*. Wir sehen daraus, dass der emotionale Anteil an der Liebe gemeinhin stark überschätzt wird. Und ganz offensichtlich gehört es zur Liebe dazu, ihn überzubewerten. Die Illusion, einer Emotion ausgeliefert zu sein, ist ein Teil unseres Liebens. Doch in Wahrheit sind wir unserem Lieben bei weitem nicht so ausgeliefert, wie wir es uns gerne einreden.

Wenn es allerdings richtig ist, dass Liebe nicht einfach eine Emotion ist, sondern etwas, das wir selber schaffen, wie sieht dann die Bauanleitung dafür aus? Nach welchen Spielregeln funktioniert sie, die Liebe, in unseren Köpfen? Was löst sie bei uns aus und warum? Und was machen wir mit uns, wenn wir lieben?

Man kann diese Frage aus zwei verschiedenen Blickwinkeln beantworten, nämlich einmal aus einem *psychologischen* und zum anderen aus einem *soziologischen*. Denn da Liebe sich in der Regel nicht auf einer einsamen Insel abspielt, ist sie sowohl ein persönliches wie ein gesellschaftliches Konzept.

Beginnen wir zunächst mit dem persönlichen.

8. KAPITEL

Mein Zwischenhirn & Ich
Kann ich lieben, wen ich will?

Liebe unter Kulturwesen

Kultur ist die Fortsetzung der Biologie mit so anderen Mitteln, dass man sie nicht mehr auf biologische »Strategien« reduzieren kann, ohne die Menschheit als »degeneriert« empfinden zu müssen. Der Rückblick auf eine Vergangenheit, die vier Millionen Jahre entfernt ist, erklärt nicht den heutigen Menschen und sein Verhalten. Er ist Kurzsichtigkeit in der Maske der Weitsicht.

Eine Abkürzung zur »wahren Natur« des Menschen gibt es nicht. Was als Erklärung daherkommt, schafft nicht neue Fakten, sondern vor allem neue Spekulationen. Die »Männer« und »Frauen« der evolutionären Psychologen sind in Reinform kaum oder nur sehr selten irgendwo anzutreffen. Die meisten Menschen hingegen entsprechen nicht den biologischen Klischees.

Im Deutschland der letzten 40 Jahre sind die sexuellen Möglichkeiten rasant gestiegen – die Anzahl der Kinder sinkt. Einen solchen Vorgang kann nur verstehen, wer den Menschen als ein »Kulturwesen« begreift. Zu diesem Begriff, den der Anthropologe Arnold Gehlen (1904–1976) in den frühen 1950er Jahren geprägt hat, müssen wir also wieder zurück. Ein Kulturwesen zu sein, bedeutet eine ganze Menge: Kulturwesen treffen in ihrem Leben nicht mit Genen zusammen, auch nicht mit Emotionen oder Gefühlen, nicht einmal mit Gedanken. Sie treffen auf andere Kulturwesen. Kulturwesen sagen zu sich »Ich«. Das heißt sie haben eine (ständig wechselnde und diffuse) Einstellung zu sich selbst und zu anderen. Sie können ihre Gefühle deutlich zeigen oder verbergen, sie können jemanden täuschen und belügen. Sie können etwas erfinden, sich selbst täuschen, und sie können Verunsicherung erfahren. Sie spielen nicht nur *eine* soziale Rolle, sondern viele verschiedene. Sie können gegensätzliche Interessen und einander widerstreitende Gefühle in einer Person vereinigen. Und all diese Dinge können uns bei anderen Menschen anziehen oder abstoßen.

Liebe unter Kulturwesen bedeutet: Begehren, Sichverlieben und Lieben sind nicht nur eine Frage des mesolimbischen Systems im Zwischenhirn. Sie sind auch eine Frage unseres ganz persönlichen Verhältnisses zu uns selbst. Wir reagieren auf den anderen und finden Freude und Erfüllung daran, jemand anderen zu erregen, zu faszinieren oder glücklich zu machen. Unsere Interessen sind nicht schablonenhaft genetisch-egoistisch, sondern wir spielen mit unseren Partnern und Sexualpartnern ein Gesellschaftsspiel, bei dem wir uns im Blick des anderen spiegeln. Die Billardkugel unserer Ausstrahlung prallt von den Blicken der anderen ab wie von einer Bande. Unser ganzes Leben, unsere Sexualität, unsere Bindungen und Abneigungen, unser Selbstbild und Selbstwertgefühl erhalten wir auf diese Weise »über Bande« zugespielt.

Menschen sind eine viel interessantere Spezies, als die evolutionären Psychologen es uns glauben machen wollen. Nicht jedes Weibchen sucht eine gut gefüllte Speisekammer, und nicht jedes Männchen wünscht sich nichts sehnlicher, als jede gebärfähige Frau auf der Straße zu begatten und seine restlichen Vorräte auf die Samenbank zu tragen. Viele Männchen wie Weibchen ziehen die weniger perfekte der vollsymmetrischen Erscheinung vor, sei es aufgrund individueller Vorlieben oder erst recht: aus Liebe!

Das Schöne im menschlichen Leben ist, dass wir uns nicht auf Instinkte bei uns und bei anderen verlassen können. Mit anderen Worten: Wir wissen nur selten sehr genau, was der andere will. Und das ist gut so. Wie unendlich langweilig wäre unser Leben, wenn wir unser Gegenüber instinktsicher zu jeder Zeit einschätzen könnten! Stattdessen aber sind wir gezwungen, ein unendliches Spiel zu spielen: das Spiel des Deutens.

Zum Beispiel in der Sexualität. Ein markiger Hirsch scheint der Hirschkuh zu bedeuten, dass er der Richtige ist. Instinktsicher weiß sie, dass es für sie gut ist, sich sexuell auf ihn einzulassen. Bei Menschen hingegen ist das komplizierter. Eine schöne Frau mit günstiger Fettpolsterverteilung mag uns attraktiv erscheinen und ebenso ein großer breitschultriger Mann. Doch wenn das Lächeln nicht überzeugt und gleich der erste Satz völlig daneben ist, schwindet unser Interesse in Windeseile dahin. Noch wichtiger ist, dass vermeintlich gute Gene noch keinen Deut verraten, wie es um das sexuelle Einfühlungsvermögen, die erotische Phantasie und Kreativität, die Sinnlichkeit und das Selbstbewusstsein im Bett bestellt ist. Von Überraschungen weiß hier wohl jeder zu berichten. Es gibt sanfte, einfühlsame Männer mit kantigen Gesichtern und buschigen Augenbrauen, und es gibt schmalbrüstige, schmächtige Machos. Und gewiss nicht jede schöne Frau ist ein Erlebnis im Bett und umgekehrt.

Wichtiger noch als unsere ohnehin immer subjektiv bewerteten sexuellen Qualitäten ist etwas anderes: Sex dient bekanntlich nur selten der Fortpflanzung, aber eben auch nicht ausschließlich der Triebbefriedigung. Als Pointe im Bett fällt den Oxytocinisten neben der Lust gerade noch die Bindung danach ein, schmusen und kuscheln. Was sie dabei völlig übersehen, ist etwas, für das es kein Hormon gibt, allenfalls eine allgemeine unspezifische Erregung im mesolimbischen System: die Selbstbestätigung!

Sex ist ein ausgesprochen weitläufiges Areal komplizierter Psychologie. Und das Bild, das uns unser Gegenüber zuspiegelt, ist vermutlich mehr als die halbe Miete. Für fast alle Menschen ist es ausgesprochen erregend, zu erregen und erregend gefunden zu werden – eine ganz spezifische Qualität, die Grauen Würgern und Gladiatorfröschen vermutlich eher fremd ist. Auch Sex ist nicht nur ein persönlicher Erregungszustand, sondern ebenso Selbsterfahrung über Bande. Ob ich mich als besonders männlich oder weiblich erfahre, ist nicht nur eine Frage meines Hormonspiegels. Mindestens ebenso wichtig sind die Reaktionen, der Blick oder die Worte des anderen.

Wenn wir Sex haben, spielen wir insofern Billard, als dass der andere uns ein Bild unser selbst zurückgibt. Der besondere Reiz, der Sex mit einem Partner so viel spannender und erfüllender macht als alle Selbstbefriedigung, ist dieses Spiel mit der Empathie. Wir versetzen uns in den anderen hinein und gelangen auf diese Weise wieder zu uns selbst zurück. Unser Gefallen an der Lust des anderen ist nicht die reine Selbstlosigkeit, kein uneigennütziger Dienst, sondern auch psychische Befriedigung über Bande – jedenfalls dann, wenn dieser Sex erfüllt sein soll und nicht nur ein Spiel auf *ein* Tor.

Der menschliche Sex kennt ungezählte Spielarten, vor denen evolutionäre Psychologen die Hände vors Gesicht schlagen müssen. Was immer man über den Menschen denken mag, einen Superlativ wird ihm keiner nehmen können: Er ist das Tier mit der bei weitem interessantesten Sexualität. Die Gründe dafür finden sich ausschließlich in seiner *Kultur;* was auf dem Pavianfelsen geschieht, ist dagegen todlangweilig. Menschen inszenieren ihr sexuelles Rollenverhalten nach Regeln der Kunst. Sie spielen Rollen, aber sie spielen auch mit ihren Rollen. Domina-Phantasien passen in kein Konzept evolutionärer Psychologen, kein Fetischismus hat darin Platz. Und orale Befriedigung irritiert schon bei Menschenaffen. Überall in der menschlichen Sexualität finden wir biologisch sinnlose Abweichungen von der Norm. Allein manche Kirchen halten der Evolution noch die Stange gegen die entfesselte Kultur. Doch nicht nur in vermeintlich degenerierten Industriestaaten, fast überall in der Welt, in Entwicklungsländern, in Wüsten, am Polarkreis und im Regenwald, ist die vermeintlich biologische Norm keine Norm.

Der wichtigste Grund dafür dürfte sein, dass wir in der Lage sind, mit unserer eigenen Psyche zu spielen. Der Mensch ist ein bewundernswert vorstellungsbegabtes Wesen, und er macht davon gerne Gebrauch. Die Unterscheidung von *I*, dem Bewusstseinsstrom, und *Me*, unserem Selbst, die William James vor über 100 Jahren einführte, war nur der Anfang des Versuchs, die beteiligten Mitspieler im Gehirn dingfest zu machen. Sigmund Freud unterschied in den 1920er Jahren drei Instanzen: das *Es*, das *Ich* und das *Über-Ich*. Als dunkler unbewusster Antrieb ist das »Es« die Schattenausgabe von James' Bewusstseinsstrom. Und das »Über-Ich« ist die gouvernantenhafte Karikatur des gesellschaftlich geprägten Selbst. Dazwischen pendelt nach Freud das »Ich«, ein hilfloser Diener zweier überaus gestrenger Herren. Obwohl Freud weder stolz darauf noch glücklich mit seinem Modell war, wurden die drei Instanzen weltberühmt. Tausende von Psychoanalytikern trugen sie von der Couch in die Köpfe anderer Menschen hinein. Die Hirnforschung dagegen kennt heute sieben bis neun »Ich-Zustände«, die sich in unserem Fühlen und Denken ergänzen, befruchten, durchkreuzen und überblenden. Aus einem Mühle-Spiel zu zweit, wie bei James, ist heute ein mehrdimensionales Computerspiel mit zahlreichen Mitspielern geworden.

Wenn wir mit jemand anderem Sex haben, geraten völlig verschiedene »Ich-Zustände« in Erregung. Mein »Körper-Ich« wird von so starker Hormonzufuhr überflutet, dass mein »Ich als Erlebnissubjekt« die Situation als höchst erregend empfindet. Mein »autobiografisches Ich« mag sich daran erfreuen, dass ich tatsächlich mit diesem faszinierenden anderen Menschen in genau diesem Augenblick das Bett oder den Feldweg teile und diese oder jene sexuelle Handlung vollführe und erlebe; während mein »moralisches Ich« nun immer wieder dazwischenfunkt und mich daran erinnert, dass das, was ich tue, falsch ist, weil ich oder der andere oder beide anderweitig gebunden sind.

So oder so ähnlich können psychische Prozesse beim Sex ablaufen, ohne dass man das Schema mit den Ich-Zuständen allzu sehr übertreiben sollte. Denn selbst wenn man heute vage weiß, welche Gehirnregion mit welchem Ich in Verbindung gebracht werden kann – man sollte nicht überhören, wie Gilbert Ryle empört an den Sarg klopft. Auch unser »Körper-Ich«, das »Ich als Erlebnissubjekt«, das »autobiografische Ich« und unser »moralisches Ich« bleiben Postkutschen auf dem Flughafen.

Worauf es an dieser Stelle ankommt, ist: Sex zu haben und das gleichzeitige Wissen darum, dass man Sex hat, sind nicht das Gleiche! In einer Situation zu sein und gleichzeitig Beobachter der Situation zu sein macht den Reiz einer sexuellen Situation aus. Die bekannte Weisheit, dass man beim Sex »den Kopf herauslassen« sollte, gilt nur eingeschränkt. Unsere Gedanken sollen uns nicht ablenken oder behindern – aber sie sollen nicht völlig verschwinden. Ein berauschter Zustand unter Alkohol wird oft als positiv empfunden, solange wir noch viel von unserer Umwelt mitbekommen; ein Vollrausch in völlig unzurechnungsfähiger Umnachtung dagegen ist in jeder Hinsicht reizlos.

Das komplizierte Zusammenspiel verschiedener Eindrücke und Perspektiven macht unsere Sexualität erst richtig lustvoll – oder lustlos. Der stärkste Reiz des Fremdgehens bei Frauen und Männern dürfte nämlich weder die Suche nach optimalen Genen sein noch ein ungezügelter Vermehrungsdrang. Es ist die Suche nach einem frischen neuen Bild von sich selbst, aufregender, verführerischer und attraktiver als das, was uns der Partner einer Langzeitbeziehung nach Jahren der größtmöglichen Vertrautheit noch zugesteht. So wie Menschen sich über unverdiente, oder zumindest zweifelhafte, Komplimente stets mehr freuen als über unzweifelhaft verdiente – so schmeichelt uns der unwissende fremde Blick oft mehr als der wissende vertraute. Je weniger komplex die Beziehungspsychologie mit ihren berechenbaren Rollen und festgelegten Bildern ist, je weniger Schillerndes man also aneinander wahrnimmt, umso höher steigt das Risiko des Fremdgehens. Die Wahrscheinlichkeit des Vollzugs steht und fällt dann nur noch mit der persönlichen oder gesellschaftlichen Moral, dem Anspruch und der Gelegenheit.

Die Bedeutung des reinen Triebes für unser Sexualverhalten wird ebenso leicht überschätzt wie der emotionale Impuls für die Liebe. Zwar löst jeder Sexualtrieb Lust aus, aber nicht jede sexuelle Lust folgt schematisch den Vorgaben des Triebes. Die Lust hat ihre eigenen Bedürfnisse und Interessen. Nur so etwa ist es denkbar, dass wir mit dem einen Partner Dinge mögen, die wir bei anderen unangenehm, albern oder sogar abstoßend finden. Gewiss ist dies auch eine Frage von Geruch und Chemie. Aber eben genauso ist es eine Frage der ganz persönlichen sinnlichen *und* gedanklichen Spannung zwischen zwei Menschen. Das positiv gespiegelte Selbstbild ist unser wichtigstes Lebenselixier, und die Selbstbestätigung in der Lust und im Blick des anderen sein begehrtes Aroma. Was für die Sexualität gilt, gilt erst recht für unsere Liebe: Worauf es uns tagtäglich ankommt, ist das Bild, das ein ganz besonderer Mensch von uns hat.

Mein Bild im Auge des anderen

Der junge Gymnasiallehrer in Le Havre interessierte sich für Film und Jazz. Seine Kollegen mieden ihn als arroganten Wichtigtuer. Es war ihm egal. Doch dass die Verlage seine Aufsätze und Bücher nicht drucken wollten, verletzte ihn sehr. Immerhin: Seine Schüler mochten ihren 1,56 kleinen Lehrer mit der dicken Brille, seinen scharfen Geist und seine große Leidenschaft, mit der er ihnen die Philosophie nahe brachte.

Jean-Paul Sartre war 31 Jahre alt, als sein Aufsatz *Die Transzendenz des Ego* 1936 in einer philosophischen Fachzeitschrift erschien. Zuvor hatte er sich mit Sigmund Freud beschäftigt und mit der großen Bedeutung des Unterbewusstseins für unser Leben. Von den zeitgenössischen Philosophen Henri Bergson, Edmund Husserl und Martin Heidegger lernte er, die Sinnlichkeit des Denkens zu verstehen. Alle drei hatten sie die Wahrnehmung ins Zentrum ihres Denkens gerückt. Wie die Wirklichkeit ist, kann nur begriffen werden, wenn man versteht, was sie für *uns* ist. Die Art und Weise, wie wir die Welt sinnlich erfahren, entscheidet darüber, wie wir denken. Und so wie wir denken, stellt die Welt sich uns dar.

Sartres Welt stellte sich ihm traurig dar. Das Gymnasium in Le Havre war ein armseliger Ort für einen Mann wie ihn. Er fühlte sich fremd und einsam, und die meisten Menschen seiner Umgebung ekelten ihn an. Sein Zustand verschlimmerte sich noch, als er im Selbstversuch die Droge Meskalin ausprobierte. Er wurde depressiv, bekam Panikattacken und litt an Wahnvorstellungen. In dieser Verfassung arbeitete er zugleich fieberhaft an seinem Aufsatz. Seine gefühlte Distanz zur verhassten Umwelt in Le Havre motivierte ihn herauszufinden, auf welche Weise der Mensch um sich weiß und wie er seine Vorstellung von sich selbst ausbildet. In einer *Skizze zur Theorie der Emotionen* befasste er sich dabei mit William James' Idee, dass unsere Gefühle nichts weiter seien als der Ausdruck von Erregungen der Nerven.

Sartre war völlig anderer Meinung. Etwas zu Unrecht warf er James vor, das Psychische unzulässig auf das Physische zu reduzieren. Und an den englischen Hirnforscher Charles Scott Sherrington, der zu Anfang des 20. Jahrhunderts wichtige Details der Elektrophysiologie des Gehirns erforscht hatte, richtete er die Frage: »Kann eine physiologische Erregung, *was sie auch sei,* über den *organisierten* Charakter des Gefühls Aufschluss geben?«[69] Für Sartre war die Sache klar: Sie kann es nicht! Ein Gefühl ist mehr als die Summe seiner körperlichen Erregungen im Zwischenhirn.

Den gleichen Einwand kann man auch heute noch gegen die Oxytocinisten ins Feld führen. In *Die Transzendenz des Ego* geht Sartre davon aus, dass wir es in unserer Psyche nie mit körperlichen Erregungen in Reinform zu tun haben, sondern immer mit *gewussten* Emotionen und *gewussten* Gefühlen. Um zum Beispiel Heimweh zu haben, muss ich wissen, dass ich Heimweh habe, und ich muss wissen, was Heimweh ist. Ansonsten spüre ich nur eine diffuse Schwermut.

Unser bewusstes Denken interpretiert unsere körperlichen Erregungen und bringt sie in eine Form. Das Ärgerliche dabei ist: Um über eine Empfindung sprechen zu können, muss ich darüber reflektieren. Und das wiederum bedeutet, dass ich zu meiner Empfindung auf Abstand gehen muss. Auf diese Weise sind unsere Empfindungen und unsere Interpretation der Empfindungen nie ganz identisch. Unser Bewusstsein bestimmt, *wer* und *wie* ich bin, nämlich so, wie ich mich selbst interpretiere. Was wir für unser Ich halten, ist eine Erfindung unserer Reflexion auf uns selbst. Denn ein vorbewusstes Ich ist uns nicht zugänglich. Mit Sartre gesagt: »Das Ego ist nicht Eigentümer des Bewusstseins, es ist dessen Objekt«. Sartre zog daraus den Schluss, dass der Mensch sich unausgesetzt selbst neu erfindet. Das »Ich« ist ein Spielball unserer Selbstinterpretation und »für das Bewusstsein nicht gewisser als das Ich anderer Menschen«.[70]

Gerade diese Ungewissheit macht den Menschen nach Sartre frei. Aber muss man nicht sagen, dass es ihn gleichzeitig auch unfrei macht? Denn wenn ich quasi von Natur aus nichts bin, so bin ich abhängig vom Urteil anderer Menschen. Nur im Austausch und im Vergleich mit den anderen entdecke und erkenne ich, was ich bin. Wären wir allein auf der Welt, hätten wir vermutlich gar kein Ich. Denn wer und wie ich bin, weiß ich vor allem dadurch, wer und wie ich nicht bin.

Unser Selbst und unser Selbstwertgefühl speisen sich also aus der Selbstbestätigung. Die Eigenschaften, die wir uns zuschreiben, die Stärken und Schwächen, die Vorstellungen von unserer Attraktivität, unserem Charme, unserer Wirkung verdanken sich dem sozialen Schach mit unserer Umwelt. Und kein Mensch kann vollständig daraus ausbrechen, dass er sich vergleicht. Wir beobachten andere, und wir beobachten dabei, wie wir beobachtet werden. Diesen komplizierten Vorgang nannte Sartres Anreger Edmund Husserl »reterierte Empathie«: das auf sich selbst zurückbezogene Mitgefühl. Die Fähigkeit des Menschen auf diesem Gebiet erreicht schwindelerregende Höhen und dürfte in dieser extremen Form im Tierreich einzigartig sein: Ich kann verstehen, dass Sie verstehen, dass ich Sie verstanden habe.

Wir wissen, wer wir sind, weil wir uns von anderen unterscheiden. Unsere Talente, Fähigkeiten und positiven Eigenschaften fallen uns auf, weil wir sehen, dass andere Menschen sie nicht oder in geringerem Maße haben. Das Gleiche gilt auch für unsere Eigenheiten und Schwächen. Menschen reagieren auf uns anders als auf andere Menschen. Aus all dem bildet sich unser Wissen um uns selbst, unser Selbst*bild*. Es ist nichts als der vielfach gefilterte Widerschein des Bildes, das andere von uns haben. Dabei genießen wir insofern einen Freiraum, als wir die Urteile über uns unterschiedlich gewichten. Das Bild, das uns nahestehende Menschen von uns haben, ist uns zumeist wichtiger als das Fremder. Allerdings gilt das nicht immer. Doch wer generell mehr daran interessiert ist, weit entfernt stehende Menschen zu beeindrucken als seine nahen Freunde und Angehörigen, hat ohne Zweifel ein ernsthaftes Problem mit seinem Selbstbild: der Schein ersetzt das Sein.

Wir erkennen uns wieder als den- oder diejenige, für den oder die wir uns halten. Und für wen wir uns halten, hängt davon ab, für wen uns andere halten. Gerade deswegen gehört Missachtung zu den Gefühlen, die wir am wenigsten ertragen. Die Achtung der anderen ist ein wichtiger Jungbrunnen unseres eigenen Wertschätzens. Und ein nicht unwesentlicher Punkt dabei ist für viele (wenn auch nicht für alle) Menschen ihre sexuelle Attraktivität. »Dieser *neutrale* Blick ...!«, seufzte unlängst eine gute Bekannte, die darunter leidet, dass viele Männer sie aufgrund ihres Alters nicht mehr sexuell wahrzunehmen scheinen.

Es ist unser Bild im Auge des anderen, das uns selbst Kontur verleiht. Und das wichtigste all dieser Bilder ist jenes Bild, das uns ein Mensch zuwirft, den wir mehr schätzen als alle anderen – einen, den wir lieben und der uns liebt.

Deine Arme halten, was ich bin

liegen, bei dir
ich liege bei dir. deine arme
halten mich. deine arme
halten mehr als ich bin.
deine arme halten, was ich bin
wenn ich bei dir liege und
deine arme mich halten.

Ernst Jandl

»Über die Liebe zu sprechen oder zu schreiben, sollte eigentlich den Liebenden und den Dichtern vorbehalten bleiben, denen also, die von ihr ergriffen sind. Wenn sich dagegen die Wissenschaft ihrer bemächtigt, bleibt von der Liebe oft wenig mehr übrig als Triebe, Reflexe und scheinbar machbare oder erlernbare Verhaltensweisen, als biologische Daten, messbare physiologische und testbare psychologische Reaktionen, die alle auch zum Phänomen Liebe gehören, mit denen wir es aber nicht erfassen.«[71] Diese mahnenden Worte des Münchner Psychoanalytikers Fritz Riemann, der selbst ein durchaus unpoetisches Buch über die Liebe schrieb, sollte man nicht ungehört lassen. Selbst wenn es die Absicht dieses Buches ist, die Liebe gerade nicht auf Triebe, Reflexe und messbare Testergebnisse zu reduzieren, so soll an dieser Stelle ein großer Dichter *und* Liebender das Wort erhalten.

Das obige Gedicht des österreichischen Lyrikers Ernst Jandl

(1925–2000) ist eines der schönsten und zugleich wahrhaftigsten Liebesgedichte der Moderne. Wie Sartre war auch Jandl Gymnasiallehrer, und auch er litt unter Depressionen. Und in gewisser Weise ist *Liegen, bei dir* seine Transzendenz des Ego. Zwei Verben, *liegen* und *halten,* reichen aus, um eine Atmosphäre engster Vertrautheit und größter Innigkeit zu erzeugen. Im Gehaltenwerden durch den anderen erhält der Gehaltene seine Bedeutung: »Deine Arme halten, was ich bin, wenn ich bei dir liege und deine Arme mich halten.«

Liebende verleihen einander Bedeutung durch die Bedeutung, die sie für den anderen haben. Seit unsere Eltern uns das erste instinktiv erspürte Gefühl von Bedeutung verliehen haben, kommen wir von dieser Sehnsucht nicht los. Die Art und Weise, wie wir die Zuwendung unserer Eltern erleben, wird uns unser Leben lang prägen: unsere Wünsche nach Innigkeit und Geborgenheit, Vertrauen und Stabilität, unsere ganz persönlichen Bedürfnisse nach Nähe und Distanz.

Zu den typischen Eigenschaften aller Affen (einschließlich des Menschen) gehört, dass das Gefühl, das ein anderer uns entgegenbringt, das gleiche oder ähnliche Gefühl auch in uns selbst auslösen kann. Psychologen und Biologen sprechen hier von emotionaler »Ansteckung«. Unsere ersten Liebeserfahrungen, die wir als Kleinkinder machen, beruhen auf einer solchen Ansteckung: ein Lächeln, das ein Lächeln auslöst. Auf einer höheren Stufe des Bewusstseins, das zumindest bei allen Menschenaffen zu finden ist, bemühen wir uns darum, einen solchen Ansteckungseffekt bewusst herzustellen: Wir lächeln, um angelächelt zu werden. Auf einer dritten Stufe schließlich fühlen wir uns in den anderen hinein und bewerten dabei seinen emotionalen Zustand und seine Absichten. Im Alter von zwei Jahren fangen wir an, genauer zu unterscheiden, *wen* wir anlächeln *wollen* und wen nicht.

Um uns in andere Menschen hineinversetzen zu können, müssen wir das Gefühl haben, ihre Gefühle nachvollziehen zu können. Im Jahr 1992 machte eine Forschergruppe um den italienischen Hirnforscher Giacomo Rizzolatti dazu eine bahnbrechende Entdeckung. Bei Versuchen mit Schweinsaffen entdeckten sie so genannte *Spiegelneurone.* Ein Affe bekam regelmäßig eine Nuss, nach der er greifen musste. In einem zweiten Versuch aber durfte der Affe nur hinter einer Scheibe zuschauen, wie ein Mensch sich an seiner statt die Nuss griff. Spektakulär daran war, dass der Affe beide Male die genau *gleiche* Reaktion im Gehirn zeigte. Ganz offensichtlich versetzte er sich nahezu vollständig in den Handlungsablauf des Menschen hinein. Die Nervenzellen, die ihm dies ermöglichten, gingen als Spiegelneurone in die Wissenschaft ein.

Der Weg von den Spiegelneuronen zu Ernst Jandl ist nicht sehr weit. Die Fähigkeit, sich in andere hineinversetzen zu können, tat unseren Vorfahren vermutlich gut. Mindestens führte sie nicht zum raschen Aussterben. Wer die emotionalen Zustände anderer Hordenmitglieder deuten, bewerten und schnell darauf reagieren kann, ist sicherlich nicht im Nachteil. Unbedingt aber förderte das Mitgefühl den weiteren Ausbau der Sensibilität vom Sinnlichen ins Geistige. Von einem Menschen, der meint, uns zu lieben, erwarten wir sowohl ein *intuitives* Verständnis wie ein absichtliches, also *bewusstes* Einlassen auf unsere Befindlichkeit. Und beides fördert mit der Bedeutung für den anderen unsere eigene Bedeutsamkeit.

Die Fähigkeit zum Mitgefühl und die Erwartung, Anteilnahme und Mitgefühl eines anderen zu bekommen, sind wichtige Bausteine der Liebe. Schenkt man manchen psychologischen Ratgebern Glauben, so ist es mit diesem Bindemittel fast schon getan. Tatsächlich aber ist es nur eine Grundvoraussetzung und nicht schon das Einmaleins der Liebe.

Lieben und in bindender Gemeinschaft mit einem Partner leben zu wollen, ist nicht unbedingt das Gleiche. Und in den zahlreichen Spielarten der Liebe ist vieles möglich: das Verlangen nach negativer Zuwendung zum Beispiel oder die masochistische Lust an irrealen Hoffnungen auf Zuwendung. Zu den immer häufiger werdenden Fällen in unserer Gesellschaft zählen Menschen, die glauben, nur dann lieben zu können, wenn sie sich auf einen anderen nicht allzu sehr einlassen. Sie befürchten, dass der- oder diejenige dann unweigerlich an Reiz und Ausstrahlung verliert. Und wie viele unglücklich Verliebte wollen nie einem Club angehören, der Menschen wie sie als Mitglieder aufnimmt? Sie verlieben sich stets in jemand Unerreichbaren und verachten unweigerlich die, von denen sie wirklich begehrt werden. Ob es sich bei all dem um Störungen handelt oder schlicht um Spielarten, darauf kommen wir noch zurück.

Ein zweiter Punkt betrifft die Frage, ob es eigentlich ausschließlich Mitgefühl und Bindung ist, was wir bei einem Liebespartner suchen. Auch hier gibt es Anlass zur Kritik an vielen Büchern über die Liebe. Zuverlässigkeit, Einfühlungsvermögen und Harmonie werden nämlich gerne dramatisch überschätzt. Bezeichnenderweise suchen wir uns nicht immer gerade den liebsten Menschen aus, um ihn zu lieben. Mitunter verlieben wir uns sogar in Menschen von höchst zweifelhaftem Charakter und können sie auch über lange Zeit lieben. Unsere sexuellen, emotionalen und psychischen Motive für die Liebe marschieren offensichtlich nicht immer im Einklang. Aber wo wollen sie eigentlich hin?

Liebeskarten

Um es gleich zu sagen: Die wenigsten Frauen sind mit Märchenprinzen verheiratet und die wenigsten Männer mit Märchenprinzessinnen. Wir sind, vorsichtiger gesagt, häufig noch nicht einmal mit unseren Wunschpartnern zusammen. Die wenigsten Paare finden ihre Langzeitpartner wirklich toll; man kommt halt miteinander aus. Irgendetwas passt – aber das ist natürlich nicht Liebe, sondern allenfalls die Erinnerung daran; mit anderen Worten: Partnerschaft!

Das Leben ist kein Wunschkonzert, und die Auswahl ist begrenzt. In der Schulzeit philosophierte ich mit einem Freund darüber, wie man es bloß anfangen sollte, die Richtige im Leben zu finden. Woran würde man sie erkennen? Und noch schlimmer: Würde sie einen selbst ebenfalls als den Richtigen erkennen? Wir hatten dabei die Vorstellung, dass es mindestens *eine* Richtige geben musste. Aber vielleicht eben nur eine Einzige. Wo war sie? Lebte sie in Uruguay, in der Ukraine oder in Usbekistan? Würden wir ihr überhaupt begegnen? Vielleicht hatte sie, die optimale aller denkbaren Lebensgefährtinnen, ja in Wien gelebt im 19. Jahrhundert und war schon seit neunzig Jahren tot?

Wir waren phantasiebegabte Jungs, und unsere Chancen beim anderen Geschlecht erschienen uns dürftig genug, als dass wir sicher waren, weite Wege gehen zu müssen. Seiner führte ihn schließlich nach Ludwigshafen und meiner nach Luxemburg. Die Chance, seine Liebe in der Gegenwart zu finden, ist Gott sei Dank größer als in der Vergangenheit. Und die weitesten Wege müssen die Wahrscheinlichkeit, zueinander zu passen, nicht unbedingt erhöhen.

Aber wen haben wir eigentlich gesucht und gefunden? Woran haben wir gemerkt, dass es die Richtige war? Und woran erkannte sie uns als den Richtigen für sie? Waren wir frei, als wir unseren späteren Frauen begegneten? Frei, uns zu verlieben oder auch nicht? Was in uns nahm uns derart gefangen? Was traf ins Schwarze unseres nicht nur sexuellen, sondern auch metaphysischen »Beuteschemas«?

Man muss feststellen: Die Psychologie der Willensfreiheit beim Verlieben ist nicht gerade gut erforscht. Das ist auch nicht verwunderlich. Weder Tests noch Hirnscans schlüsseln uns diesen Vorgang auf, und das ist auch durchaus gut so. Nähern wir uns also auf einem anderen Weg. Wenn es richtig ist, dass beides, unser Bedürfnis nach Liebe und unsere Fähigkeit zu lieben, aus unserer kindlichen Prägung stammen, so muss die Auswahl unserer Liebespartner auch viel damit zu tun haben: mit unseren Eltern und vielleicht auch in abgeschwächter Form mit unseren Geschwistern und anderen sehr wichtigen Bezugspartnern.

Schon Sigmund Freud hatte die enorme Bedeutung des Eltern-Kind-Verhältnisses für unser späteres Begehren erkannt. Zugleich aber stiftete er eine Menge Verwirrung, weil er fälschlicherweise annahm, die Liebe entspränge der Sexualität. Um diese Theorie zu unterfüttern, musste Freud das Kleinkind auf übertriebene Weise sexualisieren. Die Folgen dieser von Freud erfundenen Ansammlung von vermeintlichen Neid- und Angstkomplexen für die Psychoanalyse sind bekannt. Es kostete Freuds Schüler und Nachfolger eine Menge Mühe, den gordischen Knoten aus frühkindlicher und angeblich frühkindlich-sexueller Prägung wieder zu durchschlagen.

In der Auseinandersetzung mit seinen nächsten Bezugspersonen erschafft sich das Kind seine Welt. Und es entwickelt zugleich seine Vorlieben, Bedürfnisse und Ängste für eine spätere Liebe. Doch wann und auf welche Weise bilden sich diese Vorstellungen aus?

Der Mann, der dazu die kühnsten Diagnosen wagte, ist John Money, dem wir schon im 5. Kapitel begegnet sind. Seiner Ansicht nach prägt sich das Muster für unser emotionales Beuteschema im Alter zwischen fünf und acht Jahren aus. In dieser Zeit setzt sich nach Money das Mosaik all der Merkmale zusammen, die wir später bei einem Partner suchen werden. Auf diese Weise zeichnen wir uns eine *Liebeskarte* (*lovemap*), einen Orientierungsplan für unser späteres Verlieben und Lieben. Nur die sexuelle Ausprägung ist mit acht Jahren noch nicht abgeschlossen; sie festigt sich aufgrund der Vorgaben unserer Liebeskarte erst in der Pubertät.

Als Money das Wort Liebeskarte 1980 das erste Mal benutzte, glaubte er damit die Formel gefunden zu haben für die »Wissenschaft vom Sex, die Geschlechterunterschiede und die Paarbindung«.[72] Der ehemalige Apostel der freien Geschlechterwahl war ins Lager der Biologen gewechselt, ergänzt durch einige Überlegungen zur Transzendenz des Ego. Geht es nach Money, so projizieren Liebende wechselseitig ein Idealbild aufeinander. Genau jenes nämlich, das sie als Liebeskarte in der Kindheit gespeichert haben. Mit anderen Worten: Wenn wir meinen, jemanden zu lieben, erliegen wir einer selbst ersponnenen Illusion. Wir lieben gar keinen anderen *Menschen,* sondern nur unsere eigene *Projektion.* Kein Wunder also, dass es mit dem Zauber nach einer Weile vorbei ist. Denn kein Mensch hält, was die Projektion verspricht.

Die biologische Pointe daran ist die Idee, dass es mit unserer Willensfreiheit beim Verlieben nicht weit her ist. Denn wenn es stimmt, dass wir uns schon als Kinder unbewusst festlegen, haben wir als Erwachsene kaum noch eine Wahl. Was uns als das ganz normale Chaos unserer Psyche, unserer Launen und unserer einander widerstreitenden Gefühle und Bedürfnisse erscheint, wäre in Wirklichkeit nur Orientierungsarbeit beim Erkunden unserer Liebeskarte. Und was wir für die Freiheit der Wahl halten, ein Fahnden nach unserem *instinktiv* längst festgelegten Willen.

Für einen Wissenschaftler sind dies gute Nachrichten, denn sie machen den Mechanismus des Verliebens einigermaßen berechenbar. Unsere Liebeskarte wäre demnach der Feldherr, der Phenylethylamin und Oxytocin ausrücken lässt und in die Schlacht führt, wenn wir einem entsprechenden Objekt begegnen. Um seine Karten besonders aussagefähig zu machen, hat auch Money nicht der Versuchung widerstanden, alle diese Präferenzen schon bei Kindern als »erotische« Festlegungen zu deuten. In diesem Punkt liegt er gefährlich nahe bei Freud.

Was ist von all dem zu halten? Dass sich unsere Liebeskriterien und Liebesbedürfnisse in der Kindheit ausprägen, ist sehr wahrscheinlich. Dass sie dabei erst im Alter von fünf Jahren entstehen, bleibt eher eine Spekulation. Liebeskarten, das liegt in der Natur der Sache, kann man weder beweisen noch vermessen. Denn die Vorzugsgesichtspunkte unserer Liebe können ganz unterschiedlicher Natur sein und auch von ganz verschiedener Komplexität. Manche Menschen sind ihr Leben lang auf einen Typus – etwa braunäugig und dunkelhaarig oder blauäugig und blond – festgelegt. Andere dagegen haben bei Äußerlichkeiten überhaupt kein Schema. Manche Menschen, die im Ruf stehen, »das gewisse Etwas« zu haben, lassen andere völlig kalt. Viele Menschen suchen bei anderen ganz bestimmte Charaktermerkmale, die sie erregen oder die ihnen Vertrauen einflößen. Andere dagegen kennen in der Wahl ihrer Partner kaum eine Kontinuität.

Ob eine Haarfarbe für mich wichtig ist, ein Duft, die Körpergröße, ein Charaktermerkmal oder eine Verhaltensweise, hängt gewiss davon ab, auf welche – meist unmerkliche – Weise wir sie als Kinder besetzt haben. Aber ist es dafür notwendig, dass wir sie bereits als Kinder *erotisch* besetzen? Ist es nicht viel mehr so, dass wir sie zunächst *symbolisch* als gut oder schlecht, anziehend oder abstoßend bewerten? Unsere Besetzung in der Kindheit dürfte eher allgemein sein: Verbinden wir bestimmte Merkmale, Eigenschaften und Verhaltensweisen mit etwas Negativem oder etwas Positivem? Ein dominanter Elternteil kann positiv erlebt werden, sofern sich die Dominanz nicht aggressiv gegen das Kind richtet; ebenso gut aber kann es als Fluch erlebt werden, wenn sich die Dominanz in Gewalt und Unterdrückung niederschlägt. Die Gründe für unsere Bewertungen können auf diese oder ähnliche Weise offensichtlich sein – aber auch dunkel. Denn schon Kinder, so scheint es, können etwas lieben und hassen zugleich. Sie können widersprüchlich empfinden und haben ambivalente Gefühle. Auch diese hinterlassen Fingerabdrücke in unserer Seele.

Ein unmittelbarer erotischer Kitzel ist damit vermutlich nicht unbedingt oder eher selten verbunden. Wahrscheinlicher ist, dass sich eine als »gut« oder »schlecht« gespeicherte Erfahrung später in der Erotik niederschlägt und auch in den Vorlieben bei der Wahl eines Partners, mit dem wir leben wollen. Eine vor-erotische Erfahrung wird später also gleichsam umcodiert in eine erotische. Das kann in der Pubertät der Fall sein, aber oftmals auch deutlich später in vielen sexuellen Selbsterfahrungen. So können wir zum Beispiel feststellen, dass Merkmale und Verhaltensweisen, die uns an einem anderen erotisch stimulieren, ihn zugleich für eine Partnerschaft diskreditieren. Das Gleiche gilt auch umgekehrt. Der ideale Herzensgefährte ist nur selten auch der geeignete Bettgefährte, jedenfalls zumeist nicht langfristig.

Unsere Liebeskarten haben also oft eine ziemlich irritierende Topographie. Und wahrscheinlich sind sie auch nie ganz zu Ende gezeichnet. Wie oft kommt es vor, dass junge Frauen deutlich ältere Männer bevorzugen, um dann im Alter von 40 an nach jüngeren Männern Ausschau zu halten? Was sagt in diesem Fall die Liebeskarte? Maximal signalisiert sie ein Faible für Aufregung, das sich aber in unterschiedlichen Lebensphasen mit ganz unterschiedlichen Männern, auch Männertypen, verbindet. Liebeskarten, so scheint es, sind sehr variabel, und mancher Hügel und manches Tal lassen sich durchaus auch noch im Erwachsenenalter neu einzeichnen.

Festlegungen in der Strenge eines genetischen Codes sind Liebeskarten also nicht. Sie schreiben die Entwicklung unseres Liebesverhaltens nicht vor wie die Gene das Wachstum unseres Körpers. Insofern projizieren wir auch keine feste und unverrückbare Vorstellung auf den von uns geliebten Menschen, wie Money vermutet.

Dass hingegen unsere frühkindliche und kindliche Erfahrung unser erotisches *und* unser Partnerschaftsverhalten als Erwachsene stark mitprägt, ist unbestritten. Vieles nimmt darauf Einfluss: die Rolle, die ein Kind in der Familie spielt, und die Aufmerksamkeit, die es bekommt. Oder die Geschlechterrollen der Eltern, die es sich abguckt. Wer in einer Familie ohne Streitkultur aufwächst, hat es später schwer, sich durchzusetzen. Wer dagegen in einer Familie mit viel Temperament groß wird, hat die besten Chancen, selbst ähnlich temperamentvoll zu werden, und wird sich auch einen temperamentvollen Partner suchen, weil man sich sonst schnell langweilt. Wer dazu erzogen wird, immer nett und freundlich zu sein, vergräbt leicht seine Gefühle und kommt später nur noch schwer an sie heran. Wer in einer Familie mit viel Humor groß wird, hat es mit einem humorlosen Partner später sehr schwer und so weiter.

Nicht immer suchen wir uns dabei einen Partner, der unserer Mutter oder unserem Vater nahe kommt. Oft fahnden wir nach dem genauen Gegenteil – allerdings selten mit Erfolg. Denn Partner, die völlig anders sind, als wir das von zuhause her kennen, bleiben uns in gewisser Hinsicht immer fremd. Das mag erotisch durchaus attraktiv sein, ist aber in Langzeitbeziehungen nicht unproblematisch.

Fast automatisch neigen wir dazu, unser ganz persönliches Familiendrama später neu zu inszenieren. Wir verlassen uns auf Muster, die wir kennen, und fallen geradezu instinktiv in immer gleiche Rollen. Dabei sind der Phantasie unserer Psyche keine Grenzen gesetzt. Wer sich mit einem Liebesdefizit aus der Kindheit plagt, sucht sich zum Beispiel nicht selten einen Partner, der seine Erwartungen mit hoher Wahrscheinlichkeit enttäuscht. Als selbsterfüllende Prophezeiung bestätigt er uns, dass wir offensichtlich nicht liebenswert genug sind.

Das Erstaunliche daran ist, dass die Bestätigung unserer Muster uns am Ende wichtiger zu sein scheint als das erhoffte Glück. Auch ein negatives Gefühl, wie zum Beispiel nicht allzu liebenswert zu sein, gehört zu unserer Identität. Und die Beharrungskraft dieser Identität ist meistens stärker als jeder Wunsch nach Veränderung. Ganz offensichtlich gibt es wesentlich mehr Menschen, die *glauben,* sich verändern zu wollen, als dass sie es tatsächlich *wollen.* Abgesehen davon, dass Hirnforscher unseren Charakter als Erwachsene nur zu maximal 20 Prozent für veränderbar halten, ist es diese Beharrungskraft unseres Identitätsgefühls, das die beliebte Ratgeberliteratur zur Liebe allgemein so wirkungslos macht. Wir können nicht hingehen und uns über Nacht verändern, nur weil wir ein paar kluge Einsichten gewonnen haben.

Beruhigend ist, dass eine solche Schönheitschirurgie der Psyche auch viel seltener notwendig ist, als wir oft glauben. Selbst wenn wir uns immer wieder die Falsche oder den Falschen auszusuchen scheinen, so falsch ist dieser Partner meist gar nicht. Jedenfalls nicht so sehr, dass wir nicht etwas für uns daraus lernen könnten. Und die absolut Richtige oder den absolut Richtigen gibt es für uns ohnehin wahrscheinlich nicht. Die Tyrannei, der wir uns aussetzen, wenn wir den für uns perfekten Partner suchen, bringt sicher mehr Unheil und Einsamkeit mit sich als ein paar abwechslungsreiche Falsche.

Der Grund für diese oft erfolglose Suche ist leicht benannt: Die Menschen, die die meiste Farbe in unser Leben bringen, sind sehr häufig die am wenigsten Geeigneten für eine lange und nahe Partnerschaft. Und die, die am besten passen, verblassen mit der Zeit zu einem netten Grau. Diese Feststellung ist zwar keineswegs ein Naturgesetz. Und viele glückende Beziehungen beweisen, dass Farbe und Zueinanderpassen durchaus vereinbar sind. Gleichwohl aber sind Entfremdung *und* Langeweile die Klippen, über die eine Beziehung rutschen kann. Daraus lässt sich schließen, dass unsere Liebessehnsucht nicht, wie oft behauptet, in erster Linie auf Verständnis, Geborgenheit und Bindung ausgerichtet ist. In mindestens gleichem Maße sehnen wir uns nach Aufregung. Denn die Erwartungen an unseren Liebespartner sind – zumindest heute in den stark individualisierten Gesellschaften – zwei: Versteh mich! und: Mach mein Leben interessant!

Kaum ein Mensch verliebt sich nur deshalb in einen anderen, weil er sich so gut verstanden fühlt. Wenn es stimmt, dass unser erotisches und unser partnerschaftliches Verhalten in der

Kindheit vorgeformt werden, so suchen wir auch später in der geschlechtlichen Liebe die *beiden* zentralen Funktionen unserer Eltern: Bindung und Anregung. Unsere Eltern geben uns nicht nur Geborgenheit, sie machen, jedenfalls zumeist, auch unser Leben interessant. Insofern sind Bindung und Stimulation die gleichberechtigten Bestandteile unseres Begehrens. Und sie sind dies auch – entgegen allem Anderslautenden – in der Liebe als einer längerfristigen Bindung. All unser romantisches Sehnen geht in diese Richtung.

Romantik ist die Idee, der Verliebtheit unbegrenzte Dauer zu verschaffen und die Aufregung zu konservieren unter dem Begriff »Liebe«. Und selbst wenn dies zumeist nicht besonders gut gelingt – eine Liebesbeziehung ohne diesen romantischen Anspruch erleben wir vielleicht als eine Beziehung, aber gewiss nicht als geschlechtliche Liebe. Nicht das Vertrauen bringt uns dazu, unser Fühlen, Denken und Tun radikal zu verändern, sondern die Anregung und die Aufregung. Schon beim Verlieben geht es nicht ohne einen solchen gewaltigen Schub. Denn wer denkt schon beim ersten kitzeligen Flirt an die schmutzigen Socken des vertrauensvoll geteilten Alltags …?

Schwindelnde Brücken

Die Capilano Canyon Suspension Bridge ist die längste Hängebrücke der Welt – jedenfalls für Fußgänger. 136 Meter weit spannen sich die Stahlkabel über den Capilano River nördlich der kanadischen Stadt Vancouver. 800 000 Besucher strömen jedes Jahr in den Nationalpark und bewundern die Aussicht auf die mächtigen Douglas-Fichten. Der besondere Clou aber ist die Brücke. 70 Meter über dem Abgrund schaukelt und wankt der Spaziergänger über den schmalen Holzsteg.

Die Capilano-Brücke ist nicht gerade ein Ort für schwache

Herzen. Zudem konnte es auch passieren, dass man es hier an jemanden verliert. Im Jahr 1974 nämlich mussten die jungen Männer, die alleine auf die Brücke wollten, an einer bezaubernden jungen Dame vorbei. Sie fragte die Männer, ob sie Lust hätten, an einem wissenschaftlichen Experiment teilzunehmen. Jeder von ihnen sollte genau bis zur Mitte der Brücke gehen und die Natur auf sich wirken lassen. Anschließend sollten sie ihren Eindruck kreativ festhalten in einer kleinen Geschichte oder einer Zeichnung. Wenn sie zurückkamen, gab die Dame den Herren ihre Telefonnummer: Falls sie Lust hätten, etwas über das Ergebnis der Studie zu erfahren. Die Hälfte aller Teilnehmer des Versuchs riefen später tatsächlich an.

Die Idee zu diesem Test hatten zwei junge Wissenschaftler aus Toronto, Donald Dutton und Arthur Aron. Dutton hatte gerade eine befristete Stelle an der University of British Columbia in Vancouver angetreten und befasste sich dort mit Gefühlen. Der Versuch mit der Brücke machte Dutton und Aron über Nacht berühmt. Aber mit Landschaftseindrücken, wie gegenüber den Touristen angegeben, hatte das Experiment gar nichts zu tun. Das Einzige, was die beiden Psychologen interessierte, war die Frage: Wie viele der Herren rufen nachher an?

Ihre Hypothese war klar und einfach: Weil der Gang über die schwankende Hängebrücke die Männer in Aufregung versetzt, reagieren sie besonders emotional auf die hübsche junge Dame; ihr Interesse an der Frau wird gesteigert.

In einem zweiten Versuch schickten Dutton und Aron die Dame zu einer nahe gelegenen einfachen Holzbrücke und wiederholten das Experiment. Und siehe da: Nicht einmal 15 Prozent der Männer griffen nachher zum Telefon und riefen die Frau an.

Auffällig war auch noch etwas anderes: Die Geschichten, die auf der Hängebrücke geschrieben worden waren, enthielten eindeutig mehr sexuelle Anspielungen als die Geschichten von der normalen Holzbrücke. Was war geschehen? Haben Dutton und

Aron recht, so hatten die Männer ihre Aufregung auf der Brücke in eine Erregung gegenüber der jungen Dame umgemünzt. Je stärker der Kick auf der Brücke, umso sexuell interessierter waren die Männer.

Donald Dutton ist heute Professor für forensische Psychologie an der University of British Columbia; Arthur Aron unterrichtet Psychologie an der Stony Brook University in New York. Aus ihrem berühmten Versuch zogen sie zwei Schlüsse, einen theoretischen und einen praktischen. Theoretisch interessant ist, dass unsere Emotionen oft so unbestimmt sind, dass wir sie gar nicht eindeutig interpretieren können. Eine Erregung zu haben und sie zu verstehen, sind zwei ganz verschiedene Dinge. Nur so kann es vorkommen, dass ein Gefühl wie Angst oder Aufregung schließlich als sexuelle Erregung seinen Niederschlag findet. Dutton und Aron deuteten diesen Vorgang auf der Brücke als »Fehlattribution«. Zu Deutsch: Die Männer hatten sich offensichtlich selbst missverstanden.

Dass eine körperliche Emotion und ihre psychische Interpretation zwei verschiedene Dinge sind, ist eine Idee des US-amerikanischen Sozialpsychologen Stanley Schachter aus dem Jahr 1962. Der Professor an der University of Michigan in Chicago hat ein Faible für die vielen Merkwürdigkeiten des menschlichen Verhaltens. Schon in seiner Doktorarbeit hatte er sich mit der Frage beschäftigt, was wohl in der Psyche von Weltuntergangsaposteln vor sich geht, wenn sie erleben müssen, dass ihre Prophezeiungen sich nicht erfüllen. Schachter interessiert die große allgemeine Frage: Wie denken wir uns die Welt zurecht? Und wie kommen wir dabei zu Fehlzündungen wie Magersucht, Fresssucht, Hypochondrie, Abhängigkeit von Zigaretten oder Geiz?

Nach Schachter haben alle diese Vorgänge etwas mit »Fehlattributionen« zu tun, denn eine Emotion für Magersucht oder Geiz ist nicht existent. Das Verhalten und die Emotion, die es auslöst, entsprechen sich nicht. Ganz offensichtlich wird etwas umgeleitet oder umgewandelt, und zwar durch die interpretierende Arbeit unserer Psyche. Die Theorie, die Schachter dazu aufstellte, nennt sich »Theorie der zwei Komponenten« (*Two factor theory of emotion*). Und ihre Pointe ist ziemlich einfach: Alle unsere Gefühle bestehen aus zwei Faktoren – aus einem körperlichen Reiz oder einer *Stimulation* auf der einen Seite und aus einer entsprechenden (oder nicht ganz entsprechenden) *Interpretation* auf der anderen.

Mit anderen Worten heißt das: Wir haben immer die Gefühle, die wir interpretieren! Das Gleiche war schon gemeint, als ich im Kapitel zuvor sagte, Gefühle entstehen, wenn Emotionen Vorstellungen auslösen. Denn Vorstellungen sind eine Leistung unserer höheren Hirnfunktionen, die eine Emotion deuten und ausspinnen. Und Gilbert Ryle würde wohl hinzufügen: So ist es, aber für die meisten Gefühle fehlen uns die Worte! Wir greifen auf allgemeine Begriffe zurück. Und haben wir sie einmal benutzt, glauben wir, dass das, was wir fühlen, ihnen tatsächlich entspricht.

Kinder freuen sich darüber, wenn Erwachsene ihnen für das, was sie fühlen, eine eindeutige Erklärung geben. Die Welt kommt dadurch wieder in Ordnung. Und auch Erwachsene sind meist beruhigt, wenn diffuse Gefühle von Unbehagen durch eine plausible Definition scheinbar erklärlich werden. Mit einem klar diagnostizierten »Minderwertigkeitskomplex« samt passender Herleitung fühlen wir uns im Zweifelsfall noch immer wohler als mit den vagen, nur halb erkannten Hilflosigkeits- und Ohnmachtsgefühlen gegenüber anderen Menschen – auch wenn es mit einem »Minderwertigkeitskomplex« als einer wissenschaftlichen Erklärung in Wahrheit nicht weit her ist.

Duttons und Arons Experiment auf der Hängebrücke scheint diesen Mechanismus zu bestätigen. In einer Situation starker Aufregung lassen sich Gefühle ummünzen und anderweitig fruchtbar machen. Die praktische Pointe der Geschichte ist die Erkenntnis, dass gerade sexuelles Interesse und Verliebtheit hochgradig abhängig sind vom Kontext. Die Wahrscheinlichkeit, sich bei einem Rockkonzert, beim Tanzkurs, auf einer rauschenden Weihnachtsfeier, im Kölner Karneval oder eben auf einer abenteuerlichen Hängebrücke zu verlieben, ist ungleich höher als etwa beim Einkaufen im Supermarkt.

Das Brückenexperiment ist heute nur noch eines unter Hunderten zum Thema Erregung und Fehlattribution. Weitere Studien haben dabei gezeigt, dass solche Experimente umso besser klappen, je sorgfältiger sie mit der Körperchemie abgestimmt sind. Ein hochgradig erregter Körper nach einer anstrengenden Radfahrt oder einem Halbmarathon braucht im Durchschnitt 70 Minuten, bis er wieder auf Normalniveau runterkommt. Etwa 10–15 Minuten nach der Anstrengung liegt der günstigste Moment für eine Fehlattribution. Der Körper ist noch immer erregt, aber unsere Psyche verbindet diese Erregung nicht mehr stringent mit dem Auslöser, der sportlichen Betätigung. Die attraktive Dame im Ziel bekommt nun das ganze Augenmerk.

Außergewöhnliche Situationen begünstigen außergewöhnliche Gefühle. Und das Gefühl, etwas Besonderes zu erleben, kann eine Erregung so in die Höhe treiben, dass sie dazu führt, sich zu verlieben. Wohlgemerkt: Es kann, aber es muss natürlich nicht. Es gibt Paare, die in den banalsten Situationen zueinandergefunden haben. Und nicht jede aufregende Situation führt dazu, dass wir lieben. Wer uns vor der Hängebrücke unsympathisch war, ist nachher nicht attraktiver geworden. Eher im Gegenteil: Auch negative Emotionen verstärken sich im Erregungszustand. Gleichwohl kennen viele Menschen die Enttäuschung, wenn ein Liebespartner, den man im aufregenden Urlaub kennengelernt hat, in der Heimat rasch seinen Zauber verliert. Das Besondere und Außergewöhnliche geht verloren, und genau auf diesen Reiz kommt es in jeder Liebe an. Einen Partner, den wir nicht als »besonders« empfinden, lieben wir nicht mehr. Und wen wir lieben, den empfinden wir als »besonders«. Ja, Liebe selbst erscheint uns als eine »Besonderheit«, ansonsten würden wir wohl nicht mehr von ihr als »unserer Liebe« sprechen. Ohne das Gefühl des Besonderen geht nämlich gar nichts.

Liebe als Besonderheit

»Fünf große Küsse hatte es gegeben seit 1642 v.Chr., als sich Saul und Delilah Korns zufällige Entdeckung über die westliche Welt auszubreiten begann. (Vorher hakten die Pärchen die Daumen ineinander.) Und die genaue Einstufung der Küsse ist eine riesig schwierige Angelegenheit, bei der oft große Kontroversen entstehen, denn wenn sich auch über die Formel Leidenschaft mal Keuschheit mal Intensität mal Dauer alle einig sind, so hat doch jede eine etwas andere Meinung darüber, wie viel Gewicht jedes dieser Elemente erhalten sollte. Aber egal nach welchem System, bei fünf Küssen herrscht allgemeine Übereinstimmung, dass sie vollwertig waren. Und dieser eine nun übertraf sie alle.«[73]

Lassen wir einmal beiseite, dass Biologen und Anthropologen den Ursprung des Kusses bei der Mund-zu-Mund-Fütterung unserer Primatenzeit ansetzen: Es gab noch keine Babynahrung, und alles Weichgekaute wurde ohne Umweg weitergegeben. William Goldmans Erfindung des Kusses im Judentum, von der er in seinem brillanten Roman *Die Brautprinzessin* erzählt, ist allemal schöner. Und dass das, was wir beim Kuss eines geliebten Menschen empfinden, lediglich ein Relikt aus der oralen Phase sein soll, blenden wir zu Recht gerne aus. Für den Rest der Angelegenheit gibt es einen Eintrag in Wikipedia, der sich im Tonfall von Goldman übrigens kaum unterscheidet: »In der westlichen Kultur wird der Kuss meistens genutzt, um Liebe oder (sexuelle) Zuneigung auszudrücken. Normalerweise sind dabei zwei Personen beteiligt, die sich gegenseitig auf die Lippen oder andere Körperstellen küssen. Beim Küssen aus Zuneigung ist das körperliche Empfinden oft wichtig. Liebesküsse sind oft lang und intensiv (z.B. Zungenkuss). An den Lippen sind besonders viele Nervenenden vorhanden, wodurch beim Küssen besonders der Gefühlssinn beteiligt ist. Weiterhin werden durch die Nähe beim Kuss Pheromone besonders gut übertragen. Ein Kuss kann so die Lust steigern.«

Die besondere Pointe an der Goldman-Geschichte aber liegt nicht beim Küssen, sondern in seinen Superlativen. Denn was soll der tollste aller Küsse gemäß der Formel Leidenschaft mal Keuschheit mal Intensität mal Dauer, wo doch *jeder* Kuss unter Verliebten im Verdacht steht, etwas ganz Besonderes zu sein.

Das Gefühl der Besonderheit ist mit der Liebe untrennbar verbunden. Wenn es richtig ist, dass jede geschlechtliche Liebe zu einem wichtigen Teil Selbstdarstellung im Blick des anderen ist, so kommen wir um die Besonderheit kaum herum. Wir empfinden den anderen als »besonders«, schon weil wir uns selbst für etwas Besonderes halten wollen. Denn nur der Blick eines besonderen Menschen macht uns besonders. Auf diese Weise wird unsere Liebe eigentlich immer zu einer besonderen Liebe – jedenfalls solange wir sie noch fühlen und an sie glauben.

Der Mechanismus, der dahintersteckt, ist nicht schwer zu beschreiben. Alle Besonderheit kommt durch Gefühle in unser Leben. Logische Überlegungen und routiniertes Handeln stiften diesen Kick eher nicht. Durch unsere Gefühle aber erleben wir die Welt als aufregend, deprimierend, kurios, verrückt, seltsam, erregend und so weiter. Gefühle verleihen unserem Erleben Qualität, Wert und Wichtigkeit. Die Liebe aber ist genau das Gefühl, das uns das Gefühl gibt, ein besonderes Gefühl zu haben. Mit anderen Worten: Das Thema der Liebe ist ihre eigene Besonderheit.

Was wir fühlen, daran sind wir innerlich beteiligt. Und ein so starkes Gefühl wie die Liebe gibt uns das Gefühl einer maximalen innerlichen Beteiligung. Über die Erfahrung des anderen werden wir uns auf besondere Weise wichtig. Und aus dem Wunsch nach Besonderheit, den das »besondere« Gefühl in mir auslöst, entsteht unser ganz persönliches Liebeskonzept. Liebende konstruieren sich eine gemeinsame Wirklichkeit. Und jedes Liebespaar baut sich auf diese Weise seine eigene Welt. Dinge werden wichtig, die vorher unwichtig waren, aus Uninteressantem wird Interessantes. Wir öffnen uns in für uns selbst zuvor unvorstellbarem Maße, wenn auch, um uns später langsam wieder zu schließen. Es ist ein Vollbad der lustvollen Selbstinventur. In dem Film *Der Stadtneurotiker* sagt Woody Allen: »Was von meinen Frauen geblieben ist, sind die Bücher, sind Tolstoi und Kafka« – Autoren, mit denen er sich seiner Meinung nach sonst nie beschäftigt hätte. Das Lieblingsrestaurant dagegen, das vorher so wichtig war, so schön und so romantisch, ist nach der Trennung ein gern gemiedener Ort – man würde wohl nichts von der Romantik dort wiederfinden. Und ein frisch Verliebter, der mit seiner neuen Freundin in das gleiche Lieblingsrestaurant geht wie mit ihrer Vorgängerin, macht sich zu Recht verdächtig.

Der Clou daran ist, dass Liebende ihre Liebe für einzigartig halten, obgleich sie durchaus wissen, dass sie nicht die Einzigen sind, denen so etwas passiert. So verschieden eine jede Liebesbeziehung voneinander ist, so ähnlich sind doch viele Muster und Rituale. Eine Liebe ohne den wiederholten Satz »Ich liebe dich!« wäre schon recht seltsam, ebenso eine Liebe ohne Aufmerksamkeiten, kleine und große Besitzansprüche, ohne Zuwendungen und ohne Rituale. Je besonderer wir unsere Liebe finden, umso mehr gleichen wir damit allen anderen. Nur jene Liebenden, die sagen, ihre Liebe sei wie alle anderen, sind wohl tatsächlich anders.

Liebende verherrlichen ein verherrlichendes Gefühl. Vermutlich ist es deshalb auch nicht aus der Luft gegriffen, wenn John Money annimmt, das Bild, das wir uns vom anderen machen, sei eine Projektion nach dem Schema der Liebeskarte. Nur eben, dass das Schema bei weitem nicht so schematisch ist, wie Money vermutet. Gewiss aber verliebt man sich immer in eine Vorstellung. »Der Liebende liebt den Geliebten, wie er ihn sieht« –

diesem klugen Satz des Sozialphilosophen Max Horkheimer ist nichts hinzuzufügen.[74] Das Bild, das man sich vom anderen macht, wird durch die Liebe so weit verändert und bestimmt, dass der geliebte Mensch einer »normalen« Betrachtungsweise entrückt. Das ist ihre ganz eigene unverwechselbare Qualität. In den Worten des Soziologen Niklas Luhmann: »Der Außenhalt wird abgebaut, die inneren Spannungen verschärft (im Sinne von: intensiviert). Die Stabilität muss jetzt aus den persönlichen Ressourcen gewährleistet werden.«[75]

In der Ritualisierung unseres Verhaltens suchen wir jene Wärme zu erzeugen, die wir als Kinder im Elternhaus hatten (oder vermisst haben). Kindliche Welten sind von magischen und ritualisierten Wahrnehmungen und Erfahrungen geprägt. Was Erwachsenen logisch und verständlich erscheint, wird von Kindern symbolisch als richtig oder falsch gewertet. Sie folgen Pfaden, von denen sie annehmen müssen, dass sie gut sind, ohne sie zu durchschauen. Und sie verleihen selbst jenen Dingen eine Aura und einen Wert, von denen sie wissen, dass er ihnen »objektiv« nicht zukommt. Der Knuffelhase und der Stoffhund bleiben beseelte Liebesobjekte, obwohl bereits jedes 4-jährige Kind weiß, dass sie definitiv weder leben noch empfinden.

Eine Qualität unserer Liebesbeziehungen ist, dass sie es uns auch als Erwachsenen ermöglicht, Dingen einen Wert zu verleihen, ohne dass unser kritischer Verstand diese Magie zerstört. Der liebgewonnene Kaffee morgens auf dem Balkon in trauter Zweisamkeit genossen, erhält eine Bedeutsamkeit, den er ohne den anderen niemals hätte. Werte gehören zu den kostbarsten Besitztümern des Menschen. Sie spontan und freiwillig aufzubauen ist ebenso unmöglich, wie sie durch Nachdenken oder gar Abgucken erlangen zu wollen. Um einen Wert auszubilden, muss ich meine Vorstellungen positiv emotionalisieren. Doch aus einer Emotion eine Vorstellung zu machen ist weit leichter als aus einer Vorstellung eine Emotion. Wenn uns ein Freund erzählt, dass er beim Reiten oder beim Tauchen glücklich ist, macht uns das auch bei viel gutem Willen nicht zu glücklichen Reitern oder Tauchern.

Fast alle unsere Werte prägen sich in der Kindheit aus, und wer als Kind keine Werte aufbauen kann, wird sie wahrscheinlich ein Leben lang nicht finden – jedenfalls nicht langfristig. Die positive Beseelung von Dingen, Interessen und Verhaltensweisen ist nur in frühen Prägungen möglich oder – zumindest kurzfristig – durch die Liebe. Ich erinnere mich gut, wie ich im Alter von etwa 12 Jahren betrauerte, dass ich mich leider nicht mehr so auf Weihnachten freuen könnte wie noch ein paar Jahre zuvor. Alles, was mir aufregend und wertvoll erschienen war, kam mir inzwischen recht banal vor. Meine Mutter bestätigte dies. Mein Gefühl für Weihnachten würde nicht mehr zurückkommen, ebenso wie viele andere starke kindliche Gefühle. Aber, fügte sie versöhnend hinzu, man würde als Erwachsener dafür entschädigt: durch die Liebe!

Bedauerlicherweise geht es vielen Liebenden mit ihrer Liebe auch so wie mir als Kind mit Weihnachten. Der Zauber, den man hineinprojiziert hat, löst sich mit der Zeit auf. Und was vorher »heilig« war, wird irgendwann Routine. Der Verlust ist so dramatisch wie bekannt. Milliarden von Menschen haben ihn erlitten. Und erst seit wenigen Jahrzehnten gibt es eine wachsende Flut von Ratgebern, die einem die Tricks anpreisen, wie man der Abwärtsspirale entgehen soll. Geht es nach ihnen, so ist die Abnahme des Zaubers und das Schwinden der gemeinsamen Wirklichkeit weder die Folge sinkender Phenylethylamine in unserem Blut noch ein Gebot der kritischen Vernunft, die sich nach einer Weile glücklicher Verwirrung wieder besinnt. Langfristige Liebe ist lernbar, so lautet das Versprechen. Stimmt das?

Bevor wir uns im nächsten Kapitel damit beschäftigen, möchte ich noch einmal kurz zusammenfassen, bis wohin wir gekommen sind: Menschen sind Lebewesen mit ganz normalen tierischen Emotionen. Unsere Begabung zu komplexen Vorstellungen jedoch macht aus vielen unserer Emotionen diffuse, beflügelnde, deprimierende, schillernde Gefühle. Diese Gefühle entsprechen unseren Emotionen nicht im Verhältnis von eins zu eins. Dafür gibt es zwei Gründe. Erstens: Wie Schachter gezeigt hat, haben wir unsere Emotionen nicht einfach, sondern wir *interpretieren* sie bis hin zu möglichen Ummünzungen oder »Fehlattributionen«. Und zweitens setzt uns unsere *Sprache* bei der Deutung unserer Gefühle Grenzen. Wie Ryle erkannt hat, machen wir aus flüchtigen Erregungen allgemeine Substantive. Deshalb reden wir von der Liebe, als wäre sie ein realer Gegenstand, wie etwa ein Tisch, und nicht ein flüchtiges Konstrukt unserer Vorstellungskraft.

Was uns von unserer Biologie, unseren animalischen Emotionen, Instinkten und unserem chemischen Haushalt emanzipiert, ist unsere Selbstinterpretation. Eine Stufe höher ist es unser ganz persönliches Selbstkonzept, das darüber bestimmt, *wie* wir uns und andere interpretieren. Unsere gewusste Identität ist nicht gleich unserer biologischen Identität, und diese Kluft schafft sehr viel Spielraum – auch für die Liebe. Wen wir lieben, hat weit mehr mit unserem Elternhaus zu tun als mit einer biologischen Schönheitskonkurrenz. Nur in der Pubertät, in der unsere Selbsterkenntnis und unser Selbstkonzept noch auf sehr viel schwankenderem Boden stehen, als sie es ohnehin tun, spielt die größtmögliche Attraktivität des anderen unter Umständen eine Hauptrolle.

Unsere Leidenschaften sind somit Erfahrung *und* Erfindung – zu einem wesentlichen Teil eine Erfindung aus unserer Kindheit wie eben fast alles, was mit unseren großen Gefühlen zusammenhängt. Wen wir sexuell *begehren*, hat maßgeblich auch etwas mit unseren Trieben zu tun, in wen wir uns *verlieben* weit mehr mit unseren Eltern und Kindheitserfahrungen, wen wir *lieben* schließlich ist sehr weitgehend eine Frage unseres Selbstkonzeptes.

In gleicher Weise verläuft auch die Zunahme unserer Willensfreiheit. Unsere sexuelle Lust ist unserem Willen fast völlig entzogen; wer uns erregt, suchen wir uns nicht aus. In wen wir uns verlieben, daran sind wir nicht ganz unbeteiligt, jedenfalls als erwachsene Menschen mit Erfahrung. Denn ob wir uns überhaupt auf jemanden näher einlassen, da haben wir – Liebeskarte hin oder her – durchaus die Möglichkeit des Ja oder Nein. Unsere Liebe dagegen ist bis zu einem gewissen Grad eine Sache unseres direkten Wollens.

Die Frage ist nur: bis zu welchem Grad?

9. KAPITEL

Arbeit am Schicksal
Ist Lieben eine Kunst?

Erich Fromm, ein Stadtdirektor und die Liebeskunst

Korsika, Sommer 1981: Ich war sechzehn und das erste Mal im Süden, in einem kleinen Hotel, versprengt in der Macchia. Wie alle 16-Jährigen war ich unglücklich verliebt, ein schulbuchmäßiger Fall von unerwiderter Liebe. Mein Hormonspiegel hatte einen ungeahnten Pegel angenommen; der Geruch der Wildkräuter rund ums Hotel brachte mich fast um. Das Schlimmste an diesem Urlaub aber war, dass ich ihn allein mit meiner Mutter machen musste. Eindeutig die falsche Person im falschen Moment.

Meine Mutter war in der Midlife-Crisis. Die war damals gerade erfunden. Am Strand von Calvi fühlte sie sich zum ersten Mal alt. Unsere unfreiwilligen Hotelgefährten wichen uns derweil kaum von der Seite. Einsamkeit macht gesellig: ein untersetzter Kantor aus Porz und der kahlköpfige Stadtdirektor einer Kreisstadt im Sauerland kurz vor der Pensionierung, samt Gattin Hildegard. Beim Abendessen beeindruckte der Stadtdirektor den Kantor mit sauerländischen Verwaltungsweltweisheiten. Tagsüber im Liegestuhl aber las er Erich Fromm: *Die Kunst des Liebens*. Zwischendurch betätigte er sich als Voyeur und hielt meiner Mutter Vorträge über die hohe Schule des intelligenten Flirtens. Meine Mutter war Feministin und nicht besonders gut drauf. Sie war wenig beeindruckt. Intelligent zu flirten, meinte der Stadtdirektor, bedeute: »nicht gleich zur Sache zu kommen«. Mit seinen Blicken am Strand kam er schneller zur Sache als mit seinen Worten. (Ich gehe davon aus, dass der betreffende Herr nicht mehr lebt, ansonsten, falls er dies liest: Schöne Grüße!)

Ich gab Erich Fromm die Schuld. Für die ganze Misere. Schon der Name erinnerte mich an Kirche und Kondome. Auf dem Autorenfoto im Buch sah er aus wie der Stadtdirektor, und selbst der Vorname war ähnlich. Jahrzehntelang hielt ich das Buch für eine Flirtschule für ältere Herren. Auch meine Mutter mochte das Buch nicht, sie fand es »esoterisch«. Vermutlich deshalb wurde es auch so populär. *Die Kunst des Liebens* ist das erfolgreichste Sachbuch über die Liebe aller Zeiten. Fünf Millionen Exemplare wurden weltweit verkauft. Aber es ist weder eine Flirtschule noch Esoterik. Nun, was ist es dann? Was wollte Erich Fromm uns sagen?

Erich Pinchas Fromm, geboren 1900 als Sohn eines Obstweinkaufmanns in Frankfurt am Main, entstammt einer sehr religiösen jüdischen Familie. Schon in früher Jugend begeistert sich der kleine unattraktive Junge für die jüdische Mystik. In der Stadt findet er Anschluss an viele andere junge jüdische Intellektuelle wie Siegfried Kracauer, Leo Löwenthal und Martin Buber. Nach dem Abitur studiert Fromm Jura in Heidelberg. Durch neue Freunde beeinflusst, träumt er den Traum von einer »jüdischen« Synthese von Sozialismus, Mystik und Humanismus. Nach der Promotion 1922 kommt noch die Psychoanalyse Sigmund Freuds hinzu, eine ganz neue faszinierende Herausforderung.

Fromm sucht nach einem großen Wurf, um die zersplitterte Welt der 1920er Jahre wieder unter einer humanistischen Idee zu vereinen. Gleichzeitig beginnt er eine psychoanalytische Ausbildung in München und in Berlin. 1926 heiratet er die gleichaltrige Psychiaterin Frieda Reichmann und eröffnet eine psychoanalytische Praxis in Berlin. Karl Marx und Sigmund Freud werden ihm wichtiger als seine früheren theologischen Heilserwartungen. Fromms neues Ziel ist eine nüchterne analytische Sozialpsychologie. Er wird Mitgründer des »Frankfurter Psychoanalytischen Instituts«, untergebracht in den Räumen des berühmten »Instituts für Sozialforschung«. Er hält Vorlesungen in Frankfurt und praktiziert therapeutisch in Berlin. 1932 trennt er sich von Frieda Reichmann und flüchtet zwei Jahre später vor dem Naziregime in die USA.

Anders als vielen anderen deutschen Intellektuellen gelingt es Fromm überraschend gut, in New York Fuß zu fassen. Er eröffnet eine psychoanalytische Praxis und hält Gastvorlesungen an der Columbia University. Am Institut für Sozialforschung, das ebenfalls nach New York übergesiedelt ist, kommt es 1938 zum Eklat. Theodor W. Adorno, drei Jahre jünger als Fromm und der kommende Stern des Instituts, ekelt seinen Konkurrenten raus. Adorno hatte Fromm nie für eine große Leuchte gehalten. Jetzt sieht er in ihm einen naiven Populärphilosophen.

Die meisten Mitglieder des Instituts kehren bei Kriegsende nach Deutschland zurück. Fromm bleibt in den USA, wird amerikanischer Staatsbürger und hält Vorlesungen in Vermont und in Yale. In rascher Abfolge bringt er seine Ideen zu Papier. Er schreibt Bücher über den Nationalsozialismus, über Psychoanalyse und Ethik sowie über Psychoanalyse und Religion. Die Theologie, die Fromm in den 1920er Jahren fast schon zu den Akten gelegt hatte, gewinnt wieder an Bedeutung. 1944 hatte er die tief religiöse Fotografin Henny Gurland geheiratet, die in einer dramatischen Reise mit Walter Benjamin aus Deutschland geflohen war. Eine Folge dieser strapaziösen Reise war eine rheumatische Arthritis. Wegen Hennys Krankheit zieht Fromm 1949 nach Mexiko. Er wird außerplanmäßiger Professor für Psychoanalyse in Mexico City.

Als Henny 1952 stirbt, stürzt sich Fromm in eine Schrift, die den Kapitalismus als ein Geschwür beschreibt, ein krankheitserzeugendes System. Fromms Hass lässt ihn in die Sozialistische

Partei der USA eintreten. Überraschend schnell findet er eine neue Lebensgefährtin. Ein Jahr nach Hennys Tod heiratet er die zwei Jahre jüngere Annis Freeman, eine groß gewachsene, attraktive Amerikanerin. Mit ihr siedelt er um nach Cuernavaca, in ein selbst entworfenes Haus mir großem Garten in einer Prominentensiedlung. Der neu Verliebte beschäftigt sich mit Zen-Buddhismus und schreibt sein großes Erfolgsbuch: *Die Kunst des Liebens*.

Den größten Teil seines schmalen Buches verwendet Fromm auf eine Kritik des wirtschaftlichen Denkens. Der Kapitalismus mache den Menschen oberflächlich und schlecht. Zweihundert Jahre zuvor hatte der französische Philosoph Jean-Jacques Rousseau ein Buch *Über die Ungleichheit unter den Menschen* geschrieben. Seine Ansicht war: Der Mensch ist gut, aber die Zivilisation verdirbt ihn. Rousseaus Einfluss war gewaltig. Er ist der Vater aller »Beschädigungstheorien«. Beschädigungstheoretiker gehen davon aus, dass die gesellschaftlichen Umstände den Menschen daran hindern, seiner wahren Natur gemäß zu leben. Dementsprechend suchen sie nach dem »wahren«, dem »eigentlichen« und dem »freien« Menschen hinter den gesellschaftlichen oder wirtschaftlichen Zwängen. Von der christlichen Erbsünde über Rousseau und die deutsche Romantik zu Friedrich Nietzsche, Sigmund Freud, Theodor W. Adorno und Erich Fromm führt eine direkte Linie. Adorno nannte die *Minima Moralia,* seine berühmte Sammlung von Einfällen und Notizen, im Untertitel »Reflexionen aus dem beschädigten Leben«.

Erich Fromm und Theodor W. Adorno waren keine Freunde, aber sie schöpften ihre Theorien aus denselben Quellen: dem Marxismus und der Psychoanalyse. Letztere kommen beide darin überein, dass sie den Menschen durch die gegenwärtige Gesellschaft behindert sehen. Der Mensch ist unfrei, insofern ihn entweder die Wirtschaft oder die vorherrschende Moral daran hindern, sich zu entfalten. In der »Kritischen Theorie« kommen Marxismus und Psychoanalyse zusammen. Danach steckt die Wurzel allen Übels im Kapitalismus. Weil der Kapitalismus den Menschen unterdrückt, führt dies zu allen möglichen gesellschaftlichen Deformationen. Mit anderen Worten: Der Mensch ist psychisch unfrei, weil er wirtschaftlich unfrei ist. Überall herrschen Unterdrückungsmechanismen und Vorurteile. Adorno nannte dies die »Verblendungszusammenhänge«.

Das Schöne an diesen Verblendungszusammenhängen für den Philosophen ist, dass er sich selbst außerhalb davon sehen kann. Umso schlauer und erleuchteter kann sich fühlen, wer die Dummheit der anderen durchschaut. Dieser schöne Effekt ist eines der Erfolgsgeheimnisse der Kritischen Theorie. In den 1960er Jahren wurde sie zu einer Art Religion für Intellektuelle: Ihr Kult war die Analyse des massenhaften falschen Lebens.

Wenn Adorno recht hatte, dann gab es zwar »kein richtiges Leben im Falschen«, kein echtes Lebensglück also im Kapitalismus. Aber es gab immerhin die Möglichkeit, das falsche Leben der anderen zu durchschauen. Die Formel für die Zukunft bestand darin, das herrschende »System« der Wirtschaft und Politik zu »überwinden«. Nach Karl Marx bestimmte das Sein das Bewusstsein. Und wer das »Sein«, die gesellschaftlichen Verhältnisse, kurierte, der therapierte damit zugleich das Bewusstsein der Menschen. Die politischen Streiter von 1968 verstanden sich demnach als beides: als Revolutionäre und als Therapeuten.

Der gleiche Gedanke findet sich auch bei Erich Fromm. Das deformierte Habenwollen des kapitalistischen Konsumenten müsse therapiert werden zu Gunsten eines einzig wahren und erstrebenswerten Seins. Während Adorno sich nach und nach von Freuds Psychoanalyse verabschiedete, betrieb Fromm seine Kapitalismuskritik konsequent als Psychohygiene. Der aufgeschlossene und sensible Mensch müsse sich frei machen von weltlichen Bedürfnissen. Nur so wird aus dem Konsumenten ein Liebender. Denn eine liebende Haltung zur Welt sei das Gegenteil einer gierigen: Der Liebende will nichts haben, er respektiert, was ist, und er gibt, statt zu raffen.

Erich Fromm starb 1980 als wohlhabender Mann in Muralto am Lago Maggiore. Neben seinem Domizil im Tessin besaß er ein Penthouse am Riverside-Drive in New York. Bis zuletzt hatte er sich für den Weltfrieden und für einen humanistischen Sozialismus engagiert. Die Forderung nach einer Abkehr von den materiellen Bedürfnissen, die sich in seinen Büchern findet, nahm er allerdings nie persönlich. Umso unerklärlicher ist die nur auf den ersten Blick sympathische Verurteilung des Habenwollens. Warum ist Habenwollen so schlimm? Ist es wirklich böse? Ist denn nicht auch das optimale »Sein« etwas, das ich haben will? Gibt es zu unserem Verlangen, unserer Begierde nach etwas, überhaupt eine Alternative? Will nicht jeder Mensch etwas haben, und sei es nur seine Ruhe und seinen Seelenfrieden?

Die Vorstellung, ohne ein Habenwollen auskommen zu können, ist eine Luxusidee für Wohlstandsmenschen. Ohne es zu ahnen, hatte Fromm ein Buch geschrieben, das den Zeitgeist der 1970er und 1980er Jahre vorwegnahm. Feministinnen gefiel die Kritik an der männlichen Raubtiermentalität des Kapitalismus; die Umweltbewegung beseelte die Vorstellung von einem sauberen Leben jenseits des dreckigen Gefahrenindustrialismus; Esoteriker mochten die Spiritualität in der Vorstellung eines möglichst anspruchslosen Lebens. Erich Fromms *Die Kunst des Liebens* wurde die Bibel einer Wohlstandsgesellschaft, die unbedingt ihr »Sein« haben wollte.

Und genau hier setzen Fromms Nachfolger im Geiste heute noch immer an. Er ist der Vater jener psychologischen Ratgeber, die zu Hunderten in den Buchhandlungen lauern, ein Konvolut von Ködern, die Sinnsucher in aller Welt anziehen, Menschen auf der Suche nach sexuellem und spirituellem Glück, nach Befriedigung und Erlösung.

Selbstredend kann man das, was in seiner Nachfolge auf den Buchmarkt kam, Fromm nicht persönlich anlasten. Und man wird auch nicht bestreiten können, dass er das Gute gewollt hat, als er so manchem Unsinn den Weg bahnte, der sich heute in den Regalen der Buchhandlungen zusammendrängt.

Der Kölner Psychologe Peter Lauster zum Beispiel verkaufte mehr als eine Million Exemplare seines Buches *Die Liebe. Psychologie eines Phänomens.* Zumindest im deutschsprachigen Raum war er damit in den 1980er und 1990er Jahren so erfolgreich wie heute John Gray und die Peases. Und ebenso wie jene schreibt Lauster bevorzugt für Frauen. Ihr Geschlecht kommt deutlich besser weg, denn Frauen sind zumeist stärker »sensitiv«. Sensitivität ist das Zauberwort, und ihrem »Fließen« sollte nichts im Weg stehen, auch nicht die Ehe und die Treue. Wer sich hinter den Barrieren der Ehe verschanzt, wer Treue für ein wichtigeres Gut hält als Sensitivität, dessen Psyche ist »krankhaft« und »verkümmert«.

Was in der Maske esoterischer Nettigkeit daherkommt, ist in Wahrheit eine Terrorformel. Zunächst einmal muss man feststellen, dass die schreckliche Forderung, stets im »Hier und Jetzt« zu leben, die Lauster an seine Leser richtet, an der Realität unserer Alltags- und Arbeitswelt völlig vorbeigeht. Nur Buddhas, Asoziale und Millionäre können sich das leisten. Für die anderen ist dieser Erlösungsweg eine Überforderung und ein Fluch. Denn so gesehen leben wir alle ständig an uns selbst vorbei. Dazu kommt die Arroganz dieser Sein-statt-Haben-Lehre, fast alle Menschen der westlichen Welt als verkümmert anzusehen und ihre Psyche zu pathologisieren. Wie in Adornos Kritischer Theorie sind die meisten unserer natürlichen Bedürfnisse *falsche* Bedürfnisse und unsere emotionalen Reaktionen *falsche* Reaktionen.

Der Erfolg dieses sanften Gesinnungsterrors ist hinlänglich bekannt. Auch seine unheilvollen Folgen für die ungezählten Debatten zwischen streitenden Paaren. Wer sich unverstanden fühlt, sucht nun Zuflucht zu seinem »wahren Ich«, das vom Partner so sehr verkannt wird. Nicht der Stress am Arbeitsplatz, den der Partner am Abend zu spüren bekommt, nicht der vielfältige Leistungsdruck, dem man sich bis ins Bett ausgesetzt fühlt, nicht die vielen kleinen und großen Gefühle von Neid, Missgunst und Eifersucht sind schuld an den Problemen einer Beziehung – nein, es ist die Entfremdung vom »wahren Ich«. Dieses »wahre Ich« ist der Atomkern, der mich im Innersten zusammenhalten soll und auch sehr glücklich machen könnte, wenn die anderen mich nur lassen würden.

Wer von William James gelernt hat, dass unser Verhalten nicht auf einfache Instinkte zurückgeführt werden kann, wer bei Stanley Schachter gesehen hat, dass wir unsere Gefühle nicht »haben«, sondern interpretieren, und wer von der Hirnforschung weiß, dass unser Ich in zahlreiche unterschiedliche Ich-Zustände zerfällt, der wird diesem »wahren Ich« nichts abgewinnen können. Für die anderen aber ist das »wahre Ich« der esoterische Gott einer gottlosen Welt: schöpferisch und unsichtbar, aber durch Meditation und Versenkung erfahrbar. Es ist wahrhaftig und unbestreitbar. Und vor allem: Es ist ein verdammt guter Grund dafür, warum die anderen schuld sind. Denn da das »wahre Ich« immer gut ist, müssen es logischerweise die anderen sein, Menschen und Umstände, die mein Leben misslingen lassen.

Lausters Buch über die Liebe ist vor allem eines: Es ist asozial. Überall in der Gesellschaft lauert das Böse, wie einst bei Rousseau. Der Kapitalismus stiftet unausgesetzt zum Kaufen an und fördert die falschen Werte. Vor allem die Männer folgen ihm blind nach und stürzen sich ins Haben statt ins Sein. Und das, was sie am gierigsten haben wollen, ist Sex. Dass Lauster all diese natürlichen Bedürfnisse als Verirrungen abstempelt, ist schon vermessen genug. Noch schlimmer aber ist seine Veralberung der Frauen, indem er sie allen Ernstes als die besseren Menschen anpreist. Zur Strafe fällt ihnen dafür die selbstgerechte Rolle zu, die Männer zu »heilen«.

Man müsste sich mit diesem Unsinn nicht näher beschäftigen, wenn nicht zu befürchten wäre, dass er bereits einen immensen Schaden in den Gehirnen ungezählter Leser hinterlassen hat. Insbesondere der Glaube, dass Frauen die besseren Menschen seien, ist in unserer Gesellschaft auf abenteuerlichem Vormarsch. Die Krankheiten der Männer lägen in ihrer Fixierung auf die Vernunft, den Verdrängungen ihrer seelischen Probleme und in ihrer Sexsucht. Viel zu heilen für die Frauen und die Therapeuten.

Die böse Pointe daran wird sichtbar, wenn man dieses Zerrbild von den Männern umdreht. Dann kommt zum Vorschein, dass Frauen angeblich minder vernünftig, seelisch stärker im Lot und sexuell vergleichsweise weniger bedürftig sein sollen. Ein kleiner Blick über den Seitenrand des Buches in das Leben realer Frauen straft alle drei Unterstellungen Lügen. Gar nicht zu reden von den obskuren Wertungen dieser Teestuben-Psychologie: Warum soll die Vernunft eigentlich so übel sein? Warum soll ich so etwas Langweiliges dauerhaft anstreben wollen, wie seelisch im Lot zu sein? Und was ist eigentlich so schlecht daran, wenn mich die Lust oft und gierig durchströmt?

Dass Interessante an Lausters Glückskeks-Sprüchen ist der Zuspruch, den sie ganz offensichtlich erfahren. Allem Anschein nach liegt das an der unerschrockenen Sicherheit, mit der Lauster zu kennen scheint, was andere nur dunkel ahnen. Seine Vorlage dürfte dabei in den beliebten Aufklebern der 1970er Jahre zu finden sein, auf denen quadratköpfige Männchen erklärten: »*Liebe ist …*« In Lausters Kapitelüberschriften heißt es: »Liebe ist Zuwendung«; »Liebe ist Meditation«; »Liebe ist Selbstfindung«. Beschreibend klingt das nicht, eher *vor*schreibend. Von Gilbert Ryles »Kategorienfehlern« bei diesen Definitionen gar nicht zu reden.

Sollte Liebe tatsächlich Meditation sein, ist Meditation dann auch Liebe? Und will man mit einer Liebe à la Lauster überhaupt etwas zu tun haben? Nach Lauster ist »die Liebe ein begierdeloses Schauen, ein begierdeloses Erkennen, sie genügt sich selbst, sie entwickelt sich ohne Gier, und ihre Erfüllung geschieht ohne Begierde. Es ist schwer, diesen Gedanken in seiner ganzen Bedeutung zu erfassen, für einen konsumorientierten Menschen, der frustriert und gierig ist, weil er seinen Bezug zur Welt bisher nicht erfahren hat.«[76]

Versuchen wir tatsächlich diesen Gedanken in seiner ganzen Bedeutung zu erfassen, selbst wenn es schwer sein soll. Gehen wir davon aus, dass Lauster einen exklusiven Zugang zu höheren Weisheiten hat, die vielen anderen ein Leben lang verborgen bleiben. Und nehmen wir auch die Arroganz in der Maske des Wohlwollens hin, die über 90 Prozent der Menschheit zu traurigen, weil konsumgeilen und damit seelisch minderwertigen Fällen erklärt. Konzentrieren wir uns also nur auf die Hauptthese, die Liebe sei ein »begierdeloses Schauen«.

Welche Frau und welcher Mann wünschen sich in ihrer Beziehung oder Ehe, »begierdelos« angeschaut zu werden? Und wer träumt von einer »Erfüllung ohne Begierde«, einem interesselosen Wohlgefallen also? Wenn man der Liebe diese Würze nimmt, wem soll sie dann noch schmecken? Ist geschlechtliche Liebe ohne Begierde etwas anderes als der Versuch, sich an alkoholfreiem Bier zu berauschen?

Das Milchpulver, das Lauster als »die Liebe« ausgibt, schmeckt nicht nach Milch. Es ist eine völlig neue Erfindung und ziemlich fad. Nur wenige, so scheint mir, wünschen sich eine solche weichgespülte Beziehung, die nicht kratzt. Lauster hat eine Liebe erfunden, die versucht, all die Widersprüche und Ungereimtheiten des Liebens aufzulösen. Aus einem unordentlichen Gefühl soll ein ordentliches werden: ein gutes, ein faires und eines, das vor allem nicht enttäuscht werden kann.

In der Realität allerdings gehört die Unordnung zur Liebe

dazu wie der Alkohol ins Bier. Tatsächlich nämlich suchen wir in der Liebe Nähe *und* Distanz, intuitives Verständnis *und* Rückzugsräume, Sanftheit *und* Härte, Macht *und* Ohnmacht, Heilige *und* Hure, Großwildjäger *und* Familienvater. Und manchmal suchen wir nicht das eine nach dem anderen, sondern alles durcheinander, schwer zu entwirren, gleichzeitig und irgendwie doch nicht gleichzeitig.

Wer einen solch hohen Anspruch an die Liebe stellt, der sucht nicht nur einen Partner, der immer nur das Beste für einen will. Wir wollen keinen Gemüts-Pfarrer, keinen Therapeuten, keinen Seelenarzt – wir wollen ein Gegenüber, an dem wir uns in jeder Hinsicht reiben können. Und wir wollen ebenso begehrt werden, wie wir selbst begehren. Als gesellige Tiere können wir nicht in uns selbst ruhen wie in einer sicheren Höhle. Der Blick des anderen und der anderen muss uns wichtig sein, wir sind so beschaffen. Jedes Selbstverhältnis ist, wie Sartre gezeigt hat, immer eine Frage des Blickes anderer Menschen auf uns. Niemand kann sich davon freimachen. Deshalb sollten wir auch keine Sehnsüchte formulieren, die einen solchen Zustand »innerer Freiheit« anstreben. Ich kann mich nicht alleine selbst finden. Welches »Selbst« sollte das auch sein? Selbstgenügsamkeit ist aller Dummheit Anfang.

Konzepte einer »selbstlosen« Liebe sind eine Zumutung. Das gilt sowohl für die christliche Version dieses Gedankens wie für die psychotherapeutische. Letztere ist im anglo-amerikanischen Sprachraum populär als *unconditional love* (bedingungslose Liebe). Ihr inquisitorischer Grundsatz, dass die Liebe Teilen bedeute und nicht Verlangen, ist einseitig. Ebenso ihre unmenschliche Maxime, dass jeder Streit unter Liebenden auf eine falsche Selbstliebe zurückzuführen sei. Eine solche selbstlose Liebe ist nicht nur unrealistisch und unterkomplex, sie geht schlicht und einfach am Sinn der Sache vorbei. Die Pointe der Liebe ist immer, dass es auch um unser eigenes Glück geht. Man sollte auch bedenken, dass manche Psychotherapeuten zwar eine selbstlose

Liebe predigen, aber wohl nur die wenigsten tatsächlich selbstlos geliebt werden möchten. Ein Mensch, der uns selbstlos liebt, entwertet sich selbst und damit auch zugleich den Wert seiner Liebe.

Der Mythos von der Selbstlosigkeit der Liebe wird oft begleitet von einer zweiten Anforderung: dem Mythos von der unbedingten Gemeinsamkeit. Auch er ist eines der hartnäckigsten Gerüchte über die Liebe. Liebende müssen sich gut überlegen, was sie miteinander teilen wollen, räumlich wie psychisch. Intimitätsräume, zu denen der Partner keinen Zutritt hat, sind keine bürgerlichen Barrieren und Blockaden, sondern sie tun uns im Regelfall gut – ansonsten wären sie nicht den meisten Menschen ein ganz selbstverständliches Bedürfnis. Jemanden zu lieben, bedeutet nicht, ihm in jeder Lebenssituation nahe sein zu wollen, jeden Gedanken zu teilen und jede Empfindung. Denn wenn es stimmt, dass Liebe eine Sache des Sichnahekommens ist, so braucht man zugleich auch immer die Distanz, von der aus man sich einander nähert. Die Überwindung der Distanz ist kein notwendiges Übel, sondern ein wichtiger Bestandteil des Liebens selbst.

Der Hamburger Psychotherapeut Michael Mary wird in seinen klugen Büchern nicht müde, diese enorme Bedeutung der Distanz zu betonen, weil »Individuen genauso nötig, wie sie Verbundenheit suchen, auf Getrenntheit angewiesen sind«.[77] Die Liebe befreit einen Menschen aus dem Käfig seiner Psyche, indem sie ihn durch eine sehr wichtige fremde Wahrnehmung bereichert, die sein Selbst- und Weltbild maßgeblich erweitert. Doch wenn dies stimmt, so bedeutet es zugleich, dass es ohne Fremdheit nicht geht. Wenn man ehrlich zu sich selbst ist, so ist die totale Verschmelzung immer eine schöne Illusion. Denn noch die ständige Versicherung der Gemeinsamkeit, die Liebende so gerne betreiben, erwächst aus der Sicherheit, weder gemeinsam zu sein noch gleich zu erleben. Ansonsten wäre die Bestätigung des gemeinsamen Erlebens so überflüssig wie sinnlos.

Regeln zum Liebesglück?

Wie bereits zuvor gesagt, kommt die Liebe nicht, ohne dass wir etwas dazu tun. Und sie geht auch nicht, ohne dass wir etwas dazu tun. Dass das so ist, ist eigentlich eine schöne Sache. So ganz und gar sind wir dem Zufall der Liebe nicht ausgeliefert. Der Umstand allerdings, dass die Liebe nicht einfach so vom Himmel fällt und sich mit Zauberhand in nichts auflöst, führt auch zu verwirrenden Übertreibungen. Wie Erich Fromm, so betont auch der Psychoanalytiker Fritz Riemann: »Die Liebe ist kein Zustand, sondern ein Tun.«[78] So hübsch das klingt, in dieser Deutlichkeit formuliert ist es sicher falsch.

Wäre Liebe *nur* ein Tun und kein Zustand, so wäre jede Liebe grundsätzlich durch Tun und Zutun zu retten. Dass das nicht stimmt, weiß jeder Liebende mit Erfahrung. Gewiss kann man manches für seine Liebe tun. Man kann viel richtig und viel falsch machen. Aber man kann gewiss nicht *alles* dafür tun, und zwar weder für den Erhalt der eigenen Gefühle noch für den Erhalt der Gefühle bei jenem Menschen, den wir lieben.

Gerade der Umstand, dass wir nicht alles kontrollieren und manipulieren können, öffnet den Heilsversprechen der Ratgeberliteratur Tür und Tor. Wenn die Beziehung oder die Ehe schlecht ist, ist man unfreundlicher zueinander, zynischer, gelangweilter, genervter und unaufmerksamer. Ratgeberbücher zum Thema erklären uns dann das »Geheimnis« der glücklichen Ehe mit den klugen Tipps: »Seien Sie freundlicher zueinander und aufmerksamer!« Sehr schlau. Wenn uns Freundlichkeit und Aufmerksamkeit gegenüber unserem Partner leicht fielen, dann wäre der Krisenzustand unserer Beziehung gar nicht erst da.

Unsere Beziehungen kranken nicht daran, dass wir unaufmerksam sind, sondern wir sind unaufmerksam, weil unsere Beziehung kränkelt. Nicht jede Ehe ist zu retten. Und durch Ratgeber ist vermutlich noch keine einzige geheilt worden. Unser

Verhalten ändert sich ohnehin nur sehr selten durch kluge Ratschläge – jedenfalls nicht langfristig.

Die Grundlagen von Liebesformeln sind nicht immer fromme Wünsche und überfordernde Imperative wie bei Peter Lauster. Seit Jahrzehnten studieren vor allem US-amerikanische Forscher das Liebesgeflüster und die Rituale liebender Menschen und beobachten sie wie das Paarungsverhalten einer unbekannten Amphibie oder wie einen Ameisenstaat. Und die Regeln, die sie daraus gewinnen, lesen sich wie die Anleitung für den Betrieb eines Dieselmotors. Einer der Päpste dieser Zunft ist der Psychologe John Mordechai Gottman von der University of Washington. Schon die Prosa seines Wikipedia-Eintrags spricht Bände: »Dr. Gottman hat eine Methode entwickelt, mit der mit 90-prozentiger Wahrscheinlichkeit vorausgesagt werden kann, welche neuverheirateten Paare verheiratet bleiben und welche nach vier bis sechs Jahren geschieden sein werden. Die Methode kann auch mit 81 Prozent Genauigkeit voraussagen, welche Ehen sieben bis neun Jahre überstehen.«

Wer diese Methode kennenlernen will, kauft Gottmans Buch über *Die 7 Geheimnisse der glücklichen Ehe.* In der Buchhandlung findet man sie neben *Die fünf Sprachen der Liebe – Wie Kommunikation in der Ehe gelingt; Wie Partnerschaft gelingt – Spielregeln der Liebe; Das Geheimnis wundervoller Beziehungen: Durch unmittelbare Transformation* usw. Es muss sich bei der gelingenden Ehe um ein ziemlich offenbares Geheimnis handeln, wenn so viele Bücher es kennen. Erstaunlich nur, dass die Zahl der gelingenden Ehen einfach nicht wachsen will.

Der deutsche Wissenschaftsjournalist Bas Kast, der in Gottmans Studien wissenschaftlich exakte Erkenntnisse sehen möchte, gewinnt aus dessen sieben Geheimnissen fünf »Liebesformeln«. Danach gehören zu einer glücklichen Liebesbeziehung die Faktoren: Zuwendung, Wir-Gefühl, Akzeptanz, Positive Illusionen und Aufregung im Alltag. Dass all dies zu einer guten Beziehung beiträgt, wird gewiss niemand bestreiten. Doch dass umgekehrt die Voraussetzung dieser fünf Faktoren eine Liebe ausmacht und sichert, wird man auch nicht glauben wollen. Denn ohne Zweifel kann ich all dies auch mit meinen besten Freunden teilen, ganz ohne geschlechtliche Liebe. Es sind Bausteine eines innigen partnerschaftlichen Umgangs, aber sicher keine »Formeln« der Liebe.

Psychologisch und auch soziologisch ausgefeilter sind die »5 Strategien der pragmatischen Liebe« des Journalisten Christian Schuldt in seinem schönen Buch *Der Code des Herzens*. Diese Strategien lauten: »Bodenhaftung bewahren«, weil Idealisierungen ein Garant sind für Enttäuschungen; »Vorsicht vor Verschmelzungen«, weil die Idee einer totalen Fusion der Herzen zwar betörend ist, aber eben auch hochgradig beziehungsgefährdend; »Konflikte managen«, weil Liebende im paranoiden Zustand der Dauerbeobachtung sich unweigerlich streiten müssen; »Mit Kalkül zum Gefühl«, da der größte Feind der Romantik die Routine ist und man von daher um gezielte Liebeswiederbelebungsmaßnahmen nicht herumkommt und »Romantik im Rückspiegel: Ich sehe was, was ich nicht sehe«. Es bedeutet, dass es nicht schaden kann, seine eigenen romantischen Gefühle zu beobachten, um sich selbst besser einzuschätzen.

Alle fünf Strategien sind klug und richtig. Und das Gute an ihnen ist: Weder kokettieren sie mit der vermeintlich naturwissenschaftlichen Faktizität von »Formeln«, noch sehen sie sich als unbedingtes Erfolgsrezept. Sie basieren auch nicht auf Experimenten in US-amerikanischen Universitäten, sondern auf soziologischer Lektüre und kluger Reflexion. Ihr wichtigster Kern ist die Einsicht, dass das Verstehen des anderen nicht eine Frage der Technik ist, sondern ein Akt des Willens!

Nur den wenigsten Menschen mangelt es tatsächlich an der Fähigkeit, die Gefühle und Gedanken des anderen nachzuvollziehen. Wichtiger für unser Zusammenleben und auch für die Liebe ist, ob wir gewillt sind, dies auch zu tun. Denn Liebende lieben zwar die Illusion eines gemeinsamen Interesses. Aber diese

Illusion beruht allein auf der Feinabstimmung von Erwartungen, die niemals völlig identisch sind.

Dass es einige gute Ideen dafür gibt, wie man bestimmte Konflikte in Beziehungen und Ehen eindämmen kann, ist klar. Aber keine dieser Ideen ist eine Formel, ein Allheilmittel oder ein Garant für den langfristigen Erhalt von Zuneigung und Interesse. Unsere Faszination für einen anderen Menschen erlischt nicht nur deshalb, weil ich im Umgang mit ihm etwas falsch mache oder der andere mit mir. Sie erlischt auch dann, wenn sich vermeintliche Übereinstimmungen und auf den ersten Blick aufregende Charakterzüge mit der Zeit als weit fremder oder weit nervtötender herausstellen, als wir uns am Anfang vorstellen konnten.

Wenn wir uns verlieben und diese Liebe erwidert wird, erschaffen wir eine großartige Illusion: Wir glauben, dass nahezu alles an dem anderen wunderbar ist. Diese Illusion wird im Laufe der Zeit mehr und mehr an unseren Bedürfnissen überprüft; manchmal bleibt von der Faszination viel übrig, manchmal hingegen nur sehr wenig oder gar nichts. Bezeichnenderweise lebt die Illusion des Anfangs also gerade davon, dass sich die Verliebten nicht kennen. Mit Michael Mary gesagt: »Gerade dieses Fremdsein schafft die Voraussetzung für ihre scheinbar vollständige Übereinstimmung. Gerade weil sie sich in vielen Aspekten ihrer Persönlichkeit *nicht* kennen, können sie den Eindruck gewinnen, sich ganz und gar zu verstehen. Um den Eindruck des völligen Verstehens nicht zu beschädigen, konzentrieren sich die Liebespartner darauf, nur Verbindendes zu kommunizieren. Sie tauschen zärtliche Blicke und Berührungen aus, Küsse und Sexualität, erzählen sich Geschichten aus ihrem Leben, hören sich gegenseitig geduldig zu, träumen von einer gemeinsamen Zukunft, schwören sich ewige Liebe. Sie kommunizieren, was Erwiderung findet, und vermeiden, was Ablehnung hervorruft.«[79]

Marys Beschreibung, wie sich eine Illusion bildet, ist sehr überzeugend. Obwohl man ein wenig daran zweifeln kann, dass es am Anfang tatsächlich in einem so hohen Maße um Gemeinsamkeiten gehen soll. Ist es nicht auch die Lust an der Andersartigkeit des anderen, die unsere Gefühle häufig in Wallung versetzt? Oft verlieben wir uns in Menschen, die auf magische Art und Weise zu uns zu passen scheinen. Aber ebenso oft verlieben wir uns auch in Menschen, die uns faszinieren, weil sie tolle Eigenschaften zu haben scheinen, die wir gerade nicht haben. Wenn es stimmt, dass wir nicht nur Bindung und Sicherheit suchen, sondern ebenso Neues und Aufregendes, so sind Neugier und Fremdheit ebenso wichtige Zutaten des Verliebens wie Sicherheit und Gemeinsamkeit. Richtig unverzichtbar ist das blinde Verständnis eigentlich nur in einer Frage: dass der andere eine vergleichbare Intensität des Gefühls verspürt wie man selbst. Gibt es hieran Zweifel, so ist die Verliebtheit von Anfang an ein Wechselbad der Gefühle, mithin eine Tragödie.

Wenn die Gefühle in einer Beziehung oder Ehe nachlassen, so ist das kein ungewöhnlicher Prozess. Man lernt sich einfach besser kennen. Und was uns am Anfang fasziniert hat, kann uns zwar ein Leben lang gefallen, muss es aber nicht. Man verlangt von seinem Partner, dass er »sich ändert«; etwas, was man seinen besten Freunden nie zumuten würde. Und man kratzt sich an der eigenen Nase und fragt sich, was man selbst dafür tun kann, damit alles bloß wieder besser wird. In dieser Lage erfolgen der erwähnte Griff zur vielfältigen Ratgeberliteratur und die Suche nach klugen Tipps.

Tatsächlich ist es eine recht einfache Sache: Liebesbeziehungen nutzen sich nicht nur deshalb ab, weil man »Fehler« macht oder am Anfang Illusionen hatte, sondern auch dadurch, dass sich manches im Leben ändern kann. Eine der wichtigsten Voraussetzungen für eine gelingende Liebe sind gemeinsame oder ähnliche Werte. Man muss nicht die gleiche Partei wählen, aber eine völlig entgegengesetzte politische Meinung ist der Beziehung nicht förderlich. Wenn der eine den Geist liebt und der andere das Geld, ist das auch nur eingeschränkt gut. Wenn der eine seine Entspannung im Sport findet und der andere vor dem Fernseher, fehlt etwas. Und wenn der eine in den Ferien am liebsten Abenteuerurlaub mit Klettertouren macht, der andere aber lieber zwei Wochen am Strand liegt, stehen die langfristigen Chancen schlecht. Zu diesen großen Werten kommen die vielen kleinen. Aus was schlagen wir gemeinsam den mystischen Funken unseres Alltags? Es sind die vielen kleinen Rituale, die die Liebe zu erhalten helfen. Zum Beispiel nicht zuletzt das Ritual, dass sich Liebende immer wieder gerne neu erzählen, was sie empfanden, als sie einander das erste Mal begegnet sind.

Der Reiz der Werte ist, dass sie einen exklusiven Zugang zum Besonderen haben; sie werten die Dinge auf. Und der Gottesdienst der Werte sind die Rituale. Sie zelebrieren und machen sinnlich erfahrbar, was sonst nur wohlmeinendes Gerede ist. Die Fähigkeit, schöne Erlebnisse zu ritualisieren, ist ein interessanter Indikator einer Beziehung. Bleiben die Rituale aus oder kommen im Lauf der Zeit keine neuen dazu, wird es meist finster. Irgendwann stimuliert die ewig gleiche Platte mit der Lieblingsmusik von vor zehn Jahren die Dame des Herzens nicht mehr zum Beischlaf. Und der Kult der Liebe wird staubig.

In solcher Lage rät der Ratgeber zur Abwechslung. Man soll seinen Partner überraschen und die Kreativität spielen lassen. Bei anstrengendem Berufs- und Familienleben ist das leichter gesagt als getan. Denn einen Partner zu überraschen, der einen schon ewig kennt oder nicht in Stimmung für Überraschungen ist, birgt oft mehr Risiken als Chancen. Und spätestens nach der fünften Überraschung im Monat geht man dem anderen vermutlich eher auf die Nerven, als dass man ihn aus der Reserve lockt.

Der Griff zum Buch verändert weder das Leben noch die Partnerschaft – jedenfalls nicht langfristig. Gelingende Liebe ist nur sehr selten eine Frage von guten Ratschlägen. Das ist vielleicht nicht schön, aber man kann beruhigt sein: Durch die tausend todsicheren Karrieretipps ist auch noch keiner Chef geworden.

Die ungezählten Anleitungen zum Millionärsdasein haben die Quote in Deutschland nicht signifikant erhöht. Dass man durch die Lektüre schlauer Bücher tatsächlich schlanker wird, ist auch zu bezweifeln.

Der Grund für den Misserfolg nach der Lektüre ist recht simpel. Es mag wohl richtig sein, dass die meisten Menschen *glauben,* dass sie sich ändern wollen – aber die wenigsten *wollen* sich ändern. Die Beharrungskraft unseres Selbstgefühls kann kaum überschätzt werden. Denn wer sich tatsächlich ändert, stellt das in Frage, was ihm am wichtigsten ist: seine Identität. Selbst der Tatmensch Joschka Fischer wurde nach seinem vermeintlichen »Lauf zu sich selbst« wieder fast so dick wie früher. Und kaum eine Krise ist so dramatisch, dass man langfristige Konsequenzen daraus zieht. Warum soll das in der Liebe anders sein? Der Möglichkeitssinn unsere Psyche ist immer kleiner als ihr Wirklichkeitssinn, obwohl er sich in unseren Träumen so gerne aufspreizt. Weder von unserem Partner noch von uns selbst können wir erwarten, dass sich etwas gravierend und grundsätzlich ändert. Und genau deshalb schlittert die Paartherapie in ihrer neuesten und populärsten Spielart nicht ins Paradies, sondern in die Tyrannei.

Selbstliebe als Patentrezept

Die Paartherapie ist eine Boomdisziplin. »Jede Ehe verdient gerettet zu werden«, droht es unheilvoll aus Anzeigen und Broschüren. Mehr und mehr Paare zieht es in die Eheberatung. Und weil deren Erfolg zumeist überschaubar ist, hat sie sich heute verändert. Noch vor wenigen Jahren bestand das Ziel einer Paartherapie in einer gelingenden Partnerschaft. Die Absicht des Therapeuten lag daran, die »Bindung« des Paares zu stabilisieren. Wenn dies gelang, war das Soll erfüllt. Die Partner wurden netter zueinander und verstanden sich besser; eine Weile später ließen sie sich in aller Freundlichkeit und tiefem Einverständnis scheiden.

Das Problem der Paartherapie alter Schule war, dass Partnerschaft nicht das Ziel einer Liebesbeziehung ist; jedenfalls nicht heute und schon gar nicht bei jüngeren Menschen. Die Paartherapie neuer Schule hat dies verstanden. Andere Zeiten, andere Erwartungen an eine Therapie. Wer früher Ehen retten wollte, will heute viel mehr: Er will »die Liebe« retten. Konflikte zu vermeiden reicht da nicht aus.

Der Begründer dieser neuen Schule ist David Schnarch. Als Direktor des *Marriage & Family Health Center* in Evergreen, Colorado, ist er der gegenwärtig wohl erfolgreichste Modepsychologe der Therapeutenzunft. *Passionate Marriage* (»Die Psychologie sexueller Leidenschaft«) lautet der Titel seines 1997 veröffentlichten internationalen Erfolgsbuches. Das Ziel ist ehrgeizig. Als Paartherapeut möchte Schnarch nicht mehr Störungen beheben, sondern die Liebe bewahren. Er sucht Regeln zur Aufrechterhaltung dieses zumeist leicht vergänglichen Zustands. Und er hat eine Patentlösung: »Liebe dich selbst, ruhe in dir selbst, und erwarte dein Glück nicht von anderen.«

Mit dieser Forderung trifft er ohne Zweifel den Zeitgeist in den hoch individualisierten Gesellschaften des Westens. Vier Regeln sollen dem Liebenden dabei helfen, ein nahezu absolutes Maß an Autonomie in der Liebe zu gewinnen, um diese dadurch zu retten. Schnarch ist der Urheber jener Idee, die, ausgedrückt mit dem Titel eines aktuellen deutschen Buches, lautet: »Liebe dich selbst, und es ist egal, wen du heiratest!«

Als moderner Psychologe und Therapeut findet Schnarch sein Fundament in der Hirnforschung. Sein Ausgangspunkt sind die drei ominösen »Schaltkreise im Gehirn« von Helen Fisher, von denen bereits ausführlich die Rede war: Lust, Verliebtheit und Bindung. Schnarchs besondere Leistung besteht darin, diese drei Zustände zu erweitern, nämlich um »einen vierten Grundtrieb des menschlichen Verlangens nach Sexualität: den menschlichen Trieb, sich zu entwickeln und ein ›Selbst‹ zu bewahren. Dieser Trieb übt oftmals eine stärkere Kontrolle über das sexuelle Verlangen aus als die Begierde, Sichverlieben und die Bindung. Er ist der Leim, der Beziehungen langfristig auch dann zusammenhält, wenn der Zyklus aus Begierde, romantischer Liebesbeziehung und Bindung vorbei ist.«[80]

Schnarchs Vorstellung ist amüsant. Denn hier purzelt nun alles durcheinander, was Philosophen, Psychologen und Biologen aus gutem Grund so sorgfältig getrennt hatten. Aber die Geschichte des Erkenntnisfortschritts ist eben keine ansteigende Linie, und sie wird immer wieder verbeult. Dass Sexualität ein Trieb ist, ist unbestritten. Dass Verlieben ein Trieb sein soll, ist eher fragwürdig. Dass der Drang, ein »Selbst« auszubilden, ein Trieb ist, ist eine fahrlässige Behauptung. Denn eine so hoch komplexe Angelegenheit wie der Prozess der Individualisierung ist in keinem Fall eine triebgesteuerte – gleichsam animalische – Angelegenheit. Aber Schnarch findet die Idee offensichtlich gut, die Ausbildung unseres »Selbst« einen »Trieb« zu nennen. Es klingt wie ein biologisches Fundament der nun folgenden psychologischen Einsichten. Auch wenn wir wohl niemals jenen »Schaltkreis« im Gehirn finden werden, den es dazu drängen soll, ein »Selbst« zu erzeugen.

Um seinen Selbst-Trieb zu untermauern, begibt sich Schnarch auf eine abenteuerliche Spurensuche in die paläolithische Savanne und datiert die Geburt des Triebes ziemlich exakt auf das Jahr 1600000 v. Chr. Zu dieser Zeit prägte sich in unserem Gehirn der Drang nach einem Selbst aus, denn zuvor waren wir offensichtlich noch Nicht-Selbste. Und da Helen Fisher ihre drei Schaltkreise eigentümlicherweise alle in der Sexualität verankert sieht, verankert Schnarch seinen Selbst-Trieb noch eigentümlicher ebenfalls in der Sexualtät. Selbst Sigmund Freud, der Großmeister einer allgemeinen Sexualisierung von nahezu allem, wiche hier erschrocken zurück.

Aber vielleicht muss man all dies nicht zu ernst nehmen, um zum Praktischen vorzudringen. Die entscheidende Frage lautet: Inwiefern ist ausgerechnet unser vermeintlicher Trieb zum »Selbst« der Leim, der unsere Beziehung bewahrt?

David Schnarchs Antwort hat vier Teile, eingekleidet in Regeln. Die erste dieser Regeln lautet: Wer eine glückliche Liebesbeziehung führen will, muss ein solides Selbstgefühl bewahren. »Unter einem soliden Selbstgefühl versteht man das internalisierte Selbst eines Menschen, dessen Stabilität nicht davon abhängt, was andere über ihn denken. Die meisten Menschen sind auf ein *gespiegeltes Selbstgefühl* angewiesen, das von den anderen Akzeptanz, Bestätigung und Entgegenkommen verlangt.«[81] Ein solides Selbst dagegen sei weitgehend autonom.

Wo vorher ein erschreckendes Unwissen in der Biologie herrschte, regiert nun das Unwissen in der Psychologie und Philosophie. Der Satz »Die *meisten* Menschen sind auf ein gespiegeltes Selbstgefühl angewiesen«, ist falsch. *Alle* Menschen sind, wie Sartre gezeigt hat und jeder Entwicklungspsychologe bestätigen wird, auf ein gespiegeltes Selbstgefühl angewiesen. Wer sein Selbstgefühl nicht zugespiegelt bekommt, hat ein schweres Problem. Denn das Resultat ist nicht ein »solides Selbstgefühl«, sondern pathologischer Autismus.

Auch Schnarch ist also ein Beschädigungstheoretiker, wie zuvor Erich Fromm oder Peter Lauster. Die meisten Menschen sind unvollkommen und irgendwie zu blöd. Das Ziel aber ist, wie gehabt, Perfektion und Anspruchslosigkeit.

Vor diesem Hintergrund kann auch die zweite Regel nicht überraschen, nämlich »dass eine Person ihre Ängste selbst steuert und ihre Schmerzen selbst lindert«.[82] Das ist ein schöner Anspruch, und es klingt verführerisch, dies können zu wollen. Doch wer das tatsächlich könnte, wäre wohl nicht nur ein großer Liebender, sondern ein Über- und Unmensch. Wer seine Ängste steuern kann, dem machen sie nichts mehr aus. Und wer alle seine Schmerzen selbst lindert, dürfte Zweifel daran aufkommen lassen, ob er noch zur Spezies *Homo sapiens* gehört.

Der eigentliche Clou an diesen Regeln aber ist: Ein so autonomer Mensch, wie Schnarch ihn sich wünscht, wäre wohl gar nicht mehr liebesbedürftig! Und wenn man die Bedürfnisstruktur nimmt, fehlt der Motor, der alles andere bewegt. Schnarchs Idealtypus ist eine völlig selbstgenügsame Erscheinung, mithin ein Unsympath. Der beste Liebende wäre gerade der, dem die Liebe eigentlich ziemlich egal sein kann.

Auch als Geliebter oder als Geliebte wäre er nicht sonderlich begehrt. Denn selbst wenn man perfekt wäre, könnte sich der unperfekte Partner durchaus von uns trennen. Zum Beispiel, weil er unsere Qualitäten nicht entsprechend wahrnimmt. Oder weil er, wahrscheinlich zu Recht, sich in unserer Gesellschaft ziemlich mies fühlt und berechtigterweise davon ausgeht, dass man nicht zueinander passt. Wer will schon einen perfekten Menschen? Ich kann durchaus unter den Schwächen meines Partners leiden – aber ich liebe ihn gleichwohl dafür.

Schnarchs Regeln Nummer drei und Nummer vier sind harmloser und realistischer. Man soll gegenüber seinem Partner nicht überreagieren und auch mal einiges Unbehagen in der Beziehung auf sich nehmen, um sich zu entwickeln. Das ist richtig und weise. Und auch sehr beruhigend, denn für diese Maximen bedarf es Gott sei Dank keiner übermenschlichen Fähigkeiten und auch keines »Triebs« zum Selbst.

Für eine Ehrenrettung der Paartherapie à la Schnarch ist es allerdings zu spät. Im Vergleich zu dem Therapeuten aus Evergreen sind Erich Fromm und Peter Lauster harmlose Träumer. Natürlich ist es nicht falsch, dass es einem Liebenden nicht schadet, wenn er sich selber mag und keine überzogenen Erwartungen an seine Liebe oder an seinen Partner hegt. Aber die Forderung, sich selbst zu lieben und psychisch unabhängig zu sein vom Urteil der anderen, ist eine finstere Botschaft. Nicht nur erhebt sie den Autisten zum Ideal. Sie bedroht auch jeden normalen Menschen mit seiner gemeinhin wankelmütigen Selbstliebe als einen mutmaßlichen Therapiefall. Um es einfach und klar zu sagen: Eine glückende Liebe zu leben ist nicht einfach, und der Anspruch ist häufig eine Überforderung. Sich selbst zu lieben ist aber noch sehr viel schwerer. Wer es aufgrund früher Kindheitserfahrungen nicht kann, wird es mit an Sicherheit grenzender Wahrscheinlichkeit nie lernen. Er kann höchstens lernen, mit seiner geringen Selbstliebe besser umzugehen. Psychotherapie ist keine alchemistische Kunst, die aus den kümmerlichen Eisenspänen unserer Selbstliebe solides Gold schmiedet. Wer Ihnen so etwas verspricht, will Sie veralbern.

Liebeskunst

Es gibt keine Formeln für eine gelingende Liebesbeziehung. Was es gibt, sind Strategien zur Vermeidung von Leid in Partnerschaften. Und es gibt einige gute Ideen, den Lustgewinn in einer Liebe etwas verlässlicher zu machen. Das ist schon alles, aber es ist immerhin nicht nichts.

Der Grund, warum alle anderen klugen Ideen so wenig nützen, liegt daran, dass man seine Gefühle und sein Verhalten nicht von einem auf den anderen Tag umstellen kann. Unsere Lebensimpulse, der Klebstoff, der uns zusammenhält, stammen aus dem animalischen Zwischenhirn und nicht aus den Vernunftregionen des Großhirns. Gefühle aber lassen sich eben noch sehr viel schwerer verändern als vernünftige Einsichten. Und zu guter Letzt gehören zur Liebe immer zwei. Selbstbewusst, freundlich, verständnisvoll und zuvorkommend zu sein sind gute Eigenschaften. Gleichwohl nützen sie manchmal nicht viel und reichen oft nicht aus.

In solcher Lage helfen selbst die vielen bekannten Ratschläge für eine gelingende Partnerschaft nicht viel. Denn dass Liebe und

Partnerschaft zwei verschiedene Dinge sind, ist in den Köpfen der mittleren und jüngeren Generation bereits fest verankert. Partnerschaft verhält sich zur Liebe wie Zufriedenheit zu Glück. Für die Partnerschaft sind regelmäßige Dosen an Oxytocin und Vasopressin die halbe Miete. Für die Liebe sind Dopamin- und Adrenalinausstöße hingegen unumgänglich. Muss man für eine Partnerschaft gut zueinander passen, so braucht man für eine Liebe notwendig auch immer Gegensatz, Fremdheit und Reibung. Der Anspruch in einer längerfristigen Liebesbeziehung ist somit ein doppelter: Man will *Aufregendes* erleben und braucht den Partner als Garant für *Abwechslung*. Und man will *Gleiches* erleben und braucht den Partner als Garant für emotionale *Stabilität*.

Natürlich lag Erich Fromm nicht ganz falsch, als er meinte, die Liebe sei nicht einfach nur Schicksal, sondern auch Arbeit. Dass er damit eine Lawine ins Rollen brachte, die die Selbsttherapie ins Zentrum der Paartherapie rückte, konnte er nicht wissen. Das verführerische Wort »Kunst« sollte den Liebenden in den Rang eines Artisten erheben; die Therapeuten machten daraus einen Behinderten. Ausgestattet mit dem Klumpatsch der Freud'schen Beschädigungstheorie wurde die natürliche Bedürftigkeit des Menschen nach Anerkennung, Zuspruch und Bestätigung in der Liebe zur Deformation und zur Unvollkommenheit erklärt. Tatsächlich aber entsteht die Liebe nicht nur aus der Fähigkeit zum Mitgefühl, sondern auch aus der Erwartung, Anteilnahme und Mitgefühl eines anderen zu bekommen. Von dieser Basis aus sind sehr viele unterschiedliche Liebeskonzepte möglich: gleichberechtigte Beziehungen und nicht gleichberechtigte, ausgeglichene und angespannte, extrem leidenschaftliche und vergleichsweise ruhige. Nichts davon ist per se falsch, unreif, verurteilenswert oder armselig – jedenfalls nicht, solange keiner der Partner darunter leidet.

Die schlimmste Bedrohung einer Liebe aber ist der Terror des Ideals. Nicht nur bedroht das Ideal unsere realen Beziehungen als mittelmäßig oder minderwertig. Es ist auch in keiner Form erstrebenswert, vollkommen zu sein. Zumal die Rezepte zur angeblich vollkommenen Liebhaberei nicht viel taugen. Jemand, der dem anderen unausgesetzt die Wünsche von den Lippen abliest, kann sich nicht entwickeln. Wie sollte er auch dazu kommen? Jede Entwicklung setzt ein Eigeninteresse voraus. Entwicklung *allein* durch Eingehen auf den anderen ist unmöglich.

Die Liebe ist eine so schöne Sache, dass man sie nicht ständig überfordern sollte. Und auch nicht jede Ehe verdient gerettet zu werden. Wie schrecklich, mit einem Partner ohne Liebe zu leben, wenn es vielleicht einen anderen Menschen gibt, mit dem das Leben schöner und erfüllender ist. Die Grenze der Verantwortung für den anderen ist die Verantwortlichkeit für uns selbst. So viel Egoismus muss sein. Denn welcher Partner möchte umgekehrt *nur* aus Verantwortungsgefühl nicht verlassen werden?

Ich weiß nicht, welche Konsequenzen der große Liebhaber aus dem Sauerland aus seiner Fromm-Lektüre gezogen hat. Hat der Stadtdirektor sich von der kapitalistischen Warenwelt befreit? Hat er ein begierdeloses Lieben erlernt? Und ist er seines Voyeurismus Herr geworden? Oder hat er gelernt, dass die Erwartung an den Liebenden, seine Erwartungen nur an sich und nicht an den anderen zu richten, eine Überforderung sein muss? Vielleicht hat er ja auch gemerkt, dass jedes Buch über die Liebe stets eine Reaktion auf die Erwartungen der Zeit ist, in der es geschrieben wird? Dass »die Liebe« und die Rezepte zu ihrem Gewinn und Erhalt eine recht flüchtige Sache sind und keine zeitlose? Und dass der Liebende nicht in einer Sphäre jenseits der Gesellschaft lebt, wo irgendwo hinter den sieben Bergen bei den sieben Zwergen ein »wahres Ich« lockt? Sondern dass sein persönlicher Beziehungscode auch und immer von der Gesellschaft geprägt wird, in der er lebt …?

10. KAPITEL

Eine ganz normale Unwahrscheinlichkeit
Was Liebe mit Erwartungen zu tun hat

Wenige Leute würden sich verlieben, wenn sie nicht davon gehört hätten.

La Rochefoucauld

Liebe als Erfindung

Er war Philosoph, Medizinhistoriker und Soziologe. Und er war ein großer Liebender. Sein Leben war leidenschaftlich, wild und tragisch. Michel Foucault wurde 1926 im französischen Poitiers geboren, als zweites Kind eines Anatomieprofessors und Chirurgen. Er ist ein exzellenter Schüler, aber seine Klassenkameraden meiden ihn. Auf der strengen Jesuitenschule ist er ein Außenseiter, ein Kind, das sich fast ausschließlich für Bücher interessiert. Und seinen seltsamen Humor teilt er nur mit sich selbst. Foucault ist anders als die anderen, sehr anders. Sein Vater möchte, dass er Arzt wird, aber der Sohn ist fest entschlossen, diese Erwartung zu enttäuschen. Statt Medizin studiert er Philosophie und Psychologie in Paris. Nach seinem Abschluss im Jahr 1951 geht er nach Schweden, nach Polen und Deutschland. Mit 28 Jahren veröffentlicht er sein erstes Buch über *Psychologie und Geisteskrankheit.* Foucault interessiert sich für das Ausgefallene, das Extreme und das Pathologische – für Menschen, die aus der

Norm gefallen sind wie er selbst, und für Zustände, mit denen die bürgerliche Gesellschaft große Schwierigkeiten hatte und hat. Als Dozent für Psychologie an der Universität Clermont-Ferrand schreibt er 1961 eine monumentale Doktorarbeit von fast tausend Seiten. Das Thema: *Wahnsinn und Gesellschaft*.

Belegt durch ungezählte Quellen und Texte beschäftigt sich Foucault mit der Geschichte des Wahnsinns und seinen unterschiedlichen Beurteilungen. Zeitgleich zu Stanley Schachter, der in Chicago seine psychologische Zwei-Komponenten-Theorie der Gefühle aufstellt, formuliert der junge Franzose in Clermont-Ferrand eine Art Zwei-Komponenten-Theorie für die Soziologie. Eine psychische Krankheit ist demnach nicht etwas, das da ist, sondern etwas, das von der Gesellschaft als eine psychische Krankheit *beurteilt* wird. Das Phänomen und seine Bewertung sind also zwei verschiedene Dinge. Psychische Krankheiten, mithin der »Wahnsinn«, werden einem verhaltensauffälligen Menschen nach den Sitten und dem Wissen der Zeit zugeschrieben. Sie sind keine Tatsachen, sondern Attributionen.

Die universitäre Welt in Frankreich quittiert das Buch mit Schweigen. Doch Foucaults Ehrgeiz ist beharrlich. In seinem nächsten Werk geht er noch einen Schritt weiter. Diesmal gibt es kein Sachthema, sondern Foucault untersucht die *Muster*, nach denen die Welt seit der Zeit der Aufklärung klassifiziert wurde und wird. Gerade einmal 30 Studenten in Clermont-Ferrand lauschen seiner Vorlesung; die meisten deshalb, weil sie als angehende Krankenpfleger und Krankenschwestern einen Teilnahmeschein brauchen. Doch als das Buch 1966 erscheint, wird es zur Sensation. *Les mots et les choses* (»Die Ordnung der Dinge«) erregt Aufsehen. Noch nie zuvor hatte jemand einen solchen Blick auf das Wissen und die Wissenschaften geworfen.

Foucaults unorthodoxe Sicht auf die »Konstruktion« von Wissen und Wahrheit machen ihn zum Star am Firmament der französischen Philosophie. Die Universität von Clermont-Ferrand allerdings schickt ihn in die Wüste, genauer: nach Tunesien. Während in Paris die Studentenrevolte die Ordnung der Dinge erschüttert, lebt er auf einem Hügel am Meer, in einem kleinen Hotel mit weißen Mauern und blauen Fensterläden und schreibt eine Abhandlung über seine wissenschaftliche Methode. Erst Ende 1968 ist Foucault zurück in Paris und engagiert sich in der Studentenbewegung. Die Universität von Vincennes, ein neu gegründeter akademischer »Experimentalraum« der französischen Linken, bietet ihm eine Professur an. Seine Position ist radikal, manchmal verrückt. Er schwadroniert über »Volksfeinde« und »Volksgerichte«, verteidigt die Massaker der Französischen Revolution und begeistert sich für die chinesische Kulturrevolution. Nur unter Mühen gelingt es seinen einflussreichen Förderern, Foucault zu einer ordentlichen Professur und Karriere zu verhelfen. 1970 übernimmt er den von ihm selbst neu definierten Lehrstuhl zur »Geschichte der Denksysteme« am ehrwürdigen Collège de France.

Foucaults Sicht der Welt ist das krasse Gegenteil zum Menschenbild und zur Weltsicht der evolutionären Psychologie, die zeitgleich in Berkeley und in Oxford entsteht. Als Erforscher von Denksystemen gibt es für Foucault keine sicheren Fundamente, sondern nur Ordnungsversuche des menschlichen Geistes. Die Begriffe, um die sich alles dreht, sind »Wissen«, »Wahrheit« und »Macht«. Wie Sartre, so sieht auch Foucault den Menschen als ein Lebewesen ohne natürliche Eigenschaften, als ein »nicht-festgestelltes Tier«. Vielmehr führt er ein Leben, in dem er seine Welt unausgesetzt *interpretiert.* Die Deutungsinstanzen mit ihren selbst geschaffenen Spielregeln bestimmen darüber, wie die Gesellschaft etwas beurteilt und wie die Menschen die Welt sehen. Mit diesem Rüstzeug machte er sich Anfang der 1970er an die Erforschung der Sexualität.

Wenn Sartre der Faust der französischen Philosophie im 20. Jahrhundert ist, so ist Foucault ihr Mephisto – der Geist, der stets verneint, was andere für sicher halten. Ein schlanker glatzköpfiger Dandy im weißen Rollkragenpullover, ein *agent provo-*

cateur der Szene. Seine homosexuellen Lieben und Affären bestimmen sein Leben und die Schlagzeilen. Anfang der 1970er Jahre begibt er sich an sein mehrbändiges Mammutwerk: *Histoire de la sexualité* (»Sexualität und Wahrheit«).

Foucaults Ziel ist es herauszufinden, wie die Gesellschaft unsere Vorstellungen von Sexualität und unser Selbstverständnis von Lust und Erotik bestimmt. Dafür begibt er sich zurück zu den Ursprüngen der christlichen Weltanschauung. Anders als nahezu alle anderen Historiker sieht Foucault das Christentum nicht einfach als eine autoritäre Macht, die die Sexualität der Menschen durch Verbot und Gesetz einschränkt. Foucault begreift die Sexualmoral des frühen Christentums als eine neue Form von »Selbstbildung« und als eine Anleitung zu neuen »Lebenstechniken«. *Les Aveux de la chair* (»Die Geständnisse des Fleisches«) wird später der chronologisch letzte Teil seiner vierbändigen Reihe und nie veröffentlicht. 1976 erscheint *La Volonté de savoir* (»Der Wille zum Wissen«), eine Art Einleitung, die das Programm der Serie erklärt und zusammenfasst: die Erforschung der menschlichen Sexualität unter dem Einfluss von Herrschaftsstrukturen und Macht. Wie konnte aus der *Erfindung* eines neuen christlichen Menschenbildes eine neue Form der *Erfahrung* für die Menschen werden? Denn nicht die Erfahrung bestimme die Erfindung. Nach Foucault ist es gerade umgekehrt: Das gesellschaftliche Konzept gibt unseren Erfahrungen die Form. Wir sind, was wir zu sein glauben. Und was wir zu sein glauben, hängt sehr maßgeblich von der Gesellschaft ab, in der wir leben.

»Der Wille zum Wissen« bildet später den ersten Band. Statt, wie zu vermuten, weiter in die Gegenwart zu schreiten, geht Foucault bei seinem nächsten Buch überraschenderweise zeitlich noch hinter das Christentum zurück. *L'Usage de plaisirs* (»Der Gebrauch der Lüste«) und *Le Souci de soi* (»Die Sorge um sich«) erforschen das Sexualverhalten der klassisch griechischen Welt. Auf welche Weise verknüpften die Griechen in der Antike Sexualität und Moral? Und wie schufen sie ihre Vorstellungen und Regeln von einem guten Umgang mit ihrer Intimität?

Die letzte Korrektur der beiden Bände erledigt Foucault unter größten Schmerzen und völliger Erschöpfung, geschwächt von einer, wie er meint, »elenden Grippe«. Die Publikation im Frühsommer 1984 erlebt er im Krankenhaus. Am 25. Juni ist Foucault tot – gestorben an AIDS.

Was hatte Foucault wissenschaftlich geleistet? In der Tat hatte er eine völlig neue Sicht der Dinge präsentiert. Er hatte die Spielregeln, die »Wahrheitsspiele«, wie er sie nannte, der Gesellschaft untersucht. Was ich für gut und richtig halte, für angemessen oder für schön, finde ich nicht tief in mir selbst. Ich übernehme diese Vorstellungen von außen. Die Gesellschaft gibt mir das Sinnangebot vor, aus dem ich mehr oder weniger stark auswählen kann. Doch schon die Kriterien, nach denen ich auswähle, habe ich nicht selbst erfunden, sondern übernommen.

Die Wahrheitsspiele der Gesellschaft beeinflussen den Menschen nicht nur in seinem Urteil, sondern sie bestimmen auch sehr weitgehend darüber, wie er sich fühlt. Jeder Selbstentwurf und jedes Selbstgefühl eines Menschen setzen sich aus Fremdentwürfen und Gefühlsvorgaben zusammen. Und die Fragen, die Foucault durchexerziert hatte, waren – in seinen eigenen Worten – die Fragen: »Anhand welcher Wahrheitsspiele gibt sich der Mensch sein eigenes Sein zu denken, wenn er sich als Irren wahrnimmt, wenn er sich als Kranken betrachtet, wenn er sich als Kriminellen beurteilt und bestraft?« Und schließlich: »Anhand welcher Wahrheitsspiele hat sich das Menschenwesen als Begehrensmensch erkannt und anerkannt?«[83]

Foucault selbst hat sehr viel über die Sexualität geschrieben, aber nur auffallend wenig über die Liebe. Seine Fragen allerdings lassen sich auch an die Liebe stellen: Anhand welcher Wahrheitsspiele nimmt sich der Mensch als ein liebender und geliebter Mensch wahr? Die Betrachtungsweise könnte sehr ähnlich sein: Wenn es richtig ist, dass die Gesellschaft das, wovon sie redet, selbst erzeugt, dann ist »Liebe« ein gesellschaftliches Konzept. Die »Liebe an sich« gibt es nicht. Was unter »Liebe« verstanden wird, wie diese gesehen, bewertet, abgegrenzt und zu anderem in Beziehung gesetzt wird, wäre ein Produkt von (An-) Ordnungsprozessen.

In solcher Sichtweise müsste man Liebe als einen gesellschaftlichen Effekt sehen. Und sie wäre genau das krasse Gegenteil von dem, was David Buss in seinem Lehrbuch über evolutionäre Psychologie behauptet, dass nämlich »Menschen aller Kulturen weltweit Gedanken, Gefühle und Taten *der* Liebe erfahren – von den Zulu an der Südspitze Afrikas bis zu den Eskimos in der Eiswüste Alaskas«. Und dieses »Phänomen der Liebe« sei überall strukturell gleich – erkennbar am Singen von Liebesliedern, an Liebenden, die gegen den Willen ihrer Eltern durchbrennen, an Gedichten sowie »volkskundlichen Hinweisen auf romantische Verbindungen«.[84]

Um die gesellschaftliche Dimension unserer Liebe und unserer Liebesvorstellungen richtig einzuschätzen, müssen wir uns also zwischen zwei nahezu unversöhnlichen Positionen bewegen. Welche Sicht der Dinge ist die richtige? Ist Liebe überall und immer das Gleiche? Oder ist sie der eher flüchtige Effekt eines gesellschaftlichen »Wahrheitsspiels«? Geht es nach dem evolutionären Psychologen David Buss, dann lieben alle Menschen zu allen Zeiten gleich. Und nur die Regeln für Zusammenkünfte, Heiraten und Ehen sind kulturell verschieden. Geht es nach dem Philosophen Foucault, so ist die Liebe gar nicht existent, sondern es gibt nur ihre sehr unterschiedlichen gesellschaftlichen Konzepte.

Kurz gefragt: Ist die romantische Liebe ein Teil unserer Natur oder unserer Kultur? Ist sie überzeitliche Erfahrung oder vorübergehende Erfindung?

Die Liebe und das Abendland

Der Versuch, die Geschichte unserer Liebesvorstellungen zu schreiben, wurde nur selten gewagt. Eines der wenigen Beispiele ist das Buch *Die Liebe und das Abendland* des Schweizer Autors Denis de Rougemont aus dem Jahr 1938. Der Titel ist so schön wie gewaltig. Und da es bis heute keine »Liebe und das Morgenland« gibt, steht es noch immer ziemlich einzigartig in der Landschaft. So vergessen der Verfasser des Werkes heute ist, so berühmt war er vor 50 Jahren. Schon als junger Mann schrieb der Pastorensohn aus der französischen Schweiz sein ehrgeiziges und umfangreiches *opus magnum*. Es hat ihn nach eigener Aussage »eine Stunde« gekostet »und das ganze Leben«.[85] Seine ganze Jugend habe er mit der Frage gelebt, was das sei: die Liebe in der Tradition des Abendlandes. Zwei Jahre lang habe er sich Notizen gemacht und alles Erdenkliche zum Thema gelesen.

Das Ergebnis ist eine recht eigentümliche Mischung aus Literaturwissenschaft und Mentalitätsgeschichte. Drei Jahrzehnte vor Foucault schaut Rougemont noch nicht auf die »Konstruktion« der Liebe, sondern er nimmt die Mythen, Texte und Legenden des Abendlandes so ernst, als handele es sich dabei um zeitlose Aussagen über *den* Menschen, über *die* Männer und Frauen und über *die* Liebe. Und die Worte »Liebe« und »Ehe«, »Freiheit« und »Treue« werden so verwendet, als gehe es vom Jahr 1200 bis heute stets um das Gleiche. Nach Rougemont beschäftigt sich das Mittelalter dabei durchgängig mit ein und demselben Konflikt, nämlich jenem zwischen Leidenschaft und Ehe. Was ist wichtiger und richtiger: Die leidenschaftliche Liebe oder die genügsame Ehe?

Für Rougemont ist die Liebe Erfahrung, aber nicht Erfindung. Doch schon der vielfach verwendete Begriff der »höfischen Liebe« ist in Wahrheit eine Erfindung aus dem Jahr 1883, geprägt von dem Romanisten Gaston Paris. Ein starres, allgemein verbindliches Konzept, wie ein Ritter oder Minnesänger zu lieben hatte, gab es gar nicht. Viele Menschen stellen sich die Liebe im Mittelalter so vor, wie sie von den höfischen Dichtern, den Minnesängern oder den Troubadours besungen wurde. Denn nahezu alles, was wir über die Liebe im Mittelalter wissen, kennen wir aus ihren Texten. Kurz gesagt: Wir wissen heute viel mehr über die Liebe in der mittelalterlichen *Literatur* als über die Liebe im tatsächlichen Leben.

Um ein Buch über mittelalterliche Liebeserfahrungen zu schreiben, muss man also entweder sehr jung sein oder sehr unerschrocken oder beides. Trotz seiner vielen Lektüren nämlich verstand Rougemont vom Mittelalter in etwa so viel wie Desmond Morris von der Steinzeit. Doch tatsächlich ergibt nicht einmal die überlieferte Literatur ein irgendwie einheitliches Bild. Ein wichtiger Grund ist: Die Dichter des Mittelalters breiteten ihre Liebesideen stets im Rahmen von ziemlich starren Gattungen aus. Ob ich die Liebe in einem Tagelied, einer Minnekanzone, einem Kreuzlied oder einer Pastourelle besinge – jedes Mal ist der Schwerpunkt woanders. Und zwischen den hehren Liebeskonzepten des höfischen Epos und den derben Schwänken der Jahrmärkte liegen Welten. »Kein Mensch hat damals so gelebt wie die Helden der Artus-Romane, deren ganzes Streben darauf gerichtet war, in Ritterkampf und Minnedienst höfische Vorbildlichkeit zu erringen. Die Dichter haben eine Märchenwelt beschrieben«[86], schreibt der Altgermanist Joachim Bumke. Und »was höfische Liebe ist, scheint heute weniger sicher zu sein als vor hundert Jahren«.[87]

Vermutlich war die Liebe im Mittelalter nicht weniger vielfältig, widersprüchlich, variabel, milieu- und bildungsabhängig als in der Gegenwart. Sie war sexuelles Vergnügen, Gier und Leidenschaft ebenso wie eine Tugend oder eine »Kunst«. Seit dem römischen Dichter Ovid, der zweitausend Jahre vor Erich Fromm die erste »Kunst des Liebens« (*Ars amatoria*) schrieb, gibt es den Liebeskult und den Liebesdienst mal gleichrangig, mal höher gestellt zu den Gelüsten des Fleisches. Und das eine zu beschwören und gleichwohl auch das andere zu wollen, war den Menschen in der Antike und im Mittelalter wohl nicht weniger fremd als vielen Menschen heute.

Die mittelalterliche Liebe gibt es nicht. Sie ist eine Erfindung der Nachwelt. Geschichte wird immer von der Gegenwart zurück in die Vergangenheit geschrieben. Und die Ereignisse früherer Zeiten erscheinen im Rückblick gerne als Vorstufen. In dieser Sicht war die mittelalterliche Gesellschaft eine starre Ständegesellschaft, in der die romantische Liebe nur zaghaft als Ideal besungen, aber, anders als heute, noch nicht gelebt werden konnte. Besonders der deutsch-jüdische Soziologe Norbert Elias trug seit 1939 dazu bei, diese Sicht in den Köpfen vieler Wissenschaftler zu verankern. In seinem zweibändigen Werk *Über den Prozess der Zivilisation* beschreibt er die Geschichte der abendländischen Kultur als eine kontinuierliche Höherentwicklung. Aus Derbheit wird Sitte, aus Unmoral wird Tugend, aus Zwang wird Freiheit. Und aus den gesellschaftlichen Liebeszwängen heraus entwickeln sich nach und nach erst das Ideal und später die Praxis der freien und romantischen Liebe.

Diese bis heute weit verbreitete Sicht ist weder ganz falsch noch ganz richtig. Sie ist plausibel, insofern die Freiheit und die Wahlmöglichkeiten in den Ländern des Westens vom Mittelalter bis heute zweifelsohne zugenommen haben. Das gilt gewiss auch für die Liebe. Wo früher unüberwindbare Standesgrenzen und unverrückbare Verhaltensregeln die Menschen einengten, ist die Gesellschaft heute vergleichsweise durchlässiger. Und auch die Regeln des Liebesmarktes sind liberaler geworden. Falsch an der Geschichte vom Zivilisationsprozess hingegen ist die Annahme, dass dieser Prozess kontinuierlich gewesen sein soll. Elias hatte sein Werk soeben gut und glücklich fertig geschrieben, als der Zweite Weltkrieg begann und der Holocaust. Die unvorstellbaren Barbareien, die auf einer so hohen Stufe der Zivilisation möglich waren, straften die Vorstellung von einer kontinuierlichen Höherentwicklung des Abendlandes auf drastische Weise Lügen.

Auch Elias hatte eine ziemlich pauschale Sicht des mittelalterlichen Lebens. Das Leben der Adeligen, die eine verschwindende Minderheit waren, war viel stärker vorgeschrieben als das der Bauern, von denen wir allerdings kaum Schriftzeugnisse haben. Wer von der mittelalterlichen Liebe spricht, meint, wie Elias, zumeist die höfische Kultur und damit eine elitäre Clique. Man darf auch daran zweifeln, ob der Minnesang tatsächlich eine Vorstufe der romantischen Liebe war. Denn das Ziel des Minnesangs war weder die geistige noch die körperliche Vereinigung mit der angebeteten Dame. Die Überhöhung des anderen in einem Idealbild erscheint uns heute zwar zu Recht als romantisch. Doch findet sich diese auch schon bei Sappho, Euripides und Ovid, also bei den alten Griechen und Römern. Die Überhöhung ist keine Erfindung des Mittelalters.

Nichtsdestotrotz wurde Elias' Geschichte vom allmählichen Durchbruch der romantischen Liebe wissenschaftliches Allgemeingut. Der italienische Philosoph Umberto Galimberti von der Universität Ca'Foscari in Venedig knüpft nahtlos daran an, wenn er schreibt: »Die traditionellen Gesellschaften, die wir mithilfe der Technik hinter uns gelassen haben, ließen der Wahl des Einzelnen und seiner Suche nach der eigenen Identität wenig Raum. Abgesehen von gewissen Gruppen und kleinen Eliten, die sich den Luxus der Selbstverwirklichung leisten konnten, besiegelte die Liebe weniger die Beziehung zwischen zwei Individuen; sie diente in erster Linie der Verbindung zwischen zwei Familien oder Clans, die mit ihrer Hilfe ökonomische Sicherheit und Arbeitskraft für das Familienunternehmen hinzugewinnen, durch Nachkommen den Besitzstand sichern und, wenn es sich um privilegierte Schichten handelte, Vermögen und Ansehen vermehren konnten.«[88] Die Crux daran ist, dass auch die Demokratie in Athen und das späte Rom zu den »traditionellen Gesellschaften« gehören, wir aber gleichwohl annehmen dürfen, dass es dort mutmaßlich mehr Liebesheiraten gab als etwa in der bürgerlichen und kleinbürgerlichen Welt des 19. Jahrhunderts. Statt mit einer aufsteigenden Linie haben wir es wohl eher mit Wellenbewegungen zu tun.

Das, was wir heute unter romantischer Liebe verstehen, wurde nicht allmählich freigesetzt. Diesen Irrtum gilt es einzuschränken. Und gerade weil es diese kontinuierliche Höherentwicklung nicht gab, haben wir allen Anlass, uns heute zu fragen, was die romantische Liebe denn überhaupt sein soll. Wie viel von dem, was die Menschen früherer Zeiten unter »Liebe« verstanden haben, ist mit unseren Liebesvorstellungen identisch? Wie groß ist der Beitrag der überzeitlichen Gefühle? Und wie viel ist historisch und kulturell verschieden?

Beschädigte »Subjekte«

Um diese Fragen zu beantworten, müssen wir uns darüber klar werden, was die romantische Liebe in der Tradition des Abendlandes eigentlich sein soll. Denn wie die evolutionären Psychologen ihre Schöpfungsgeschichte der romantischen Liebe in der afrikanischen Savanne finden, so haben auch die Geisteswissenschaftler und Philosophen einen romantischen Schöpfungsmythos.

Diese Geschichte, erzählt zum Beispiel von dem Freiburger Soziologen Günter Dux, geht in etwa so: Es gab einmal eine Zeit, da lebte das Subjekt mit der Natur im Einklang. Diese Zeit hat keine genaue Altersangabe, aber es war irgendwann vor dem Beginn des bürgerlichen Zeitalters. Das Subjekt lebte von seiner Hände Arbeit und stellte sich keine schwierigen Fragen. Über seinen Platz in der Welt dachte es nicht viel nach; er war ihm selbstverständlich. Dann aber begann die bürgerliche Zeit mit ihrer Industrie und ihrer modernen Arbeitswelt. Das

Leben wurde komplizierter. Und alles war mit einem Mal weniger selbstverständlich: das Verhältnis zur Natur, das Verhältnis zum anderen Geschlecht und nicht zuletzt das Verhältnis zu sich selbst. Mit Dux gesagt: »Dem Subjekt geht die Welt verloren.«[89]

Wo früher alles natürlich miteinander verbunden war, herrschten jetzt Unsicherheit und Chaos. »Das Subjekt gerät durch den Weltverlust in eine Sinnkrise. Sie besteht darin, dass es für die Sinnbestimmung seiner Lebensführung an der vorfindlichen Welt länger keinen Anhalt findet. Das ist für eine Orientierung der Sinnbestimmung des Handelns an der Natur offenkundig. Es gilt aber in ungleich gravierenderer Weise für den Verlust der Möglichkeit, Sinn in der Sozialwelt festzumachen.«[90] Zu Deutsch: Weder die Natur noch die anderen Menschen bieten dem Subjekt einen Halt im Leben. In dieser Lage überkommen das Subjekt romantische Gefühle. Es wird sich der tiefen Kluft bewusst, die sein Leben spaltet. Einerseits wünscht sich das Subjekt noch immer einen großen einheitlichen Lebenssinn, einen festen Rückhalt. Andererseits aber ist es inzwischen so klug zu wissen, dass es diesen Rückhalt nirgendwo mehr finden kann. Folglich verlagert das Subjekt die Suche nach dem Absoluten von der Außenwelt in die Innenwelt. Das Subjekt wird auf abenteuerliche Weise innerlich. Es baut sich eine komplexe Seelenwelt aus absoluten Gefühlen, die mit dem tagtäglichen Leben allerdings kaum noch etwas zu tun haben. Mit Dux gesagt: »Das Schisma der Logiken, der hergebrachten absolutistischen und der neuzeitlich funktional-relationalen, lässt das Subjekt in den Hiatus zwischen planer Sinnlosigkeit und absolutem Sinnverlangen stürzen.«[91]

Um gleichwohl noch immer mit dem All zu verschmelzen, richtet das Subjekt seine Sehnsucht nun auf die geschlechtliche Vereinigung. In der Verschmelzung der Geschlechter soll jenes Band zur Natur seine Wiedergeburt feiern, das längst zerrissen ist. In diesem Sinne wird die Liebe, in den Worten des Romantikers Friedrich Schlegel, zum »universellen Experiment«. Wenn das Leben auch keine übersinnliche Bedeutung mehr hat – die Liebe bringt uns diese Bedeutung zurück. Das ist der Kern der romantischen Liebe.

Was ist von dieser Geschichte zu halten? Natürlich stört zuerst einmal das Wort »Subjekt«. Denn wer soll das eigentlich sein? Das »Subjekt« ist eine Erfindung des 18. Jahrhunderts. Es erblickte das Licht der Welt, als Philosophen meinten, dass sie lieber von »Subjekten« reden sollten als von realen Menschen. Das Subjekt wurde der Begriff für den inneren Menschen, von dem alles ferngehalten wurde, was die Wirklichkeit fett, bunt und unübersichtlich macht. Es ging um den »wesentlichen« Menschen statt um den realen.

So weit die Idee. Doch ihre Folgen sind verwirrend. Im Fall unserer Geschichte von der Entstehung der romantischen Liebe sind sie sogar sehr verwirrend. Denn der Begriff »Subjekt« legt irgendwie nahe, dass es ein und dasselbe Wesen ist, das in der traditionellen Welt naturverbunden lebt und dann, hundert Jahre später, feststellt, dass dieses Band zur Natur zerrissen ist. Tatsächlich aber war dies nicht der Fall. Denn zwischen der Erfahrung des einen und der Erfahrung des anderen liegen Generationen. Die gefühlte Kluft zwischen heiler Welt und kaputter Welt war also bei realen Menschen gar nicht gegeben. Sie lebten nämlich entweder in der einen Welt oder in der anderen.

Wer heute noch von »Subjekten« redet, verrät, wie sehr er in einem antiquierten Jargon verhaftet ist, gezüchtet und vererbt in den Elfenbeintürmen der Universitäten. Dabei trägt er sehr zur Verstimmung bei, die viele Menschen heute angesichts der Gespreiztheit und stilistischen Unbeholfenheit der Geisteswissenschaften empfinden. Schlimmer noch ist der Nebel, in den sich der Erzähler vom »Subjekt« selbst einhüllt. Ein bisschen mehr Distanz zu den Texten der romantischen Philosophen und Dichter wäre hier heilsam. Die bürgerlichen deutschen Intellektuellen der Zeit zwischen 1790 und 1830, die wir heute »Romantiker«

nennen, waren eine verschwindende Minderheit. Nicht einmal im nahen Ausland gibt es eine gleiche Sicht der »Romantik« und vergleichbare »Romantiker«. Die französischen und englischen Dichter und Denker der Zeit litten zwar auch unter der Industrialisierung. Doch von universellen Verschmelzungsideen waren sie weit entfernt.

Die »Subjekte«, von denen Dux redet, sind also nur eine Handvoll Leute mit seltsam angestrengten Phantasien. Wenn der Philosoph Johann Gottlieb Fichte, die Brüder Schlegel oder der Dichter Novalis in der thüringischen Kleinstadt Jena von der traditionellen Welt und deren fragloser Naturverbundenheit phantasierten, wussten sie kaum, worüber sie redeten. Eine moderne Geschichtsschreibung gab es noch nicht. Und was man über »früher« zu wissen glaubte, waren nur Gerüchte. So hatten sie allen Spielraum, sich eine vormalige heile Welt zu *erfinden*, um sie ihrer eigenen Gedankenwelt entgegenzusetzen.

Tatsächlich lebten die Menschen, zum Beispiel der Antike, nicht in einer fraglos naturverbundenen Welt. Die Geschichte der Menschheit ist keine stetig aufstrebende Linie der Selbstbewusstwerdung. Die Griechen und Römer waren weit fortschrittlicher als das Mittelalter, und sie fühlten sich im Kosmos weit obdachloser als später die Christen. Ihre Götter waren nur Symbolfiguren und deren Taten mehr oder weniger glaubwürdige Kindergeschichten. Tiefe Frömmigkeit war selten, und ein fragloses Verhältnis zur Natur darf man auch nicht annehmen. Die Philosophie von Platon und Aristoteles, die Dramen von Euripides, Sophokles oder Aischylos belehren unmissverständlich darüber: kein Halt, nirgends. Zum anderen übrigens empfanden auch nur die allerwenigsten Menschen Ende des 18. Jahrhunderts solche romantischen Spannungen und Verspannungen wie Novalis, Friedrich Schlegel und Co.

Die romantische Liebe war also weniger ein Phänomen der realen Welt als eine Phantasie in der Literatur. Als solche allerdings machte sie eine beachtliche Karriere. Der starke Gegner, an dem sich die romantische Liebe sehr langfristig entzündete, war nicht die sinnleere Welt, sondern die strenge Klassen- und Sexualmoral des bürgerlichen Zeitalters. Der englische »Romantiker« Percy Bysshe Shelley spricht es unverblümt aus, wenn er sich im Jahr 1813 beklagt: »Nicht einmal der Verkehr der Geschlechter ist frei vom Despotismus der bestehenden Ordnung. Das Gesetz maßt sich an, selbst das unbezähmbare Schweifen der Leidenschaften zu regieren, den klarsten Schlüssen der Vernunft Fesseln anzulegen und durch den Appell an den Willen die spontanen Regungen unserer Natur zu unterjochen. Die Liebe folgt unvermeidlich auf die Wahrnehmung der Schönheit. Sie welkt dahin unter dem Zwang: die Freiheit ist ihr eigentliches Wesen ... Mann und Frau sollten so lange verbunden sein, wie sie einander lieben: Jedes Gesetz, das sie auch nur für einen Augenblick zum Zusammenleben zwingt, nachdem ihre Zuneigung erloschen ist, wäre völlig unerträgliche Tyrannei und unwürdige Duldsamkeit.«[92]

Diese unerträgliche Tyrannei und unwürdige Duldsamkeit freilich ist Anfang des 19. Jahrhunderts in allen westlichen Staaten die Regel. Sie bleibt es bis weit ins 20. Jahrhundert und ist auch heute noch das Maß in vielen Gesellschaften der Gegenwart. Umso erregender war der Genuss leidenschaftlicher Liebe in Romanen. Obwohl meist Männer die Autoren waren – die Leserschaft war fast sämtlich das Geschlecht, das in den bürgerlichen Ehen des 19. Jahrhunderts nahezu immer zu kurz kam: die Frauen. Viel mehr als im Leben wurde die romantische Liebe in der Herzschmerz-Literatur erfunden, wo sie bis heute ihren festen Platz hat. Von hier aus wanderte sie in die Köpfe der Leserinnen und bestimmte ihre Vorstellungswelt so sehr, dass sie schließlich nicht mehr zu verdrängen war. Aus einer schönen Idee entstand mit der Zeit die Forderung nach einer freieren Sexual- und Ehemoral. Und aus dem drögen Pflichtfach namens »Liebe« wurden Kür und Wahl.

Sollte dies richtig sein, so entstand die romantische Liebe nicht vor vier Millionen Jahren in der Savanne und nicht um das Jahr 1790 in Jena. Sie entstand in den Romanen spätestens seit der englischen Aufklärungszeit und setzte ihren Siegeszug in ganz Europa fort. Romantische Liebe ist ein geträumter Ausfall gegen die Konvention. Alles andere dagegen erscheint als eine allzu romantische Geschichte über die Geburt der Romantik: Herzschmerz in der Savanne, Weltverlust in Thüringen.

Man sollte immer vorsichtig sein mit rückwärts erzählten Geschichten und Geschichtsdeutungen, ganz gleich, wie sehr sie sich in den Köpfen festgesetzt haben. Es gehört zur Geschichtsschreibung spätestens seit dem 19. Jahrhundert dazu, frühere Kulturen immer als Vorstufen der heutigen zu sehen. Nicht selten werden historische Gesellschaften dadurch reduziert und die überzeitlichen Fragen, wie etwa jene nach der Liebe, erscheinen entstellt.

Wenn wir das, was uns wahrscheinlich erscheint, vorsichtig zusammenfassen, so kann man vielleicht sagen: Die romantische Liebe ist eine Sehnsucht, die im 18. Jahrhundert an Kontur gewinnt. Sie richtet sich gegen die Beschränkungen eines Heiratsmarktes, der auf Gefühle keine Rücksicht nimmt. Ein anspruchsvoller Herzschmerz-Roman *Die Leiden des jungen Werthers* (1774) eines gewissen Herrn Goethe avancierte zum Bestseller. Und einige deutsche Denker des späten 18. Jahrhunderts überhöhen die Liebe zur letzten bedeutungsstiftenden Institution. Hinter all dem steht ein großer Widerspruch: Einerseits sind die Entfaltungsmöglichkeiten des Bürgertums gegenüber dem Adel stark gestiegen. Andererseits aber bleiben die Bürger eingeschnürt durch ein starres gesellschaftlich-religiöses Korsett. Das großbürgerliche Salonleben blüht als neue Begegnungsstätte der Geschlechter. Doch die strengen Konventionen geben den Sehnsüchten fast nur in der Literatur Raum. Mit »dem Subjekt« hat das alles wenig zu tun, eher mit der fehlenden Möglichkeit, mehr zu tun, als über die Liebe nur zu reden. Doch selbst in ihren romantischsten Phantasien machten die Autoren der Romantik ihre Sehnsuchtsfrauen nur äußerst selten zu gleichberechtigten Partnern, die ihre Erfahrungen wirklich geteilt hätten. Wahre Seelenverschmelzung, nach heutigem Ideal, war das zumeist nicht.

Dass die Zeit Ende des 18. Jahrhunderts so einen Einfluss auf unsere Vorstellung der romantischen Liebe nehmen konnte, ist übrigens nicht zuletzt der Psychoanalyse zu verdanken. Freud mochte den Gedanken der Frühromantiker, dass das Bedürfnis nach Liebe aus einer Verlusterfahrung hervorgeht. Was den Romantikern der Weltverlust, wurde Freud der Verlust der frühkindlichen Intimität. Der wahre Kern daran wurde bereits ausführlich vorgestellt. Ohne Zweifel trägt der Verlust der Mutter-Kind-Bindung (oder Eltern-Kind-Bindung) dazu bei, ein ähnliches Band zu späterer Zeit neu knüpfen zu wollen – in der geschlechtlichen Liebe. Unheilvoll dagegen war Freuds Gedanke, diese Sehnsucht zu pathologisieren. Auf diese Weise wanderte die Beschädigungsphantasie der Romantiker in die Beschädigungsphantasmen der Psychoanalyse. Und was psychisch ein ganz normaler Vorgang ist, erscheint als elementarer Dachschaden unserer Libido: Als »Narzisse« streben wir nach der Überhöhung unserer selbst. Und in der »Sublimierung« erhöhen wir – zum gleichen Zweck – den geliebten anderen.

Die psychoanalytische Fachliteratur des 20. Jahrhunderts ist voll mit Theorien, die die romantische Entfremdung von der Natur mit der Entfremdung des Kindes von der Mutter gleichsetzen. Beide Male gehe es um einen Naturverlust. Die fraglose Umgebung löst sich auf, und das »Ich« wird sich seiner Einsamkeit in der Welt bewusst. Doch davon, dass der angebliche Naturverlust der Romantiker keine allgemeine Erfahrung war, war schon die Rede. Und wer sagt eigentlich, dass der Wechsel von der kindlichen Elternbindung zur späteren geschlechtlichen Paarbindung unweigerlich ein *Problem* sein muss und nicht ein grundsätzlich ganz normaler Vorgang?

Die Liebesbedürftigkeit des Menschen ist keine Beschädigung.

Sie ist die normale Erwartungshaltung eines geselligen Menschenaffen, dessen Intelligenz und Sensibilität ihm die Fähigkeit verleiht, wichtige Elemente seiner frühkindlichen Bindung später in anderer Form wiederzubeleben. In ihrem Beschädigungsmodell dagegen wiederholen die Psychoanalytiker den beliebten Fehler der meisten biologischen Evolutionstheorien, die meinen: Weil etwas in der Welt ist, muss es eine *Funktion* haben. Psychoanalytisch gesagt heißt das: Es muss etwas *kompensieren*.

Ich dagegen nehme an, dass die Liebe zwischen den Geschlechtern nichts kompensiert, sondern dass sie etwas mit anderen Mitteln *fortsetzt*. Als Kind bringt einen der Gedanke an Weihnachten in Wallung. In der Pubertät wird aus dem Weihnachtsmann ein Klassenkamerad oder eine Kameradin. Biologisch ausgedrückt passt man sich mit der Pubertät an einen neuen Lebensraum an. Wichtige Bezugspunkte gehen verloren oder schwächen sich ab, neue Topografien kommen hinzu. Mit der veränderten Umwelt erhöht sich zugleich dasjenige, was nicht »von sich aus« festgelegt erscheint. Das Selbstverständliche nimmt ab, und das Nicht-Selbstverständliche nimmt zu. Das irritiert und erregt. Für manche Intellektuelle Ende des 18. Jahrhunderts war es Ausdruck eines Weltverlustes. Sie fühlten sich als Zeitzeugen eines gewaltigen Umbruchs und einer einschneidenden Epoche und entwarfen eine ganz persönliche pathetische Vorstellung von »romantischer Liebe«. Heute reden wir davon noch immer. Aber die meisten romantisch Liebenden unserer Zeit brauchen dafür ebenso wenig das Gefühl eines epochalen Weltverlustes wie die durchschnittlichen Liebesroman-Leserinnen im 18. und 19. Jahrhundert.

Gleiche Emotionen, andere Gedanken

Wie fällt nach alle dem die Antwort auf die Frage aus: Ist die Liebe ein zu allen Zeiten gleiches oder ein unterschiedliches Gefühl? Nun, auf der Ebene der körperlichen Erregung fällt die Antwort leicht. Unsere Emotionen sind viele hunderttausend Jahre alt, manche vielleicht sogar viele Millionen Jahre. Das gilt mindestens für unsere sexuelle Gier. Und auch die Botenstoffe wie Dopamin, Phenylethylamin und die Endorphine dürften seit sehr langer Zeit und in allen Kulturen gleich sein.

Danach aber wird es schwierig. Wie Stanley Schachter gezeigt hat, haben wir unsere Gefühle nicht einfach, sondern wir interpretieren sie. Die Muster für diese Interpretation aber sind ohne Zweifel verschieden. Bevor es die Idee der romantischen Liebe gab, empfanden sich die Menschen sicher als erregt oder verstört, aber wohl nicht als *romantisch* Liebende – der Begriff hatte noch keinen Inhalt. Das schöne Zitat von La Rochefoucauld, das diesem Kapitel vorangestellt ist, mag eine kleine Übertreibung sein, aber es ist durchaus etwas dran: »Wenige Leute würden sich verlieben, wenn sie nicht davon gehört hätten« – jedenfalls würden sie sich nicht »romantisch« verlieben. Ein Hinweis darauf könnte sein, dass in der Renaissance und im Barock von der Liebe nur ab und an die Rede ist. Gesellschaften wie die unsere aber, die nahezu pausenlos von der Liebe reden, lösen zugleich eine unglaubliche Nachfrage und einen schier unersättlichen Konsum von Romantik aus.

Was wir empfinden, wenn uns die Leidenschaft erfasst, ist alt; was wir uns dabei denken, nicht. Insofern ist es sicher richtig, die Liebe nicht nur für eine Erfahrung zu halten, sondern auch für eine Erfindung. Als solche unterliegt sie den Spielregeln von Wahrheit, Wissen und Macht. Mit anderen Worten: Es gibt Liebesideen, Liebesideale und mehr oder weniger stark beschränkte

Liebesmöglichkeiten. Alle drei sind abhängig von der Gesellschaft, in der man lebt.

Die konkreten Vorstellungen der romantischen Liebe sind demnach niemals gleich, sondern von Zeit zu Zeit und von Kultur zu Kultur verschieden. Und auch innerhalb einer Kultur gibt es zahlreiche Unterschiede, abhängig von Gruppen, denen man sich zugehörig fühlt, und von Einflüssen, die man identitätsstiftend aufnimmt. Der Künstler und Bohemien des frühen 20. Jahrhunderts hatte meist andere Erwartungen an Romantik als der Kleinbürger. Zumindest beabsichtigte er mehr davon zu haben. Und die romantischen Vorstellungen von Uschi Obermaier und Uschi Glas waren Ende der 1960er vermutlich auch nicht ganz die gleichen. In diesem Sinne sind starke Zweifel angebracht, wenn die US-amerikanischen Ethnologen William Jankowiak von der Universtiy of Nevada in Las Vegas und Edward Fischer von der Vanderbilt University in Nashville die romantische Liebe zu einem »universellen Gefühl« erklären. Universell sind sicher die intensiven Gefühlsregungen, die Leidenschaft, die das Liebesobjekt überhöht und idealisiert und die nur noch an den geliebten anderen denken lässt. Nicht einmal Foucault hätte dies vermutlich bestritten. Doch starke rauschartige Gefühle machen noch keine allseits identische »Romantik«.

Ein unordentliches Gefühl wie die Liebe besteht nicht nur aus Emotionen, sondern vor allem aus Vorstellungen. Und die Vorstellungen wiederum entscheiden ganz maßgeblich über meine *Erwartungen.* Wäre die Liebe nur eine Emotion, so könnte der Partner in einer Liebesbeziehung nichts falsch machen. Hauptsache, ich lebe meinen Rausch. Und die Liebe wäre ein Fußballspiel nur auf *ein* Tor. Tatsächlich aber ist die Liebe ein Spiel auf zwei Tore. Ein kompliziertes Miteinander und Nebeneinander von Vorstellungen, die sich auf unterschiedliche Weise überschneiden. Das Mindeste, was ich von einem geliebten Menschen in einer Beziehung erwarte, ist, dass er meine Vorstellungen *versteht.* Und besonders schön ist es, sollte er viel (wenn auch nicht alles) davon *teilen.* Dies ist die mindeste meiner Erwartungen. Und ohne Erwartungen läuft in der Liebe gar nichts. Der freundliche Satz des Pfarrers und Widerstandskämpfers Dietrich Bonhoeffer: »Die Liebe will nichts von dem anderen, sondern alles für den anderen« ist sehr nett, aber falsch. Erwartungen gehören untrennbar zur Liebe dazu.

Die Liebe des Verwaltungsfachmanns

Wer sich geliebt fühlt, fühlt sich aufgewertet. Er empfindet sich in dem Maße als etwas Besonderes, wie er für einen anderen etwas Besonderes ist. Eine der wichtigsten Grunderwartungen der Liebe ist damit: »Mach, dass ich mich als etwas Besonderes fühle!« Diese Erwartung wird so natürlich nicht formuliert. Und das ist gut so, denn nicht alles in der Liebe sollte ausgesprochen werden. Der Zauber der Besonderheit verfliegt sonst allzu leicht. Nicht einmal uns selbst erzählen wir besonders gerne, dass wir geliebt werden wollen, um aufgewertet zu sein.

Das Problem der Besonderheit ist möglicherweise tatsächlich ein ziemlich modernes Problem. Je mehr wir über die Welt wissen und je mehr Vergleichsmöglichkeiten wir haben, umso schwieriger ist es mit dem Besonderen an uns. Wir sind nicht die Schlauesten, nicht die Schönsten, nicht die Allernettesten, nicht die Begabtesten, nicht die Perfektesten, nicht die Erfolgreichsten, nicht die Witzigsten und so weiter. Was immer wir uns wünschen zu sein, stets treffen wir auf andere, die »besser« sind. Zu unseren liebenswerten Besonderheiten gehören unser Musikgeschmack, unsere Moderichtung, unser Einrichtungsstil. Aber wir teilen sie mit Tausenden, wenn nicht Millionen von Menschen. Mein designtes Wohnzimmer scheint mir zu entsprechen und auch meine Lieblings-CD. Bedauerlicherweise teile ich beides mit Menschen, die mir völlig fremd sind, ja, die ich möglicherweise überhaupt nicht leiden kann.

Eine besondere Last für das Gefühl der Besonderheit ist der Beruf. Nur sehr wenige Menschen haben besondere Berufe oder das, was wir uns darunter vorstellen. Die allermeisten Menschen haben ein Berufsleben, das es ihnen schwer macht, sich als etwas Besonderes zu fühlen. Ein Künstler mag es da leicht haben, ein Verwaltungsangestellter eher nicht. Wäre es da nicht logisch zu vermuten, dass ein Verwaltungsangestellter ein viel höheres Bedürfnis danach hat, sich außerhalb seines Berufes als besonders zu empfinden? Ist er, mit anderen Worten, liebesbedürftiger? Aber fragen wir doch einen Verwaltungsfachmann selbst dazu.

Niklas Luhmann, geboren 1927 in Lüneburg, war ein studierter Jurist und seit 1953 Angestellter an den Oberverwaltungsgerichten in Lüneburg und Hannover. Befriedigt, so scheint es, hat ihn das nicht. In seiner Freizeit liest er sich scheinbar wahllos durch alle erdenklichen Fachgebiete und macht sich Notizen für seinen Zettelkasten. Mit 33 Jahren bewirbt er sich auf ein Stipendium an die Harvard University in Boston. Als fortgeschrittener Student der Verwaltungswissenschaft setzt er sich dort in die Vorlesungen des berühmten US-amerikanischen Soziologen Talcott Parsons. Als er nach Deutschland zurückkommt, weiß er viel. Zu viel vor allem für seinen neuen Arbeitsplatz als Referent an der Hochschule für Verwaltungswissenschaften in Speyer. Ein glücklicher Zufall will es, dass seine kleine Gelegenheitsschrift *Funktionen und Folgen formaler Organisation* in die Hand Helmut Schelskys fällt, einem der einflussreichsten deutschen Soziologen. Mit Mühe lockt Schelsky den Verwaltungsmann an die Universität Münster und promoviert und habilitiert ihn in Windeseile. 1968 ist Luhmann Professor für Soziologie an der neu gegründeten Universität Bielefeld. Heute, zehn Jahre nach seinem Tod im Jahr 1998, erscheint er neben Foucault als der wohl bedeutendste Soziologe des 20. Jahrhunderts.

Die Gemeinsamkeiten und die Unterschiede zwischen Foucault und Luhmann sind bemerkenswert. Nur ein Jahr Altersunterschied trennen die Titanen der französischen und der deutschen Soziologie. Beide verfügten sie über ein erstaunliches Selbstbewusstsein gegenüber ihren Vorgängern. Und natürlich haben sie einander weder kennenlernen wollen noch aufeinander Bezug genommen.

Wie Foucault ist auch Luhmann überaus skeptisch gegenüber den herkömmlichen Formen, in denen Geschichte und Gesellschaften beschrieben werden. Foucault stößt sich an der Vorstellung, dass die Geschichte der abendländischen Kultur eine kontinuierliche Entwicklung zum Höheren gewesen sei. Und Luhmann stört die Idee, dass es *die* Gesellschaft gibt und nicht stattdessen viele Teilgesellschaften. Foucaults Soziologie ist eine Soziologie der Diskontinuität. Luhmanns Soziologie ist eine Soziologie der unabhängigen gesellschaftlichen Teilsysteme. Eine absolute Wahrheit gibt es darin ebenso wenig wie eine unabhängige Moral. Wahrheit und Moral sind das, was die Verfügungsinstanzen der Macht als Wahrheit und Moral definieren, sagt Foucault. Wahrheit und Moral sind Funktionsgrößen innerhalb eines gesellschaftlichen Systems, mal wichtig und mal unwichtig, sagt Luhmann. Für die Wissenschaft zum Beispiel ist die Wahrheit wichtig; für die Wirtschaft, die Kunst oder die Verwaltung dagegen nicht.

In seinem Buch *Liebe als Passion* beschreibt Luhmann auch die Liebe als Funktionsgröße in einem gesellschaftlichen System – dem System der »Intimität«. Diese Ansicht ist zunächst erstaunlich, denn Luhmanns Lehrer Talcott Parsons hatte zwar die Gesellschaft in einzelne unabhängige funktionale Systeme zerlegt, aber Intimität hätte er niemals dazugezählt. Luhmanns Systemtheorie dagegen verarbeitet auch Gefühle. Gleich seine erste Vorlesung im Wintersemester 1968/69 hält Luhmann über die Liebe. Der Zeitpunkt ist gut gewählt. Die Kommune 1 in Berlin probiert und studiert gerade neue Formen der Intimität. Die Hippie-Bewegung und *love and peace* nehmen ihren Ausgang. Der nüchterne Verwaltungsmann in Krawatte und Anzug ist seiner Zeit weit voraus. Er scheint zu ahnen, welches Erbe von 1968 tatsächlich eine Revolution auslösen wird und welche Hoffnungen sich bald zerschlagen. Doch was hatte Luhmann über die Liebe zu sagen?

Auch Luhmann geht davon aus, dass es dem Liebenden darum geht, sich als etwas Besonderes zu fühlen – als ein Individuum. Je komplizierter die Gesellschaft wird, umso schwieriger ist das. Zehn Jahre Arbeit in Verwaltungen scheinen Luhmann darin bestätigt zu haben, dass es sozialen Systemen auf Individualität nicht ankommt. Der einzelne Mensch zerreißt sich heute in lauter verschiedenen Teilbereichen: Er ist Familienvater oder Mutter, er erfüllt eine Rolle im Beruf, er ist Sportkegler oder Badmintonspieler, er ist Mitglied einer Internet-Community und Nachbar, Steuerzahler und Ehegatte. Eine einheitliche Identität bildet sich auf diese Weise nur schwer. Wo das Soziale aus den festen Fugen gerät, zerbröckelt zugleich die Psyche. Und die Folge ist ein gesteigerter Liebeswunsch, weil »es in einer Gesellschaft mit überwiegend unpersönlichen Beziehungen schwierig geworden ist, den Punkt zu finden, in dem man sich selbst als Einheit erfahren und als Einheit wirken kann .... Was man als Liebe sucht, was man in Intimbeziehungen sucht, wird somit in erster Linie dies sein: *Validierung der Selbstdarstellung.*«[93] Zu Deutsch: Selbstbestätigung.

Zu diesem Punkt waren wir im 8. und 9. Kapitel bereits gekommen: Liebe in der modernen Gesellschaft ist der privilegierte Spiegel, in dem sich der Einzelne als etwas Ganzes erfährt. Der Liebende bindet sich an ein Gegenüber, das »an die Einheit von Sein und Schein glaubt oder zumindest dies zum Gegenstand seiner eigenen Selbstdarstellung macht, an die nun wieder der andere glauben muss«.[94] Doch wie funktioniert dieses seltsame Spiel wechselseitiger Selbstdarstellung denn nun eigentlich im Detail? Kann es überhaupt langfristig funktionieren? Und wenn ja – nach welchen Spielregeln?

Erwartungserwartungen

Für Luhmann ist die Liebe in der modernen Gesellschaft nicht nur ein Spiel, sondern ein *Code* – ein Spiel nach festgeschriebenen Regeln.

Das »Selbstkonzept« – oder die »Selbsttechnik«, wie Foucault sagen würde – des einzelnen Menschen ist das Ergebnis eines kommunikativen Austauschs. Es entsteht durch reden, lesen, hören, sehen, aufschnappen, nachdenken und so weiter. Das Wort »Kommunikation« ist ein Schlüsselbegriff bei Luhmann. Doch wie kommunizieren Liebende miteinander? Was ist das Typische an der Liebeskommunikation?

Der Stoff der Kommunikation im System »Intimität« sind nicht etwa Küsse, Umarmungen oder Worte. In Luhmanns Theorie sind dies allerhöchstens Kommunikationsformen. Der tatsächliche Stoff dagegen sind die *Erwartungen.* Sie bilden das Gerüst einer Liebesbeziehung und sind ihr eigentliches Thema. Doch wie werden Erwartungen ausgetauscht? Und was entsteht daraus? Mit anderen Worten: Wie schafft es die Kommunikation, Erwartungen so auszutauschen, dass ein System der »Intimität« entsteht, das halbwegs stabil und zuverlässig ist – einen Vorgang, den wir Liebe nennen?

Nun, zunächst einmal dadurch, dass die Erwartungen, die der Liebende an den Geliebten stellt, *erwartbar* sind. Wenn wir eine Liebesbeziehung haben, erwarten wir nicht in erster Linie, dass der andere Gewinne erzielt, Gesetze formuliert, Kunstwerke schafft oder Gottesdienste abhält. Wir erwarten Aufmerksamkeit, Zuwendung und Verständnis. Und wir gehen davon aus, dass der andere das Gleiche von uns erwartet. Wir gehen auch davon aus, dass der andere unsere Erwartungen kennt und richtig einschätzt. Das sind die Spielregeln.

Intime Liebesbeziehungen bilden demnach ein soziales System, gebildet aus Erwartungen. Genauer: aus weitgehend erwarteten und somit fest geschriebenen Erwartungen – eben aus Codes. Was wir heute unter Liebe verstehen, ist weniger ein Gefühl als ein Code. Ein sehr bürgerlicher Code übrigens, von dem auch Luhmann annimmt, dass er im späten 18. Jahrhundert in Romanen erfunden wurde. Mit Luhmanns eigenen Worten: »In diesem Sinne ist das Medium Liebe selbst kein Gefühl, sondern ein Kommunikationscode, nach dessen Regeln man Gefühle ausdrücken, bilden, simulieren, anderen unterstellen, leugnen und sich mit all dem auf Konsequenzen einstellen kann, die es hat, wenn entsprechende Kommunikation realisiert wird.«[95]

Stimmt das, dann ist der Satz »Ich liebe dich!« keine Gefühlsäußerung wie etwa der Satz »Ich habe Zahnschmerzen«. Gemeint ist ein ganzes System von Versprechen und Erwartungen. Wer seine Liebe versichert, verspricht, dass er sein Gefühl für zuverlässig hält und dass er für den Geliebten Sorge trägt. Dass er also bereit ist, sich wie ein Liebender zu verhalten mit all dem, was dies in den Augen des anderen in unserer Gesellschaft bedeutet.

Liebende kommunizieren mit Erwartungen. Doch wie jedermann und jede Frau weiß, ist dieser Prozess der Abstimmung von Erwartungen sehr prekär. Er ist überaus anfällig für Enttäuschungen. Denn Erwartungen können sehr leicht enttäuscht werden. In dem, was ich erwarte, was mein Liebespartner von mir erwartet, kann ich mich irren. Meine »Erwartungserwartungen« stabilisieren zwar die Beziehung, aber sie sind selbst natürlich alles andere als stabil. Ausgerechnet der zerbrechlichste aller Codes – und dies ist das Paradox der Liebe – soll das höchste Maß an Stabilität gewährleisten.

Erschwert wird die Liebe auch noch dadurch, dass der Liebende sein Gegenüber notwendigerweise verklärt. Das Bild, das man sich vom anderen macht, wird durch die Liebe so weit verändert und bestimmt, dass der geliebte Mensch einer »normalen« Betrachtungsweise entrückt wird. Das ist ihre ganz eigene unverwechselbare Qualität: Der Liebende sieht nur das Lächeln, nicht die Zahnlücken. In Luhmanns unnachahmlicher Nüchternheit heißt dies: »Der Außenhalt wird abgebaut, die inneren Spannungen verschärft (im Sinne von: intensiviert). Die Stabilität muss jetzt aus den persönlichen Ressourcen gewährleistet werden.«[96]

So stabil die Regeln der Liebe sind – der enorme Anspruch bei hoher Flüchtigkeit und Zerbrechlichkeit macht die Liebe gleichzeitig zu einer seltenen und deshalb unwahrscheinlichen Form von Kommunikation. Liebe ist demnach die ganz normale Unwahrscheinlichkeit, »im Glück des anderen sein eigenes Glück zu finden«.[97]

Weil ich um die Unwahrscheinlichkeit meiner Liebe weiß, wird sie sehr kostbar. Die Liebe ist ständig bedroht, schon weil ich mir des Problems »der *Erhaltung* von Unwahrscheinlichem bewusst« bin.[98] Wenn ich mich um meinen Partner sorge, tue ich es »aus Liebe«. Ich tue Dinge, die ich nie tun würde, aus Liebe. Ich sehe mir Filme im Kino an, die ich alleine nie sehen würde, und lausche gebannt Gedanken, die mich bei anderen Menschen niemals interessieren würden. All dies tue ich für den geliebten anderen Menschen und für unsere Liebe. Sosehr Gilbert Ryle auch fluchen mag, für Liebende gibt es *die Liebe* wie ein Kind oder ein Haustier: etwas, für das man sorgt und um das man sich sorgt.

Die bekannte Paradoxie an der Geschichte ist, dass man seine Liebe ebenso verziehen kann wie Kinder oder Haustiere. Je mehr ich die Liebe gegen alle Risiken abdichte, umso größer ist die Gefahr, jene Spannung zu verlieren, die alle Liebe braucht. In Luhmanns Gedankenwelt ausgedrückt: Je mehr sich der Liebende sicher sein kann, dass seine Erwartungen an die Stabilität erfüllt werden, umso spannungsloser können die Liebesbeziehungen werden – im guten wie im schlechten Sinne. Perfekt abgestimmte Erwartungserwartungen sind zuverlässig, aber nicht eben prickelnd: Sie blenden genau die Unwahrscheinlichkeit aus, die den Reiz ausmacht. Die romantische Idee der Liebe als Einheit von Gefühl, sexuellem Begehren und Tugend, so Luhmann, ist deshalb immer eine Überforderung. In der Welt eines anderen überhaupt Sinn zu finden – und sei es auch nur auf Zeit – sei deshalb schon viel.

So weit Luhmanns Beitrag zur Theorie der Liebe. Die Vorteile dieses Blickwinkels sind offensichtlich: Nur wer den Sinn und die Regeln des fein abgestimmten Spiels der Erwartungserwartungen versteht, durchschaut, worum es in einer Liebesbeziehung geht: um die Stabilisierung eines Inneren, das es ohne die Liebe so nicht gäbe. Doch Luhmanns Theorie hat gleichwohl einige Schwächen. Sie betreffen das, was in der Systemtheorie stillschweigend durch die Maschen fällt. Den Satz »Liebe ist kein Gefühl« kann man nur schreiben, wenn man sich für die psychische Qualität der Gefühlsdimension von Anfang an nicht interessiert. Für einen Soziologen ist diese etwas arg beschränkte Sicht legitim. Dem Phänomen der Liebe aber wird man auf diese Weise nicht ganz gerecht. Interessanterweise nämlich gibt es bei Luhmann überhaupt keine einseitigen Liebesverhältnisse, kein unglückliches Verliebtsein, keine unerfüllte Sehnsucht. Liebesbeziehungen bei Luhmann sind immer wechselseitig abgestimmte Erwartungen. Kurz gesagt: Für den Soziologen gibt es nur feste Liebesbeziehungen, Ehen und Partnerschaften. Denn nur sie bilden ein soziologisch interessantes »System« namens »Intimität«.

Doch natürlich ist Liebe auch ein Gefühl. Sie ist wie gezeigt keine Emotion im Sinne einer völlig eindeutigen physiologischen Erregung. Aber sie ist die vorstellungsreiche Interpretation eines Erregungszustands. Von dieser Interpretation zur Erwartung an einen anderen ist es noch ein großer Schritt. Der Bauer, der im Mittelalter beim Anblick eines Burgfräuleins erregt wurde, hatte vermutlich nicht die Absicht, in seiner Liebe zu ihr »Sinn« zu finden. Auch Luhmann erklärt, dass es sich hierbei um eine moderne Erwartung handelt. Doch selbst in der Moderne ist diese Erwartung keineswegs selbstverständlich. Der vermutlich weit größere Teil aller Liebesempfindungen findet heute kein gleichfühlendes Gegenüber. Folglich bilden diese Empfindungen auch kein wechselseitig stabilisiertes System der Intimität. Sind sie deswegen nicht vorhanden? Und sind sie ohne jegliche soziologische Bedeutung? Zum Beispiel, wenn man feststellen könnte, ob die Zahl der einseitigen Liebesgefühle in einer Gesellschaft fällt oder steigt?

Der Satz »Ich liebe dich!« ist weit mehr als eine Gefühlsäußerung. In diesem Punkt hat Luhmann ohne Zweifel recht. Aber Liebe ist gleichwohl ein Gefühl. Und Luhmanns Liebesbegriff vermengt ohne Skrupel eine ganze Reihe unterschiedlicher Bewusstseinszustände. Verliebtheit und Liebe werden nicht unterschieden, obwohl dieser Unterschied nicht nur biologisch, sondern auch soziologisch relevant ist. Für jemanden zu schwärmen zum Beispiel heißt nicht notwendig, sich im Blick des anderen bestätigen zu wollen. Ansonsten wäre die Liebe eines Teenies zu einem Pop-Idol unsinnig und nicht vielmehr eine Trockenübung für spätere Liebe. Und auch das an die Verliebtheit häufig gekoppelte Bedürfnis nach Sex ist nicht notwendig ein Bedürfnis nach Ganzheitserfahrung. Was für den einen oder die eine die Pointe am Sex ist, gilt es für manchen anderen gerade zu vermeiden. Statt Identität bestätigt zu finden, ist es oft im Gegenteil die Lust an einer Rolle, mithin also eine Charade, die den sexuellen Reiz ausmachen kann.

Schlussfolgerungen

Was also haben wir aus diesem Kapitel an Einsicht gewonnen? Unsere Liebesvorstellungen sind keine biochemische Angelegenheit, sondern eine gesellschaftliche. Gleiche Erregungen führen in unterschiedlichen Gesellschaften zu verschiedenen Interpretationen dessen, was mit einem selbst los ist. Die »romantische Liebe«, die unser heutiges Liebesbild in Bezug auf die Geschlechter beherrscht, ist ein Liebesmodell unter anderen. Sein wichtigstes Kennzeichen ist die Idee der Verschmelzung von Sex und Liebe, die so allerdings kaum gelebt werden konnte. Diese Idee hat Vorläufer in unterschiedlichen Zeiten und Kulturen. Vermutlich aber gab es in der Geschichte nichts völlig Identisches zu unserem heutigen romantischen Liebesbild in der reichen westlichen Welt. Die Folge ist ein recht neues »Selbstkonzept« des Liebenden, begleitet von ebenso neuen »Selbsttechniken«. Oder anders ausgedrückt: Wir interpretieren unsere Erregungen nicht nur anders, wir verhalten uns auch anders. Und zwar sowohl uns selbst gegenüber wie auch im Umgang mit dem geliebten Menschen. Die wichtigste Veränderung dürfte unsere Erwartungshaltung sein. Wir wollen nicht nur Sex und Liebe vereinen, wir wollen noch viel mehr: Intensität *und* Dauer. Unsere Erwartungen sind immens gestiegen. Und weil wir wissen, dass auch die Erwartungen der anderen gestiegen sind, erhöhen wir die Erwartungen an uns selbst. Doch je höher die Erwartungen und Erwartungserwartungen werden, umso weniger sind sie noch zu erfüllen. Das Risiko liegt dann darin, dass uns kein Liebespartner mehr wirklich genügt und vollends befriedigt. Aus dieser Kluft zwischen lieben wollen und nicht mehr langfristig glücklich lieben können erwächst eines der zentralen Themen der heutigen Zeit. Mehr als den anderen, so scheint es, lieben wir die Liebe …

Liebe heute

11. KAPITEL

Verliebt in die Liebe? Warum wir immer mehr Liebe suchen und immer weniger finden

Die Kunst, verheiratet zu leben, definiert eine Beziehung, die dual in ihrer Form, universal in ihrem Wert und spezifisch in ihrer Intensität und in ihrer Kraft ist.

Michel Foucault

Ehen werden im Himmel gestiftet und auf Autositzen geschieden.

Niklas Luhmann

Liebe als Selbstverwirklichung

Als meine Großeltern heirateten, hatten sie keine Wahl. Ihre Väter arbeiteten bei der Bahn. Sie verabredeten sich. Mariechen und Willi, fünf Jahre Altersunterschied, das passte. Es hielt zusammen, mehr als 50 Jahre; gepasst hatte es nie. Meine Großeltern hatten es sich nicht ausgesucht. Sie suchten sich ja ohnehin nichts selbst aus: ihre Liebe, ihren Beruf, ihren Wohnort, ihren Arzt, ihren Glauben, ihren Lifestyle, ihren Telefonanbieter, ihre Community, ihre Peer Group nicht und auch keinen Therapeuten. Die Kirche blieb im Dorf, die Ansprüche waren gering. Meine Großeltern machten alle vier Jahre ein Kreuz auf dem Wahlzettel mit einer Pause zwischen 1933 und 1949. Sie kannten Deutschland und Österreich, und die einzige große Reise meines Opas war der Krieg. Ob er nach Polen wollte, wurde er nie gefragt.

Als meine Eltern heirateten, durften sie wählen. Sie kannten das Leben, aber nur ein bisschen. Sie heirateten früh, meine Mutter war 22. Das war Ende der 1950er Jahre. Mein Vater brauchte nicht zum Militär, weil es ausnahmsweise keines gab. Dafür konnte er studieren und wurde Designer, was in Deutschland sehr neu war. Das Land wurde reicher und reicher. Die 60er Jahre kamen und Oswald Kolle klärte die Republik auf. Aus dem Pflichtfach Sex wurden Kür und Wahl. Meine Eltern reisten durch Westeuropa bis nach Marokko, flogen nach Südkorea und Vietnam. Sie versuchten ein alternatives Leben und trennten sich von den Werten ihrer Eltern. Sie traten aus der Kirche aus, kauften ein Eigenheim am Stadtrand, kamen in die Midlife-Crisis, erhielten eine Satellitenantenne für ein zusätzliches drittes Fernsehprogramm und eine Fernbedienung.

Als ich Abitur machte, gab es in Deutschland die ersten Videorekorder. Das war 1984. Telefone hatten noch eine Schnur und gehörten der Post. Das Land wurde immer noch reicher. Aber es gab eine Lehrlingsschwemme und schlechte Berufsaussichten auch für Studierte. Ich konnte meinen Studienort frei wählen und bald auch zwischen zehn Fernsehprogrammen. Ich konnte reisen, wohin ich wollte, nach 1990 sogar in den Osten. Ich musste lernen, einen Computer zu bedienen. Ich konnte mir meine Liebe aussuchen, meinen Beruf, meinen Arzt, meinen Glauben, meinen Lifestyle, meinen Telefonanbieter, meine Community, meine Peer Group und, wenn ich gewollt hätte, meinen Therapeuten. Ich war frei und bekam meine ersten grauen Haare. Der Schutzfaktor der Sonnenmilch hat sich verzehnfacht, die Klimakatastrophe ist Gewissheit geworden. In Zeitungen und Büchern kann man lesen, dass der Öko-Crash nicht mehr aufzuhalten ist. Im Fernsehen werden uns Überbevölkerung, Migration und die Kriege um die natürlichen Ressourcen vor Augen geführt. In unserer realen Lebenswelt aber merkt man nichts davon. Die Menschen sehnen sich noch immer nach mehr: nach einem Maximum an Liebe und Sex, an Glück, an Gesundheit. Sie wollen prominent sein, schlank und niemals alt.

Wir leben keine Normalbiografien mehr wie unsere Großeltern, wir haben Wahlbiografien, oder genauer »Bastelbiografien«. Wir wählen aus einem immer größeren Sortiment an Lebensmöglichkeiten, und wir *müssen* wählen. Wir sind gezwungen, uns selbst zu verwirklichen, weil wir ohne diese »Selbstverwirklichung« augenscheinlich gar nichts sind. Und uns verwirklichen heißt nichts anderes als auswählen aus Möglichkeiten. Wer keine Wahl hat, kann sich gar nicht selbst verwirklichen. Wer sich dagegen verwirklichen muss, kann auf die Wahl nicht verzichten. Und die wundervolle Chance »Sei du selbst!« ist zugleich eine finstere Drohung. Was ist, wenn mir das nicht gelingt?

Auch in der Liebe erwarten wir heute so viel wie möglich – wir sind es uns wert. In unseren Beziehungen suchen wir vielleicht noch immer einen sozialen Halt. Mehr noch aber suchen wir eine Idealmöglichkeit zur Selbstverwirklichung – in der romantischen Liebe.

Romantik ist die Idee, das flüchtige Gespenst der Verliebtheit in den Rahmen der Liebe zu stecken und ihm in einem selbst gemalten Porträt ein ewiges Antlitz zu geben. Diese Vorstellung ist nicht neu. Vermutlich gab es sie in *ähnlicher* Form bei den alten Griechen sowie in der Renaissance und – zumindest als Idee – auch in der höfischen Kultur des Mittelalters. Diese Idee wurde, wie gesagt, nicht kontinuierlich freigesetzt, und selbst unsere Großeltern wussten nur selten davon. Kein Zweifel aber besteht daran, dass sie heute eine weit verbreitete Vorstellung in den Wohlstandsstaaten zumindest der westlichen Welt ist und dass sie auch in vielen anderen Ländern vorkommt. Das Einzigartige dabei ist ihr Massencharakter. Was auch immer Romantik in der Vorstellungswelt früherer Zeiten gewesen sein mag, unter keinen Umständen war sie etwas, was fürs Volk gedacht war. Romantik war keine realistische Erwartung von Normalsterblichen. Sie war die künstlerische Phantasie einer Oberschicht, eine Passion von Privilegierten.

Heute dagegen ist Romantik ein allgegenwärtiger Anspruch. Wer von geschlechtlicher Liebe redet, der redet in allen Bevölkerungsschichten von Leidenschaft *und* Verständnis, Aufregung *und* Geborgenheit. Und sei es auch nur, dass er das Fehlen des einen oder des anderen bei seinem Liebespartner seufzend bemängelt. Unsere Gesellschaft verfügt nicht nur über einen historisch beispiellosen Wohlstand und ein ebenso einzigartiges Bildungsniveau. Sie setzt auch einen beispiellosen Anspruch auf Glück und Wahl ins Recht. Und sie überbrückt dabei Räume und Zeit durch Autos, Züge, Flugzeuge, Internet und Mobiltelefon.

Selbst wenn der Wohlstand nicht gleichmäßig verteilt ist und die Kluft zwischen Arm und Reich größer wird, und selbst wenn im Hinblick auf unsere Unterschicht von einer »Bildungskatastrophe« die Rede ist, so ist zumindest der *Anspruch* auf Glück, auch in der Liebe, fast überall vorhanden. Dieser Anspruch mag sich auch heute noch unterscheiden. In den Glitzermetropolen der *Sex and the City*-Kultur ist er vermutlich ein anderer als in den ländlichen Regionen Frieslands und der Oberpfalz mit ihren *Bauer sucht Frau*-Problemen. Aber die Allgegenwärtigkeit des Glücksanspruchs in der Liebe steht damit nicht in Frage.

Verloren gegangen in diesem Massenanspruch ist die Rebellion. Romantische Liebe ist heute nicht mehr subversiv und kein Ausfall gegen die Konvention. Im Gegenteil ist sie deren Bestätigung. Im 18. und 19. Jahrhundert war die romantische Liebe oft revolutionär, indem sie die Leidenschaft über die Klassenfrage stellte. Nicht die Ordnung der Gesellschaft, sondern die Aufwallung der Gefühle sollte über die Liebe entscheiden. Anders in der Neoromantik der 1968er-Bewegung. Hier war es nicht der Klassengegensatz als vielmehr die kleinbürgerliche Sexualkonvention, die revolutionär in Frage gestellt wurde. Dass solche Provokationen heute nicht mehr möglich sind, weil sie nicht mehr als subversiv erlebt werden, ist ein gutes Zeichen. Der Anspruch auf seelische und körperliche Selbstbestimmung in der Liebe ist heute weitgehend akzeptiert. Was die Romantiker noch in der Literatur, die Neoromantiker in Happenings zum Ausdruck brachten, hat heute einen festen Sitz im Leben.

Wir wollen unsere Liebe leben. Und dieses Ausleben unserer Liebe ist weitgehend ein Selbstzweck. Moderne Beziehungen sind viel mehr um der Liebe willen existent, als das in vorangegangenen Generationen der Fall war – ein »universelles Experiment« im Sinne des Frühromantikers Friedrich Schlegel und sehr viel radikaler, als dieser sich das je hätte ausmalen können.

Ist Selbstverwirklichung schlecht?

Die Beurteilungen dieser neuen Form von Liebesbeziehung gehen stark auseinander. Was den einen der Triumph der Freiheit ist, die höchste Stufe einer positiven »Individualisierung«, ist anderen ein Gräuel. Der konservative italienische Philosoph Umberto Galimberti zum Beispiel ist *not amused.* Er sieht im Anspruch der Selbstverwirklichung durch die Liebe Selbstmitleid und Missbrauch: »Der Raum, in dem das Ich sich ohne jegliche Einschränkungen ausleben kann, ist zum Schauplatz eines radikalen Individualismus geworden, auf dem Männer wie Frauen im anderen ihr eigenes Ich suchen. In der Beziehung geht es ihnen weniger um die Herstellung einer Verbindung mit dem anderen als vielmehr darum, ihr Selbst zu entfalten und zu entwickeln. Eine Art Selbstmitleid, das in einer Gesellschaft keinen Ausdruck mehr finden kann, in der die Identität eines jeden nach seiner Eignung und Funktionalität im System festgelegt wird. Aufgrund dieses merkwürdigen Zusammenspiels wird die Liebe in unserer Zeit für die eigene Selbstverwirklichung unverzichtbar, aber auch unmöglich wie nie zuvor: Was in der Liebesbeziehung gesucht wird, ist nicht der andere, sondern die Selbstverwirklichung durch den anderen. … *Das Du wird zum Mittel für das Ich.*«[99] Die Kur, die Galimberti gegen diesen Selbstkult vorschlägt, ist eine religiöse Selbstreinigung. Mit Lauster'scher Selbstsicherheit legt er fest: »Begehren ist *Transzendenz*«.[100]

Doch nicht nur konservative und religiöse Menschen stoßen sich an der neuen Liebe der Individuen mit ihrer Suche nach maximaler Selbstverwirklichung. Der US-amerikanische Philosoph Harry Frankfurt von der Princeton University zum Beispiel verspürt ein ähnliches Unbehagen wie Galimberti. Auch Frankfurt wünscht sich eine Liebe ohne Egoismus, Selbstbezüglichkeit und Eigennutz-Gedanken. Seine Definition »der Liebe« ist exklusiv: »Die Liebe ist vor allem *interessefreie* Sorge um die Existenz dessen, was geliebt wird, um das, was gut für sie ist. Der Liebende wünscht, dass das geliebte Wesen aufblüht und ohne Schaden bleibt, und zwar nicht, um damit einen anderen Zweck zu unterstützen. … Für den Liebenden sind die Umstände, unter denen sich das geliebte Wesen befindet, allein an sich selbst wichtig, unabhängig davon, wie sie mit anderen Dingen zusammenhängen.«[101]

Eine solche Liebe, wie Frankfurt sie als »die Liebe« definiert, gibt es möglicherweise zwischen Eltern und Kindern. Aber auch den Princeton-Professor selbst beschleichen Zweifel, dass dieser Prototyp der Liebe für die geschlechtliche Liebe taugt. Artistisch schlägt er deshalb eine Kapriole. Wenn seine Definition der Liebe für Mann und Frau nicht gilt – dann ist das, was sich in den Beziehungen zwischen Mann und Frau an Romantischem abspielt, eben keine Liebe: »Vor allem Beziehungen, die im Wesentlichen romantisch oder sexuell sind, bieten meiner Verwendung nach keine sehr authentischen oder erhellenden Paradigmen der Liebe. Beziehungen dieser Art sind in der Regel mit einer Reihe extrem irritierender Elemente verbunden, die nicht zur wesentlichen Natur der Liebe als einem Modus interessefreier Sorge gehören; sie sind vielmehr so verwirrend, dass es nahezu unmöglich ist, sich darüber klar zu werden, was genau hier passiert.«[102]

So wird man das Problem natürlich auch los! Wenn einen das, was zwischen Frau und Mann passiert, »irritiert«, dann erklärt man es schlichtweg nicht als zugehörig zur »wesentlichen Natur der Liebe«. Doch diese »wesentliche Natur« ist in Wahrheit nur eine persönliche Festlegung von Mr. Frankfurt. Dass die Liebe tatsächlich in der »Identität von Hingabe und Eigeninteresse« liegen soll, ist eine hübsche Idee, dem Ideal der Frühromantik nahe verwandt. Aber im wirklichen Leben gibt es ungezählte Fälle brennender Leidenschaft, die diese Identität nicht kennen. Es ist eben nicht so, dass der »Schein des Konfliktes zwischen dem Verfolgen eigener Interessen und der selbstlosen Hingabe an die Interessen anderer sich verzieht, sobald wir einsehen, dass das, was den Interessen des Liebenden dient, nichts anderes als seine Selbstlosigkeit ist«.[103]

Man braucht kein Anhänger der fürchterlichen Eigennutz-Theorie von Michael Ghiselin zu sein (»Kratz einen Altruisten, und du siehst einen Heuchler bluten«), um zu dem Schluss zu kommen, dass Frankfurts Identität von Hingabe und Eigeninteresse weder ein Normalfall noch ein Dauerzustand in Liebesbeziehungen sein kann. In glücklichen Momenten mag dies zutreffen – Tag für Tag und Situation für Situation allerdings nicht. Das tatsächliche Problem einer geschlechtlichen Liebesbeziehung liegt im Gegenteil darin, dass die Spannung zwischen Eigeninteresse und Selbstlosigkeit gerade nicht aufgehoben, sondern *ausgehalten* werden muss. Und wahrscheinlich ist es gerade dies, was der Liebe ihre Spannung gibt.

Die Vielzahl der Entscheidungen in modernen Liebesbeziehungen trennt immer wieder das Eigeninteresse von der Selbstlosigkeit. Ein ewiges Hin und Her statt einer konstanten Verschmelzung. Moderne Romantik ist nicht mehr die bedingungslose und dauerhafte Verschmelzung von Eigen- und Fremdinteresse, sondern sie ist das nie abreißende Abenteuer der (Neu-)Verständigung.

Sich damit abzufinden erscheint nicht leicht. Und vielleicht ist dies der Grund, warum die Kritiker der Idee von der eigennützigen Selbstverwirklichung in der Liebe so gerne übertreiben. Sie bauen einen Papiertiger auf, wenn sie meinen, der moderne Mensch suche *allen* Sinn in der Liebe. Galimberti beispielsweise schreibt: »Als Gegengewicht zu einer gesellschaftlichen Wirklichkeit, wo niemandem erlaubt ist, er selbst zu sein, weil jeder so sein muss, wie der Apparat ihn will, und das Leben als entfremdet empfunden wird, muss die Liebe zum *einzigen* Zufluchtsort des Sinns werden.«[104]

An diesem Befund, dass wir *allen* Sinn in unserer Liebe suchen, stimmt nichts. Wieso ist es heute »niemandem erlaubt, er selbst zu sein«? Ist das wirklich so? War es früher etwa besser? Durfte mein Großvater im Kaiserreich, in der Weimarer Republik oder im Dritten Reich mehr er selbst sein als ich heute? Das klingt ebenso schief wie die Vorstellung der Frühromantiker (und der frühromantischen Soziologen heute), in den traditionellen Gesellschaften sei das Leben noch in Ordnung gewesen. Wer ist übrigens »der Apparat«, der den Menschen ihr Leben vorschreibt? Mit solchen Worten charakterisiert man vielleicht den Stalinismus, nicht aber unser Leben in der westlichen Welt im Jahr 2009. Und zu guter Letzt: Wer von uns heute empfindet sein Leben »als entfremdet«? Solch eine Idee vertritt allenfalls ein sehr konservativer Ideologiekritiker in der Tradition von Erich Fromm und Theodor W. Adorno. Es gehört schon zu den hartnäckigsten Gerüchten der Soziologie, dass sich die Menschen heute als entfremdet empfinden, weil sie es der linken Theorie der modernen Arbeitswelt nach sind. Doch wer soll unter einem Verlust leiden, der schon Jahrzehnte vor seiner Geburt stattfand, wenn nicht sogar Jahrhunderte? Der Bezugspunkt eines Menschen für das, was er als verloren oder zugewonnen erlebt, ist stets die eigene Biografie und nicht die Vorvergangenheit. Gewiss leiden die Menschen darunter, wenn Werte, die ihnen in der Kindheit Halt gaben, heute verloren oder dahingestellt sind. »Entfremdung« allerdings müsste noch ganz anders wirken. Wir müssten darunter leiden, dass wir der Natur entronnen sind, statt uns über die Zentralheizung zu freuen. Wir müssten die Technik scheuen und uns wünschen, wieder als arme Bauern leben zu dürfen. So viel Naturromantik uns mitunter auch überkommen mag – in der Regel reicht uns die Restnatur des Stadtwaldes; wirklich zurück in die Zeit vor die »Entfremdung« will fast keiner.

Was Galimberti auf seine etwas unbeholfene Art und Weise möglicherweise sagen will, ist, dass der Prozess der »Individualisierung« dem Menschen nicht nur Gutes beschert hat. Individualisierung ist eine feine Sache, insofern wir heute eine schier beispiellose Freiheit genießen. Keine Generation zuvor hatte so viel Zeit, sich um ihre eigene Befindlichkeit zu kümmern. Aber natürlich enthält die gleiche Individualisierung auch die Gefahren der Selbstsucht, der Vereinsamung und des Asozialen. Kein Wunder, dass viele Soziologen in der Individualisierung der heutigen Wohlstandsmenschen nicht nur eine Chance, sondern auch ein Risiko für unsere Liebesbeziehungen sehen. Ehen, so heißt es, werden zum Zweck der Selbstverwirklichung geschlossen und zum Zweck der Selbstverwirklichung wieder geschieden. Die Individualisierung ist ihr wichtigstes Motiv und ihre größte Klippe. Man sucht den anderen, um man selbst zu sein, und man trennt sich wieder, um man selbst zu bleiben. Diese verbreitete Diagnose ist nicht ganz falsch. Aber sie ist auch nicht ganz richtig. Denn das Spiel der Erwartungen und Erwartungserwartungen in heutigen Beziehungen ist ungleich komplizierter. Verständlicher wird es erst, wenn wir den Begriff der Individualisierung mit einem anderen Begriff kombinieren: mit der »Rückbindung«.

Rückbindung

Die soziologische These von der geradezu bedingungslosen Individualisierung sieht unser Leben durch zwei Faktoren bestimmt: einen Zugewinn an *Freiheit* und einen Verlust an *Orientierung*. Die Werte, in die wir oder unsere Eltern noch hineingeboren wurden, sind fragwürdig geworden. Der religiöse Glaube verliert an Bedeutung, die politische Weltanschauung ebenso. Als Europa- oder gar Weltbürger fühlt man sich überall ein wenig zuhause, aber nirgendwo mehr ganz. Wir wählen nicht mehr zwischen Ideologien, sondern zwischen Betriebssystemen. Wir müssen damit leben, wenn uns Moralapostel den Verlust der Werte predigen, der konservativen *und* der linken. Vielleicht beruhigen wir uns ab und zu damit, dass wir immerhin noch besser sind als unsere Jugend. Wir haben noch Disziplin, zumindest manchmal. Und wir empfinden ein Verantwortungsgefühl für Frieden und Gerechtigkeit in der Welt, zumindest theoretisch.

Sicher fühlen wir uns bei all dem nicht. Vielleicht sind wir nicht entfremdet, aber oft genug sind wir ratlos. Wir wissen nicht, was wir tun sollen, für andere und für uns selbst. Nicht anders ist das in unseren Liebesbeziehungen: »Was Familie, Ehe, Elternschaft, Sexualität, Erotik, Liebe ist, nein, sein sollte oder sein könnte, kann nicht mehr vorausgesetzt, abgefragt, verbindlich verkündet werden, sondern variiert in Inhalten, Ausgrenzungen, Normen, Moral, Möglichkeiten am Ende eventuell von Individuum zu Individuum, Beziehung zu Beziehung, muss in allen Einzelheiten des Wie, Was, Warum, Warum-Nicht enträtselt, verhandelt, abgesprochen, begründet werden«[105], schreibt der Soziologe Ulrich Beck.

Selbst wenn es falsch ist, dass wir heute allen Sinn in der Liebe suchen, so ist es auf jeden Fall schwierig, ihn zu finden. Und wäre Individualisierung das Einzige, das uns heute treibt, so wäre dieses Sinnfinden wahrscheinlich ganz unmöglich. Mit kluger List hat Becks Gegenspieler, der 2007 verstorbene Frankfurter Soziologe Karl-Otto Hondrich, Becks Idee der radikalen Individualisierung entschieden widersprochen. Selbstverständlich, so Hondrich, treibt uns heute die Individualisierung. Zugleich aber suchen wir nach etwas Gegenläufigem, das diese oft verstörende Individualisierung in ihre Schranken weist. Da es dafür noch kein Wort gibt, nennt Hondrich diese Tendenz »Rückbindung«.

Stellen wir uns dazu eine moderne Zweierbeziehung vor. Beide Partner suchen in ihrer Beziehung das Gleiche: Zufriedenheit, Bestätigung, Aufregung und Verständnis. Mit Luhmann gesagt, möchten sie im Glück des anderen ihr Glück finden. Wie alle Paare stammen sie aus unterschiedlichen Elternhäusern und haben bereits eine Vorgeschichte mit unterschiedlichen Beziehungen. Diese Elternhäuser brauchen dabei nicht sehr verschieden zu sein. Und auch ihre Beziehungsgeschichte muss nicht vollkommen anders gewesen sein. Wir brauchen uns nicht vorzustellen, dass der eine im Senegal aufgewachsen ist und die andere in Leipzig. Es mag völlig ausreichen, dass beides Mittelstandskinder sind aus einer durchschnittlichen deutschen Mittelstadt wie Solingen, Bielefeld, Kaiserslautern, Erfurt oder Oberhausen.

Am Anfang ihrer Liebe übertüncht die Verliebtheit alle Differenzen. Aber spätestens nach einem halben Jahr wird der Blick kritischer. Zieht man nun zusammen, so häufen sich die Konflikte. Der Mann wirft seine Wäsche in den Schrank, die Frau faltet sie. Ein kleines Gespräch mit halbherzigen Absichtsbekundungen belehrt unmissverständlich darüber, dass sich daran nichts ändern wird, jedenfalls nicht langfristig. Denn der Unterschied stört nur den Ordentlichen, nicht den Unordentlichen. Für den Ordentlichen handelt es sich um ein gemeinsames, also um ein Beziehungsproblem. Für den Unordentlichen um ein persönliches Problem seines Partners: um Spießigkeit, Zwanghaftigkeit und Intoleranz.

Oberflächlich betrachtet handelt es sich hierbei um eine Falle der Individualisierung. Jeder möchte das gemeinsame Leben nach seiner individuellen Art ausgerichtet sehen und nicht zurückstecken. Man einigt sich auf einen Kompromiss. Zum Beispiel: Jeder behält seine Manier des Umgangs mit Wäsche, aber jeder bekommt seinen eigenen Wäscheschrank. Für die Befürworter der radikalen Individualisierungstheorie ein Triumph. Jeder zieht »sein Ding durch«. Und die Folge ist Aufspaltung und Konsum.

Ein sorgfältiger Beobachter, wie Karl-Otto Hondrich, sieht darin jedoch das genaue Gegenteil. Die Abmachung, sich über die Wäsche nicht mehr zu streiten, ist keine Einzelentscheidung, sondern ein gemeinsamer Kompromiss. Dieser Kompromiss geschieht im Namen nicht der einzelnen Partner, sondern der Beziehung. Und von nun an muss man sich daran halten. Die Beziehung gewährt dem Paar zwar einerseits eine Individualität, bestimmt aber gleichwohl die Spielregeln. Dem französischen Soziologen Jean-Claude Kaufmann war das Beispiel des Umgangs mit den Anziehsachen übrigens sogar ein ganzes Buch wert: *Schmutzige Wäsche. Zur ehelichen Konstruktion von Alltag* (1994).

Die Lehre aus dem Wäschebeispiel reicht aber noch viel weiter. Nicht nur zeigt sie, dass Individualisierung in einer Paarbeziehung fast immer mit einer »Kollektivierung« einhergeht. Sie zeigt zugleich, dass beide Partner einen beträchtlichen Fundus an Gewohnheiten und Selbstverständlichkeiten mit in die Beziehung bringen. Diese gehen weit über die Frage des Zusammenknüllens oder Faltens hinaus.

Doch woher kommen diese Festlegungen, wo der moderne Mensch der Theorie nach haltlos, unsicher und ungebunden ist? Woher nehmen wir die Sicherheit, mit der wir nicht nur unsere Gewohnheiten verteidigen, sondern annehmen, dass sie »richtig« sind? Die Flucht nach vorn in die Liebe soll doch angeblich von einer ungesicherten Warte her erfolgen. Aber *eine* Warte bleibt bei aller denkbaren Orientierungslosigkeit im Großen relativ stabil: die Herkunft. Die Werte, die man als Kind im Elternhaus vermittelt bekommt, haben eine beeindruckende Beharrungskraft. Mag man sich in der Pubertät noch so vehement gegen den Wertekosmos der Eltern auflehnen, auf leisen Sohlen kommen diese Werte doch fast immer wieder zurück. Natürlich kauft man sich nicht die Schrankwand der Eltern, sondern ein Ikea-Regal, aber das eine ist nur die zeitgemäße Verpackung des anderen.

Die enorme Stabilität der mit der Muttermilch eingesogenen Werte ist deshalb so hoch, weil man als Erwachsener eben kaum noch zu neuen Werten kommt. Einsichten lassen sich im Alter vermehren, Werte nicht. In Konfliktsituationen mit dem Partner kommen die alten Werte hervor. Nicht anders ist es bei der Kindererziehung: Warum sagen wir unseren Kindern ausgerechnet diesen blöden Spruch, den wir selbst bei unseren Eltern immer gehasst haben? Je älter wir werden, umso weniger lehnen wir uns zumeist gegen unsere konservative Seite auf; jene Seite, die sich auf das besinnt, was ihr urvertraut ist.

Selbstverwirklichung besteht nicht nur aus einer gnadenlosen Individualisierung, sondern sie hat zugleich auch eine konservative Dimension. In der soziologischen Analyse unserer Gegenwart wird diese häufig stark unterschätzt. Der Alt-68er, der sich seine Heldentaten aus wildbewegter Jugend nicht nehmen lassen will, verhält sich nicht anders als sein reaktionärer Vater, der seine eigene Jugend trotzig verteidigt hat. Und der 40-jährige Ex-Yuppie der Generation Golf lässt sich trotz Kursverlusten und Finanzkrise einfach nicht davon abbringen, dass das Leben ein Spiel von Kosten und Nutzen sein soll. Je weniger wir noch dazulernen wollen, umso wichtiger wird uns die Rückbindung. Wie kann heute schlecht sein, was damals gut war?

Auf die konservative Seite gehören das Vertraute und das Konventionelle. Es ist das Nicht-Selbstgewählte wie Herkunft und Milieu. Und es ist das Erstgewählte: das erste Selbstkonzept als junger Erwachsener. Sie sind das Sicherheitsnetz des modernen

Liebesartisten. Doch während die Beziehungsprobleme durch Individualisierung gut erforscht sind, liegen die Probleme durch Rückbindung häufig noch im Dunkeln und werden unterschätzt. Vermutlich aber sind sie die schlimmeren Spaltpilze als jede sogenannte Individualisierung. Denn neue Ideen lassen sich vom Partner relativieren; Rückbindungen dagegen nicht. Sie stehen als unleserlicher Begleittext mit auf unserer »Liebeskarte« und entscheiden zwar nicht über die Partnerwahl, wohl aber über langfristige Anforderungen und Zumutungen. Und je unkonventioneller wir uns in unserer Jugend fühlen mögen, umso stärker fällt später oft die Rückbindung aus.

Liebes-Suche

Individualisierung und Rückbindung sind die Pole unseres modernen Selbstverständnisses, auch in der Liebe. In der Soziologie tobt seit zwanzig Jahren eine etwas alberne Schlacht um den Wert des einen oder des anderen. Die linken Soziologen im Gefolge von 1968 freuen sich über die Individualisierung; die konservativen dagegen feiern die Rückbindung. Was den einen die neue Freiheit der Leidenschaft und Lebensform ist, ist den anderen die Bedrohung von Ehe und Familie. Bei Licht betrachtet aber ist dieser Streit völlig bizarr. Denn weder ist die Individualisierung schuld an der heutigen Trennungsquote von Paaren, noch gibt die Rückbindung einer Beziehung notwendig Halt. Wer sich so individuell wie möglich den Zeitläuften seines Lebens anpasst, wird damit nicht bindungsunfähig. Und wer sich in Krisenzeiten auf seine Herkunft besinnt, rettet damit noch lange nicht seine Ehe. Wie zuvor vermutet ist die Rückbindung im Zweifelsfall sogar das gefährlichere Gift für unser traditionelles Ehemodell. Nur in Zeiten, wo nahezu alle Mittelständler aus ähnlichen Elternhäusern stammten, Katholiken nur Katholiken heirateten und Bauern nur Bäuerinnen, war die Rückbindung ein gemeinsames Band. Heute dagegen ist Rückbindung keineswegs mehr eine Garantie. Vielmehr trägt sie dazu bei, dass man den neuen Wertekosmos des Paares sehr schnell wieder durch den alten der Herkunftsfamilie ersetzt.

Die Zahl der Einpersonenhaushalte in der Bundesrepublik hat in den letzten 30 Jahren stark zugenommen. Die Scheidungsrate explodierte in den 1970er und 1980er Jahren. Seit etwa 1990 wird in Deutschland jede dritte Ehe geschieden, in den Großstädten sogar jede zweite. Und die Vermehrungsfreude der Deutschen lässt dem Staat seit Jahrzehnten viel zu wünschen übrig. Doch liegt die Ursache für all dies tatsächlich in unseren überzogenen Liebeserwartungen? Dem Wunsch, unseren wahren Kern in die Schokolade der Romantik zu tauchen? Der Sinnsuche zwischen Kerzen, Küche, Kondom und Kemenate?

Nach der im 3. Kapitel zitierten Umfrage des SPIEGEL vom April 2008 unterschrieben nur 63 Prozent der Frauen und 69 Prozent der Männer den Satz: »Der Sinn des Lebens liegt vor allem in einer glücklichen und harmonischen Partnerschaft« – also rund zwei Drittel der erwachsenen deutschen Bevölkerung. Etwas mehr entschieden sich etwa für die Aussage, der Sinn läge »darin, gute Freunde zu haben«, nämlich 73 Prozent der Frauen und 66 Prozent der Männer.

Vor diesem Hintergrund verliert die Theorie von der letzten Zuflucht des obdachlosen Individuums in das Traumschloss der Liebe etwas an Glanz. Woran liegt es, dass immerhin ein Drittel der erwachsenen Deutschen diese Sehnsucht nicht zu teilen scheint?

Mehrere Antworten sind denkbar. Mag sein, dass viele Menschen in Deutschland gar nicht mehr daran glauben, Sinn in einer erfüllten Partnerschaft finden zu können. Vielleicht gibt es in der heutigen Zeit für viele auch ein besseres Sinnangebot als die Liebe. Oder das Sinnbedürfnis der Deutschen wird allgemein überschätzt. Eine Antwort darauf könnte in einer anderen Frage stecken: »Warum sind Sie Single?«, wollte der SPIEGEL wissen. Ein knappes Drittel der befragten Frauen wie Männer meinte, sie seien »zu anspruchsvoll«. Und ebenfalls ein knappes Drittel erklärte ihr Single-Dasein mit ihrem »Unabhängigkeitsdrang«. Weitere Gründe waren »schlechte Erfahrungen« bei Frauen und »Schüchternheit« bei Männern.

Singles, die überhaupt keine Liebe suchen, dürften sehr selten sein. Tatsächlich aber muten sich viele Singles, vor allem in den Großstädten, keine Beziehung mehr zu. Die Angst vor den Abstrichen überwiegt gegenüber dem vermuteten Zugewinn. Diese Anspruchshaltung ist nicht auf die Liebe beschränkt. Seit den 1970er Jahren haben sich die Ansprüche jüngerer Menschen an das Leben stetig erhöht. Wo Wohlstand ist, da ist auch der Anspruch nicht fern, davon zu profitieren, und zwar materiell wie ideell. Geld verschafft nicht nur Waren, es maximiert auch die Lebensmöglichkeiten. Die Kehrseite davon ist die Unzufriedenheit. Je größer meine Auswahl ist, umso mehr fällt dabei durch. Unsere Konsumkultur ist nicht nur eine Kultur des Ja-Sagens, sondern vielmehr des Nein-Sagens. Denn nicht nur das, was ich auswähle, bestimmt meine Individualität, sondern ebenso das, was ich ablehne. Der Kleinbürger der 1950er und 1960er Jahre mokierte sich über die Proletarier und die Ausländer. Der moderne Mittelstandsmensch aber setzt sich bereits bei der Wahl seiner Lieblingssongs in ein abgrenzendes Verhältnis zur Welt. Die Dinge, über die ich mich definiere, veralten dabei in atemberaubendem Tempo. Jede Wahl wartet auf ihre Neuwahl. Und nicht nur »lebenslanges Lernen« lautet die Maxime, sondern auch »lebenslanges Meckern«.

Kein Wunder deshalb, dass die Idee der romantischen Liebe in heutiger Zeit die Ansprüche oft höher wachsen lässt als die Möglichkeiten. Der Hauptgrund zum Meckern liegt dabei in den eigenen Möglichkeiten. Ist der Liebesmarkt in den westlichen Ländern auch der größte, den es je gab, so sind die persönlichen Chancen auf diesem Markt doch nicht unbegrenzt.

Für viele Menschen ist die Auswahl an möglichen Liebespartnern auch heute noch sehr bescheiden. Wer unterdurchschnittlich aussieht, nur über mäßigen Charme verfügt und einen als langweilig geltenden Beruf ausübt, kann sich seinen Traumpartner meist nicht aussuchen. Die Tatsache, dass die Möglichkeiten für attraktiv empfundene Menschen heute größer sind, als sie je waren, ist für die als unattraktiv Empfundenen keine Chance, sondern ein Fluch. Denn der Markt ist zwar offen, vielfältig und frei – aber er ist nicht fair.

Für andere Singles, die den Unabhängigkeitsdrang über die Paarbeziehung stellen, liegt der Ausgangspunkt häufig in einer Lebensphase, in der Karriere wichtiger ist als Bindung. Bedauerlicherweise verpasst man so nicht selten den richtigen Zeitpunkt. Die Großstädte der westlichen Welt sind voll vor allem von Frauen, die ihre Karriere auf Kosten einer Familie gemacht haben, ohne dass ihr Lebensweg von vornherein auf Verzicht programmiert war. Lange Phasen ohne Beziehung aber führen zur Entwöhnung beziehungsweise zum Arrangement mit der gegenwärtigen Situation. Aller Impuls soll nun vom erträumten anderen kommen. Doch der Märchenprinz, der vonnöten wäre, um das erstarrte Dornröschen wach zu küssen, hat dazu zumeist keine Lust. Die Märchenprinzessin im umgekehrten Fall auch nicht.

Nicht verwunderlich in dieser Lage, dass seit den 1980er Jahren das Single-Konzept immer wieder neu aufgewertet wurde, als *swinging singles*, oder zuletzt als *Quirkyalones* – als »Eigenartige Alleinstehende«. Die wahre Romantik, so die These der US-Autorin Sasha Cagen, liegt nicht in nervtötenden Beziehungen, sondern in der *unerfüllten* Sehnsucht. Schmachten ist romantischer als lieben – an diesem Punkt reichen sich die Frühromantik mit ihrem unerfüllten Sehnen in der Literatur und die Spätromantik mit ihren US-amerikanischen Fernsehserien die Hand. Der Berliner Autor Christian Schuldt hat dieses Phänomen der glücklichen Single-Existenz anhand von Fernsehserien sehr schön vorgeführt: bei *Ally McBeal* und *Sex and the City*. Finanziell unabhängige konsumgeile Romantikerinnen probieren zwar immer wieder Sex ohne Liebe, aber letztlich sehnen sie sich wie Carrie & Co nach »Mr. Big«, dem Märchenprinzen. Die besondere Leistung dieser Serien, so Schuldt, liegt in der Entdeckung des weiblichen Single als Star. Die meisten weiblichen Singles sind nämlich finanziell besser gestellt als ihre männlichen Schicksalsgenossen. Das naheliegende Fazit: weibliche Singles sind zu anspruchsvoll, männliche Singles zu doof.

In den Zeiten des Niedergangs der New Economy, so Schuldt, hätten die Single-Serien allerdings rasant an Verführungskraft verloren. Der Lebensentwurf: reich, geil und sehnsüchtig überzeugt nicht mehr. Heute, vier Jahre nach Schuldts Buch, kommt auch noch die Finanzkrise dazu. Die Fernsehstars der Zukunft sind wohl keine liebeskranken Yuppies, sondern glückliche Arme: romantische Hartz-IV-Empfänger im Liebesrausch. Der Single als aus der Not geborenes Ideal hat ausgespielt.

Geben wird es den Single aber natürlich weiterhin. Lebenssituationen lassen sich nicht austauschen wie Fernsehserien. Die Wahrscheinlichkeit, dauerhaft mit ein und demselben Partner glücklich zu werden, hat unverändert abgenommen. Zumindest zwischendurch Single zu sein, ist eine ganz normale Erwartung in der Gegenwart wie in der Zukunft.

Eine denkbare und häufig praktizierte Lebensform ist damit die »serielle Monogamie«. Die Anthropologin Helen Fisher, die hierin die ursprüngliche Lebensform unserer Vorfahren in der Savanne wiederfinden möchte, kann sich darüber freuen: Man bleibt drei, vier Jahre zusammen, dann sind die Kinder aus dem Gröbsten raus. Und wenn keine echten Kinder da sind, dann sind es halt die »Geisteskinder«, die gemeinsamen Wünsche, Ideen und Utopien. Sie nutzen sich im biologischen Drei- bis Vierjahresrhythmus genetisch bedingt ab. Kein Wunder also, meint Helen Fisher, dass wir heute zur seriellen Monogamie zurückkehren.

Wie gesehen ist diese Vorstellung allerdings kaum mehr als eine Anthropologen-Phantasie. Denn es gibt kein Indiz dafür, dass unsere Vorfahren jemals seriell monogam gelebt haben. Wahrscheinlicher war der Gruppenverband, die Tanten-und-Geschwister-Familie. Durchaus denkbar übrigens, dass wir tatsächlich genau dahin zurückkehren. Dieser Aspekt wird uns noch einmal im Kapitel über die Familie beschäftigen.

Die Anzahl der Beziehungen, die ein junger Mensch durchschnittlich zu erwarten hat, ist ungleich höher als in der Generation seiner Großeltern. Ob sie allerdings tatsächlich viel größer wird als in der Generation seiner Eltern ist keineswegs ausgemacht. Die Kurve muss nicht weiter steigen. Und das erwartbare Ende liegt nicht notwendig in einer kollektiven Bindungsunlust und Unfähigkeit zur Paarbeziehung. Aktuellen Studien zufolge ist das Eintrittsalter in die sexuelle Aktivität bei Jugendlichen in Deutschland seit 30 Jahren konstant; es sinkt nur in sozialen Brennpunkten. Und auch die Anzahl der Sexualpartner bei Jugendlichen ist im Durchschnitt seit den 1970er Jahren nicht gestiegen. Auch wenn die Sexualität kein sicherer Anhaltspunkt ist, so ist gleichwohl nicht zwingend zu erwarten, dass unsere Jugend bindungsunfähiger ist, als wir selbst es sind.

An der hohen Anspruchshaltung, so scheint es, führt freiwillig kein Weg mehr vorbei. Die Forderungen und Wünsche, die wir an unsere Liebespartner stellen, lassen sich nur schwer beschränken. Und natürlich wissen wir längst, dass auch der andere hohe Forderungen an uns hat – mit all den Minderwertigkeitskomplexen, die dies auslöst. Dass gerade die jüngere Generation immense Ansprüche an ihre Liebesgefährten stellt, dürfte allerdings nicht nur den Wahlmöglichkeiten des Liebesmarktes geschuldet sein. Die Aufmerksamkeit, die wir unseren immer weniger zahlreichen Kindern zukommen lassen, setzt einen hohen Standard auch für die spätere Partnersuche. Je mehr man sich als Kind für mich interessiert, umso mehr werde ich vermutlich wollen, dass auch ein Liebespartner auf mich eingeht. Meine »Liebeskarte«

verzeichnet ja nicht nur Merkmale, sondern vor allem auch Verhaltensmuster. Sie setzen den Maßstab für meine späteren Bewertungen. Die kapitalistische Suche nach dem optimalen Liebesertrag für mich findet ihre Entsprechung zwar nicht in den Genen, wohl aber in der Entwicklungspsychologie.

Ohne Zweifel hat das Muster unserer Liebessuche eine paradoxe Struktur. Wir suchen nach dem höchstmöglichen Gefühl für uns selbst durch einen anderen. Unser Egoismus schlüpft in die altruistische Hülle eines »Paares«. Wir geben uns selbst auf, um mehr zu werden. Unsere Individualität und unsere Sehnsucht nach Verbundenheit kreuzen sich in einem bizarren Drahtseilakt. Und die Rückbindung bildet das Sicherheitsnetz. Wenn Beziehungen scheitern, entdecken wir unsere Herkunftsfamilie und unsere Freunde neu.

Alles das bestreitet nicht: Es gibt durchaus eine »echte« Sorge für den anderen und ebenso »echtes« Mitgefühl. Wer wollte ein Gefühl falsch nennen, nur weil ein höheres Interesse es, wie indirekt auch immer, motiviert? Wer im Glück des anderen sein Glück findet, der findet auch seine Sorgen in denen des anderen. Für einen anderen Menschen »dazusein«, ist ein ursprüngliches Bedürfnis des Menschen mit sehr alten Wurzeln. Nach Ansicht des US-amerikanischen Einsamkeitsforschers Robert Weiss von der University of Massachusetts in Boston ist der Mangel an Mitgefühl, über den man selbst verfügt, noch schlimmer, als keines zu bekommen. Und wer nicht geben kann, der kann auch nicht lieben – diese Erkenntnis ist nicht neu. Wir wollen nicht nur etwas haben in unserer Liebe, sondern auch etwas verschenken – unsere »Seele«?

»Viele reden von Liebe und Familie wie frühere Jahrhunderte von Gott. Die Sehnsucht nach Erlösung und Zärtlichkeit, das Hickhack darum, die unwirkliche Schlagertextwirklichkeit in den versteckten Kammern des Begehrens – alles das hat einen Hauch von alltäglicher Religiosität, von Hoffnung auf Jenseits im Diesseits.«[106] Fast zwanzig Jahre sind vergangen, seit der Soziologe Ulrich Beck und seine Frau Elisabeth in ihrer Streitschrift *Das ganz normale Chaos der Liebe* (1990) ein Feuerwerk an Ideen, Spekulationen und Einsichten zur modernen Liebe abbrannten. Seit drei Jahrzehnten bereichert vor allem Ulrich Beck die deutsche Soziologie um kalkulierte Provokationen. Als Professor an der Universität München und der London School of Economics and Political Science ist er Vordenker und enfant terrible in einer Person. Politisch wechselte er innerhalb des linken Spektrums wiederholt die Positionen, war radikaler und kompromissloser als alle anderen, um sich kurz darauf als besonnener Mahner zu zeigen, kompromissmutig und zögerlich. Die These von der radikalen Individualisierung hat in Beck nicht nur ihren prominentesten Anwalt, sie erscheint gleichsam als persönliches Lebensprogramm. Wo auch immer ein deutscher Soziologe gegenwärtig hindenkt – Beck war schon da. Seine Rolle ist die eines modernen Pfadfinders für Sinndefizite. Und ohne Frage ist er ein glänzender Stilist.

Das Buch der Becks ist eine apokalyptische Lektüre: Die Menschen suchen die Liebe, aber sie sind ihr nicht mehr gewachsen. Ally McBeal unter den Soziologen, das heißt: »Liebe wird nötig wie nie zuvor und unmöglich gleichermaßen. Die Köstlichkeit, die Symbolkraft, das Verführerische, Erlösende der Liebe wächst mit ihrer Unmöglichkeit. Dieses seltsame Gesetz verbirgt sich hinter Scheidungs- *und* Wiederverheiratungsziffern, hinter dem Größenwahn, mit dem die Menschen im Du ihr Ich suchen, zu befreien suchen. In dem Erlösungshunger, mit dem sie übereinander herfallen.«[107] Der gegenwärtige Mensch ist ein Jäger und Sammler auf der Suche nach Sex und Liebe, Rausch und Befriedigung. All dies dringt heute nach, »füllt aus, wo dem Bauplan vergangener Welten nach Gott, Nation, Klasse, Politik, Familie ihr Regiment entfalten sollten. Ich und noch mal Ich und als Erfüllungsgehilfe Du. Und wenn nicht Du, dann Du.«[108]

Aber ist diese Suche vielleicht gar nicht so sehr auf einen anderen Menschen bezogen? Suchen wir gar keinen Partner, der zu uns passen soll, weil wir das Absolute am Ende weder finden können noch wollen? In diesem Fall wäre die Liebe heute weitgehend zu einem Selbstzweck geworden. Denn jeder Liebende in unserer Gesellschaft weiß um ein gewisses Maß an Enttäuschung, die von vornherein mit eingebaut ist: Wenn die Liebenden im Film sich endlich gekriegt haben, wird es langweilig. Es geht nicht mehr aufwärts, sondern bergab.

In diesem Sinn spricht Ulrich Beck von Liebe als Religion. Genauer als »Religion nach der Religion«, dem »Fundamentalismus nach der Überwindung desselben« und von einem »Kultplatz der um Selbstentfaltung kreisenden Gesellschaft«. Wir lieben, verehren und ersehnen das Lieben. Unsere spirituelle und körperliche Sehnsucht gilt diesem wichtigsten aller Zustände. Unausgesetzt heizen die Verheißungsmetaphern der Schlager- und Werbewelt unsere Phantasie an, schüren unseren Erlösungshunger in der Umarmung mit dem anderen und der Verschmelzung im Bett.

Hatte Beck recht, und hat er auch 20 Jahre später recht behalten? Müssen wir Ally McBeal begreifen als eine Gottsucherin in einer gottlosen Welt? Als heilige Therese der Schuhgeschäfte? Dass die Liebe heute Funktionen übernimmt, die ehemals der Religion zukamen, ist wohl unbestritten. Auch in der Religion soll der Mensch sich als ein Ganzes erfahren können. Und der christliche Gott akzeptiert jeden Einzelnen, wie er ist, sofern er nur an ihn glaubt. Das innige Band verleiht dem Menschen Halt.

Und der Platz, an den sich der Mensch in der Welt gestellt sah, war ihm von Gott zugewiesen, so wie heute die Liebe den Hafen baut, damit das Schiff, das sich Gemeinsamkeit nennt, vor Anker gehen kann. Hat die Religion in der westlichen Welt also auch oder sogar vor allem deshalb an Bedeutung verloren, weil die Menschen in der Liebe eine neue gefunden haben? Oder kompensiert die Liebe als maßlos überfrachteter Lückenbüßer das Loch, das der Niedergang der Frömmigkeit bei uns gerissen hat?

Zunächst einmal scheint die Verschmelzung von Liebes- und Religionsphantasie gar nicht so abwegig zu sein. Denn vermutlich liegen die Bedürfnisse entwicklungsgeschichtlich sehr nahe beieinander. Für die Biologie des Menschen ist das eine so überflüssig wie das andere: die geschlechtliche Liebe und der religiöse Glaube. Dass es die Sehnsucht danach trotzdem gibt, erscheint in beiden Fällen als ein Nebenprodukt unserer Sensibilität. Beide versuchen sie die große Leere zu füllen, die die Frage nach dem Sinn aufgerissen hat, sobald Menschen das erste Mal in der Lage waren, sie zu stellen. Religiosität und geschlechtliche Liebe sind *Spandrels* unserer emotionalen und sozialen Intelligenz. Und erstaunlicher als ihre moderne Verschmelzung ist der Umstand, dass sie in der Menschheitsgeschichte so oft getrennt wurden. Denn Glaube in der Tradition der monotheistischen Religionen war ja immer beides: Liebe und Hass, Verbrüderung und Ausgrenzung, Weihrauch und Feuer, Palmenzweig und Schwert. Beruhigend dabei ist, dass im gleichen Maße, wie die christliche Religion in der westlichen Zivilisation ihren Wahrheitsanspruch eingebüßt hat, sie heute friedlicher geworden ist. Was an ihr erhaltenswert erscheint, ist ihre karitative Sozialmoral und ihr Gebot der Nächstenliebe.

Liebe und Religion treffen sich in ihrem Anspruch auf Totalität. Beide Male geht es um das große Ganze: den ganzen Menschen und sein persönliches Universum. Das Ganze seiner Person, seines Lebens und seiner Welt zu erfassen ist dem menschlichen Verstand nicht möglich. Totalitäten können nicht begriffen, sondern nur als *Evidenzen* erfahren werden. Zu Deutsch: Das große Ganze muss man *fühlen*. Aus diesem Grund ist jede Vorstellung von der Liebe auch immer zu klein, ebenso wie jede Vorstellung von Gott oder jede Vorstellung des Todes. In den Worten des deutschen Literaturanthropologen Wolfgang Iser heißt das: »Leben wir, so wissen wir nicht, was das ist, wenn wir leben. Versuchen wir zu wissen, was das ist, wenn wir leben, so sind wir gedrängt, den Sinn dessen zu erfinden, wovon wir kein Wissen haben können. Also ist das ständige Erfinden von Bildern und das gleichzeitige Dementi ihres Erklärungs- oder gar Wahrheitsanspruchs die einzige Position, die das Dilemma zu gewähren scheint.«[109]

Was immer wir über die Liebe zu wissen glauben, ist eine Vorstellung, die außerhalb unserer Phantasie keinen realen Ort hat. Und genau das macht sie zu einem scheinbar idealen Erfahrungs- und Selbsterfahrungsraum. Liebe kann nicht widerlegt werden, nur enttäuscht. Man bildet eine Einheit, ohne eine zu sein, und verschmilzt, ohne zu verschmelzen. Und man sieht »Quellen von Möglichkeiten, wo andere nur Fettpolster, Barthaare und (wortreiche) Sprachlosigkeit bemerken«.[110]

Das *paradise now!* der Liebe macht sie tatsächlich zu einer Nachfolgerin der Religion in der Gesellschaft. Doch wo sich die Beziehung zu Gott nach katholischer Auffassung nicht (oder wenn, nur einmal) lösen lässt, stiftet die Liebe heute Verhältnisse, die sich immer wieder einseitig aufkündigen lassen. Wenn der erträumte Himmel zur Hölle wird, dürfen wir das Band heute lösen.

Die Gemeinsamkeit zwischen Religion und Liebe endet hier. Mag die Liebe auch Trost spenden, Akzeptanz verleihen, Hoffnungen nähren und Sinn stiften – sie bleibt stets auf die beiden liebenden Individuen beschränkt. Religionen dagegen stiften einen sozialen Sinn, ein Verhaltensrepertoire für viele, eine Moral des Umgangs miteinander in der Gesellschaft. Die geschlechtliche Liebe als Ersatzreligion aber ist hoffnungslos asozial und exklusiv. Sie schließt bestenfalls ein paar Kinder mit ein. In diesem Bunde ist (meistens) keiner der dritte: »Wir gegen den Rest der Welt!« Der Atombunker in einer unwirtlichen Welt hat nur Platz für zwei: Hauptsache, wir haben uns – und vielleicht noch *Mon Chérie* …

12. KAPITEL

Liebe kaufen
Romantik als Konsum

Ich möchte daran erinnern, dass unzählige sogenannte utopische Träume sich erfüllt haben, dass aber diese Träume, indem sie sich erfüllt haben, alle so wirken, wie wenn dabei das Beste vergessen worden wäre.

Theodor W. Adorno

Ist Sex schmutzig? Ja, wenn er richtig gemacht wird.

Woody Allen

Anders als die anderen

»Die Frau, die sagte, sie wäre wie alle anderen – die ist anders!« Dieser Satz, den Oscar Wilde Ende des 19. Jahrhunderts an die Tür zur Moderne geschrieben hat, gilt natürlich auch für Männer. Was das 20. Jahrhundert von früheren Zeiten unterscheidet, ist der Satz: »Wer will schon sein wie alle anderen?«

Der irische Schriftsteller und Vordenker der modernen Selbstökonomie lebte noch vor dem Zeitalter der Werbung. Aber er erkannte in den englischen Salons der Viktorianischen Zeit jenen mystischen Funken, der das Selbstbild erst des Bürgertums und heute nahezu aller Gesellschaftsschichten in der westlichen Welt (und inzwischen nicht nur dort) bestimmt: die Unterscheidung von den anderen. *Individuell* verschieden zu sein, erscheint uns heute so selbstverständlich, dass uns gar nicht mehr auffällt, wie neu dieses Wort ist und wie neuartig sein Gebrauch. Noch im Jahr 1930 sah der spanische Philosoph José Ortega y Gasset in seinem Buch *Der Aufstand der Massen* den Menschen auf dem Weg zum gleichgeschalteten Herdentier: wenig individuelle Elite, viel graue Masse. Der intellektuelle Snobismus, der damals dahinterstand, ist heute eines Besseren belehrt. Niemand will mehr zur Masse gehören, keiner ist mehr Durchschnittsmensch. Durch nahezu alle Schichten der Bevölkerung geht ein Aufstand *gegen* die Masse. Und was in Ortega y Gassets Zeit galt, gilt heute erst recht: die Masse sind immer die anderen.

Den ordinären Massenmenschen, »der die Unverfrorenheit besitzt, für das Recht der Gewöhnlichkeit einzutreten und es überall durchzusetzen«[111], gibt es heute nicht mehr. Unserem Selbstverständnis nach sind wir alle individuell. Diese Individualität ist keine Erfindung von Philosophen, sondern der Werbung, und sie ist keine 50 Jahre alt. Reich und schön sein wollen die Menschen schon lange, aber individuell erst seit wenigen Jahrzehnten. Ein individuelles Leben? – Noch mein Großvater hatte davon nie gehört.

Individualität ist ein Zauberwort. Von der Kaffeetasse mit Namensaufdruck bis zum »individuellen« Internetzugang – ohne das Wort wagt kaum noch jemand, anderen etwas zu verkaufen. Individuell zu sein, gehört zur modernen Vermarktung wie das »sehr geehrt« in die Briefanrede. Individuell ist das Mindeste, was wir sein wollen und wie wir gesehen werden möchten. Und der Wunsch, anders als die anderen sein zu wollen, macht uns alle gleich.

Der Anspruch auf Individualisierung ist damit zugleich ihr größter Feind. In der Mode und in den zahlreichen Trends wollen wir uns unterscheiden und normieren uns doch gleichzeitig dabei. Und was ich für meine Eigenheiten, meinen Geschmack und meinen Stil halte, sind tausendfach oder millionenfach hergestellte Vorgaben. Mein Schweißgeruch mag mich von allen anderen unterscheiden, das »individuell« zu mir passende Parfüm nicht. Und so individuell, wie ich nackt aussehe, macht mich keine Kleidung.

Der Anspruch auf Individualität ist also weit mehr Schein als Sein. Was für manchen »Individualisten« eine Crux ist, juckt die meisten Käufer individueller Produkte nur wenig. Für sie macht bereits die Tatsache, dass sie glauben, die Produkte frei und selbständig ausgesucht zu haben, die Dinge zu individuellen Dingen. Was mir gehört, wird schon dadurch unverwechselbar, dass es mir gehört und nicht einem anderen. Und tatsächlich völlig anders als die anderen möchten die meisten Menschen ohnehin nicht sein. Wer fällt schon gerne völlig aus seiner Umwelt, seiner Peer-Group oder seiner Clique? So frei, dass wir nicht in einer mehr oder weniger selbst gewählten Gruppe geborgen sind, wollen wir gar nicht sein. Die Akzeptanz, die wir hier erfahren, ist für unsere Identität zumeist unverzichtbar. Ein jugendlicher Briefmarkensammler oder Zierfischzüchter ist heute nonkonformer als ein Rapper. Ein Jugendlicher, der sich heute einer festgelegten Stilrichtung verweigert zugunsten eines unberechenbaren Stilmix, verhält sich konventionell. Und ein Erwachsener, der *völlig anders* ist als alle akzeptierten Muster eines Bankers, Zahnarztes, Busfahrers, Pfarrers, Straßenarbeiters oder Rockstars, gilt gemeinhin als bekloppt.

Die Abgrenzung von den anderen, und sei sie auch nur ein Schein, führt zu jenem »lebenslangen Meckern«, mit dem wir meinen »individuell« zu sein. Unsere Mentalität und unser Wirtschaftssystem spielen dabei so fein zusammen, dass es schwer ist, das eine vom anderen noch zu trennen. Wir wollen die höchsten Erträge für unsere Individualität bei möglichst geringen Kosten. Und die Wirtschaft feuert uns dabei unausgesetzt an. Wenn Geiz wirklich geil wäre, würden wir auf den angepriesenen Fernseher oder Computer verzichten. Die Illusion allerdings, durch Kaufen zu sparen, heizt uns ein: Wir erträumen uns ein märchenhaftes Paradox und individualisieren uns mit dem Klingelton unseres Handys.

Der US-amerikanische Soziologe Albert Hirschman brachte es auf den Punkt, als er das Staatsziel in der Verfassung der USA umkehrte: Aus dem Streben nach Glück (*pursuit of happiness*) wird heute das Glück, nach etwas zu streben (*happiness of pursuit*). Wir verlangen nicht nach Befriedigung, sondern wir befriedigen uns durch Verlangen. Jean-Paul Sartre, der vor 70 Jahren das Credo formulierte, der Mensch solle sich fortwährend neu erfinden, ahnte noch nicht entfernt, welcher gewaltige Konsum mit dieser Forderung dereinst einhergehen würde. Wichtiger, als sein Glück – womöglich noch dauerhaft – zu finden, ist die fortwährende Suche. Die stetig neu entfachte Unzufriedenheit gehört zum modernen Kapitalismus untrennbar hinzu. Satte Bürger sind schlechte Konsumenten. Und am ewigen Reiz und Neuanreiz des Begehrens führt kein Wirtschaftsweg mehr vorbei. Nicht Zufriedenheit oder Glück garantieren heute ein funktionierendes Wirtschaftssystem und ein dadurch finanziertes soziales Miteinander, sondern Unzufriedenheit und Unruhe.

Identitäten entstehen durch Kopieren. Diese Weisheit ist keine Erfahrung der schönen neuen Warenwelt. Das war schon immer so. Kinder eifern Bildern dessen nach, wie sie sein wollen, Erwachsene machen es nicht anders. Jeder Mensch tut das, und unterscheidend ist nicht die Tatsache, dass wir kopieren, sondern nur, *was*. In einer Gesellschaft, die unausgesetzt unser Begehren stimuliert, kopieren wir nicht nur Rollen und Weltanschauungen, sondern jede winzige Stilfrage wird durch Abgucken und Nachahmen entschieden. Wir sind umzingelt von Angeboten, Bildern, All-inclusive- oder -exclusive-Sets, von Lebensdrehbüchern und vorformulierten Stimmungen. Selbst unsere Verweigerungshaltung gerät dabei noch zum Produkt. Auch Punks können ihre Mode kaufen. Und der zivilisations- und konsumflüchtige Selbsterfahrungsmensch deckt sich dafür in teuren Outdoor-Läden ein. Zwischen der Individualreise nach Tibet und dem

Massenstrand in der DomRep gibt es keinen prinzipiellen Unterschied.

Die Liebe macht von all dem keine Ausnahme. Im Gegenteil ist sie das beliebteste aller Warenmetiers. Und der Konsum der Romantik schafft Millionen Arbeitsplätze und Milliarden mehr oder weniger glückliche Käufer in nahezu aller Welt. Kaum eine Pralinenschachtel wandert ohne Herzchen über die Ladentheke. Kein Parfüm wirbt mit dem garstig-eckzahnigen Moschus-Tier, nach dem man duften wird, sondern mit Verführung. Und der Duft, der Frauen provoziert, kommt nicht vom Mann, sondern aus der Dose. Was denkt sich unser Steinzeitgehirn bloß dabei? Kein Zweifel, dass, wie die israelische Soziologin Eva Illouz schreibt, »die auf quälende Weise fortwährend bestehenden Widersprüche der Liebesempfindung die kulturellen Formen und Sprachen des Marktes angenommen haben«.[112]

Romantik für Millionen

Wie sieht sie aus, diese kulturelle Form und Sprache des Liebesmarktes? Geht es nach dem bedeutenden US-amerikanischen Psychologen Robert J. Sternberg von der Tufts University in Boston, dann ist diese Sprache filmisch. Gleich mehrere Werke hat der ehemalige Präsident der US-amerikanischen Psychologenvereinigung über die Liebe geschrieben. In seinem Buch *Love is a Story* (1998) analysiert er scharfsichtig, wie genau das Verhalten von Liebenden und Ehepartnern einem selbst ausgewählten Drehbuch folgt. Wer sich darüber wundert, dass Paare, die sich wie die Kesselflicker streiten, trotzdem nicht voneinander lassen können und bis an ihr Lebensende zusammenbleiben, oder dass nahezu perfekte Paare wegen einer augenscheinlichen Kleinigkeit auseinandergehen, der bekommt bei Sternberg die Antwort: weil es für Beziehungen unterschiedliche Drehbücher gibt. Und was gefährlich ist für das Paar und sein Zusammenbleiben, das bestimmt kein anderer Maßstab als der Film und die Rolle. Wer Harmonie über alles setzt, der scheitert, wenn gegen die Geschichte vom harmonischen Paar verstoßen wird. Und wer möglichst abenteuerlich leben will, der verträgt keine Routine. Sanfte Romanze oder Piratenliebe sind die selbst gewählten Filme, deren Drehbuch bei Strafe einer Trennung befolgt werden muss.

Sechsundzwanzig verschiedene Liebesfilm-Muster hat Sternberg unterschieden. In der Geschichte der Liebespsychologie ist diese Idee ein konsequentes Fortschreiben der »Liebeskarten« von John Money. Bestimmt die kindlich bekritzelte Liebeskarte, auf wen oder was ich stehe, so setzt der Liebesfilm diese Vorgaben in eine Geschichte um: eine Geschichte mit festen Rollen und ebenso festgelegten Erwartungen und Erwartungserwartungen.

Wie Money, so nimmt auch Sternberg an, dass diese Wahl ziemlich früh erfolgt. Welches Genre uns liegt, ein Kuschelfilm oder ein Melodram, entscheidet sich spätestens in der Pubertät. Nicht nur Märchen, Bürofilme und Familienkomödien zählt Sternberg zu den denkbaren Drehbüchern. Selbst Kriegsfilme und Science-Fiction-Streifen sind möglich. Und je ähnlicher der Filmgeschmack für unser Leben, umso besser passen wir zusammen. Egal welche Rolle wir in unserem gemeinsamen Film einnehmen – Hauptsache, das Genre ist dasselbe. Und je genauer wir wissen, in welchem Streifen wir eigentlich mitspielen, umso klarer verstehen wir unsere Rolle und unsere Beziehung.

Die Frage, woher wir die Vorlagen unserer Filme kennen, steht bei Sternberg nur am Rande. Doch ohne Zweifel bedarf es des Konsums bestimmter Genres, um diese übernehmen und erwartbar bedienen zu können. Wer keine Märchen kennt, ist ein schlechter Märchenprinz!

Der genaue Zusammenhang zwischen unseren persönlichen Drehbüchern auf der Grundlage kindlicher Erfahrungen und dem Abgucken von Mustern aus Drehbüchern des Kinos oder Fernsehens ist nach wie vor nicht ganz klar. Die Frage ist auch, ob es tatsächlich immer ein und dasselbe Drehbuch ist, dem wir folgen. Liegt die Auswahl des Drehbuchs nicht auch an der ganz besonderen Konstellation mit dem Partner, der bestimmte Verhaltensweisen in uns wachruft oder eben auch nicht? Nicht nur unser Selbstbild, auch unsere Eigenheiten werden in hohem Maße durch die Partnerschaft beeinflusst. Wer sich liebt und dazu möglicherweise noch eng zusammenlebt, übernimmt unmerklich Gesten, Redewendungen und Ausdrucksformen des Partners. Der Rahmen dieses so genannten »Chamäleon-Effekts« ist in der Psychologie nicht fest umrissen. Doch nicht selten dürfte es vorkommen, dass Partner nicht nur einander imitieren. Häufig schlüpfen wir sogar in das Bild oder in die Rolle, die der andere von uns hat, im guten wie im schlechten Sinne. Fremdbild und Selbstbild werden auf diese Weise oft schwer unterscheidbar.

Das Entweder-Oder an Sternbergs sechsundzwanzig Liebesfilmen erscheint damit etwas zu schematisch. Ist es nicht möglich, dass ich verschiedene Drehbücher im Kopf habe, Geschichten, die vielleicht gar nicht gut zueinander passen: eine Familiengeschichte zum Beispiel *und* einen Abenteuerfilm? Eine Komödie *und* ein Melodram? Dass ich den *einen* Film, der mich glücklich machen könnte, also gar nicht finden kann?

Die wichtigste Aussage in Sternbergs Untersuchung allerdings erscheint gleichwohl plausibel: dass unsere Liebesvorstellungen und unsere Erwartungen episch, dramatisch oder in heutiger Zeit eben oft filmisch sind. Und dass unser Bild von uns selbst und von dem anderen zumindest Elemente von Genres haben. Diese Genres wiederum sind Erfindungen unserer Umwelt, mithin des Kinos und des Fernsehens. Was auch immer wir uns unter unserem eigenen Genre vorstellen – das Drehbuch dazu stammt weitgehend auch von anderen. Kaum ein Mensch erfindet von sich aus die Zutaten der Romantik. Wer rote Rosen verschenkt, beim Heiratsantrag einen Kniefall macht oder ein Candle-Light-Dinner inszeniert, kopiert Muster, die er hundert- bis tausendfach gesehen hat. Würde er aber stattdessen einen Philodendron verschenken oder beim Hochzeitsantrag Kniebeugen machen, würde er nicht als originell empfunden werden, sondern als seltsam.

Ob Kultserien wie *Ally McBeal* und *Sex and the City* tatsächlich Trends aufgreifen oder Trends erst erzeugen, sei einmal dahingestellt; mindestens werden die Trends verstärkt und zu Vorlagen für Millionen verarbeitet. Denn was wir für unsere persönliche Romantik halten, haben wir so oder sehr ähnlich gesehen: bei unseren Eltern und Freunden oder eben in Fernsehen und Kino. Was wir beim Sex für normal halten, gehorcht nicht unbedingt einer inneren Stimme, sondern dem Vergleich mit anderen. Dabei folgt die Erotik von Filmen nicht unbedingt der Realität, sondern den optimalen Kameraeinstellungen. Seit in den 1980er Jahren Sexszenen ins Hollywood-Kino wanderten, gibt es im US-amerikanischen Spielfilm den nahezu unvermeidbaren Klassiker der nackt aufsitzenden Frau, die ihre wilde Mähne in ebenso wilder Verzückung in den Nacken wirft und lustvoll die Zimmerdecke anstöhnt. Arttypisches Sexualverhalten von real existenten Frauen ist dieses Gen-Himmel-Stöhnen eher nicht. Für Hollywood aber ist diese Inszenierung die am wenigsten anstößige Möglichkeit für eine Sexszene. Während der Mann fast unsichtbar bleibt, rückt die Frau so fotogen ins Bild wie bei einem Reitausflug. Der Einfluss solcher tausendfach kopierter Muster ist nicht zu unterschätzen.

Die Kenntnis von Liebesfilmen und Genreszenen machen Sex und Romantik berechenbar. Sie ermöglichen Standards, die von den meisten verstanden und mehr oder weniger genau nachgespielt werden. Wenn wir Gefühle haben, belegen wir unsere diffusen Emotionen mit Namen. Wenn wir sozial handeln, zivilisieren wir unsere Vorstellungen durch Muster. La Rochefoucaulds Satz, dass wir uns nicht verlieben würden, wenn wir nicht davon gehört hätten, lässt sich also erweitern: dass wir uns nie romantisch verhalten würden, wenn wir nicht durch die Massenmedien wüssten, was das sein soll.

Das Phänomen unserer Zeit ist ein Paradox: die öffentliche Intimität. Was wir für unsere privatesten Vorstellungen halten, ist eine öffentliche Romantik im Zeitalter massenmedialer Reproduzierbarkeit. Ihre offensichtlichste Perversion scheint erreicht, wenn Sängerinnen wie Sarah Connor und Ansagerinnen wie Gülcan Karahanci ihre Liebesintimität zum Gegenstand einer Romantikserie machen: *Sarah & Marc in Love* und *Gülcans Traumhochzeit*. Szene für Szene suchen die Barbie-Drehbücher für Kinder und infantil gebliebene Erwachsene das stets größtmögliche Liebesklischee. Die abgegriffenen Muster, die das Fernsehen produziert, bilden die Vorlagen, auf der Medienmenschen im Fernsehen ihre Gefühle zelebrieren: die Kopie der Kopie als Kopie. Das Thema heißt: authentische Romantik. Und keiner lacht.

Die Vermittlung von Intimität im Fernsehen ist so selbstverständlich, dass sie, wie Christian Schuldt schreibt, sogar einen »Bildungsauftrag« erfüllt. Brächten Videoclips, Talk- und Kuppelshows, Werbung und Daily Soaps nicht jeden Tag aktuelle Liebesvorstellungen und -verhaltensmuster unters Volk, so wüssten viele Menschen vermutlich gar nicht, was genau sie in Bett und Beziehung machen sollen. Statt mehr Authentizität herrschte mehr Konfusion, die Erwartungen wären schlechter aufeinander abgestimmt.

Die Massenmedien stabilisieren unser Erwartungsspiel und provozieren es zugleich. Denn die Kehrseite der Vorformulierung unserer Erwartungen ist die Überforderung. Je mehr wir über das Sexual- und Seelenleben anderer erfahren, umso breiter ist die Vergleichsmöglichkeit. Die Frage ist nur – mit was? Das Kopulationsverhalten von Pornodarstellern hat mit normalem Sex so viel zu tun wie Donald Duck mit einer Stockente. Und die Vorstellung von einem normalen Liebesleben, die wir in Daily

Soaps ablauschen, ist nicht minder realitätsfern. Umzingelt von falschen Vorlagen haben wir also hinreichend Möglichkeiten, uns schwer unter Druck zu setzen. Liebe wie im richtigen Fernsehen ist ebenso selten wie das millionenfach multiplizierte mediale Sex- und Familienleben.

Wer sich an den Vorlagen der Massenmedien orientiert, bedroht sich selbst unausgesetzt mit Überforderungen. Und während die Liebesroman-Leserin des 18. und 19. Jahrhunderts selbst dann ausharren musste, wenn das romantische Soll in ihrer Ehe nicht erfüllt war, können wir heute gehen – selbst Sarah Connor ist heute nicht mehr *crazy in love,* sondern nur noch *crazy.* Zum Trennen braucht es nicht viel, und sei es auch nur, dass es in unserer Beziehung an Geld mangelt, um gemeinsam Liebesstreifen nachzudrehen: die Baccardi-Reklame in der Südsee oder die geteilte Zigarette über den abendroten Dächern von Paris. Der Zauber des »arm und trotzdem romantisch« hat keine lange Dauer; selbst Aschenputtel wird reich. Aber wer weiß, ob der allmähliche Niedergang unserer romantischen Mittelschicht nicht auch hier neue Vorlagen schafft: Erotik am Baggerloch, der geteilte Schokoriegel am Gummifeuer unter der Köhlbrand-Brücke oder die »Traumhochzeit« aus der Hartz-IV-Halle in Bitterfeld. Kreativität ist gefragt. Michael Hirte, Deutschlands Supertalent 2008, weist uns den Weg.

Oversexed und upgefuckt

Was sie gewollt hätte, sagte Uschi Obermaier 2008 zum Jubiläum der 68er-Bewegung dem STERN, das sei eine Gesellschaft aus Sex und Rock'n'Roll. Heute, 40 Jahre später, ist diese Utopie gnadenlos Wahrheit geworden. Womit das Jahr 1968 die Länder des Westens tatsächlich verändert hat, ist die Allgegenwart des Ästhetischen und des Sexuellen. Die Bedeutung, die der

Attraktivität von Frauen und Männern beigemessen wird, war noch nie so hoch wie heute. Modezeitschriften, Fernsehen und Werbung schüren einen Attraktivitätskult, der einzigartig ist in der Kulturgeschichte der Menschheit. Auf den Covern der Magazine lauern Tausende von retuschierten Gesichtern auf begierige Käufer. Und die Revolution, die dies in unseren Gehirnen auslöst, ist bisher kaum beschrieben. Hatte ein Steinzeitmensch vielleicht gerade die Auswahl aus zehn oder 20 Frauen oder Männern, um seinen Sinn für Attraktivität zu schulen, so sind es heute zumindest potentiell Millionen.

Jeder Mensch will schön sein. Anders als in früheren Kulturen aber hat er nicht nur den Wunsch, er wird auch permanent an diesem Kriterium gemessen. Aus dem Wunsch ist ein Zwang geworden, eine internationale Konkurrenz realer und fiktiver Gesichter um die größtmögliche Attraktion. Mag sich die Zahl der Menschen, die mithilfe von Mode und Kosmetik als attraktiv bewertet werden, vielleicht vergrößert haben; die Zahl derjenigen, die sich selbst als hässlich empfinden, dürfte allerdings umgekehrt ebenfalls nie höher gewesen sein. Frauen über 40, die in der Blüte ihres Lebens stehen, sind für die Werbung steinalt. Und keine Hochglanzmagazingeschichte über Liebe und Sexualität zeigt dicke Männer und Frauen mit Zellulitis, sondern Menschen, die es so gar nicht wirklich gibt (was hervorragend zu den entsprechenden Geschichten passt).

Attraktion ist ein gefährliches Gift für die Psyche. Man hat immer zu wenig, nie zu viel. Und wir haben Körper auf Zeit, sie sind vergänglich: Man kann dick werden, krank, und man bleibt nicht jung. Der klassifizierende Röntgenblick, den wir aussenden, und der gleiche Röntgenblick anderer, den wir auf unsere Haut spüren, ist ein latenter Terror. Ein schnelles Verlieben wird dadurch ebenso wenig begünstigt wie eine erfüllte Sexualität. Nach Eva Illouz, Professorin an der Hebrew University in Jerusalem, ist diese *terreur* der größtmögliche Angriff auf das spontane große Gefühl: »Die populäre Sicht der Liebe, die in sozialpsychologischen Lehrbüchern häufig wiederholt wird, lautet, dass sie zu Beginn ›blind‹ ist, normalerweise aber ihren Grund entdeckt, sobald die anfängliche Vernarrtheit nachlässt.« Tatsächlich jedoch habe das »Modell von Liebe als intensivem und spontanem Gefühl an Einfluss verloren«, weil Sexualität und Liebe immer weiter auseinanderklafften: »Da die Sexualität nicht in einem geistigen Liebesideal sublimiert werden muss und die ›Selbstverwirklichung‹ angeblich vom Experimentieren mit einer Reihe von Partnern abhängt, ist die Absolutheit, die von der Erfahrung der Liebe auf den ersten Blick vermittelt wurde, heute zu einem kühlen Hedonismus des Freizeitkonsums und der rationalisierten Suche nach dem geeignetsten Partner verblasst. Die Jagd nach Vergnügen und das Sammeln von Informationen über potentielle Partner bilden heute das Anfangsstadium der Liebe.«[113]

Drei entscheidende Merkmale sieht Illouz auf dem Liebesmarkt im Zeitalter der massenmedialen Herstellbarkeit von Romantik. Erstens: Das sexuelle Vergnügen ist ein legitimer Selbstzweck geworden für Frauen wie für Männer. Zweitens: Für jede Romanze steht heute ein festes Set an Waren und Freizeitritualen zur Verfügung. Und drittens: Man nimmt heute eine allseits bekannte und im Prinzip überall ähnliche Haltung als Liebende oder Liebender ein. Man ist aufmerksam, hört interessiert zu, macht Komplimente, äußert Sätze der Anteilnahme, versucht witzig zu sein, wenn man kann, und denkt sich eine Menge Freizeitspaß aus.

Wer heute ein Maximum an Ertrag für seine Attraktivität erzielen will, der wechselt gekonnt zwischen all dem hin und her. Wir wollen Gewinne erzielen, Lustgewinne und Herzensgewinne, mal das eine oder das andere, mal beides bei einer Person. Wie viel ist mir etwas wert? Was bringt es? »Lohnt es sich?« Diese Fragen bestimmen unser Leben, warum also nicht auch unser Lieben? Lebe dich aus, und lass dir nichts entgehen, lautet das Credo der Massenmedien und unserer Zeit.

Die wichtigste Folge daraus ist die Allgegenwart von Sex – als Idee, als Anspruch, als Phantasie, als Abgrund, als Verlangen, als Kaufanreiz, als Sehnsucht, als Wettkampf und so weiter. Jeder durchschnittliche Jugendliche hat mit sechzehn mehr nackte Frauen in Film und Fernsehen, auf Plakatwänden, DVDs oder im Internet gesehen als die Generation unserer Großeltern im ganzen Leben. Und wenn sie selbst auch wenig praktische Erfahrungen haben, so kennen sie doch zumindest theoretisch alles oder glauben alles wissen zu müssen. Der visuelle Ballast in ihrem Gehirn ist gewaltig. Und die langfristigen Folgen dieses wohl beispiellosen Experiments der Tabulosigkeit sind zwar unbekannt, aber durchaus zu fürchten.

Der Name für die neuen Identitäten im Kreuzfeuer von Narzissmus und Porno, Internet und Love Parade, Exhibitionismus und Viagra ist schon gefunden. *Neosexualitäten* nennt sie der Arzt und Soziologe Volkmar Sigusch, langjähriger Leiter des inzwischen geschlossenen Frankfurter Instituts für Sexualwissenschaft. Wie wenige andere in Deutschland reflektiert Sigusch seit 40 Jahren die Konsequenzen der sexuellen Revolution für unsere Gesellschaft. Für ihn ist der »kulturelle Wandel von Liebe und Perversion« seit dem Umbruch von 1968 nicht einfach eine gerade Linie zu mehr Freiheit und Individualität. Denn statt mehr Sex praktizieren die Deutschen heute vermutlich weniger. Ein seltsames Resultat und deshalb überaus erklärungsbedürftig.

Geht es nach Sigusch, so ist die Allgegenwart der Sexualität der Grund für ihren enormen Bedeutungsverlust. Hatte Foucault die Geschichte der Sexualität noch als eine Geschichte des Besonderen, des Anarchistischen und Ausgegrenzten erzählt, so ist Sexualität heute alltäglich, banal und akzeptiert. An die Stelle der Lust tritt die Lust auf Sex-Appeal. Wenn ich Aufmerksamkeit und Bestätigung auch ganz ohne echtes körperliches Risiko erfahren kann, so wird die Verpackung zum eigentlichen Inhalt. Als Beleg gilt Sigusch die *Love Parade:* Nicht Sex wird gesucht, sondern Selbstdarstellung. Aus Sex als Zweck wird Sex als Mittel.

Die Kennzeichen heutiger Sexualität sind demnach »Dissoziation«, »Dispersion« und »Diversifikation«. Fortpflanzung, Trieb, Lust, Intimität – was früher zusammengehörte, löst sich auf, verteilt und verflüchtigt sich. Fürs Kinder kriegen reicht das Reagenzglas, die Wollust weicht der »Wohllust« begehrt zu werden, und kein Sexualpartner hält, was Pornografie und Werbung versprechen. Die leidenschaftslose Sexindustrie hat uns neu geschaffen, aber auch geschafft. Aus- und Schlussverkauf, so weit der Blick fällt. Foucaults Sensationen sind langweilig geworden: ein netter Fetischismus, freundliche Homosexualität, sanft-alberne Sadomaso-Spiele – *Neogeschlechter* in ihrer akzeptierten Kulturnische. Dass Freiheit zur Verantwortungslosigkeit führen kann ist nicht neu. Entspannung birgt die Gefahr der Banalisierung. Und aus Liberalität wird Gleichgültigkeit. All dies erklärt heute die sexuelle Lage der Nation: *oversexed* und *upgefuckt.*

Nach einer US-amerikanischen Studie aus den 1990er Jahren gab ein Drittel der befragten Frauen zu Papier, sich aus Sex nicht viel zu machen; bei den Männern war es jeder sechste. Orgasmusstörungen und Impotenz sind eine augenfällige Zeitkrankheit. Nach einer Studie der Universität Köln haben vier bis fünf Millionen deutsche Männer Probleme mit der Erektion. Der Grund dafür ist umstritten: psychisch oder physisch?

Weil Sexualität öffentlich bedeutungsvoller, privat dagegen bedeutungsloser geworden ist, sucht die Industrie nach frischen Kicks. Nicht nur der Pornomarkt giert nach immer neuen alten Anreizen und Superlativen. In den Chemielaboren der Welt fahnden Wissenschaftler nach Potenzpillen und Lustsprays. Je mehr wir über das Gehirn und unsere Körperchemie wissen, umso effektiver können wir sie manipulieren. Sollten wir im realen Leben an Lust verlieren, so putschen uns Potenz- und Stimulationsmittel in Zukunft wieder auf. Die technisch reproduzierbare Lust ist ein Milliardenmarkt, und Viagra ist erst der Anfang. Die erogenste Zone des Menschen – sein Gehirn – ist das tausendfache Ziel. Schon jetzt gibt es eine Menge aufschlussreicher Entdeckungen. Alpha-MsH (Melanozyten stimulierendes Hormon) heißt der Zauberstoff, der nicht nur den Appetit zügelt, sondern auch Oxytocin und Dopamin freisetzt. Die Folgen sind in der Tat beeindruckend. Männern beschert MsH spontane Erektionen. Und auch Frauen lässt es nicht kalt. Als Nasenspray könnte der Botenstoff der große Renner werden, sofern das Mittel tatsächlich zugelassen wird.

Oxytocin, Vasopressin und Phenylethylamin, die Botenstoffe mit Bindungs- und Erregungswirkung, sind ebenso gut bekannt wie die allgemeinen Hirn-Dienstleister: Dopamin für das Aufputschen und Serotonin für die Zufriedenheit. Gerade die beiden letzten lassen sich heute ohne größere Schwierigkeiten künstlich stimulieren – aber nicht ohne Risiko. Denn wer seinen Haushalt an Dopamin und Serotonin manipuliert, der greift tief in den Regelkreis seiner Hormone ein. Weder das eine noch das andere sind Sexualhormone, sondern lediglich Einheiz- und Abkühlaggregate. Wer Lust wecken und Erregungen steigern will, beeinflusst damit unwillkürlich auch seine anderen Emotionen und wirkt sogar auf das Gedächtnis ein.

Die Nebenfolgen sind unüberschaubar. Das in Deutschland noch nicht zugelassene Lustmittel VML 670 war eigentlich ein Mittel gegen Depressionen. Seine besondere Zauberkraft liegt darin, dass es sowohl die Stimmung hebt wie auch die Lust fördert – eine seltene Kombination. Normalerweise nämlich fällt beides nicht zusammen. Antidepressiva heben den Spiegel des »Zufriedenheitshormons« Serotonin. Mit der Folge freilich, dass die sexuelle Lust gleichzeitig abnimmt. Die Stimmung hellt sich auf, die Gier schwindet – dieser sehr eigentümliche Zusammenhang ist bekannt, aber kaum verstanden. Brauchen wir ein gewisses Maß an Unzufriedenheit, um sexuell gierig zu sein? Sind zufriedene Menschen möglicherweise weniger scharf? Liebe dich selbst, und freu dich auf die nächste Krise im Bett?

Zu den physischen Unwägbarkeiten kommt der psychische Erwartungsdruck. Je mehr wir uns – auch bei der Einnahme von Lustmitteln – unter Druck setzen, umso geringer bekanntlich die Erfolgsaussichten. Der sexuelle Rausch auf Knopfdruck funktioniert bislang nicht, und der Weg dorthin ist schwierig. Kein Lustmittel hält dauerhaft, was die Wünsche erhoffen. Und das naturwissenschaftliche Menschenbild, das den Menschen so gerne auf seine Chemie reduziert, stößt bei unserer Psyche an seine Grenzen. Luststimulationen wirken zwar auf unsere Physiologie und damit auf unsere Emotionen, aber noch immer erfinden wir uns die dazu passenden Gefühle. Auch ein Mittel wie MsH schlägt nur dann an, wenn wir unser Gegenüber schon vorher mögen und begehren. Wen wir langweilig, fad oder gar abstoßend finden – Gefühle, zu denen es keine exakte physiologische Entsprechung im Gehirn gibt –, den macht auch die Chemie nicht flott.

Wer auf seinen Dopamin- und Serotoninhaushalt einwirkt, der beeinflusst zudem nicht nur Erregungs- und Glückszustände, sondern schafft bekanntermaßen auch Abhängigkeiten. Mit anderen Worten: Je effektiver das Lustmittel, umso größer ist die Suchtgefahr. Auch Alkohol und Zigaretten manipulieren unsere Hormone. Und was wäre der Nebelrausch und das kleine Zwischenhoch schon gegen die permanente High-Tech-Lust aus dem Labor? Licht aus, Lust an! wäre das Motto der Zukunft, Nebenwirkungen nicht ausgeschlossen, sondern mit einkalkuliert. Das Gehirn gewährt uns keine Lust, für die es nicht einen chemischen Ausgleich braucht: Kopfschmerzen nach dem Vollrausch, Müdigkeit nach Koffein und Kokain und Erschlaffung nach dauerhafter Lust. Je höher wir die Lustspirale schrauben, umso upgefuckter werden wir – und ohne Pillen läuft irgendwann gar nichts mehr.

Ersprießlich ist diese Vorstellung nicht. Der Traum von der Lust gebiert Ungeheuerlichkeiten. Wer die Augen aufmacht und aus diesem Traum erwacht, sieht viel schwer Erträgliches. Bleibt nur zu hoffen, dass man nicht alles bekommt, was man sich wünscht.

Höhlenausgänge

Kultur dient dem Leben, Technik dem Überleben. Seit unsere Vorfahren die ersten primitiven Faustkeile benutzten, galt diese Unterscheidung. Feuermachen, Waffen und Werkzeuge erleichterten den Menschen das Überleben, die sozialen Regeln, die Sprache, die Rituale und Bilder stärkten den Zusammenhalt. Einmal in Gang gesetzt freilich schraubte sich die Technik so weit hoch, dass sie heute sehr weitgehend nicht mehr Überlebenstechnik ist, sondern Spielerei. Autos, Flugzeuge, Fotoapparate, Telefone und Computer sind keine Überlebensmaschinen. Ihre Auswirkungen auf die Umgangsformen des Menschen freilich sind gewaltig – sie revolutionierten unsere Kultur. Was sie dagegen wenig änderten, sind die Inhalte. Die Weisheiten, die sich die allermeisten Menschen mithilfe von SMS und MSN mitteilen, sind der Steinzeit bis heute verpflichtet geblieben. Wir benutzen die atemberaubendsten und futuristischsten Techniken der drahtlosen Kommunikation, um uns mit Hochleistungsmaschinen das steinzeitliche Piktogramm eines lachenden Gesichts zu schicken – einen Smiley.

Wenn Inhalte gleich oder ähnlich bleiben, die Technik dagegen sich völlig verändert hat, so hat dies Folgen für das Bewusstsein. Die Formen der technischen oder medialen Präsentation schneiden jetzt die Inhalte zu und geben ihnen neue Gesichter. Aus Bildschirmoberflächen werden Leitbilder der Ästhetik – einer körperlosen künstlichen Schönheit. Glatte Oberflächen treten an die Stelle von echten Körpern, Falten, Schweiß und Körperbehaarung sind verschwunden. In den Worten des 2001 verstorbenen deutschen Kulturphilosophen Dietmar Kamper haben wir es in der Realität mit zunehmend »bildlosen Körpern«, im Fernsehen und Internet dagegen mit »körperlosen Bildern« zu tun.[114]

Die mediale künstliche Schönheit ist heute das sterile Leitbild. Von der Intimrasur bis zur Schönheitschirurgie streben Menschen nach dem unmenschlichen Ideal. Gerüche, Säfte, Haare – was das Menschsein Millionen Jahre lang bestimmte und zierte, ist heute lästiger Abfall und permanente Störung. War die Geschichte der bürgerlichen Kultur der letzten 200 Jahre eine Geschichte der sprachlichen und sittlichen Unterdrückung des Körpers, so spielen wir heute mit der Vorstellung, das endlich befreite Körperliche schnellstmöglich loszuwerden. Aus dem Dunkel des Tabus erwacht, finden wir unsere Körper nicht mehr schön. Und je mehr künstliche Schönheit wir in Illustrierten und auf Bildschirmen sehen, umso hässlicher finden wir unsere eigene natürliche Körperlichkeit. Das »perfekte ›Bild von einer Frau‹«, folgerte Kamper »ist eine Leiche«.

Entfremdet uns die Technik von uns selbst? Macht sie uns zu Aliens in unseren eigenen Körpern? Und zerstört sie am Ende auch alle »echte« Liebe?

Technikfeindlichkeit ist eine unter Philosophen sehr beliebte Sportart. Das »Eigentliche« der Kultur spielt dann gegen die »uneigentliche« Technik. Für Umberto Galimberti etwa ist die Technik der größtmögliche Feind des Individuums und die Liebe deshalb die »einzig mögliche Antwort auf die in der Gesellschaft herrschende Anonymität und auf jene radikalste Einsamkeit, die die Auflösung aller Bindungen im Zeitalter der Technik mit sich bringt«.[115]

Stimmt das wirklich? Wie wenig Kontakt muss man mit Menschen haben, die im Internet chatten und flirten, um von »radikalster Einsamkeit« zu sprechen? Und immerhin acht Prozent aller Paarbeziehungen in Deutschland wurden laut einer Emnid-Studie von 2003 durch das Internet angebahnt. Vielleicht werden Ehen heute noch immer auf Autositzen geschieden, wie

Luhmann vermutete; aber sie werden nicht nur im Himmel gestiftet, sondern auch im Internet. Nach der »Auflösung aller Bindungen« sieht das nicht aus.

Das Internet ist mitnichten ein Ort massenhafter Vereinsamung. Stattdessen ermöglicht es eine unglaubliche Zahl neuer, meist flüchtiger, aber in ihrer Flüchtigkeit akzeptierter Bindungen. Nur sehr wenige menschliche Kontakte im realen Leben zielen auf Intensität und Dauer; warum sollte das im Internet anders sein? Was beim kühlen Austausch von Interessen gilt, gilt auch beim heißen Flirten: Die Langfristigkeit der Bindung ist eher in der Utopie erwünscht als in der Realität. Und die romantische Liebe erscheint als eine Kommunikationsform unter anderen. Sie verliert ihr Unendlichkeitspathos: Unendlich sollen nur noch die Gefühle sein, nicht aber mehr ihre Dauer. Gerade der heutigen Jugend ist beides eingezeichnet: die Sehnsucht *und* das Wissen um die Vergänglichkeit.

In seinem Buch über den *Code des Herzens* hat Christian Schuldt die Liebe im Zeitalter des Internets klug analysiert und gedeutet: ihre neuen Wahrheitsspiele und ihr Gespinst aus Erwartungen und Erwartungserwartungen. Für ihn »liefert das Internet optimale Voraussetzungen, um Individualität auszudrücken. Die virtuellen Welten verheißen unbegrenzte Möglichkeiten, und im Schutze der Anonymität kann man so frei agieren, wie es in der ›Wirklichkeit‹ niemals möglich wäre.«[116]

Die Bedeutung des Internets fürs Flirten, für den sexuellen Kick und für die Anbahnung kurz- und langfristiger Paarbeziehungen ist in den letzten Jahren rasant gestiegen. Ein Beleg dafür ist der *Digital Life Report 2006,* durchgeführt von TNS Infratest bei deutschen Internetnutzern im Alter ab 14 Jahren. Von allen Befragten, die im Jahr 2005 eine neue Beziehung eingegangen waren, hatte mehr als ein Drittel das Internet bemüht! Nach einer ebenso umfangreichen Studie des Internetportals *KissNoFrog* vom Oktober 2008 verbringen Singles in der Altersgruppe von 20–35 Jahren durchschnittlich dreieinhalb Stunden in der

Woche mit der Partnersuche im Internet. Interessant wird diese Zahl, wenn man sie mit der Zeit der Partnersuche im wirklichen Leben vergleicht – hier ist es gerade einmal eine Stunde pro Woche. So etwa geht man alle vier Wochen Samstagabend vier Stunden aus, um jemanden kennenzulernen. *Speeddating*-Anbieter setzen dagegen auf die größtmögliche Effizienz. Wo früher nur (geschönte) Bilder und Texte ausgetauscht wurden, kommen heute *Webcams* und *Voicechats* zum Einsatz: Man kann den anderen »real« sehen und hören. Fehlinvestitionen von Zeit und Energie bei einem Gegenüber, der vorgibt, etwas zu sein, was er nicht ist, sollen damit vermieden werden.

Die Möglichkeiten, sich selbst zu testen und auf andere Menschen zuzugehen, steigen auf den Spielwiesen des Internets rapide an. Was sich in realen Situationen häufig nur verklemmt und verkrampft entwickelt, geht hier spielerisch und leicht über die virtuelle Bühne. Die Suche nach einem Flirt- oder Lebenspartner überwindet nicht nur reale Räume und weitet sich über das unmittelbare Lebens- und Berufsumfeld aus. Sie überwindet auch Skrupel und Selbstzweifel. Das Internet wird somit zu einem einzigartigen zweiten »Lebensraum« und auch zum »Liebesraum« mit ganz eigenen Qualitäten. Zwar sind es bislang überwiegend die Jüngeren, die diese Räume nützen. Doch wirklich lebensentscheidend werden sie künftig vermutlich eher für die Älteren. Für sie ist die Partnersuche gemeinhin ja viel schwieriger als für die Jugend. Wie Schuldt bemerkt, profitieren vor allem Special-Interest-Klienten und Menschen mit einem Manko auf wundersame Weise von der Anbahnung im Internet. Alleinerziehende Mütter und Väter ebenso wie Gehörlose, Suchtkranke und HIV-Positive – für jede Gruppe gibt es mehr als ein eigenes Portal, in dem sich Gleich und Gleich gerne begegnen.

Kritiker des Netzflirtens werfen den amourösen Anbandelungen im Internet gerne einen Mangel an Romantik vor. Statt Spiel und Passion herrsche nüchternes Effizienzdenken. Träfe dieser

Vorwurf zu, so verhielten sich die Partnersucher im Internet wie die Gene in Richard Dawkins' kapitalistischer Evolutionstheorie: Sie wären immer auf der Suche nach dem schnellen ökonomisch optimalen Ertrag für ihre Investition. Für Schuldt dagegen vollzieht sich im Internet genau das Gegenteil: die Wiedergeburt der klassischen Romantik: »Gerade das hypermoderne Internet scheint in einer romantischen Tradition zu stehen. Die Anonymität in E-Mails und Chats bewirkt, dass man sich andere tendenziell schöner und schlauer vorstellt, als sie tatsächlich sind, und dass man sich auch selbst so präsentiert, wie man gerne gesehen werden will. Das heißt: Verklärung ist angesagt. Die Verliebtheit in einen unsichtbaren Fremden kann größer sein als der Flirtpartner aus Fleisch und Blut. Diese Idealisierung ist einerseits ein Risiko, weil sie zu übersteigerten Erwartungen verleitet. Doch sie ist auch grundromantisch und bedeutet damit geradezu eine Rückkehr zu traditionellen Liebesmustern. Im Netz steht die körperliche Vereinigung nicht am Anfang, sondern am Ende des Kennenlernens. Bilden sich heutige Beziehungen zunehmend aus Bettgeschichten, steht das Liebesspiel im Internet notgedrungen nicht an erster Stelle. So gesehen kann man fast schon von einer Rückkehr zu einem platonischen Liebesideal sprechen.«[117]

Sollte tatsächlich zutreffen, dass, wie Galimberti meint, die Moderne den Menschen isoliert oder nach Ulrich Beck zu einem »Massen-Eremiten« vereinsamt, so führt das Internet ihn doch gleichzeitig aus dieser Isolation heraus. Viele Soziologen dagegen sehen nur das Risiko, nicht die Chance: Die Kontaktscheuen graben sich weiter ein, die sozial Untrainierten verzichten auf ihre notwendige Schulung. Im Ganzen gesehen aber weist das Netz dem modernen Massen-Eremiten zugleich den Weg aus der Höhle. In einer Kultur, die in den letzten Jahrzehnten verlernt hat zu schreiben, offenbaren die Flirträume des World Wide Net neue Schreibräume. Was dem Romantiker der Brief, ist dem User das Flirtportal. Und der moderne Minnesang gleicht dem mittelalterlichen auf erstaunliche Weise: in seinem strengen Code von schicklich und unschicklich, in seinem Zwang zu Witz und Originalität und in der direkten oder indirekten Konkurrenzsituation zu anderen Mitflirtern. Die modernen Sängerkriege finden nicht mehr auf der Wartburg statt, sondern im Portal: *My net is my castle.*

Was aber ist dabei aus dem alten *home* geworden, dem klassischen Nest, der bürgerlichen Zelle, dem idealen Hort – aus der Familie?

13. KAPITEL

Die liebe Familie
Was davon bleibt und was sich ändert

»Familie – das ist das, wo unsere Nation Hoffnung findet, wo Flügel Träume bekommen.«

George W. Bush

Günstiger tanken, Geld für Kondome haben.

Werbung des Tankstellen-Betreibers JET (2002)

Die Familie als Wille und Vorstellung

Der Werberat und der katholische Familienbund waren sich einig: So viel Unverfrorenheit war nie. Kampfbereit riefen sie zum sofortigen Boykott auf. Ziel des moralischen Embargos war der Tankstellenbetreiber JET. Der Tochterkonzern des US-amerikanischen Mineralölmultis ConocoPhillips hatte eine heilige Kuh geschlachtet. Auf seinem Werbeplakat lächelt eine achtköpfige Familie im Sekten-Look: Schlips und Kragen, Seitenscheitel, debiles Lächeln. Darunter der Spruch: »Günstiger tanken, Geld für Kondome haben.« Und ganz klein: »Jet – den Rest können Sie sich sparen«. »Pervers«, wetterte die bayerische Familienministerin, eine »brutale Botschaft« befand der Präsident der Landeskirche Hessen-Nassau. Die Internationale Gesellschaft für Menschenrechte (IGFM) hob den Zeigefinger: »Verstoß gegen die Menschenwürde!« So geschehen im Jahr 2002. Das Plakat verschwand nach wenigen Wochen.

Die Familie ist ein heiliges Ideal unserer Gesellschaft, heiliger als je zuvor. Wer gegen Familien ist, steht von seinem Ansehen unweit von Rassisten oder Sexisten. Dass die Gesellschaft in der Bundesrepublik Deutschland nicht gerade kinderfreundlich eingerichtet ist, ändert daran nichts. Die Idee der Familie ist unumstritten. Und jenseits der JET-Werbung lächeln auf Plakatwänden glückliche Kinder mit ihren ebenso glücklichen Eltern rekordverdächtig um die Wette.

Für die Werbung ist die romantisch verklärte Familie ein ähnlich festes Sujet wie das romantische Paar. Haushaltsgeräte verkaufen sich schlecht mit Singles. Bei vielen Lebensmitteln sind Kinder unverzichtbar, vor allem beim Frühstück (weil Singles nicht frühstücken?). Und am beliebtesten: der Mittelklasse-Kombi, ein Produkt einzig und allein für Familien und das, was sich dafür hält. Zwar werden Bausparverträge in der Werbung realitätsnah heute vor allem von kinderlosen Paaren geschlossen, und Papa geht auch schon mal alleine mit Klein Jonas zum Arzt, aber das Leitbild der Kernfamilie ist weitgehend unverändert. Und wenn es heute in der Tat kein »Familienfernsehen« mehr gibt, weil jeder etwas anderes guckt, so gucken die Kinder immerhin noch das »Familienprogramm«.

Patchwork-Familien, in den Großstädten eine sehr häufige Familiengemeinschaft, sind für die Werbung dagegen nach wie vor tabu. Ein schlagendes Beispiel dafür war eine VW-Werbung für das Modell »Sharan«: Ein Vater holt die Tochter bei seiner von ihm getrennt lebenden Frau ab. Der Spot fiel beim Zielpublikum durch. Der Nachfolgespot zeigt einen Mann, der seinen Sharan mit Urlaubsutensilien belädt. Neben ihm halten zwei junge, übermütige Typen, die sich über seine offensichtliche Rolle als Familienvater mokieren. Im selben Moment tauchen seine große schlanke semmelblonde Frau und die ebenso großen schlanken semmelblonden drei Töchter auf und steigen in das Auto. Der

Vater grinst, fährt davon und lässt die verdutzten Jungs zurück: Er hat die geilste aller Familien! Der Spot ist ein großer Erfolg mit ungezählten *Youtube*-Aufrufen.

Die Familie trennt die Gesellschaft. Die Zahl der begeisterten Familienfreunde unter denen, die keine haben, ist gering. Familienhasser unter denen, die eine haben, gibt es dagegen auch kaum. Nach der zitierten Umfrage des SPIEGEL von 2008 meint etwa die Hälfte der deutschen Bevölkerung, das Glück läge »darin, Kinder zu haben«. Genauer sind es 56 Prozent der befragten Frauen und 48 Prozent der Männer. Zwar erfährt die Idee der Familie seit längerer Zeit eine Konjunktur – aber eben nur die Idee. Weniger als ein Drittel aller deutschen Haushalte sind Familien. Selbst die mediale Aufwertung der Familie seit den 1980er Jahren zum Lifestyle-Projekt vermochte daran nichts zu ändern. Ihr entgegen stand die Verklärung des geldgierigen Singles zum modernen (Börsen-)Abenteurer in den später 1990ern. Die »Generation Golf« feierte sich selbst als Generation »kinderlos«. Doch so wenig die Lifestyle-Familie einen echten Zuwachs an Familien auslöste, so wenig ermöglichte die Tristesse der verarmten Börsenspieler ihnen die schnelle Rückkehr zu Vater-Mutter-Kind.

Der Grund dafür liegt in der genannten Bindungsskepsis heutiger jüngerer Menschen. Sie ist enorm, und sie ist nahezu vollkommen unbeeindruckt vom jeweiligen Zeitgeist-Image der Familie. Da nicht die Idee der Familie im Wege steht, sondern nur die passende Chance zur Familiengründung für einen selbst, ändern Imagekampagnen wenig an der Misere. Der Hamburger Sexual- und Paarforscher Gunter Schmidt, neben Sigusch der renommierteste deutsche Sexualwissenschaftler, fand 2002 heraus, dass nur etwa 60 Prozent aller 30-jährigen verheiratet waren. In den 1960er Jahren waren es noch über 90 Prozent gewesen. Die Wahrscheinlichkeit, dass eine heute geschlossene Ehe geschieden wird, liegt bei etwa 40 Prozent gegenüber 13 Prozent in den 1960er Jahren. Die Zahl der Kinder pro Paar beträgt in Deutschland statistisch 1,4 Prozent statt früher 2,4 Prozent. Deutlich mehr als zwei Millionen Paare trennen sich jedes Jahr – stabile Voraussetzungen zur Familienplanung sind das nicht.

Das Familienbild der Werbung trifft zwar noch immer ein Lebensgefühl und einen vielfach erträumten Lebensstil, aber es basiert auf immer weniger Realität. Die Familie im Deutschland des Jahres 2009 ist keine Selbstverständlichkeit, sondern ein Ideal, eine Vorstellung, ein romantischer Traum und nicht zuletzt eine Erfindung der Werbung. In der gelebten Praxis ist die ideale Familie ebenso selten wie die ideale Ehe. Daran ändert nichts, dass viele angehende Familien an der kollektiven Phantasie von der Familie teilnehmen und diese weiter nähren. Die Vorstellung von einer liebevollen, harmonischen und Geborgenheit spendenden Gemeinschaft steht fast immer am Anfang und begleitet viele Schwangerschaften. Was andere nicht hinbekommen, will man selbst gleichwohl schaffen.

Im Alltagsleben einer Familie, mit all ihren Kompromissen und Beeinträchtigungen, wird dieses Ideal sehr häufig auf eine harte Probe gestellt. Man bewegt sich zwischen zwei Polen. Entweder man korrigiert nach und nach seine Idealvorstellung von der Familie. Oder man hält am Ideal fest und entfremdet sich in gleichem Maße von seinem Partner, der seine Rolle nicht wie vorgesehen erfüllt. Junge Familien, bei denen sich die Frauen von ihren Männern trennen, werden häufig nicht trotz, sondern gerade wegen der (unerfüllten) Idee der Familie geschieden. Und je höher das Familienideal, umso größer die Gefahr der Enttäuschung. Dass dieses Problem inzwischen auch verstärkt bei Männern auftritt, die sich ihre Partnerin in der Rolle als Frau und als Mutter anders vorgestellt haben, wird dabei oft vernachlässigt. Dem Klischee nach ist der sich trennende Vater noch immer der rastlose Gen-Egoist und nicht der enttäuschte Familienidealist.

Ganz gleich also, ob man sich trennt oder nicht, halten beide

Partner zumeist am Ideal der Familie fest. Doch da dieses Ideal noch nie in der Geschichte so anspruchsvoll war wie heute, gehen viele Familien gerade deshalb auseinander: Das unerreichte Ideal der »Familie« zerstört die realen Bindungen. Selbst Partner, die durch Untreue, Fahrlässigkeit, Gedanken- oder Verantwortungslosigkeit ihre Familie aufs Spiel setzen, sind meist nicht frei von der Projektion einer Idealfamilie, die sie für sich gerne hätten. Und je seltener eine gute Familie gelingt, umso wertvoller wird sie in der kollektiven Phantasie.

Das sicherste Anzeichen für diese Phantasie ist das »Familie spielen« durch gekauftes Familienzubehör. Wo früher drei Kinder auf die Rückbank eines VW-Käfers passten, lebt der Verkauf von Mittelklassekombis heute von Kleinstfamilien mit einem Kind. Und wer am Prenzlauer Berg in Berlin oder im Kölner Agnesviertel etwas auf sich hält, der liebt zwar nostalgisches Kopfsteinpflaster, doch für das Kleinkind braucht es den topgefederten Rennkinderwagen in der Preisklasse von 400 Euro aufwärts. Ein Wettrüsten, das nicht zuletzt deshalb gefördert wird, weil auch Väter Kinderwagen schieben. Und die Eigentumswohnung wäre natürlich »echt spießig« gewesen, leistete man sie sich nicht für die Geborgenheit von Klein Max und Klein Sophia.

Weniger als ihrem Partner sind viele Paare mit Kindern heute der allgemeinen Idee der Familie verpflichtet. War die Familie für frühere Generationen eine kaum hinterfragte Pflicht, so ist sie heute eine Kür, ein Schaulaufen aus Nostalgie und konventionalisierter Phantasie. So genannte »Stadthäuser«, in Wirklichkeit Reihenhäuser in städtischer Umgebung, wecken großbürgerliche Phantasien und sind in den Großstädten die neue Familiennorm. Die Fertighausfamilie für Individualisten stellt das Maß für die heute am weitesten verbreitete Phantasie eines Zusammenlebens mit Kindern.

Eine tatsächliche Wiedergeburt der Familie ist das nicht. Statistisch nimmt die Zahl der Familien mit langem Zusammenhalt nicht zu, sondern ab. Die reale Familie wird seltener, die pathetisch-romantische Idee der Familie, wie man sie aus der Werbung, aus Filmen oder den Liedern von Reinhard Mey kennt, wird stärker. Man kann auch sagen: Gerade weil die gute Familie so selten, nahezu unmöglich geworden ist, ist sie heute mit so viel Idealismus befrachtet.

Wir lieben unsere Ideale mehr als früher, aber wir sind weniger bereit, etwas für ihre Pflege zu tun. Was für unsere Liebesromantik gilt, gilt ebenso für unsere Familienromantik. Die Vielzahl an Gefühlen und Erwartungen hat die Familie weniger selbstverständlich gemacht. Romantische Vorstellungen, Sinnsuche und Glückshoffnungen sind keine Ingredienzien für das verlässliche Gelingen einer Familie. In der alltäglichen Praxis verbrauchen sie sich, verblassen im Hickhack um Rechte und Pflichten, in den ungezählten Verhandlungen um Freiheiten und Überlastungen, Freiräume und Zuständigkeiten. Unser Eigeninteresse lässt unsere Leidenschaften kippen und stellt sie auf den Kopf, in der Familie nicht anders als in der Liebe. Was Eva Illouz über Ehe und Liebe sagt, gilt eben auch für die Familie. Auch sie ist »der nüchternen Überlegtheit ökonomischen Handelns und der rationalen Suche nach Selbstbefriedigung und Gleichberechtigung unterworfen – also alles andere als einem amoralischer Relativismus, der angeblich unsere Beziehungen und unsere ›Familienwerte‹ zerstört hat.«[118] Aber was sind das denn eigentlich genau – Familienwerte?

Die Familie, die es nie gab

So genannte konservative oder bürgerliche Parteien – beide Begriffe sind irreführend – betonen gerne den Wert der Familie, die Familie als einen Wert oder auch die Familienwerte. Man soll die Familien stärken, eben mehr Wert auf sie legen, und vielfach gilt es »zurück« zur Familie zu kehren. Das klingt schön, warm, vertraut und gemütlich: zurück zur Familie. Fragt sich nur – zu welcher?

Dem Wortsinn nach bedeutet die »Familie« Hausgemeinschaft, allerdings nicht im Sinne von Vater, Mutter, Kind, sondern im Sinne von väterlichem Besitz. Auch Gesinde, Sklaven und Vieh gehörten bei den Römern zur Familie. Eine feste Definition der Familie als ehelicher Gemeinschaft mit Kindern gibt es erst vom 18. Jahrhundert an. Doch auch damals lebten die Menschen nur sehr selten in Kleinfamilien oder »Kernfamilien« ohne Anhang. Die normale Familienform des Menschen in Europa und in aller Welt war über Jahrtausende die Großfamilie. Zu einer solchen Familie gehörte ein wesentlicher Teil der Verwandtschaft, gehörten unverheiratete Geschwister und Cousinen, Ammen und Hauspersonal, Mündel und Gesinde. Sowohl Bauern wie Stadtbürger lebten in Clans, nicht anders als viele Naturvölker und Nomaden.

Der Großbürger- und Großfamiliensohn Friedrich Engels misstraute der Kleinfamilie zutiefst. Er wehrte sich sehr heftig gegen die Idee, ausgerechnet die Kernfamilie sei der arttypische Verband des Menschen. Biologisch sehr interessiert, veröffentlichte er 1884 seine Schrift *Der Ursprung der Familie, des Privateigentums und des Staats*. Gerade der Umstand, dass die Kleinfamilie ihre Verwandtschaft als ungelöstes Problem außen vor lässt, beweise, dass sie ursprünglich unzweifelhaft aus dieser hervorgegangen sei: »Während die Familie fortlebt, verknöchert das Verwandtschaftssystem, und während dies gewohnheitsmäßig fortbesteht, entwächst ihm die Familie. Mit derselben Sicherheit aber, mit der Cuvier aus den bei Paris gefundenen Marsupialknochen eines Tierskeletts schließen konnte, dass dies einem Beuteltier gehörte und dass dort einst ausgestorbene Beuteltiere gelebt haben, mit derselben Sicherheit können wir aus einem historisch überkommenen Verwandtschaftssystem schließen, dass die ihm entsprechende, ausgestorbene Familienform bestanden hat.«[119]

Selbst wenn Engels' paläo-zoologische Beweisführung eher amüsant als wissenschaftlich ist – die noch amüsantere Idee der Anthropologin Helen Fisher, die Geburt der Vater-Mutter-Kind-Familie bereits in die vorzeitliche Savanne zu verlegen, ist sicher die seltsamere Vorstellung. Indizien dafür, dass unsere Vorfahren in Kernfamilien lebten, gibt es nicht. Wahrscheinlicher lebten sie in Trupps, den Großfamilien heutiger Jäger- und Sammlergemeinschaften nicht unähnlich. Die Kernfamilie, selbst wenn sie in der Kulturgeschichte gelegentlich aufgetreten sein sollte, war wohl zu keinem Zeitpunkt das Leitmodell menschlicher Gemeinschaften. Möglich wurde sie eigentlich erst durch die moderne Sozialgesetzgebung. Solange die Sippe wirtschaftlich abhängig war vom Einkommen einzelner Männer, musste sie auch mit versorgt werden. Die Kernfamilie dagegen ist ein asoziales Modell, das bedürftige Verwandte und Angehörige finanziell ausschließt. Ein Land ohne Renten und Pensionen, Hinterbliebenenschutz und soziale Auffangnetze konnte und kann sich Kernfamilien nicht leisten.

Zur Kernfamilie als mehrheitlicher und normativer Familienform kam es erst Mitte des 19. Jahrhunderts und hier auch nur in den Städten. Wenn heute der Katechismus der katholischen Kirche nach einer Festlegung aus dem Jahr 1992 die Kernfamilie als »Urzelle des gesellschaftlichen Lebens« festschreibt, dann ist dies gewiss nicht historisch gemeint. Selbst Maria und Josef waren unverheiratet geblieben. Und überzeugte Katholiken unterstellen Jesus Christus auch keine eheliche Geburt. Urzelle des gesellschaftlichen Lebens wurde die Kernfamilie erst aufgrund einer Verlegenheit – dass nämlich das Familienoberhaupt die Sippe nicht mehr ernähren *konnte*. Im 19. Jahrhundert entstanden aufgrund der industriellen Revolution in den Städten ungezählte proletarische und kleinbürgerliche Familien. Sozial nicht abgesichert, waren sie meist sogar auf Kinderarbeit angewiesen. Und für die Pflege mittelloser Angehöriger fehlte jegliches Geld. Nicht nur die Männer arbeiteten, sondern vielfach auch die Frauen. Hier liegt der Ursprung der modernen Kernfamilie.

Heiraten aus Liebe waren im 19. Jahrhundert eher selten, und auch die Treue der Männer war weitgehend unwichtig. Vordringlich war die Ehe eine Wirtschaftsgemeinschaft. Erst im Laufe des 20. Jahrhunderts verschmolz die Idee von Liebesheirat und Treuebündnis mit der Idee der Kernfamilie. Seinen ideologischen Höhepunkt erreichte dieses moderne Kernfamilienmodell in Deutschland in den 1930er bis 1960er Jahren; eine Familienidee allerdings, die selbst die so genannten konservativen und bürgerlichen Parteien heute auf keinen Fall wiederbeleben möchten. Ohne die Einwilligung ihres Mannes durfte die Frau nicht arbeiten. Sie durfte nicht einmal ein eigenes Konto eröffnen oder einen Vertrag unterzeichnen. Frauen, die des Straftatbestandes »Ehebruch« überführt worden waren, fielen bei Scheidung in die Mittellosigkeit. Die Vergewaltigung in der Ehe dagegen war straffrei. Für die Liebe zu den Kindern war in der Wirtschaftswunderehe die Mutter zuständig, nicht der Vater. Gemeinsame Unternehmungen der Väter mit den Kindern waren maximal auf das Wochenende beschränkt.

Wenn heute verheiratete Liebespaare in Deutschland Kinder bekommen, stehen sie vor einer anderen Situation. Vom Kindergeld über die Arbeitslosenversicherung bis zur Rente garantiert ihnen der Staat eine Grundsicherheit. Untreue ist nicht mehr strafbar. Und Kinder dienen im Regelfall nicht dem Familieneinkommen, sondern sind zumeist frei gewählter Luxus. Das soziale Netz des Staates hilft den Liebesakrobaten von heute dabei, ihre Sehnsucht nach gemeinsamer Intimität auch auf die Familie auszudehnen. Je weniger an ökonomischem Sinn die Familien heute bestimmt, umso höher ist die Erwartung an den Lebenssinn.

Die Erwartungen an die Familie entsprechen damit weitgehend jener an die Liebe. Dieser Anspruch ist völlig neu, und damit auch die Rollenerwartungen an Mama und Papa. Familien, wie sie heute von Liebenden gewünscht und erträumt werden, gab es auf diese Weise noch nie – oder wenn doch, nur in sehr seltenen Ausnahmen. Die Familiengründer erwarten eine weiterhin weitgehend ungetrübte Liebe zueinander bei zusätzlicher beidseitiger Liebe zum Kind oder zu den Kindern. Sie erwarten Aufregung und Anregung sowie Harmonie und Seelenfrieden, nicht anders als in der romantischen Liebe. Und sie erwarten weiterhin fein abgestimmte Erwartungen, uneingeschränktes Verständnis und Gleichberechtigung – Ansprüche, die in den 1950er und 1960er Jahren kaum gestellt wurden.

Der feste Rahmen für all diese Ansprüche ist heute nicht mehr gesellschaftlicher, sondern privater Natur. Denn was eine Ehe und eine Familie zusammenhält, geht den Staat (fast) nichts mehr an. »Eheliche Verpflichtungen« sind heute zivilrechtlich ohne Belang. Seitensprungagenturen machen sich nicht mehr wegen »Kuppelei« strafbar. Ehebrecher(innen) dürften wieder heiraten. Und nichteheliche Väter stehen rechtlich auf nahezu der gleichen Stufe wie geschiedene. Was eine Familie zusammenhält, muss von *innen* her geleistet werden, der Einfluss der Außenwelt ist weitgehend geschwunden.

Die Folgen dieser Entwicklung sind bekannt: Die Kernfamilie mit verheirateten Ehegatten erscheint heute zwar immer noch als Ideal, in der Realität dagegen ist sie nur noch ein Fall unter vielen möglichen. Nichteheliche Lebensgemeinschaften konkurrieren mit ehelichen, man lebt getrennt zusammen, bildet Wohngemeinschaften mit Kindern, gleichgeschlechtliche Paare erziehen Pflegekinder, Verheiratete und unverheiratete Paare leben in Fernbeziehungen, die »Regenbogenfamilie« führt gleichgeschlechtliche Partner mit Kindern zusammen. Die »binukleare« Familie schließt auch den nicht sorgeberechtigten Partner in der Ferne mit ein. Und die Anzahl der alleinerziehenden Mütter und Väter war noch nie so hoch wie heute.

Dass es gegenwärtig vergleichsweise wenige intakte Kernfamilien gibt, ist nicht nur Folge eines allseits festgestellten »Wertewandels«. Mag sein, dass Selbstverwirklichungsideen, zum Beispiel von berufstätigen Frauen, zu dieser Situation beitragen. Viel wichtiger aber ist, dass wir heute ein Familienideal verwirklichen wollen, das es so eben noch nie gab. Die erträumte Kernfamilie der Gegenwart ist das anspruchsvollste aller denkbaren Familienmodelle: eine Selbstverwirklichungs- und Sinnstiftungsgemeinschaft für jedermann und jede Frau. Dass diese »romantische Familie« mehr ist als nur ein Ideal, muss von jedem Paar jeden Tag neu bewiesen werden. Und diese Aufgabe grenzt immer wieder an Überforderung, frei nach einem auf die Kunst gemünzten Zitat von Karl Valentin: »Familie ist schön – macht aber viel Arbeit.«

Ein »Zurück« zur Familie gibt es nicht, denn nur die wenigsten wollen tatsächlich zurück zu: Vati arbeitet, und Mutti liebt Kinder und Küche. Sicher hatten die meisten Eltern früher ein schlechteres Leben, dafür aber – möglicherweise – ein besseres Gewissen. Das Ideal der romantischen Familie kehrt dieses Verhältnis um: Ob Kernfamilie oder Patchworkfamilie, wir haben heute mehrheitlich ein besseres Leben, wenn auch – aufgrund unserer Idealvorstellungen – häufig ein schlechteres Gewissen: Sind wir tatsächlich die perfekten Mütter oder Väter, die wir so gerne wären? Haben wir hinreichend Zeit für unsere Kinder? Geben wir ihnen genug Liebe? Stiften wir ihnen in den oft turbulenten und zerrissenen Verhältnissen ausreichend Geborgenheit? Und sind wir bei all dem noch aufregende und verständnisvolle Liebespartner?

Mama & Papa

Was in der Maske der unfreiwilligen Komik daherkommt, enthält durchaus einen wahren Kern: »Die zum Selbstbewusstsein erwachte Frau der Neuzeit leidet in hohem Maße unter dem

Gegensatz, dass sie ihrer Veranlagung nach nicht nur Einzelwesen, sogar nicht nur an erster Stelle Einzelwesen, sondern vor allem Gattungswesen ist. Das hier Erlernte ertüchtigt sie in der einen wie der anderen Eigenschaft und erwirkt damit den Ausgleich. Es ertüchtigt das Gattungswesen zur Fortpflanzung und das Einzelwesen zu einer Liebe, die tiefste Hingabe verbunden mit höchster Selbstachtung ist.«[120]

Der Mann, der sich in seinem Buch *Die vollwertige Gattin. Anleitungen für die Frau und ihre Helfer* (1933) über Gattungsfunktion und Liebesbefähigung des schönen Geschlechts Gedanken macht, war der niederländische Arzt und Gynäkologe Theodoor Hendrik van de Velde. Der Titel mit der Vollwertgattin war bereits die Korrektur der ersten Auflage zwei Jahre zuvor. Hier hatte es noch »die vollkommene Gattin« geheißen, ein Attribut, das die arme Ehefrau doch zu sehr versachlichte, wie der Autor selbstkritisch befand.

Verglichen mit den meisten seiner Zeitgenossen war van de Velde ein fortschrittlicher Mensch. Er sorgte sich um die neuen Herausforderungen der Frauen- und der Männerrolle in der modernen Gesellschaft. Und er mühte sich um einen Sexualratgeber, der die Ehe auch dann noch stabil halten sollte, wenn tatsächlich beide, Frauen wie Männer, etwas davon haben wollten. Fünf Ratgeber – *Die vollkommene Ehe, Die Abneigung in der Ehe, Die Erotik in der Ehe, Die Fruchtbarkeit in der Ehe und ihre wunschgemäße Beeinflussung* sowie *Die vollwertige Gattin* – tippte van de Velde innerhalb von nur sechs Jahren in die Schreibmaschine. Er war der Sexualpapst der westlichen Welt und der Oswald Kolle der Weimarer Republik. Als er 1937 bei einem Flugzeugabsturz ums Leben kam, zählten seine Eheratgeber mehr als 40 Auflagen. Bereits 1928 hatte van de Velde den Film *Die Ehe* gedreht; ein Remake folgte noch 1968.

Van de Veldes sehr modernes Problem – lange vor dem Feminismus und der bundesdeutschen Emanzipationsbewegung der

1970er Jahre – war die Erkenntnis, dass die Frau im 20. Jahrhundert mindestens zwei Rollen in der Ehe zu spielen hatte, und zwar widersprüchliche Rollen. Leidenschaftliche Geliebte des Mannes und treusorgende Mutter ihrer Kinder zu sein machte die Ehefrau zur Dienerin zweier Herren. Als Arzt mühte sich der Niederländer allerdings vorrangig um technische Auswege aus dem Dilemma. So empfahl er Muskeltraining für die Vagina zur Steigerung von Lust *und* Fortpflanzungsfähigkeit. Der Vielzahl der neuen psychischen Rollen- und Eheprobleme wurde er freilich nicht gerecht.

Dass die moderne Paarbeziehung, wie van de Velde erkannte, ein Organisationsproblem ist, hat sich seit den 1930er Jahren noch verstärkt; dass es rein technisch oder gar sportlich zu lösen sei, ist ohne Witz kaum noch zu vertreten. Aus der Technik von damals ist heute Psychotechnik geworden. Liebe, Romantik, Freiheit, Freiraum, Individualität und Familie spielen heute auf so vielfältige Weise ineinander und gegeneinander, dass weder Kniffe noch Tricks und Tipps die Probleme schnell lösen könnten.

Die Schwierigkeit liegt nicht einfach nur darin, dass die Anfangsromantik chemisch zum Alltagsgrau verblasst. Ein bisschen Grau hat noch keine Beziehung und noch keine Familie ruiniert. Ohne etwas Grau im Hintergrund verliert ja auch alles Bunte seinen Reiz, so dass Eva Illouz feststellt: »Entgegen den populären Klagen, dass die Ehe durch das Verblassen der emotionalen Intensität der ›Anfangszeit‹ bedroht sei« liegt nahe, »dass der Alltag – in seiner Monotonie, Mühsal, Banalität – der symbolische Pol ist, von dem die Augenblicke romantischen Überschwangs ihre Bedeutung beziehen. Diese Augenblicke sind gerade deshalb signifikant, weil sie kurzlebig sind und sich nicht in den Alltag ›hinüberretten‹ lassen. Der Eintritt in den ›profanen‹ Bereich des Alltagslebens markiert keineswegs ein ›Schwinden‹ der Liebe, mit ihm beginnt vielmehr ein rhythmischer Wechsel mit ›heiligen‹ romantischen Interaktionsmodi. Die Stabilität des Ehelebens hängt davon ab, ob man diesen Rhythmus halten kann!«[121]

Problematischer als das zwischenzeitliche Verblassen hochfahrender Gefühle sind die Angst und die Befürchtungen, die sich sofort einstellen. Die Liebe, die uns vorschwebt, ist oft auf so hohem Niveau, dass sie permanent enttäuschungsanfällig ist. Die gleiche Bedrohung stellt sich leicht auch in der Familie ein, und zwar auf doppelte Weise. Einmal entspricht, wie bereits festgestellt, das reale Familienleben nicht immer dem romantischen Ideal. Spätestens wenn die Kinder in der Pubertät sind, ist die Familienromantik oft genug empfindlich gestört. Immerhin ist es das naturgegebene Programm pubertierender Kinder, im familiären Sinne unromantisch zu werden und sich aus der engen Bindung zu ihren Eltern zu befreien. Zum anderen mischt eine Familie schon mit einem einzigen Säugling die Karten einer Beziehung völlig neu. Noch bevor der Nachwuchs das erste Mal »Mama« oder »Papa« flüstert, kräht oder babbelt, ist in der Liebe gemeinhin nichts mehr, wie es vorher war. Vor kurzem noch ein Abenteurer, muss der geliebte Herzensverschmelzungsgatte sich nun anhören, dass er den Löffel mit dem Brei falsch hält. Auf diese Anforderung vorbereitet zu sein ist nicht leicht. Und wo vorher die Liebesbeziehung etwas »bringen« sollte im Hinblick auf sexuelle Lust, emotionale Stabilität und – spätestens seit Erich Fromm – auch für die »Selbsterkenntnis«, haben sich die Ziele und das Maß völlig geändert. Junge Familien sind keine erklärten Selbsterkenntnisgemeinschaften; der Erkenntnis heischende Blick fällt nun auf den Nachwuchs.

So gesehen ist die Familie zumeist ein empfundenes Tauschgeschäft. Man gewinnt hinzu, und man verliert. Denn kaum etwas ist noch so wie zuvor. Wer in der Phantasie Eltern spielt, denkt dabei selten an das, was er mittelfristig oder möglicherweise auch für immer verliert. Die Auswirkungen von Kleinkindern auf die Sexualität ihrer Eltern sind meist immens – die Sexquote sinkt rapide. In der Stillzeit setzt sie häufig ganz aus. Die stärksten Oxytocin- und Vasopressinschübe gelten dem Kind, nicht dem Partner. Sollte meine Theorie von der geschlechtlichen Liebe als *Spandrel* der Eltern-Kind-Liebe richtig sein, so wäre dieser Prozess biologisch nur allzu plausibel: In der Liebe zu den Kindern kommt sie an ihren Ursprungsort zurück. Und die geschlechtliche Liebe wird als das auf die Spitze gestellte Dreieck sichtbar, das sie ist.

Auf der positiven Seite dieses Tauschs lockt das Versprechen nach einem neuen »Wir«, einem Selbstbestätigungsraum in unbekannter Dimension. Familien bilden kleine Gesellschaften in der Gesellschaft mit ganz eigenen Rollen, Wahrheitsspielen, Erwartungen und Erwartungserwartungen. Ideell gesehen weitet sich der Raum zur Selbsterfahrung des Paares gewaltig aus. Praktisch dagegen wird der Raum in fast jeder Hinsicht enger: Familie essen Zeit auf. Und die Rolle, die du in der Familie spielst, legt dich auf neue Weise fest: Aus sexuell als attraktiv wahrgenommenen Wesen werden Mamis und Papis. Die »Muttierung« nannte der Focus im Jahr 2005 dieses Phänomen bei Frauen; manchen Vätern ergeht es nicht viel besser. Wer diese Enttäuschung im Rausch von Hormonen und Glück nicht als Selbstenttäuschung wahrnimmt, muss zumindest mit Fremdenttäuschungen rechnen: Die kinderlose beste Freundin ist sanft befremdet, der kinderlose beste Freund fühlt sich als einsamster aller Wölfe.

Der romantische Code wird zu einem familiären Code: Aufregung gegen Eintönigkeit, Geborgenheit gegen Unsicherheit sind auch hier die Pole. Familien bilden ihr eigenes Sinnsystem. Und so wie du in der Familie gesehen wirst, sehen dich die anderen meistens nicht. Diese Beobachtung gilt für Eltern wie für Kinder. Kaum etwas scheint aus unverwüstlicherem Stein gehauen als das Bild, das Eltern und Geschwister von einem haben. Was der Zufall und das Machtgefüge aus Talenten und Eigenschaften in der Familie *relativ* als Charakter festlegen, erscheint als *absolutes* Bild. Auch jüngste Kinder und Nesthäkchen werden einmal alte Menschen, und für den Vergleich an emotionaler, sozialer und rationaler Intelligenz zählen im Leben später ganz andere Menschen als die Geschwister – trotzdem bleiben die alten Bilder gemeinhin familiäre Lebensrollen. Und nichts korrigiert sich schwerer als ein familiäres Klischee.

Familien schaffen neue Verbindlichkeiten in vielerlei Hinsicht. Und Verbindlichkeit erzeugt den Druck der Verantwortung. Im Zeitalter der Individualisierung mit seinen ständigen Wahlzwängen erscheint jede neue Festlegung leicht als Zumutung und Überforderung. Kein Wunder also, dass heute jede dritte Frau kinderlos bleibt. Erschwerend kommt hinzu, dass der Arbeitsmarkt – zumindest in der Bundesrepublik Deutschland – noch immer nicht zureichend auf eine moderne Familie mit doppelt verdienenden Partnern ausgerichtet ist. Wo Ulrich Beck 1990 noch schreiben konnte, dass die Gesellschaft ein »individuelles Versagen, meist der Frauen« diagnostiziert, trifft es heute inzwischen fast genauso die Männer. Der gesellschaftliche und der persönliche Erwartungsdruck in der Beziehung verlangen auch von ihnen, dass sie Arbeitsmarktbiografie und Haushaltsbiografie zusammenbringen, und zwar organisatorisch wie psychisch.

Kein Wunder in solcher Lage, dass gesellschaftliche Vorstellungen und Selbstbilder durcheinandergeraten. In einer unfreiwilligen Parallele zum Single-Ideal der New Economy hatte die Feministin Judith Butler noch in den 1990er Jahren jeder Familie theoretisch den Garaus gemacht. Für die gleichgeschlechtlich orientierte Kulturphilosophin ist bereits die heterosexuelle Romantik ein schwer verzeihliches Übel. Denn die heterosexuelle Tradition der romantischen Liebe lege »Frauen« und »Männer« auf spiegelbildliche Handlungsvorbilder fest. Mit anderen Worten: Die Romantik schafft Rollenklischees in der Liebe und verhindert, dass Frauen und Männer ganz ohne Rollenklischees zu sich selbst und ihrer individuellen Geschlechtlichkeit finden können. So gesehen ist die romantische Kernfamilie dann auch noch der härteste Zement, der das Rollenklischee endgültig feststampft. Wer Mutter in einer romantischen Kernfamilie ist (die Väter interessieren Butler weniger), der reduziert sich selbst und verzichtet auf all die Möglichkeiten, durch die der Mensch, nach Butler, erst zu sich selbst finden kann: durch das parodistische Spiel mit Erwartungen, durch gezielte Verweigerungen und durch Ausfälle gegen die kulturelle Norm.

Die Ironie dieser Diagnose ist, dass heutige junge Mütter vor allem in den schicken Vierteln der Großstädte die Schraube einfach weitergedreht haben. Mutterschaft ist ein in der Öffentlichkeit vielfach inszeniertes Schaulaufen mit ironischen Untertönen: »Ich bin Mutter, und das ist gut so!« Butler wird hier mit den eigenen Waffen geschlagen. Denn in den Szenevierteln haben wir heute nicht nur eine ambivalente Inszenierung von Mutterschaft, sondern mehr noch die gezielte Verweigerung der Vorgabe, sich nicht wie eine Mutti benehmen zu dürfen: Der Trotz-Feminismus der Gegenwart frisst seine geistigen Mütter. Christian Schuldt zum Beispiel analysiert die Familienszene am Prenzlauer Berg in diesem Sinne als zeitgeistsichere Selbstdarstellung: »Gerade das Berliner Beispiel zeigt ..., welche Funktionen das Kinderkriegen heute neben der reinen Fortpflanzung erfüllen kann. So ist das Elterndasein im Szenebezirk Prenzlauer Berg zu einem regelrechten Pop-Phänomen geworden, zu einer Möglichkeit, die eigene Individualität zu inszenieren.«[122]

Coole Laufsteg-Muttis und Kinder als Status- und Szenesymbol schaffen Selbstbestätigungswelten, um der »Muttiierung« zu entgehen, sie abzuschwächen oder auszugleichen. So gesehen sind sie nicht die schlechteste Lösung, selbst wenn sie den Betreffenden sichtlich mehr Spaß machen als ihren Betrachtern.

Natürlich sind auch die Szenemamis und Szenepapis vom Prenzlauer Berg nur eingeschränkt repräsentativ für die heutige Mutter- und Vaterschaft. In Hohenschönhausen, zehn Kilometer weiter im Osten, sieht die Welt anders aus. Was man gleichwohl aus dem Beispiel cooler Jungeltern lernen kann, ist:

Familie und Individualität müssen sich nicht zwangsweise widersprechen. Auch die Individualisierung des Einzelnen ist ja von Zwängen umzingelt und kein Ort der grenzenlosen freien Selbstentfaltung. Und umgekehrt führt die Familie nicht nur zu neuen Zwängen, sie schafft auch alte ab. Manche Wahlmöglichkeiten, die zu Wahlzwängen werden, heben sich auf. Wer weniger Freizeit hat, steht nicht mehr vor dem Problem, zwischen zu vielen konkurrierenden Freizeitideen auswählen zu müssen. Die freiwillige Selbstbeschränkung durch Kinder hat also durchaus auch Vorteile. Mit der Familie – wie auch immer sie aussieht – wird eine Mischform von Zwang und Freiheit durch eine andere Mischform aus Zwang und Freiheit ersetzt. Die Freiheiten und Zwänge werden nun anders, aber nicht unbedingt minder attraktiv gemischt. Was sich nicht zuletzt darin zeigt, dass bei allem Stress mit den Kleinen sich kaum jemand im Ernst wünscht, seine Kinder wären nicht mehr da.

Der Effekt, der dieser positiven Einschätzung zugrunde liegt, wurde in den vergangenen Jahren intensiv untersucht. Natürlich lieben nahezu alle Eltern ihre Kinder und wollen sie nicht missen. Doch bereiten Kinder ihnen tatsächlich so viel Freude und Glück, wie Eltern gerne sagen? Daniel Kahneman, Nobelpreisträger für Ökonomie und Professor für Psychologie an der Princeton Universitiy, und sein Kollege Alan Krueger wollten es genauer wissen. Ihr Ziel war ein möglichst zuverlässiges Glücks-Messsystem. Ihr Verdacht war, dass sich Menschen bei Umfragen häufig selbst täuschen. Wer die große Frage nach dem Glück beantwortet, erstellt meistens eine Art Bilanz. Sein tatsächliches Wohlbefinden wird dabei aber häufig verzerrt und geschönigt. Kahneman und Krueger fragten deshalb nicht nur »Machen Ihre Kinder Sie glücklich?«, sondern sie forderten die Eltern auf, ihren Tag Stück für Stück zu rekonstruieren. Das Ergebnis war wenig schmeichelhaft für die Kleinen. Zumindest US-amerikanische Eltern fanden das durchschnittliche Zusammensein mit ihren Kindern *in der Situation* ungefähr so unangenehm wie

Einkaufen oder Putzen. Gleichwohl gaben sie vorher *bilanzierend* zu Protokoll, dass ihre Kinder von allen Glücksfaktoren der wichtigste sei. Das Vergessen, so scheint es, macht die Erinnerung an die Kinder schöner. Und Lebenssinn ist mehr als die Summe aller Glücksmomente.

Elefantenfamilien

In deutschen Großstädten ist nur jede zweite Familie eine Kernfamilie. Und in französischen Großstädten sind es sogar gerade noch 30 Prozent. Die anderen Familien sind Familien mit allein erziehenden Müttern oder Vätern, Stieffamilien oder, stark vermehrt, zusammengesetzte Familien, so genannte »Patchworkfamilien«.

Diese Form der Familie ist nicht neu. Schon das Alte Testament kennt die Patchworkfamilie, in einem besonderen Fall sogar als Verpflichtung. Hinterlässt ein früh verstorbener Mann eine Familie, so zwingt die Levirathsehe dessen Bruder, diese Familie als seine eigene zu übernehmen. Alle Religionen und Mythologien sind Heimstätten von Patchworkern. Ob bei Zeus oder Wotan, an zusammengesetzten Familien besteht kein Mangel. Und was den Göttern billig, war auch den früheren Kulturen recht. Grimms Märchen beschäftigen sich so eingehend mit dem Patchworkthema, dass man die Dringlichkeit und Brisanz des Themas durch die Jahrhunderte erkennt. Hänsel und Gretel, Aschenputtel oder Schneewittchen sind Opfer von Patchworkfamilien, in allen drei Fällen bedingt durch den frühen Tod der leiblichen Mutter.

Die Gründe für die Vielzahl an Patchworkfamilien in heutiger Zeit haben sich gegenüber früher geändert. Die Struktur und die Probleme dagegen bleiben oft ähnlich. Juristisch gesehen ist die Kernfamilie noch immer das Maß aller Dinge. Doch die Akzeptanz der Patchworkfamilie in der Gesellschaft ist in den letzten Jahrzehnten rasant gestiegen. Zumindest in den Großstädten ist sie eine völlig normale Lebensform geworden. Kinder aus Patchworkfamilien sind keine Außenseiter mehr, sondern Teil eines weithin akzeptierten Lebensmodells.

Die Vor- und Nachteile von Patchworkfamilien für die Entwicklung der Kinder sind schwer zu untersuchen. Zu unterschiedlich erscheinen die Situationen, zu schlecht vergleichbar die Fälle. Es gibt gelingende und misslingende Patchworkfamilien, konfliktarme und konfliktreiche, nicht anders als bei den Kernfamilien auch. Trennungen der Eltern können Traumata bei den Kindern auslösen und/oder die Familiensituation entspannen. Und der neue Partner oder die neue Partnerin kann eine bessere Besetzung als der Erzeuger oder die Erzeugerin sein – oder auch eine schlechtere. Manchmal stehen Väter und Stiefväter zueinander in scharfer Konkurrenz, manchmal nicht. Manchmal integrieren sich die neu hinzugekommenen Kinder bestens, ein anderes Mal gibt es unausgesetzte Konflikte um Zuteilung, Zuständigkeit und Zuneigung. *Die* Patchworkfamilie gibt es nicht.

Es gibt Vermutungen, dass Kinder aus Patchworkfamilien leichter Fähigkeiten ausbilden, die Kindern aus Kernfamilien schwerer fallen. Dieser Unterschied ist vor allem deshalb bedeutsam, weil die Kernfamilien im Laufe der letzten Jahrzehnte immer kleiner wurden und oft zu Ein-Kind-Familien geschmolzen sind. Fertigkeiten wie teilen zu können, mit komplizierten sozialen Situationen umzugehen, zu helfen und zu vermitteln, Gefühle zu deuten, vorauszuschauen und die Interessen anderer abzuwägen, werden in Groß- und in Patchworkfamilien leichter trainiert als beim modernen Vater-Mutter-Kind-Modell. Aussagekräftige Langzeitbeobachtungen und umfangreiche Studien zu diesem Thema gibt es bislang allerdings nicht.

Für die romantische Liebe allerdings hat gerade die Patchworkfamilie einige unbestrittene Vorteile. Je mehr Trennungen heute gesellschaftlich akzeptiert sind und Ehen und Beziehungen halbwegs friedlich auseinandergehen, umso größer werden die Freiräume der Paare. Modelle, bei denen die Kinder ihre Wochenenden und Ferienzeiten mal beim leiblichen Vater und mal bei der leiblichen Mutter verbringen, dienen sowohl den romantischen Interessen der alten wie der neuen Partner. Mögen diese Freiräume auch nicht der Sinn und das Ziel des Patchworkmodells sein, so sind sie immerhin ein schönes Nebenprodukt, mithin also, wenn man so will, ein *Spandrel*.

Mit der Patchworkfamilie als Normalfall – möglicherweise sogar als zukünftig häufigster Familienform – ändert sich allerdings noch weit mehr. Nicht nur die getrennten Partner bleiben heute psychisch stärker gebunden, auch die Verwandtschaft, allen voran die Großeltern, treten wieder stärker auf die Bildfläche. Nie waren sie so wertvoll wie heute, möchte man meinen, jedenfalls gemessen an den letzten hundert Jahren. Wo alleinerziehende Mütter und Väter Kinder und Beruf miteinander vereinbaren müssen und Patchworkfamilien ihre vielfältigen Interessen arrangieren, erleben Oma und Opa Konjunktur: Sie springen ein, immer öfter, regelmäßig und unverzichtbar. Wenn der Rahmen der Kernfamilie zerbricht, schreibt Karl-Otto Hondrich, »übertragen wir einen anderen Teil in andere Rahmen, auf andere Personen. Es sind vielmehr Eltern, Geschwister, Großeltern, Tanten, Onkel, Cousins und Cousinen, Jugendfreunde, also altvertraute Personen.«[123] Friedrich Engels' »verknöcherte Verwandtschaft« wird wieder lebendig.

Die Beobachtung, dass ausgerechnet der Zerfall der Kernfamilien die traditionellen Familienbindungen stärkt, verläuft quer zu den Freund- und Feindlinien der Konservativen wie der Linken. Einerseits ist die »Mehrgenerationenfamilie« ein konservatives und bürgerliches Modell – die Familie *vor* der Kernfamilie. Wie früher ist sie eine wirtschaftliche Notgemeinschaft, geboren aus einem Mangel der Eltern und Alleinerziehenden an Zeit und Geld. Andererseits aber entsteht die Not heute aus anderen Motiven heraus: aus der Verbindung von Arbeits- und Haushaltsbiografie und aus den sehr modernen Interessenkonflikten der leiblichen Eltern. Die Großfamilien von heute, die auch Freunde mit einschließen, leben auch nur noch sehr selten unter einem Dach, sondern sie sind »multilokal«, an viele Orte verstreut – die moderne Verkehrstechnik macht es möglich.

William Hamilton, der, wir erinnern uns, die »Gesamtfitness« biologisch verwandter Individuen in den Blickpunkt der Theorie gerückt hatte, kann sich freuen. Heute sorgen Verwandte tatsächlich in einem Maße für den Reproduktionserfolg ihrer Angehörigen wie seit längerer Zeit nicht mehr. Eine verbindliche Regel erwächst daraus gleichwohl nicht. Eine ungeklärte Frage ist auch, wie sich die gegenwärtige Praxis in die Zukunft fortsetzen soll. Wenn es richtig ist, dass, wie Hondrich meint, die Bewegung nicht »von den traditionellen Bindungen und Zwängen zu den Wahlbindungen, sondern genau umgekehrt«[124] verläuft und die Herkunftsfamilie immer mehr Gewicht bekommt – was macht denn dann die nächste Generation, die ja in wachsender Zahl gar nicht mehr aus Kernfamilien stammt? Die »Herkunft« wird zu einer immer komplizierteren Angelegenheit. Mal sind weniger Großeltern und Tanten mit eingebunden, ein anderes Mal sind es mehr. Und die Zuständigkeiten verschwimmen. Die Brücke zu den Wurzeln, die Hondrich »Rückbindung« genannt hat, findet irgendwann immer schwerer ein festes Ufer.

Was ich mir in dieser Situation vorstellen könnte, wären Familienverbände, die einige Gemeinsamkeiten mit Elefanten haben. Elefanten leben in einer Herde, einem Großfamilienverband aus Müttern und Tanten, Großmüttern und Großtanten, Kindern und Enkeln. Leittier ist eine erfahrene ältere Kuh: Sie gibt der Herde Halt und Orientierung und vermittelt auch die vielfältigen Verhaltenscodes und »Werte«. Was bei all dem fehlt, sind die Männer. Etwa im Alter von zwölf Jahren geht etwas Gespenstisches mit einem Jungbullen vor. Wenn der Winter kommt, schießt eine Unmenge von Testosteron in sein Gehirn und vergiftet ihm die Sinne. Die Konzentration des Sexualhormons schwillt auf das 60-fache an. Ein schwarzes Sekret tritt aus den Schläfen- und Temporaldrüsen aus, der Rüsselansatz schwillt, der Bulle stinkt mörderisch nach Schweiß und Urin, und seine Penisvorhaut verfärbt sich ins Grünliche. *Musth* (Zustand der Vergiftung) nannten die Perser diese dämonische Wandlung bei ihren Kriegselefanten. In diesem Zustand ist der Bulle für die Herde untragbar. Von nun an streift er allein oder in Junggesellentrupps durch Wald und Savanne. Wenn er sich später der Herde nähert, dann nur noch, weil ein erneuter Testosteronschub ihn zur Paarung drängt. Doch nur abseits der anderen darf er sich einer Kuh nähern und sie begatten. Mit der Familie hat er für immer nichts mehr zu tun.

Elefanten sind keine Menschen. Und die Verwandtschaft endet mit der Tatsache, dass Elefanten und Menschen Säugetiere sind. Zwei Arten unter mehr als 5000. Der Verweis auf die Familienstruktur von Elefanten ist also alles andere als ein Vergleich im Sinne der evolutionären Psychologie. Was mich in unserer Menschengesellschaft in der westlichen Welt heute an Elefanten erinnert, ist nicht nur die schon vor mehr als einem Jahrzehnt beklagte »Vaterlose Gesellschaft«. Die Zahl der Väter, die ihrer Familie den Rücken kehren, ist auch heute hoch, aber seit den 1990er Jahren immerhin nicht weiter gestiegen. Und Männer, die in Junggesellenverbänden leben, geben diese meist nach ihrer Studentenschaft auf. Wichtiger an diesem Vergleich ist die neue Großfamilienstruktur. Noch sind unsere Herkunftsfamilien eng blutsverwandte Kleingruppen. Doch je mehr Patchworkfamilien heute zusammenwachsen, umso vielfältiger werden unsere Herkunftsherden – genetisch wie sozial. Und dass vor allem Frauen darin eine Schlüsselstellung einnehmen werden, würde mich nicht verwundern.

Ob diese Entwicklung so oder ähnlich eintreten wird, ist natürlich eine Spekulation. Ihre Wahrscheinlichkeit hängt nicht nur von einer psychologischen Dynamik in der Gesellschaft ab, sondern auch von der wirtschaftlichen. Je geringer der Reichtum, umso eingeschränkter unsere Wahlmöglichkeiten. Kälte und Hunger haben schon immer Körper und Seelen zusammengezogen. Und in Zeiten des wirtschaftlichen Niedergangs verringern sich auch die Selbstverwirklichungsphantasien. So gesehen ist in den Zeiten der Finanzkrise auch eine Renaissance traditioneller Familienmodelle nicht ganz unwahrscheinlich.

14. KAPITEL

Wirklichkeitssinn und Möglichkeitssinn Warum uns die Liebe so wichtig bleibt

And I may be obliged to defend
Every love, every ending
Or maybe I've a reason to believe
We all will be received
In Graceland

Paul Simon

Spencers Traum

»Man wird leicht begreifen, dass die Ausbildung der höheren intellectuellen Fähigkeiten mit dem socialen Fortschritt immer Hand in Hand gegangen ist, so gut wie Ursache und Folge.«[125] Je komplizierter die sozialen Zusammenhänge der Kultur, umso schlauer wird der Mensch. Und je schlauer der Mensch, umso komplizierter seine Kultur. Als der Wirtschaftsjournalist und Philosoph Herbert Spencer (1820–1903) dies schrieb, stand die Welt zu Beginn einer Revolution. Charles Darwin hatte soeben *Über die Entstehung der Arten* veröffentlicht. Und was Darwin 1859 in der Natur vorzufinden meinte, das übertrug Spencer auf die Gesellschaft: das Prinzip einer unaufhaltsamen Evolution, eines naturgegebenen sozialen Fortschritts. Von den Sternen über die Moose und Maulwürfe bis hin zum Menschen dränge alles zum Besseren und Vollkommenen – zur möglichst perfekten Harmonie.

Musste man nicht einfach nur die »Prinzipien« erkennen, die dieser kosmischen Entwicklung zugrunde liegen, um alles – und damit auch alles Menschliche – zu verstehen? Spencers Traum, die Analyse des Menschen von der Biologie über die Psychologie und Soziologie bis zur Ethik zu treiben, ist heute aktueller denn je zuvor. Er – und nicht Darwin – ist der Urvater der Soziobiologie und der evolutionären Psychologie. Der Gedanke allerdings, dass die Prinzipien und Werkstoffe des biologischen Kellerbaus sich auch im psychologischen Erdgeschoss, im ersten Stock der Soziologie und im moralischen Dachstuhl genauso wiederfinden lassen, ist heute passé. Von den Genen und Hormonen zu den Vertracktheiten heutiger Liebessehnsüchte, Geschlechterkonflikte und Familienprobleme führt kein direkter Weg. Und es bedarf schon einer gehörigen Portion Naivität und Unverfrorenheit im Angesicht der enorm gefüllten Bibliotheken der Psychologie, der Soziologie und der Philosophie, um ihre Einsichten auf die Ausformung biologisch-evolutionärer Prinzipien reduzieren zu wollen.

Neugierig habe ich in meinem Versuch über die Liebe den gleichen Stockwerkbau von der Biologie über die Psychologie zur Soziologie gemacht – allerdings in der Annahme, dass es sich bei jedem Geschoss um etwas Eigenes und Neues handelt. Gewiss könnte nichts davon existieren ohne das jeweils darunterliegende Stockwerk. Aber mit jedem neuen Stockwerk entstehen zugleich neue Schwierigkeiten und eigene Gesetzmäßigkeiten. Unsere Gene drängen uns zur Vermehrung. Unsere Lust drängt uns nach Lusterfüllung. Unsere Emotionen motivieren uns dazu, sie als Trieb oder als Liebesgefühle zu deuten. Unsere Liebesgefühle lösen liebevolle Gedanken aus. Unsere liebevollen Gedanken spinnen Vorstellungen und wecken Erwartungen. Doch bei all dem gilt: Die Logik unserer Gene ist nicht die Logik unserer Lust, die Logik unserer Lust ist nicht die Logik unserer Gefühle, die Logik unserer Gefühle ist nicht die Logik unseres Denkens, und die Logik unseres Denkens ist nicht die Logik unseres Handelns.

Die menschliche Evolution, wenn wir sie denn tatsächlich verstehen wollen, muss psychologisiert werden und nicht nur die Psyche naturalisiert. »Wo die Psychologie beginnt, hört die Monumentalität auf«, schrieb der 26-jährige Philosoph Georg Lukács 1911 in seinem Aufsatz *Die Seele und die Formen*. Denn »wo die Psychologie beginnt, da gibt es keine Taten mehr, nur noch Motive der Taten; und was der Gründe bedarf, was eine Begründung verträgt, das hat schon alle Festigkeit und Eindeutigkeit verloren. Mag auch unter Trümmerresten etwas übrig geblieben sein, die Flut der Gründe wäscht es unaufhaltsam hinweg.«[126]

Lukács dachte nicht an die evolutionären Psychologen, als er dies schrieb – es gab sie noch nicht. Auch ihre Vorgänger, die Sozialdarwinisten, waren nicht seine Gegner. Ihm ging es um die Frage, was sich über den Menschen überhaupt verbindlich *erzählen* lässt, was sich *festschreiben* lässt. Denn der Mensch ist so viel mehr, als die Summe seiner Taten verrät. Ein außerirdischer Verhaltensforscher, der unseren Alltag mit dem Fernrohr belauschte, würde unsere Art vermutlich für ziemlich langweilig halten: Wir schlafen, ziehen uns an, essen, gehen, sitzen, reden, ziehen uns wieder aus, haben gelegentlich Sex und schlafen wieder. Was uns zu dem macht, was wir sind, sind unsere Absichten, Motive, Wünsche, Antriebsfedern, unser Begehren, unsere Widersprüche, unsere Halbherzigkeiten, unsere Inkonsequenz, unsere Unentschiedenheit, unsere Abgründe. Und ohne all dies, so steht zu vermuten, ist auch unsere jüngere Evolution nicht zu begreifen und nicht die schnellen, irrationalen, launischen, unbeständigen Veränderungen unserer Liebes- und Sexualdynamik, die die Gesellschaft heute kennt.

Was die Liebe im Innersten zusammenhält, ist kein Naturgesetz. Was sie zusammenhält, ist ein Wort – der Begriff »Liebe«, ohne den, wie La Rochefoucauld meinte, die Menschen gar nicht auf die Idee kämen, sich zu verlieben. Der Begriff Liebe und unsere heutige romantische Vorstellung davon erzeugen nicht nur den Zuschnitt, sondern auch die *Legitimität*, uns in einen Menschen verlieben und ihn dauerhaft an uns binden zu wollen. Diese Legitimität ist notwendig und wichtig. Wie ich im 6. Kapitel vorgeschlagen habe, ist unser Bedürfnis nach geschlechtlicher Liebe kein Trieb und keine evolutionäre Notwendigkeit. Vielmehr ist es ein *Spandrel*, ein Nebenprodukt unserer emotionalen Intelligenz, ähnlich wie unsere Religiosität. Biologisch betrachtet ist zwar die Liebe der Mütter zu ihren Kindern sinnvoll, nicht aber die Liebe zwischen Mann und Frau – sie steht der Optimierung unserer Gene sogar störend entgegen.

Die Legitimität der geschlechtlichen Liebe innerhalb ihrer gesellschaftlichen Formen und Konventionen erlaubt es uns, den Verlust der hochintensiven Eltern-Kind-Bindung aufzufangen und unser Liebesbedürfnis auf gleichsam »unordentliche« Weise auf einen Geschlechtspartner zu projizieren. Das hat mehrere Folgen. Zum einen bleibt unsere kindliche und frühkindliche Liebeserfahrung ein Leben lang prägend für die »unordentlichen« Projektionen in den Partner unserer geschlechtlichen Liebe. Unsere »Liebeskarte« ist schon gedruckt, bevor wir zum ersten Mal einen Jungen oder ein Mädchen unseres Herzens küssen.

Die zweite Folge ist: Es gibt keine Neurochemie der geschlechtlichen Liebe, kein romantisches »Modul« im Gehirn. Da geschlechtliche Liebe allem Anschein nach weder biologisch notwendig noch sinnvoll ist, hat sich unser Gehirn auch nicht evolutionär daran angepasst. Die Chemie der körperlichen Lust, die Chemie der seelischen Erregung und die Chemie von Geborgenheit, Zuneigung und Vertrauen begegnen sich in unserem Gehirn nur flüchtig im Hausflur. Diese Erkenntnis durchzieht die Geschichte der abendländischen Kultur als »stummes Wissen« bis zum Beginn des bürgerlichen Zeitalters. Erst hier kommt es zum »universellen Experiment«, alles in allem haben zu wollen – die Erfindung der »Romantik«. Die Romantik bringt die ordentlich getrennten Bereiche Lust, Leidenschaft und Bindung auf unordentliche Weise zusammen – eine Quadratur unserer Hirnschaltkreise und *die* bio-psychologische Generalüberforderung der Moderne.

Sexualstimulationen und Bindungsstimulationen werden nicht nur kurzgeschlossen, dass die Funken sprühen, sondern die »romantische Liebe« avanciert zur allgemeinen legitimen Erwartungshaltung an einen geschlechtlichen Partner. Liebe, Verliebtheit und Sexualität – heute denken wir alles drei gerne als eine Einheit zusammen, so als wäre die romantische Liebe die Normalität und nicht die Ausnahme. Wir glauben daran wie in früheren Zeiten an den lieben Gott. Und noch immer träumen wir davon, diesen letzten verbliebenen heiligen Weg mit einer Familienkutsche zu befahren, ohne dass ihre Räder den erleuchteten Pfad aufwühlen und vermatschen.

In der Realität dagegen fliegt alles immer wieder auseinander: Für die Liebe im Sinne von *Bindung* und *Verständnis* mag es gut sein, wenn sich im Leben der Partner nicht allzu viel Grundlegendes ändert; für die Liebe als Anspruch auf *Anregung* und *Aufregung* ist nichts besser als eine Beziehung des Wechsels und der ständig neuen Anforderungen an den Partner. Der Partner in einer turbulenten Beziehung sehnt sich nach Konstanz. Der Partner in einer ruhigen Beziehung nach Abwechslung und Aufregung – jedenfalls soweit es ihm noch um »Liebe« geht und nicht nur um Partnerschaft. Beziehungen sind also entweder zu heikel oder zu langweilig – dazwischen soll das liegen, was man »wahre Liebe« nennt. Biologisch betrachtet wünschen wir uns dabei ein Konzert aus Violinen, E-Gitarren, Harfen und Pauken. Wir wollen die Stürme des Dopamins *und* die Ruhe des Serotonins. Wir wollen die leise Melodie oxytocinaler Geborgenheit und den Trommelwirbel des Phenylethylamins.

So weit der Traum. In unserem Alltagsleben wissen wir, dass

das Leben kein Wunschkonzert ist. Mehr und mehr Menschen verhalten sich dazu auf die bekannte, unserer Zeit entsprechende Weise. Wenn Anspruch und Realität nicht zusammenpassen, entflechten wir unser Bedürfnis nach Funktionen und betreiben neurochemische und psychologische Arbeitsteilung: Wir kochen zuhause, flirten im Internet, suchen uns spezielle Sexpartner und spüren Zuneigung und Geborgenheit bei unseren besten Freunden. Ohne uns dessen bewusst zu sein wandert unser Verhalten wieder zurück in die Zeit vor der Romantik: Sex und Bindung driften auseinander. Der Gefährte vom schönen Fleisch sorgt für die Lust; die Gefährten im Geiste stiften und nähren die Bindung.

In all dem unterstützen uns Wohlstand und Freizeit. Sie ermöglichen, dass wir heute nicht mehr erwachsen zu werden brauchen – erwachsen im Sinne von ausgewachsen und fertig. Wer vom unmittelbaren Selektionsdruck einer rauen Umwelt verschont ist, wer nicht Hunger, Kälte, Krieg und Not zu fürchten hat, der kann es sich leisten, auf der Suche zu bleiben; auf der Suche sogar nach romantischer Verschmelzung, sofern die körperliche nicht mehr der Fortpflanzung dient.

Wenn es richtig ist, dass, wie der französische Mediziner Emil Devaux in den 1920er Jahren erkannte, der Mensch deshalb so lange lernfähig bleibt, weil sich ein erheblicher Teil seines Gehirns erst *nach* der Geburt ausprägt, so gilt Gleiches auch für seine Kultur. »Neotenie« nannte Devaux das späte Gehirnwachstum, das unsere Intelligenz befeuert. In Anlehnung daran möchte ich von »kultureller Neotenie« sprechen, der verlangsamten Ausreifung des Menschen aufgrund von Wohlstand und Freizeit. Kulturelle Neotenie wäre die Chance (oder der Fluch), dass wir in unseren modernen Gesellschaften ein Leben lang nicht mehr ausreifen. Und so wie der neugeborene Mensch hilflos erscheint gegenüber jedem Affenkind, so hilflos sind wir in unserer kulturellen Neotenie verglichen mit den vermutlich instinktsicheren Reifungsprozessen unserer Vorfahren.

Das Wort Midlife-Crisis ist heute nahezu ausgestorben. Der Grund: Die Menschen in der westlichen Welt leben heute in der permanenten Midlife-Crisis. Sie beginnt spätestens mit Mitte zwanzig und hört nicht mehr auf. Wir kommen heute immer schneller in die gefühlte Lebens-Mitte und bleiben viel länger drin. Ernährung, Medizin und Medien sorgen heute dafür, dass die Jugendlichen in den Wohlstandsstaaten in atemberaubendem Tempo heranreifen. Und alle wollen zwar möglichst lange leben, allerdings ohne alt zu sein. Leibesertüchtigungen und Leibesverschönerungen, Meditation und gesunde Ernährung sollen uns davor bewahren. Wir wollen ewig suchen, ohne anzukommen. Das macht Spaß, ist aber auch anstrengend.

Im Rahmen solch kulturell neotener Lebensentwürfe wird selbst die romantische Idee der Kernfamilie zum Übergangsstadium. Auch wenn sie überraschend stabil sein sollte, so ist sie dennoch kein Lebensprojekt mehr. Obwohl wir im Schnitt immer später damit anfangen, eine Familie zu gründen, so wird die Zeit, nachdem die Kinder aus dem Haus sind, im Verhältnis gleichwohl länger als die Verschiebung am Anfang. Das Durchschnittsalter der Menschen in Westeuropa liegt heute bei Mitte siebzig. In 30, 40 Jahren könnte es bei Mitte neunzig liegen oder sogar noch höher. Wenn dann die Kinder aus dem Haus sind, befindet man sich möglicherweise ganz real in der Lebensmitte. Die Folgen sind schon jetzt vorgezeichnet. Nicht nur Männer, sondern auch Frauen büßen ihr sexuelles Interesse auch dann nicht ein, wenn die Fortpflanzung kein Thema mehr ist. Die emotionale Dynamik der Frauen entspricht dann nicht mehr ihrer biologischen Dynamik.

Umgangsformen mit einem unordentlichen Gefühl

Kein Tier, vermutet der niederländische Verhaltensforscher Frans de Waal, wird so sehr »von inneren Konflikten geplagt« wie der Mensch.[127] Was seine Liebesgefühle anbelangt, so idealisierte die Romantik die Verschmelzung mit dem Partner auf eine so totale Weise, dass dem Leben kaum noch Luft bleibt. Kein Wunder, dass dieser ekstatische Moment ursprünglich auch nur als Momentaufnahme gedacht war. Wenn er Leben gewann, dann nur als Fiktion in der Literatur. Das 19. Jahrhundert übertrug diesen Gedanken vereinzelt und zaghaft in die Realität. Und erst das 20. Jahrhundert machte daraus eine allgemeine Erwartungshaltung an die Liebesbeziehung. Die heutigen unordentlichen Konflikte zwischen Frau und Mann – Treue und Untreue, Individualisierung und Rückbindung, Selbstverwirklichung und Familie – sind ihre Folge. Solche »Wahrheitsspiele« hatten in den Jahrhunderten zuvor keinen Raum, denn ihre Ansprüche waren nicht legitim.

All dies zeigt, wie gefährdet heutige Liebesbeziehungen sind – gefährdet, nicht unmöglich. Wie Eva Illouz beschreibt, hat vor allem die Mittelschicht und die obere Mittelschicht die besten Karten, um ihre Romantik auch tatsächlich zu leben, »weil sie über die notwendigen ökonomischen und kulturellen Voraussetzungen verfügen; die moderne Liebespraxis ist auf deren soziale Identität im Allgemeinen und auf die Arbeitsidentität im Besonderen abgestimmt. Das heißt die Wohlhabenden haben problemlosen Zugang zu ihren utopischen Bedeutungen, gleichwohl kein gefestigtes Wert- und Identitätsgefühl in der romantischen Liebe.«[128]

Der Mangel an Wert- und Identitätsgefühl in den heutigen Mittelschichten ist keine Folge von übertriebenem Egoismus und ungezügelter Sexualmoral. In einer Angebotsgesellschaft, die neben der Chance auch den Zwang zur Individualisierung mit sich bringt, explodieren die Werte geradezu. Nicht Wertemangel, sondern ein Zuviel an Werten sorgt heute allerorten für Orientierungsverlust. Im Strauchdickicht zwischen »echtem« Gefühl und gekauften Waren, zwischen Wohlstands- und Herzensromantik geht man leicht verloren. Mitunter ist der Karibik-Urlaub auch ohne Partner romantisch; der Partner ohne Karibik allerdings nicht mehr.

Wir haben nicht weniger Werte als früher, sondern mehr. Glück in der Beziehung ist unsere Sehnsucht. Und Glück ohne Beziehung ist der Fluchtpunkt. Eine Beziehung ohne Glück aber ist keine Lösung. Unsere Ansprüche haben längst alle früheren Ansprüche verblassen lassen. Auf den Balzplätzen der Individuen punktet Besonderheit heute mehr als Verlässlichkeit. Und jede Individualitätsgeste erhöht den Wert eines begehrten Partners. Wer will noch einen Partner »von der Stange«, der durch nichts auffällt? Wie Könige und Hollywood-Stars schaffen sich vor allem die Jüngeren unter uns Zugewinne an Bedeutsamkeit durch die Partnerwahl, für uns – und noch mal für uns, durch den Blick der anderen.

Das Paradoxe an dieser Situation ist: Was wir *von* der Liebe wollen und was wir *in* der Liebe wollen, passt kaum noch zusammen. Von der Liebe wollen wir Halt und Bindung, in der Liebe Freiheit und Aufregung. In unseren Gehirnen tummeln sich die Phantasien und wechseln unausgesetzt den Sitzplatz zwischen Realität und Fiktion.

Negativ gesehen sind wir unzuverlässig geworden, unberechenbar für uns selbst und für den anderen. Kein Sternberg'sches Drehbuch legt unsere Rolle heute noch eindeutig und auf die Dauer verbindlich fest. Mit einem neuen Partner wechseln wir unter Umständen auch mal das Charakterfach. Und wir kennen die Klischees, unsere eigenen und die der anderen. Die Liebeswaren-Industrie hat alle Winkel unserer Psyche abgesucht nach romantischen Produkten – in Film und Fernsehen und in der Werbung auf jeder Pralinenschachtel. Was wir für unsere Phantasien halten, sind nicht nur unsere.

Positiv betrachtet sind wir durch nichts mehr so leicht zu schockieren. Nicht nur in der Sexualität ist uns – zumindest theoretisch – wenig fremd geblieben. Auch die Geschlechterkonflikte treffen uns nicht mehr unvorbereitet. Unsere Kinder kennen diese Konflikte aus Vorabendserien, lange bevor sie selbst zum ersten Mal welche haben. Was ehemals schockierte, überraschte, verstörte, ist heute allseits bekannt. Das psychologische Maß wächst mit der Gewöhnung. Der junge Goethe, der vor dem Straßburger Münster in Tränen der Bewunderung ausbrach, ist den Kaugummi kauenden Schulklassen von heute ein verirrter Spinner. Und den Philosophen Walter Benjamin, den die Berliner S-Bahn-Züge der 1920er Jahre bei Tempo 40 so sehr in einen Geschwindigkeitsrausch versetzten, dass er um seinen Verstand fürchtete, möchte man sich nicht auf einem heutigen Kirmes-*Booster* vorstellen.

Romantische Liebe ist heute eine viel bewusstere Angelegenheit, als sie es je war. Sie überkommt einen nicht mehr, man kennt sie lange bevor sie sich einem nähert. Und man kennt auch die Fallstricke, die der Romantik so leicht den Garaus machen. Mut gegenüber dem Gefühl und Vorsicht gegenüber seinen alltäglichen Bedrohungen sind der Liebe häufig von Anfang an eingezeichnet. Ihre persönlichen Wahrheitsspiele mögen jedes Mal neu sein; ihre Muster kennen wir längst. Erwartungen und Erwartungserwartungen werden nicht weniger enttäuscht als früher, und der Schmerz, den diese Enttäuschungen auslösen, ist nicht viel kleiner geworden. Gleichwohl überrascht es uns nicht mehr so sehr. Wenn wir im passenden Alter sind, sehnen wir uns nach einer intakten Kernfamilie; aber es kann uns nicht im Ernst völlig verwundern, dass auch wir das nicht hinbekommen haben.

Gewiss: Je diffuser die Rollenaufteilung in den Paarbeziehungen und Familien heute ist, umso größer ist das Potential möglicher Konflikte. Ebenso gewiss aber ist, dass eine durchschnittliche Beziehung oder Ehe noch nie so gut über die Bedürfnisse des Gegenübers aufgeklärt war wie heute. Was meine Großeltern niemals ansprachen, fordern wir heute ein, Männer wie Frauen. Wurde früher über die Liebe vor allem gesungen und geschrieben, so müssen sich die Ehepartner darüber heute tatsächlich unterhalten. Auch wenn der eine, oder auch mal die eine, sich damit noch immer schwertut.

Ein Ausblick? Wir sind heute gut informiert über die Umstände und Folgen der Liebe. Aber wir sind noch immer nicht gut informiert über die Umstände und Folgen dieser Information. Was wird aus einer Liebe, die so viel von sich weiß? Ist sie noch in Reinform genießbar, oder müssen wir ihr stets einen Schuss Ironie beimischen? Die moderne Welt hat sich vom religiösen Sinn nahezu befreit. Seligkeit, Jenseits im Diesseits, paradiesische Zustände müssen selbst hergestellt werden – von Menschen, die dies als selbst gemacht durchschauen. Begünstigt wurden und werden sie dabei von den paradiesnahen Umständen von Wohlstand und Freizeit. Ihre Dauer in der westlichen Welt jedoch ist kein Naturgesetz. Das Experiment der kulturellen Neotenie mit ihrer fortschreitenden Selbstvergewisserung der Menschen muss nicht unbegrenzt weitergehen. Als die Demokratie in Athen ihren Höhepunkt erreichte und Philosophen die Selbstaufklärung des Menschen erfanden, brach ihre Kultur in wenigen Jahrzehnten zusammen.

Das viereckige Krokodil

Dieses Buch hat mit vielen Tieren begonnen, und es soll auch mit Tieren enden. »Wenn er beim Menschen nicht weiterweiß, dann erzählt er immer etwas über seltsame Tiere«, pflegt mein Stiefsohn David über mich zu sagen. Auch wenn ich in diesem Buch versucht habe, die eiligen Tiervergleiche der evolutionären Psychologen nach Kräften zu entzaubern, so soll es denn diesmal tatsächlich so sein, wie er sagt. In Alexander Kluges Film *Die Artisten unter der Zirkuskuppel: ratlos* aus dem Jahr 1967 gibt es eine schöne kleine Geschichte: Ein Mann kauft ein Krokodil und dazu ein Aquarium. Das Krokodil ist klein und das Aquarium auch. Der Verkäufer warnt den neuen Besitzer, dass das Krokodil sehr schnell wächst. Schon bald würde das Aquarium zu klein für das Tier sein. Der neue Besitzer des Krokodils aber zieht es vor, den Rat zu ignorieren. Das Krokodil wächst, aber seine Behausung bleibt unverändert klein und beengt. Irgendwann ist das Krokodil ganz und gar in das Aquarium hineingewachsen. Es hat sich angepasst und ist komplett viereckig geworden.

Ich weiß nicht, wie es Ihnen geht, aber mich erinnert diese Geschichte an eine Liebesbeziehung. Man gibt ihr einen Rahmen, in dem sie gedeihen kann. Sie wächst und entfaltet sich, wird vielschichtiger und komplizierter. Aber zumeist wächst der Rahmen nicht mit. Dann entspricht so vieles nicht mehr den ursprünglichen Vorstellungen, und man macht sich wechselseitig Vorwürfe. Doch wer hat hier eigentlich enttäuscht: das Krokodil oder das Aquarium?

Gewiss, wird man im Nachhinein sagen, war das Krokodil das falsche Tier für seine Behausung. Oder aber die Behausung war eben die falsche für das Tier. Doch auch die modernsten »Psychotope«, wie die Tiergärtner ihre aus naturidentischen Baustoffen gestalteten Zooanlagen nennen, gewährleisten keine dauerhaft glücklichen Krokodile. Und kein Rahmen garantiert auch uns Menschen eine dauerhaft stabile Befindlichkeit und Intimität – auch nicht die humanen Psychotope der neuzeitlichen Seele, die Menschen für artgerecht halten: Erlebnisräume zwischen Ikea-Regal und Designersofa, Zeitungsständer und Dunstabzugshaube, Reihenhauskolonien und Wohntürmen, die Freiganggehegen der Erlebnisgastronomie und Fastfoodketten, Fun-Parks und Stadtwäldern, Disneylandschaufenstern und Spaßtempeln.

Wissen wir denn überhaupt selbst, was wir wollen, was tatsächlich gut für uns ist? Und suchen wir tatsächlich, wenn wir uns parfümieren und stylen und tummeln in den modernen Korallenriffen des Nachtlebens mit ihren Clownsfischen und Paradiesbarschen, Netzmuränen und Hammerhaien, nicht etwa nach uns selbst, sondern, wie Umberto Galimberti es sich wünscht, »nach jenem anderen, der imstande wäre, unsere Autonomie zu durchbrechen, unsere Identität zu verändern und sie in ihren Abwehrmechanismen zu erschüttern«?[129]

Die Antwort ist zweischneidig und widersprüchlich. Das Tier mit dem seltsamsten Sexual- und Gemütsleben, von dem in diesem Buch die Rede war, sucht zumeist alles und von allem das Gegenteil. Geborgenheit und Fremdheit, Nähe und Distanz, Aufregung und Beruhigung, Stärke und Schwäche, Erschütterung und Bestätigung. Ein grundsätzlicher Vorrang der Erschütterung vor der Bestätigung ist philosophisches Wunschdenken. Umgekehrt ist es wahrscheinlicher. Und mein Veränderungs*wille* ist ebenso leicht zu überschätzen wie meine langfristige Veränderungs*fähigkeit*. Maximal 20 Prozent meiner Persönlichkeit, vermuten viele Hirnforscher, stehen als Erwachsener noch auf dem Spiel. In dieser Situation ist Galimbertis totalitäre Forderung nach *»bedingungsloser Auslieferung* an das Andersartige«[130] ebenso eine Überforderung wie der wohlmeinende Innerlichkeitsterrorismus jener Therapeuten, die ihre Patienten zur Selbstlosigkeit erziehen möchten.

Eingekeilt zwischen dem kompromisslosen »Prinzip Eigennutz« der Radikalbiologen und den gesinnungspolizeilichen Altruismusgeboten der Therapeuten und Lebensphilosophen, bedarf das seltsamste aller Tiere heute keines weiteren Vergleichs mehr mit Würgervögeln, Gladiatorenfröschen oder Präriewühlmäusen. Seine Liebe gilt sicher dem von den evolutionären Psychologen verkündeten »Erwerb von Ressourcen« – aber diese Ressourcen sind nicht nur Gene, Geld und Macht. Es ist unser ganz persönlicher psychischer Möglichkeitssinn, der durch einen anderen Menschen inspiriert wird. Wer sich auf einen anderen Menschen einlässt, wer sich ihm seelisch »hingibt«, der erweitertet seinen Horizont und ersetzt seinen Wirklichkeitssinn durch Möglichkeitssinn. Es ist ein Sinn für die vielen alternativen Möglichkeiten, wie man fühlen, sehen, denken und leben kann. Er geht weit über die biologischen »Ressourcen« hinaus. Was ist eine gut gefüllte Speisekammer gegen einen faszinierenden Geist, eine verführerische Musikalität, einen betörenden Charme oder umwerfenden Witz?

Wenn wir uns verlieben, öffnen wir den Sinn für unsere Möglichkeiten: Unsere Motive werden stärker, unsere Wünsche sehnlicher, unser Begehren heißer. Wenn wir länger zusammen sind und unsere Verliebtheit in Liebe übergeht, wird aus dem Fernhorizont ein Möglichkeitssinn im Nahbereich. Wir wollen keine Berge mehr versetzen, sondern Vertrautheit spüren, und viele kleinere Aufregungen statt unendlicher großer tun es auch.

Unser Wirklichkeitssinn und unser Möglichkeitssinn spielen untrennbar zusammen. Diese Dynamik bestimmt unsere Leben, zerreißt es, versöhnt es und zerreißt es wieder. Spencers Traum, dass die Natur der Welt und die Natur des Menschen zur Harmonie drängten, zur dauerhaften Versöhnung aller Komponenten, ist eine Illusion. Für ein dauerhaftes konstantes Glück ist der Mensch nicht geschaffen, nur für den Traum von diesem Glück. Nichts spricht dafür, und alle Erfahrung dagegen, dass die Gehirne unserer Vorfahren mit ihrer komplizierten Chemie jemals nach dem Kriterium der Glücksfähigkeit »optimiert« wurden. Keine Anpassung an die Umwelt erforderte den Zustand dauerhaften Glücks. Und kein permanentes Glücks-*Spandrel* sprang irrtümlich dabei heraus. Im Gegenteil: Das Leben baut nichts auf, wozu es nicht die Steine woanders herholt. Mit unserem Gehirn ist es nicht anders: Jede starke Stimmung provoziert ihre Gegenstimmung. In unserem Leben bekommt alles seinen Wert aus diesem Gegensatz: keine Verschmelzungsgefühle ohne das

Gefühl der Einsamkeit; keine Romantik ohne das Wissen um die Routine und das Profane; keine Lebensfreude ohne das Wissen um Leid und Trauer; keine Seligkeit ohne Sterblichkeit.

Wenn nichts schiefgehen kann, geht auch nichts gut. Die Liebe als größte unserer Sehnsüchte weiß das sehr gut: Sie ist das Unwahrscheinliche, das Besondere, das Zerbrechliche, das Bedrohte. Nimmt man all dies von ihr fort, so wird sie schnell langweilig. Selbstverständlich geliebt zu werden, ist ein erhebendes Gefühl – weil es nicht selbstverständlich ist.

Angelächelt werden im Boot

Weil es nicht selbstverständlich ist …

Die Hand meiner Frau umfasst schon den Türrahmen. Vor dem Fenster ist Sonntagabend. Ein Abend mit Goldrand. Wolken am Winterhimmel – ein Stück Antarktis auf dem Weg nach Hause. Meine Frau lächelt, wir wollen essen gehen. Ich komme zum Ende. Was soll ich noch sagen?

Für die einen ist die Liebe durch keinen Konsum erreichbar, durch keine Kommunikationsstrategie zu gewinnen und zu retten. Sie ist tragisch bis ins Mark, ein ewiges Paradox, eine nie erreichbare Sehnsucht: »Die Süßigkeit der Trauer und der Liebe. Von ihr angelächelt werden im Boot. Das war das Allerschönste. Immer nur das Verlangen zu sterben und das Sich-noch-Halten, das allein ist Liebe«, hatte der 30-jährige Franz Kafka am 22. Oktober 1913 auf einer Reise in den Süden nach der Begegnung mit einer jungen Schweizerin in sein Tagebuch geschrieben.[131]

Für andere dagegen ist alles so viel einfacher. Denn wie Sie ja längst aus den Ratgebern wissen, ist es mit dem Lieben im Grunde ganz leicht: Schenken Sie Ihrem Partner mehr Anerkennung, versichern Sie sich öfter Ihrer Liebe, gehen Sie beim Streit nicht unter die Gürtellinie, variieren Sie hin und wieder die Stellung, hüten Sie sich vor Pauschalangriffen, vermeiden Sie die Worte »immer« und »jedes Mal«, erleben Sie gemeinsam regelmäßig ein kleines Abenteuer und – ach ja, bringen Sie Ihrer Frau ab und zu ein paar Blumen mit ... Und worüber man nicht reden kann in der Liebe – darüber muss man schweigen.

Literaturverzeichnis

Ein dunkles Vermächtnis
Was Liebe mit Biologie zu tun hat

Die SPIEGEL-Titelgeschichte: *Der liebende Affe,* in DER SPIEGEL, Nr. 9, 28.2.2005. David Buss' Lehrbuch trägt den Titel: *Evolutionäre Psychologie,* 2., aktualisierte Auflage, Pearson Studium 2004. Michael Ghiselin prägte den Begriff »Evolutionäre Psychologie« in: *Darwin and Evolutionary Psychology,* Science 179, 1973, S. 964–968. Darwins Buch *Die Abstammung des Menschen* (1871) ist erhältlich bei Fourier, 2. Aufl. 1992. Edward O. Wilson prägte den Begriff »Soziobiologie« in: *Sociobiology. The New Synthesis,* Harvard University Press 1975. Die Erfolgsbücher von Desmond Morris sind *Der nackte Affe,* Droemer Knaur 1968 und *Der Menschen-Zoo,* Droemer Knaur 1969. Als Prototyp für die gegenwärtige evolutionäre Psychologie steht wiederholt: William F. Allman: *Mammutjäger in der Metro. Wie das Erbe der Evolution unser Denken und Verhalten prägt,* SPEKTRUM 1999. Zu den Grenzen der Paläoanthropologie siehe einen ihrer renommiertesten Vertreter: Richard Leakey: *Die ersten Spuren. Über den Ursprung des Menschen,* C. Bertelsmann 1997. Frühe soziobiologische Betrachtungen des Menschen finden sich im deutschsprachigen Raum bei: Herbert W. Franke: *Der Mensch stammt doch vom Affen ab. Übereinstimmungen im tierischen und menschlichen Verhalten,* Kindler 1966; Hans Hass: *Wir Menschen. Das Geheimnis unseres Verhaltens,* Molden 1968; Erich von Holst: *Zur Verhaltensphysiologie bei Tieren und Menschen,* Bd. I und II, Piper 1969; Otto Koenig: *Kultur und Verhaltensforschung. Einführung in die Kulturethologie,* DTV 1970; Wolfgang Wickler: *Sind wir Sünder? Naturgesetze der Ehe,* Droemer 1969; ders.: *Die Biologie der zehn Gebote,*

Piper 1971; ders. *Verhalten und Umwelt,* Hoffmann und Campe 1972; Irenäus Eibl-Eibesfeldt: *Der vorprogrammierte Mensch. Das Ererbte als bestimmender Faktor im menschlichen Verhalten,* DTV 1976. Angeführt werden weiterhin: Konrad Lorenz: *Die Rückseite des Spiegels. Versuch einer Naturgeschichte des menschlichen Erkennens,* Piper 1973; Julian Huxley: *Ich sehe den künftigen Menschen. Natur und neuer Humanismus,* List 1965. Das Zitat von Friedrich Engels stammt aus ders.: *Der Ursprung der Familie, des Privateigentums und des Staats,* in: Karl Marx / Friedrich Engels: Werke, Band 21, Dietz Verlag 1962, S. 36–84. Den Begriff »reziproker Altruismus« prägte Robert Trivers: *The evolution of reciprocal altruism,* in: Quarterly Review of Biology. 46, 1971, S. 35–57. Frans de Waals kluge Bemerkungen über die Schwierigkeit, aus dem Verhalten von Menschenaffen die menschliche Natur zu erkennen, stehen in: *Der Affe in uns. Warum wir sind, wie wir sind,* Hanser 2005. Das angeführte Buch von Jerome H. Barkow, John Tooby und Leda Cosmides (Hrsg.) heißt: *The Adapted Mind: Evolutionary Psychology and The Generation of Culture,* Oxford University Press, Oxford, 1992. Zur »seriellen Monogamie« als natürlichem Verhalten des Menschen siehe: Helen Fisher: *Anatomie der Liebe. Warum Paare sich finden, binden und auseinandergehen,* Droemer Knaur 1993.

Ökonomischer Sex?
Warum Gene nicht egoistisch sind

Über die Unberechenbarkeit der Evolution: Jacques Monod: *Zufall und Notwendigkeit,* DTV, 2. Aufl, 1975. Die wichtigsten Schriften von William Hamilton sind: *The moulding of senescence by natural selection,* in: Journal of Theoretical Biology 12, 1966, S. 12–45; *Selfish and spiteful behaviour in an evolutionary model,* in: Nature 228, 1970, S. 1218–1220; *The geometry of the selfish herd,* in: Journal of Theoretical Biology 31, 1971, S. 295–311; *Altruism and related phenomena, mainly in social insects,* in: Annual Review of Ecology and Systematics 3, 1972, S. 193–232; *Sex versus non-sex versus parasite,* in: Oikos 35, 1980: 282–290; *Narrow Roads in Gene Land,* Bd. 1, Oxford University Press 1996; *Narrow Roads in Gene Land,* Bd.2, Oxford University Press 2002. Von Richard Dawkins Werken seien angeführt: *Das egoistische Gen* (1976), Spektrum 2007; *Der blinde Uhrmacher: warum die Erkenntnisse der Evolutionstheorie beweisen, dass das Universum nicht durch Design entstanden ist* (1986), DTV 2008: *Und es entsprang ein*

Fluß in Eden (1995), Goldmann 2000; *Gipfel des Unwahrscheinlichen. Wunder der Evolution* (1996), Rowohlt 2008; *Der entzauberte Regenbogen* (1998), Rowohlt 2008; *Geschichten vom Ursprung des Lebens (2004)*, Ullstein 2008, *Der Gotteswahn* (2006), Ullstein 2007. Gegen die Theorie des egoistischen Gens argumentieren die Bücher von Richard Lewontin: *The Genetic Basis of Evolutionary Change*, Columbia University Press 1974; *Menschen. Genetische, kulturelle und soziale Gemeinsamkeiten* (1982), Spektrum 1986; (mit Steven Rose und Leon J. Kamin) *Die Gene sind es nicht … Biologie, Ideologie und menschliche Natur* (1984), Beltz 1999; (mit Richard Levins) *The Dialectical Biologist*, Harvard University Press 1987; *Biology as Ideology: The Doctrine of DNA*, Harper 1993; *Die Dreifachhelix: Gen, Organismus und Umfeld* (2000), Springer 2002. Von den zahlreichen Werken von Stephen Jay Gould seien genannt: *Der Daumen des Panda. Betrachtungen zur Naturgeschichte* (1980), Suhrkamp 1989; (mit Elisabeth Vrba) *Exaptation. A missing Term in the Science of Form*, in: Paleobiology, 8, Nr. 1; S. 4–15; *Wie das Zebra zu seinen Streifen kommt* (1983), 2. Aufl. Suhrkamp 2008; *Das Lächeln des Flamingos. Betrachtungen zur Naturgeschichte* (1985), 2. Aufl. 2009; *Bravo, Brontosaurus. Die verschlungenen Wege der Naturgeschichte* (1991), Hoffmann und Campe 1994; *Ein Dinosaurier im Heuhaufen. Streifzüge durch die Naturgeschichte* (1995), Fischer 2002; *Illusion Fortschritt. Die vielfältigen Wege der Evolution* (1996), 2. Aufl. Fischer 2004; *The Structure of Evolutionary Theory*, Harvard University Press 2002. Darwins Hauptwerk ist erhältlich als: *Über die Entstehung der Arten durch natürliche Zuchtwahl* (1859), Wissenschaftliche Buchgesellschaft 1992. Das Zitat von Karl Marx über Darwin ist zitiert nach: Adrian Desmond und James Moore: *Darwin*, List 2. Aufl. 1995; Zu Robert Trivers' Bio-Ökonomie siehe: *Social Evolution*, Benjamin/Cummings 1985; *Natural Selection and Social Theory: Selected Papers of Robert Trivers (Evolution and Cognition)* Oxford University Press 2002; (mit Austin Burt): *Genes in Conflict: The Biology of Selfish Genetic Elements*, Harvard Universitiy Press 2008.

Betuchte Würger, standhafte Kröten
Was Frauen und Männer angeblich wollen

Über das tatsächliche Brutverhalten des Grauen Würgers berichten Piotr Tryjanowski und Martin Hromada: *Breeding biology of the Great Grey Shrike Lanius excubitor in W Poland*, in: Acta Ornithologica. 39, 2004,

S. 9–14; dies.: *Research activity induces change in nest position of the Great Grey Shrike Lanius excubitor,* in: Ornis Fennica 82, 2005, S. 20–25; dies.: *More secluded places for extra-pair copulations in the Great Grey Shrike Lanius excubitor,* in: Behaviour 144, 2007, S. 23–31. Der wichtigste Vertreter der Adaptionstheorie, wonach alles in der Natur seinen Zweck haben soll, ist George C. Williams: *Adaptation and Natural Selection,* Princeton University Press 1966. Siehe auch ders.: *Sex and Evolution.* Princeton University Press 1975; ders.: *Natural Selection: Domains, Levels, and Challenges,* Oxford University Press 1992; ders. und Randolph M. Nesse: *Warum wir krank werden* (1995), C.H. Beck 1997; *Das Schimmern des Ponyfisches. Plan und Zweck in der Natur* (1997), Spektrum 2001. Weitere Hauptwerke der evolutionären Psychologie neben den in den Kapiteln zuvor schon genannten sind: Steven Pinker: *Wie das Denken im Kopf entsteht* (1999), Kindler 2002; ders.: *Das unbeschriebene Blatt. Die moderne Leugnung der menschlichen Natur* (2002), Berlin Verlag 2003; Susan Pinker: *The Sexual Paradox: Men, Women and the Real Gender Gap,* Scribner 2008. Eine einfache Erklärung der Liebe auf der Grundlage von evolutionärer Psychologie und Biochemie versucht Bas Kast: *Die Liebe und wie sich Leidenschaft erklärt,* Fischer 2006. Zur Kritik an der evolutionären Psychologie siehe dagegen Philipp Kitcher: *Vaulting Ambition: Sociobiology and the Quest for Human Nature,* Cambridge University Press 1985; Gerald Hüther: *Die Evolution der Liebe. Was Darwin bereits ahnte und die Darwinisten nicht wahrhaben wollen* (1999), 4.Aufl. 2007; John Dupré: *Darwins Vermächtnis. Die Bedeutung der Evolution für die Gegenwart des Menschen* (2003), Suhrkamp 2005; David J. Buller: *Adapting Minds. Evolutionary Psychology and the Persistent Quest for Human Nature,* MIT Press 2005; An den »Krieg der Spermien« glaubt Robin Baker: *Krieg der Spermien. Weshalb wir lieben und leiden, uns verbinden, trennen und betrügen* (1996), Limes 1997; ders.: *Sex im 21. Jahrhundert. Der Urtrieb und die moderne Technik* (1999), Limes 2000. Eine Zoologie der menschlichen Sexualität entwirft Jared Diamond: *Warum macht Sex Spaß? Die Evolution der menschlichen Sexualität* (1997), C. Bertelsmann 1998. Die Ergebnisse von David Buss' Studie finden sich in: *Sex differences in human mate preferences: Evolutionary hypothesis testing in 37 cultures,* in: Behavioral and Brain Sciences 12, 1989, S. 1–49. Ausführlich dargestellt auch in ders.: *Die Evolution des Begehrens. Geheimnisse der Partnerwahl* (1994), 2. Aufl. Goldmann 2000. Zur Ego-Theorie des Mannes: Ben Greenstein: *The Fragile Male, The Decline of a Redundant Species,*

Boxtree 1993. Victor Johnstons Theorie von der Attraktivität der Testosteron-Gesichter findet sich das erste Mal in: ders. und andere: *Male facial attractiveness: evidence for hormone-mediated adaptive design,* in: Evolution & Human Behavior, 22, 2001, S. 417–429. Die zitierte Studie in: ders. und Pamela S. Scarbrough: *Individual differences in women's facial preferences as a function of digit ratio and mental rotation ability,* in Evolution & Human Behavior, 26, 2005, S. 509–526. Die Gegenthese von der höheren Attraktivität starker androgyner Gesichter formulieren Lynda Boothroyd und David Perett: *Partner characteristics associated with masculinity, health and maturity in male faces, in: Personality and Individual Differences* 43, 2007, S. 1161–1173. Die Symmetrie-Thesen von Randy Thornhill finden sich in: ders. *The allure of symmetry.* Natural History 102, 1993, S.30–37; ders.: und S. Gangestad: *Human facial beauty: Averageness, symmetry and parasite resistance,* in: Human Nature 4, 1993, S. 237–269; ders. und K. Grammer: *Human (Homo sapiens) facial attractiveness and sexual selection: The role of symmetry and averageness,* in: Journal of Comparative Psychology 108, 1994, S. 233–242; dies.: *Facial physical attractiveness, developmental stability and fluctuating asymmetry,* in: Ethology and Sociobiology 15, 1994, S.73–85; ders. und P. Watson: *Fluctuating asymmetry and sexual selection,* in: Trends in Ecology and Evolution 9, 1994, S. 21–24. Zitiert wird aus dem SPIEGEL 17, vom 21.4.2008 die Titelgeschichte: *Wie ticken die Deutschen? Warum wir so sind, wie wir sind.* Das Zitat von Wladimir Solowjew stammt aus Kai Buchholz (Hrsg.): *Liebe. Ein philosophisches Lesebuch,* Goldmann 2007.

Ich sehe was, was du nicht siehst
Denken Frauen und Männer wirklich anders?

Von den Büchern der Unterhaltungs-Psychologen Allan und Barbara Pease seien erwähnt: *Warum Männer nicht zuhören und Frauen schlecht einparken. Ganz natürliche Erklärungen für eigentlich unerklärliche Schwächen* (1998), Ullstein, 33. Aufl. 2007; dies.: *Warum Männer lügen und Frauen immer Schuhe kaufen. Ganz natürliche Erklärungen für eigentlich unerklärliche Beziehungen* (2002), Ullstein 2004. Aus den gesammelten Werken von John Gray sei genannt: *Männer sind anders. Frauen auch. Männer sind vom Mars. Frauen von der Venus* (1992), Goldmann, 38. Aufl. 2008) Den Mythos von der eindeutigen und das Verhalten festlegenden neurologischen Geschlechterdifferenz enttarnt der Sammelband von Claudia Quaiser-Pohl und Kirsten Jordan: *Warum Frauen glauben, sie könnten nicht einparken – und Männer ihnen Recht geben. Über Schwächen, die gar keine sind,* DTV 2007. Zur Kultur der Mbuti und der San, siehe Mark S. Mosko: *The Symbols of »Forest«: A Structural Analysis of Mbuti Culture and Social Organization,* in: American Anthropologist, New Series, Bd. 89, Nr. 4, 1987, S. 896–913; Richard B. Lee: *The Kung San: Men, Women and Work in a Foraging Society,* Cambridge University Press 1979; John Marshall und Claire Ritchie: *Where Are the Ju / Wasii of Nyae Nyae? Changes in a Bushman Society 1958–1981,* Survival 1984. Ein frühes Werk über den vermeintlichen Gehirnunterschied von Frauen und Männern ist: Anne Moir und David Jessel: *Brainsex. Der wahre Unterschied zwischen Mann und Frau* (1989), Econ 1990. Noch früher war der Sammelband der Herausgeber Michele Andrisin Wittig und Anne Petersen (Hrsg): *Sex related Differences in Cognitive Functioning,* Academic Press 1979. Die Schädelmessungen von Paul Broca finden sich in seinen *Memoires d'Anthropologie*, 1. Bd (von 3), Reinwald 1871. Über den vermeintlich riesigen Gehirnunterschied bei Frauen und Männern schreibt Louann Brizendine: *Das weibliche Gehirn. Warum Frauen anders sind als Männer* (2006), 3. Aufl. Hoffmann und Campe 2007. Die hoch zweifelhafte Studie über den Balken zwischen rechter und linker Gehirnhälfte stammt von Christine De-Lacoste-Utamsing und Ralph L. Holloway: *Sexual dimorphism in the human corpus callosum,* in: Science 216, 1982, S. 1431–1432. Die historische Untersuchung von Robert Bennett Bean findet sich in: *Some racial peculiarities of the Negro brain,* in: American Journal of Anatomy, 5, 1906, S. 353–432. Das zitierte Werk von Simon Baron-Cohen ist: *Vom ersten Tag an anders. Das weibliche und das männliche Gehirn* (2003), Heyne 2006. Den Unterschied zwischen hohem Testosteronspiegel und guter räumlicher Vorstellung bei Männern beschreibt Doreen Kimura in: *Sex and Cognition,* MIT Press 1999. Über das komplizierte Verhältnis von Testosteron, Rangfolge und Hierarcheverhalten bei Affen und Menschenaffen, siehe http://www.gender.org.uk/about/06encrn/63 aggrs.htm.

Geschlecht und Charakter
Unsere zweite Natur

Otto Weiningers Buch ist verfügbar als: *Geschlecht und Charakter. Sonderausgabe: Eine prinzipielle Untersuchung* (1903), Matthes & Seitz 1997. Über Otto Weiniger siehe: Jacques LeRider und Heimito von Doderer: *Der Fall Otto Weininger: Wurzeln des Antifeminismus und des Antisemitismus,* Neuaufl. Löcker 1985; Jörg Zittlau: *Vernunft und Verlockung: Otto Weiningers erotischer Nihilismus,* Zenon 1990; Chandak Sengoopta: Otto Weininger: *Sex, Science, and Self in Imperial Vienna:* University of Chicago Press 2000. John W. Money prägte den Begriff »Gender« in: ders. und Hampson und Hampson: *Hermaphroditism, gender and precocity in hyperadrenocorticism: Psychologic Findings,* in: Bulletin of the Johns Hopkins Hospital 96, 1955, S. 253–264. Simone de Beauvoirs Klassiker ist erhältlich als: *Das andere Geschlecht: Sitte und Sexus der Frau* (1949), Rowohlt 2005. Das angeführte Buch von Judith Butler ist: *Das Unbehagen der Geschlechter* (1990) Suhrkamp 1991; vgl. auch dies.: *Körper von Gewicht. Die diskursiven Grenzen des Geschlechts* (1993), Suhrkamp 1997. Zur Gender-Problematik siehe weiterhin: Ursula Pasero und Christine Weinbach (Hrsg.): *Frauen, Männer, Gender Trouble. Systemtheoretische Essays.* Suhrkamp 2003; Claudia Koppert und Beate Selders (Hrsg.): *Hand aufs dekonstruierte Herz. Verständigungsversuche in Zeiten der politisch-theoretischen Selbstabschaffung von Frauen,* Ulrike Helmer 2003. Marlis Hellinger und Hadumod Bußmann (Hrsg.): *Gender Across Languages, The linguistic representation of women and men,* Benjamins 2003; Hadumod Bußmann und Renate Hof (Hrsg.): *Genus – Geschlechterforschung/Gender Studies in den Kultur- und Sozialwissenschaften.* Kröner 2005; Margret Meads Samoa-Buch ist erhältlich als: *Jugend und Sexualität in primitiven Gesellschaften, I. Kindheit und Jugend in Samoa,* DTV 1987. Ihr Hauptwerk erschien als: *Mann und Weib. Das Verhältnis der Geschlechter in einer sich wandelnden Welt,* Ullstein 1992. Das Zitat stammt aus: Anne Roe/George Galord Simpson (Hrsg.): *Behavior and Evolution*, Yale Universitiy Press 1958. Derek Freemans Gegendarstellung erfolgte in: *Liebe ohne Aggression. Margaret Meads Legende von der Friedfertigkeit der Naturvölker,* Kindler 1983. Siehe auch ders.: *The Fateful Hoaxing of Margaret Mead. A Historical Analysis of her Samoan Research.* Westview Press 1998.

Darwins Skrupel
Was Liebe vom Sex trennt

Zum Missverhältnis von sexueller Rolle und Brutpflegeaufwand bei Seepferdchen siehe: A.B. Wilson, A. Vincent, I. Ahnesjö, A. Meyer: *Male pregnancy in seahorses and pipefishes (Familiy Syngnathidae): Ra-*

pid diversification of paternal brood pouch morphology inferred from a molecular phylogeny, in: Journal of Heredity 92, 2001, S. 159–166; dies.: *The dynamic of male brooding, mating patterns and sex-roles in pipefishs and seahorses (Familiy Syngnathidae),* in: Evolution 57, 2003, S.1374–1386. Das Zitat von Axel Meyer stammt aus: Spektrum der Wissenschaft 12, 2003, Seite 78. Zur »Tangled-Bank«-Hypothese siehe Robert Trivers: *Parental investment and sexual selection,* in B. Campbell (Hrsg.): *Sexual selection and the descent of man,* 1871–1971, Aldine, S. 136–179 sowie George C. Williams: *Sex and Evolution* 1975, Princeton University Press: Zur »Red-Queen«-Hypothese siehe William Hamilton: *Extraordinary sex ratios,* in: Science 156, 1967, S. 477–488 sowie Leigh Van Valen: *A new evolutionary law,* in: Evolutionary Theory 1, 1973: 1–30. Einen Überblick dazu verschafft Richard E. Michod: *Eros and evolution: a natural philosophy of sex,* Addison-Wesley Publishers, 1995. Das Zitat von Arthur Schopenhauer stammt aus ders.: *Die Welt als Wille und Vorstellung,* zitiert nach: Kai Buchholz: Die Liebe. Ein philosophisches Lesebuch, Goldmann 2007. Die zitierte Darwin-Biografie ist Adrian Desmond und James Moore (1991): *Darwin,* List 1995. Das Zitat von Adam Smith findet sich in ders.: *Theorie der ethischen Gefühle* (1759), Meiner 2004. Die Eigennutz-Theorie von Michael T. Ghiselin findet sich in ders.: *The Economy of Nature and the Evolution of Sex,* University of California Press 1974. Die Geschichte von Flo und Flint steht in: Jane Goodall: *Ein Herz für Schimpansen. Meine 30 Jahre am Gombe-Strom* (1990), Rowohlt 1991, auf den Seiten 220–235. Die Kritik an Ghiselins Eigennutztheorie von Christine Korsgaard findet sich in: Frans de Waal: *Primaten und Philosophen* (2006), Hanser 2008, hier S. 116–138. Der Ursprung der Paarbeziehung in der Savanne ist bereits das Thema von Helen Fishers erstem Buch: *The Sex Contract. The Evolution of Human Behaviour,* Morrow and Company 1982. Ausführlicher und erweitert vorgestellt ist es in dies.: *Anatomie der Liebe. Warum Paare sich finden, binden und auseinandergehen* (1990), Droemer Knaur 1993. Dass die Liebe nicht aus der Sexualität entspringt, meint Irenäus Eibl-Eibesfeldt: *Liebe und Hass. Zur Naturgeschichte elementarer Verhaltensweisen,* Piper 1970. Von den zahlreichen Büchern des Therapeuten Michael Mary, der der evolutionären Psychologie kritisch gegenübersteht, seien genannt: ders.: *5 Lügen die Liebe betreffend,* Bastei Lübbe 2001; *Und sie verstehen sich doch. 10 neue Lügen die Liebe betreffend,* Bastei Lübbe 2006. Stuart Shankers Überlegungen zum frühkindlichen Lernen finden sich in ders. und Stanley I. Greenspan: *Der erste Gedanke:*

Frühkindliche Kommunikation und die Evolution menschlichen Denkens (2006), Beltz 2007. Richard Lewontin und Stephen Jay Gould führten das aus der Architektur stammende Wort »spandrel« (Spandrille) in den evolutionären Kontext ein, in: *The spandrels of San Marco and the Panglossian paradigm: a critique of the adaptationist programme,* 1979, in: Proceedings of the Royal Society, Bd. 205 1979, S. 581–598.

Eine komplizierte Idee
Warum Liebe keine Emotion ist

Von Helen Fishers Versuchen, die Liebe im Kernspintomografen sichtbar zu machen, handelt ihr Buch: *Warum wir lieben. Die Chemie der Leidenschaft,* Patmos 2005; siehe auch dies.: *Lust, Anziehung und Verbundenheit. Biologie und Evolution der menschlichen Liebe,* in: Heinrich Meier und Gerhard Neumann (Hrsg.): *Über die Liebe. Ein Symposion,* Piper 2001. Von den neueren Büchern zur »Liebes-Chemie« seien genannt: Theresa L. Crenshaw: *Die Alchemie von Liebe und Lust. Hormone steuern unser Liebesleben,* DTV 2003; Gabriele und Rolf Froböse: *Lust und Liebe – alles nur Chemie?,* Wiley-VCH 2004; Marco Rauland: *Feuerwerk der Hormone. Warum Liebe blind macht und Schmerzen weh tun müssen,* Hirzel 2007; *Liebe, Licht und Lippenstift: »Das Beste von John Emsley«,* Wiley-VCH 2007; Klaus Oberbeil: *Das Geheimnis der erotischen Intelligenz: Wie Hormone und Biostoffe Gefühle wecken und Beziehungen festigen,* Herbig 2007. Die Bedeutung des Oxytocin bei Präriewühlmäusen untersuchten Larry Young, Zuoxin Wang, Thomas R. Insel: *Neuroendocrine bases of monogamy,* in: Trends in Neuroscience, 21, 1998 S. 71–75; Larry Young, Roger Nilsen, Katrina G.Waymire, Grant R. MacGregor und Thomas R. Insel: *Increased affiliative response to vasopressin in mice expressing the V1a receptor from a monogamous vole,* in: Nature 400 (19), S.766–76, 1999; Larry Young, M.M. Lim, B.Gingrich: *Cellular mechanisms of social attachment,* in: Hormones and Behavior, 40, 2001, S. 133–138; Larry Young und Zuoxin Wang: *The neurobiology of pair bonding,* in: Nature Neuroscience 7, 2004, S.1048–1054. Zur Kritik daran siehe Sabine Fink, Laurent Excoffier und Gerald Heckel: *Mammalian monogamy is not controlled by a single gene, in:* Proceedings of the National Academy of Sciences of the United States Nr.7, 2006; Gene E. Robinson, Russell D. Fernald, David F. Clayton: *Genes and social behavior,* in: Science 7, (322), 2008, S. 896–900. Die Geschichte von Marshall Rosenberg stammt aus ders.: *Gewaltfreie Kommunikation. Eine Sprache des*

Lebens, Junfermann, 6. Aufl. 2007. Zur Theorie von Emotionen und Gefühlen siehe: William Lyons: *Emotion,* Cambridge University Press 1980; Ronald de Sousa: *The Rationality of Emotion.* MIT Press, 1987; Paul Griffiths: *What Emotions Really Are. The Problem of Psychological Categories,* University of Chicago Press 1997; Antonio Damasio: *The Feeling of what Happens: Body and Emotion in the Making of Consciousness,* Harcourt Brace and Co 1999; ders.: *Descartes' Irrtum. Fühlen, Denken und das menschliche Gehirn.* List 1994; ders.: *Der Spinoza-Effekt. Wie Gefühle unser Leben bestimmen,* List 2003; Achim Stephan und Henrik Walter (Hrsg.): *Natur und Theorie der Emotion,* Mentis-Verlag 2003; Martin Hartmann: *Gefühle. Wie die Wissenschaften sie erklären.* Campus 2005; Heiner Hastedt: *Gefühle. Philosophische Bemerkungen.* Reclam 2005. Das Hauptwerk von William James ist: *The Principles of Psychology,* Henry Holt and Company 1890. Gilbert Ryles Hauptwerk ist erhältlich als *Der Begriff des Geistes,* Reclam 1986.

Mein Zwischenhirn & Ich
Kann ich lieben, wen ich will?

Arnold Gehlen definierte den Menschen als »Kulturwesen« in: ders.: *Der Mensch. Seine Natur und seine Stellung in der Welt,* Junker und Dünnhaupt 1940. Der zitierte Essay von Jean-Paul Sartre zur »Transzendenz des Ego« und die »Skizze einer Theorie der Emotionen« finden sich in ders.: *Die Transzendenz des Ego. Philosophische Essays 1931–1939,* Rowohlt 1997. Das Zitat von Fritz Riemann stammt aus ders.: *Die Fähigkeit zu lieben,* Reinhardt, 8. Aufl. 2008. Das Gedicht von Ernst Jandl ist enthalten in: Klaus Siblewski (Hrsg): *Ernst Jandl. Poetische Werke,* Bd.8, Luchterhand 1997. Giacomo Rizzolattis Forschungen zu den »Spiegelneuronen« werden bilanziert in: ders. und Corrado Sinigaglia: *Empathie und Spiegelneurone: Die biologische Basis des Mitgefühls,* Suhrkamp 2008. John Money prägte den Begriff der »Liebeskarte« (lovemap) in ders.: *Love and Love Sickness: the Science of Sex, Gender Difference and Pair-Bonding,* Johns Hopkins University Press 1980; siehe auch derS. *Lovemaps: Clinical Concepts of Sexual/Erotic Health and Pathology, Paraphilia, and Gender Transposition in Childhood, Adolescence, and Maturity,* Irvington 1986; ders.: *Vandalized Lovemaps: Paraphilic Outcome of 7 Cases in Pediatric Sexology.* Prometheus Books 1989; ders.: *The Lovemap Guidebook: A Definitive Statement,* Continuum 1999. Zum Konzept der Liebeskarten siehe weiterhin Ayala Malakh Pines: *Falling in Love: Why We*

Choose the Lovers we Choose, Taylor & Francis 2005. Das Brückenexperiment von Arthur Aron und Donald Dutton wurde beschrieben in dies.: *Some evidence for heightened sexual attraction under conditions of high anxiety*. Journal of Personality and Social Psychology, 30, 1974, S. 510–517. Stanley Schachters Emotionstheorie wurde das erste Mal vorgestellt in ders. und Jerome Singer: *Cognitive, Social, and Physiological Determinants of Emotional State,* in: Psychological Review, 69, 1962, S. 379–399. Siehe auch ders.: *The interaction of cognitive and physiological determinants of emotional state,* in: Leonard Berkowitz (Hrsg.): *Advances in Experimental Social Psychology*, Academic Press, S. 49–79. Das Zitat von William Goldman stammt aus ders.: *Die Brautprinzessin,* Klett-Cotta, 3. Aufl. 2004. Max Horkheimer ist zitiert nach Kai Buchholz (Hrsg.): *Liebe. Ein philosophisches Lesebuch,* Goldmann 2007.

Arbeit am Schicksal
Ist Lieben eine Kunst?

Erich Fromms Klassiker ist erhältlich als ders.: *Die Kunst des Liebens,* 66.Aufl. Ullstein 2007. Zu Fromms Biografie siehe Rainer Funk: *Erich Fromm,* Rowohlt 1980; Helmut Wehr: *Erich Fromm. Eine Einführung,* Junius 1990. Jean-Jacques Rousseaus Klassiker ist: *Abhandlung über den Ursprung und die Grundlagen der Ungleichheit unter den Menschen* (1755), Reclam 1998. Adornos Reflexionen aus dem beschädigten Leben liegen vor als: ders. *Minima Moralia,* Suhrkamp 2004. Das angeführte Buch von Peter Lauster: *Die Liebe. Psychologie eines Phänomens,* Rowohlt 1982. Ein englischsprachiges Werk zur »unconditional love« ist: Greg Baer: *Real Love: The Truth about Finding Unconditional Love and Fulfilling Relationships*, Gotham Books 2004. Die genannten Liebesratgeber sind: John Mordechai Gottman: *Die 7 Geheimnisse der glücklichen Ehe,* Ullstein 2002; Gary Chapmann: *Die fünf Sprachen der Liebe. Wie Kommunikation in der Ehe gelingt,* Francke 2003; Hans Jellouscheck: *Wie Partnerschaft gelingt – Spielregeln der Liebe: Beziehungskrisen sind Entwicklungschancen,* Herder 2005; Ariel Kane und Shya Kane: *Das Geheimnis wundervoller Beziehungen: Durch unmittelbare Transformation,* Winpferd 2005. David Schnarchs Werk über die Kunst der Selbstliebe als Voraussetzung der Liebeskunst ist ders.: *Die Psychologie sexueller Leidenschaft* (1997), 6. Aufl. 2008; siehe auch ders.: *Die leidenschaftliche Ehe. Die Rolle der Liebe in der Paartherapie,* in: Jürg Willi und Bernhard Limacher (Hrsg.): *Wenn die Liebe schwindet. Möglichkeiten und Grenzen der Paartherapie,* Klett-Cotta, 2. Aufl. 2007.

Eine ganz normale Unwahrscheinlichkeit Was Liebe mit Erwartungen zu tun hat

Michel Foucaults Werk über Sexualität und Wahrheit liegt vor als ders.: *Der Wille zum Wissen,* Suhrkamp 1983; *Der Gebrauch der Lüste,* Suhrkamp 1989; *Die Sorge um sich,* Suhrkamp 1989. Eine vorzügliche Foucault-Biografie ist Didier Eribon: *Michel Foucault* (1989), Suhrkamp 1991. Denis de Rougemonts Klassiker wurde zuletzt aufgelegt als ders.: *Die Liebe und das Abendland,* edition epoché 2007. Joachim Bumkes Grundlagenwerk zur Literatur- und Sozialgeschichte des Mittelalters ist ders.: *Höfische Kultur. Literatur und Gesellschaft im hohen Mittelalter,* 2 Bde., DTV 1986. Norbert Elias klassische Studie über die Entwicklung unserer Kultur ist ders.: *Über den Prozess der Zivilisation,* 2 Bde., Suhrkamp 19. Aufl. 1995. Das mehrfach zitierte Buch von Umberto Galimberti ist ders.: *Die Sache mit der Liebe. Eine philosophische Gebrauchsanweisung* (2004), Beck 2007. Günter Dux' Geschichte vom romantischen Liebes-Subjekt findet sich in ders.: *Geschlecht und Gesellschaft. Warum wir lieben. Die romantische Liebe nach dem Verlust der Welt,* Suhrkamp 1994. Zum romantischen Selbst- und Weltverständnis siehe weiterhin Rudolf zur Lippe: *Bürgerliche Subjektivität: Autonomie und Selbstzerstörung,* Suhrkamp 1975; Karl Heinz Bohrer: *Der romantische Brief. Die Entstehung ästhetischer Subjektivität,* Suhrkamp 1989; ders.: *Die Kritik der Romantik,* Suhrkamp 1989. Das Zitat von Shelley findet sich in H. Höhne (Hrsg.): Percy Bysshe Shelley. Ausgewählte Werke. Dichtung und Prosa, Insel 1985. Zur Psychoanalyse der Liebe siehe Martin. S. Bergmann*: Eine Geschichte der Liebe. Vom Umgang des Menschen mit einem rätselhaften Gefühl,* Fischer 1999; Kurt Höhfeld und Annemarie Schlösser: *Psychoanalyse der Liebe,* Psychosozial-Verlag 3. Aufl. 2001; Sebastian Krutzenbichler und Hans Essers: *Muss denn Liebe Sünde sein? Zur Psychoanalyse der Übertragungs- und Gegenübertragungsliebe,* Psychosozial-Verlag 2006. Die Studie von William Jankowiak und Edward Fisher wird bilanziert und ausgewertet in dies.: *Romantic passion: A universal experience?,* Columbia University Press 1995. Niklas Luhmanns Werk über die Liebe ist ders.: *Liebe als Passion.* Zur Codierung von Intimität, 5. Aufl. 1999; siehe auch die unlängst erschienene Vorstudie: *Liebe. Eine Übung,* Suhrkamp 2008.

Verliebt in die Liebe? Warum wir immer mehr Liebe suchen und immer weniger finden

Das Buch von Harry Frankfurt ist ders.: *Gründe der Liebe,* Suhrkamp 2005. Den Begriff »Rückbindung« prägt Karl Otto Hondrich in ders.: *Liebe in den Zeiten der Weltgesellschaft,* Suhrkamp 2004. Rückbindungseffekte und Vertragsstrategien in Partnerschaften untersucht Jean-Claude Kaufmann: *Schmutzige Wäsche: Ein ungewöhnlicher Blick auf gewöhnliche Paarbeziehungen,* Uvk 2005; siehe auch ders.: *Was sich liebt, das nervt sich,* Uvk 2008. Zu den neuen Singles siehe Sasha Cagen: *Quirkyalone: A Manifesto for Uncompromising Romantics,* HarperSanFrancisco 2004. Eines der besten Bücher zur Bestandsaufnahme der Liebe in der Gegenwart ist: Christan Schuldt: *Der Code des Herzens. Liebe und Sex in den Zeiten maximaler Möglichkeiten,* Eichborn 2004. Die Studien des Einsamkeitsforschers Robert Weiss finden sich in ders.: *Loneliness. The Experience of Emotional and Social Isolation,* MIT Press 1975. Zu Liebe und Einsamkeit in der modernen Gesellschaft aus psychoanalytischer Sicht siehe: Paul Verhaeghe: Liebe in Zeiten der Einsamkeit, Turia & Kant 2003. Das erwähnte Buch von Ulrich Beck und Elisabeth Beck-Gernsheim: *Das ganz normale Chaos der Liebe,* Neuauflage Suhkamp 2005. Zur Individualisierung siehe auch Anthony Giddens: *Wandel der Intimität. Sexualität, Liebe und Erotik in modernen Gesellschaften,* S. Fischer 1993; Bernhard Schulze: *Die Erlebnisgesellschaft. Kultursoziologie der Gegenwart,* Campus 2. Aufl. 2005; Norbert Bolz: *Das konsumistische Manifest,* Fink 2002. Das Zitat von Wolfgang Iser stammt aus Hans Mayer/Uwe Johnson (Hrsg.): *Das Werk Samuel Becketts.* Ein Symposion, Suhrkamp 1975.

Liebe kaufen Romantik als Konsum

Ortega y Gasset wird zitiert aus ders. *Der Aufstand der Massen*, Rowohlt 1956. Mit der Unterwanderung der romantischen Liebe durch die Wirtschaft beschäftigt sich in ideologiekritischer Perspektive Eva Illouz: *Der Konsum der Romantik. Liebe und die kulturellen Widersprüche des Kapitalismus,* Suhrkamp 2007. Vgl. auch dies.: *Gefühle in Zeiten des Kapitalismus,* Suhrkamp 2007. Eine historische Übersicht über die Moral und Kommerzialisierung der Liebe in den USA bietet Steven Seidman: *Romantic longings: Love in America 1830–1980,* Routledge 1991. Die Formulierung »happiness of pursuit« entstammt Albert Otto Hirschman: *Shifting Involvements: Private Interest and Public Attention,* Princeton University Press, 20. Aufl. 2002. Das Konzept der Liebesdrehbücher findet sich in Robert. J. Sternberg: *Love is a Story. A New Theory of Relationships,* Oxford University Press 1998. Siehe auch ders.: *The Psychology of Love,* Yale University Press 1988; *The New Psychology of Love,* Yale University Press 2006. Über die Spielarten heutiger Sexualität klärt auf Volkmar Sigusch: *Neosexualitäten: Über den kulturellen Wandel von Liebe und Perversion;* Campus Verlag 2005; ders.: *Sexuelle Welten: Zwischenrufe eines Sexualforschers,* Psychosozial-Verlag 2005. Zum Thema siehe auch Gunter Schmidt: *Sexuelle Verhältnisse. Über das Verschwinden der Sexualmoral.* Rowohlt 1998; ders. *Das neue Der Die Das. Über die Modernisierung des Sexuellen.* Psychosozial-Verlag 2004; ders.: und Silja Matthiesen, Arne Dekker, Kurt Starke: *Spätmoderne Beziehungswelten. Report über Partnerschaft und Sexualität in drei Generationen.* Verlag für Sozialwissenschaften 2006. Über die Entwicklung neuer Lustmittel schreibt Christiane Löll: *Die Lust im Kopf,* in: DIE ZEIT Nr. 3/2002. Der zitierte Artikel »Corpus absconditus« von Dietmar Kamper (2001) findet sich unter www.heise.de/tp im Internet. Über die Liebe in unserer Zeit und insbesondere auch im Internet siehe Christian Schuldt: *Der Code des Herzens. Liebe und Sex in den Zeiten maximaler Möglichkeiten,* Eichborn 2004. Der Digital Life Report von TNS Infratest findet sich unter www.tns-infratest.com; die Umfrage von KissNoFrog unter www.kissnofrog.com.

Die liebe Familie Was davon bleibt und was nicht

Gunter Schmidts Zahlen stammen aus: ders. (Hrsg.): *Sexualität und Spätmoderne,* Psychosozial-Verlag 2002. Zum Zusammenhang zwischen Sexualmoral, Partnerschaft und Familie siehe auch ders. *Sexuelle Verhältnisse. Über das Verschwinden der Sexualmoral,* Rowohlt 1998; *Das neue Der Die Das. Über die Modernisierung des Sexuellen,* Psychosozial-Verlag 2004; ders. (mit Silja Matthiesen, Arne Dekker, Kurt Starke): *Spätmoderne Beziehungswelten. Report über Partnerschaft und Sexualität in drei Generationen,* Verlag für Sozialwissenschaften 2006. Zur Geschichte der Familie siehe Jack Goody: *Geschichte der Familie.* C. H. Beck 2002. A. Burguière, C. Klapisch-Zuber, M. Segalen, F. Zonabend (Hrsg.): *Geschichte der Familie*. 4 Bände, Campus Verlag 1997. Christian und Nina von Zimmermann (Hrsg.): *Familiengeschichten. Biographie und familiärer Kontext seit dem 18. Jahrhundert*. Campus Verlag 2008. Seine Ansicht über die Familie findet sich in Friedrich Engels: *Der Ursprung der Familie, des Privateigentums und des Staats,* in: Karl Marx / Friedrich Engels: Werke, Band 21, Dietz Verlag 1962, S. 36–84. Zur Soziologie der modernen Familie siehe Paul B. Hill, Johannes Kopp: *Familiensoziologie. Grundlagen und theoretische Perspektiven*. Verlag für Sozialwissenschaften 2005; Robert Hettlage: *Familienreport – Eine Lebensform im Umbruch*. C. H. Beck 1998; Rüdiger Peuckert: *Familienformen im sozialen Wandel*. Verlag für Sozialwissenschaften 2004; Birgit Kohlhase: *Familie macht Sinn*. Urachhaus 2004. Van der Veldes Werke erschienen als: *Die vollkommene Ehe. Eine Studie über ihre Physiologie und Technik*, Montana-Verlag 1926; *Die Abneigung in der Ehe. Eine Studie über ihre Entstehung und Bekämpfung,* Benno Konegen Verlag 1928; *Die Erotik in der Ehe. Ihre ausschlaggebende Bedeutung,* Benno Konegen Verlag 1928; *Die Fruchtbarkeit in der Ehe und ihre wunschgemäße Beeinflussung,* Montana-Verlag 1929; *Die vollwertige Gattin,* Carl Reissner-Verlag 1933. Der FOCUS-Titel lautet: *Die Muttierung. Wenn aus Frauen Mütter werden und wie Männer darunter leiden,* in: FOCUS, 21, 17.5.2005. Die Studien zur Glückseinschätzung von Daniel Kahneman und Alan Krueger finden sich in: dies.: *A Survey Method for Characterizing Daily Life Experience: The Day Reconstruction Method,* in: Science 306, S. 1776–1780, 2004; *Developments in the Measurement of Subjective Well-Being,* in: Journal of Economic Perspectives, 20, Nr. 1, S. 3–24, 2006.

Wirklichkeitssinn und Möglichkeitssinn
Warum uns die Liebe so wichtig bleibt

Herbert Spencers *System der Synthetischen Philosophie* erschien 1875–1895 auf Deutsch in der Schweizerbartschen Verlagsbuchhandlung (11 Bände). Zitiert wird aus den *Principien der Soziologie,* Bd. I. (1877). Das Zitat von Georg Lukács steht in: *Die Seele und die Formen,* zitiert nach Kai Buchholz (hrsg.): *Liebe. Ein philosophisches Lesebuch,* Goldmann 2007. Das Zitat von Franz Kafka findet sich in: ders.: Tagebücher 1910–1923, Neuausgabe Fischer 1997.

Anmerkungen

1. DER SPIEGEL (9/2005)
2. Buss (2004), S. 17
3. Buss (2004), S. 58
4. Zitiert nach Allman (1999), S. 142
5. Morris (1968), S. 111 f.
6. Allman (1999), S. 167
7. Leakey (1997), S. 202
8. Allman (1999), S. 145
9. Allman (1999), S. 145
10. de Waal (2005), S. 323
11. Allman (1999), S. 159 f.
12. Engels (1962), S. 40
13. Buss (2004), S. 18
14. de Waal (2005), S. 139
15. Buss (2004), S. 174
16. Buss (2004), S. 175 f.
17. Huxley (1965), S. 264
18. Buss (2004), S. 38
19. Dawkins (2007), S. 166
20. Dawkins (2007), S. 102
21. Desmond/Moore (1995), S. 549
22. Buss (2004), S. 154 f.
23. Buss (2004), S. 158
24. Dupré (2005), S. 13
25. Diamond (1998), S. 31
26. Greenstein (1993), S. 9
27. Allman (1999), S. 146
28. Buss (2004), S. 187
29. Kast (2006), S. 47
30. Buss (2004), S. 170
31. Allman (1999), S. 151
32. Allman (1999), S. 155
33. Buss (2004), S. 245
34. Darwin: Abstammung (1992), S. 699
35. DER SPIEGEL (17/2008)
36. Solowjew, in: Buchholz (2007), S. 150
37. Buss (2004), S. 248
38. Moir /Jessel (1990), S. 13
39. Brizendine (2007), S. 35
40. Weininger (1997), S. 455
41. Weininger (1997), S. 374
42. Money (1955), S. 255
43. Mead (1958), S. 480
44. Hüther (2007), S. 79
45. Meyer (2003), S. 78
46. Darwin: Entstehung (1992): S. 565
47. Schopenhauer, in: Buchholz (2007), S. 143
48. Desmond/Moore (2005), S. 653
49. Smith (2004), S. 25
50. Darwin: Abstammung (1992), S. 700
51. Darwin: Abstammung (1992), S. 691
52. Darwin: Abstammung (1992), S. 699
53. Buss (2004), S. 175
54. Buss (2004), S. 179

55. Ghiselin (1974), S.17
56. Goodall (1991), S.225 f.
57. Korsgaard, in: de Waal (2008), S.119 f.
58. Fisher in Meier/Neumann (2001), S.104
59. Eibl-Eibesfeldt (1970) S.148
60. Mary (2008), S.129 f.
61. Fisher, in: Meier/Neumann, S.82
62. Rauland (2007), S.112
63. Fisher, in: Meier/Neumann (2001), S.83
64. Kast (2006), S.92
65. Heckel (2006)
66. Fisher in Meier/Neumann (2001), S.83
67. Damasio (1994), S.193
68. Sartre (1997), S.271
69. Sartre (1997), S.85 und S.90
70. Riemann (2008), S.13
71. Money (1980), Titel
72. Goldman (2004), S.75 f.
73. Horkheimer, in: Buchholz (2007), S.222
74. Luhmann (1999), S.198
75. Lauster (2008), S.97
76. Mary (2008), S.139
77. Riemann (2008), S.13
78. Mary (2008), S.115
79. Schnarch, in: Willi/Limacher (2007), S.189
80. Schnarch, in: Willi/Limacher (2007), S.190
81. Schnarch, in: Willi/Limacher (2007), S.191
82. Foucault (1986), S.13
83. Buss (2004), S.175
84. Rougemont (2007), S.11
85. Bumke (1986) S.381
86. Bumke (1986), S.504
87. Galimberti (2007), S.11 f.
88. Dux (1994), S.462
89. Dux (1994), S.463 f.
90. Dux (1994), S 465
91. Shelley (1985) S.497
92. Luhmann (1999), S.208
93. Luhmann (1999), S.209
94. Luhmann (1999), S.23
95. Luhmann (1999), S.198
96. Luhmann (1999), S.174
97. Luhmann (1999), S.212
98. Galimberti (2007), S.15
99. Galimberti (2007), S.87
100. Frankfurt (2005), S.47
101. Frankfurt (2005), S.48
102. Frankfurt (2005), S.67
103. Galimberti (2007), S.13
104. Beck (2005), S.13
105. Beck (2005), S.21
106. Beck (2005), S.9
107. Beck (2005), S.21 f.
108. Iser, in: Mayer/Johnson (1975), S.60
109. Beck (2005), S.22
110. Ortega y Gasset, S.12
111. Illouz (2007), S.315
112. Illouz (2007), S.316
113. Kamper (2001), o.S.
114. Galimbert (2007), S.14
115. Schuldt (2004), S.126
116. Schuldt (2004), S.135
117. Illouz (2007), S.321
118. Engels (1962), S.38
119. van de Velde (1933), S.7
120. Illouz (2007), S.317
121. Schuldt (2004), S.163
122. Hondrich (2004), S.52
123. Hondrich (2004), S.53
124. Spencer (1877), S.116
125. Lukács, in: Buchholz (2007), S.442
126. de Waal (2005), S.324
127. Illouz (2007), S.320
128. Galimberti (2007), S.16
129. Galimberti (2007), S.17
130. Kafka (1997), S.199

Personenregister

Humorvoll, fast zärtlich erzählt Precht von Liebe, Freiheit und Aufbruch.

416 Seiten
ISBN 978-3-442-47221-5

»Prechts leises Erzählstück ist nichts weniger als Berlin-Roman, Love-Story und Wende-Roman, zugleich jedoch in vielem mehr.«
Literaturen